"十三五"高职高专改革与创新精品规划教材系列

江苏高校青蓝工程优秀教学团队开发

合作企业　苏州市东吴物业管理有限公司

物业资产管理

主　编　余　凡　佘阳梓
副主编　刘雅婧　冯玉忠

苏州大学出版社
Soochow University Press

图书在版编目(CIP)数据

物业资产管理/余凡,佘阳梓主编.—苏州:苏州大学出版社,2019.11
"十三五"高职高专教材改革与创新精品课程规划教材
ISBN 978-7-5672-3009-5

Ⅰ.①物… Ⅱ.①余…②佘… Ⅲ.①物业管理-资产管理-高等职业教育-教材 Ⅳ.①F293.347②F20

中国版本图书馆 CIP 数据核字(2019)第 255789 号

内容简介

本教材是根据高职高专物业管理专业、房地产经营管理专业的教学实际编写的,内容分为理论知识篇和匠心塑造篇。理论知识篇按照物业资产管理涉及的核心内容设置,包括收益性物业基础管理、收益性物业设施管理、收益性房地产资产管理、收益性房地产组合投资管理等内容;匠心塑造篇是根据理论知识内容设计的实训项目,用以训练学生的职业技能,提升职业素养,塑造"匠心"。

本教材以"理论+实践"为内容编写思路,以"匠心"塑造为内容设计主旨,在充分尊重高职教育教学规律的基础上,紧跟行业发展态势,是适用于高职高专物业管理专业、房地产经营管理专业的理想教材。

物业资产管理
Wuye Zichan Guanli
余 凡 佘阳梓 主编
责任编辑 薛华强

苏州大学出版社出版发行
(地址:苏州市十梓街1号 邮编:215006)
常州市武进第三印刷有限公司印装
(地址:常州市湟里镇村前街 邮编:213154)

开本 787mm×1 092mm 1/16 印张 19.75 字数 494 千
2019 年 11 月第 1 版 2019 年 11 月第 1 次印刷
ISBN 978-7-5672-3009-5 定价:58.00 元

苏州大学版图书若有印装错误,本社负责调换
苏州大学出版社营销部 电话:0512-67481020
苏州大学出版社网址 http://www.sudapress.com
苏州大学出版社邮箱 sdcbs@suda.edu.cn

前言 PREFACE

我国内地的物业管理行业起步较晚，是20世纪80年代伴随住房制度改革从住宅物业开始的。在很长一段时间里，内地物业管理主要是对住宅小区的公共区域环境卫生、治安、共用设施设备进行的维护、修缮和整治工作。但是，随着近年来房地产行业的迅猛发展，尤其是商业地产呈现出的蓬勃态势，使得物业管理行业也从初级基础管理阶段向高级资产运营管理阶段发展。

物业资产管理过程体现出社会化、专业化、企业化和经营型特征，强调物业服务企业参与到收益性房地产整个价值链的各个环节，其价值是从房地产物业项目全生命周期去体现的。通过长线生命周期的运营、维护和大系统的全面业务覆盖以及日常服务过程中的管理技术经验的积累，物业管理行业能够超越原有传统的基础服务模式，实现自身的突破发展和价值提升。

高职院校专业建设最大的特点是紧跟行业发展步伐，为行业发展培养最合适的人才。面对物业管理行业的发展态势，高职物业管理专业、房地产经营管理专业的建设思路、课程设置、培养目标等都需要进行调整，选择合适的教材便是其中一项重要工作。目前，高职高专物业管理方面的教材主要偏重于基础理论、基础实务，涉及物业资产管理的教材很少，而在现有的物业资产管理教材中，根据物业资产管理核心工作、关键能力进行梳理编写的，几乎没有。本教材在编写之前，便确立了以物业资产管理涉及的核心内容，包括收益性物业基础管理、设施管理、房地产资产管理、房地产组合投资管理作为教材的主体内容，同时匹配实践操作，充分体现"理论与实践紧密结合"的原则，提升学生职业素养，打造"匠心"。因此，本教材不仅可以作为高等职业院校物业管理专业、房地产经营管理专业的教学用书，还可以作为物业管理行业、房地产行业从业人员的工具书。

本教材为校企合作共同编写的教材，由苏州工业园区服务外包职业学院余凡、余阳梓担任主编，刘雅婧担任副主编。苏州工业园区服务外包职业学院物业管理专业合作企业——苏州市东吴物业管理有限公司资深物业管理师、人力资源管理师对本书的编写提供了大量支持。本书在编写过程中，参考了部分已公开出版的教材、著作和发表的文章，在此向其作者表示诚挚的感谢！同时，教材编写还受到苏州工业园区圆融商业物业管理有限公司服务案例的启发，在此一并表示感谢！

目录 CONTENTS

理论知识篇

■ **第一章 物业资产管理概述** / 2
 第一节 物业资产管理概念 / 3
 第二节 物业资产管理的内容 / 11
 思考 / 14
 推荐阅读 / 14

■ **第二章 收益性物业基础管理** / 17
 第一节 概述 / 19
 第二节 物业管理企业财务管理 / 30
 第三节 物业管理企业人力资源管理 / 37
 第四节 物业管理企业客户关系管理 / 42
 思考 / 49
 推荐阅读 / 49

■ **第三章 收益性物业设施管理** / 52
 第一节 给排水系统管理 / 53
 第二节 采暖系统管理 / 62
 第三节 室内燃气设施设备管理 / 67
 第四节 消防系统管理 / 70
 第五节 通风与防排烟系统管理 / 78
 第六节 空调系统管理 / 82
 第七节 电气系统管理 / 90
 第八节 电梯系统管理 / 96

第九节　建筑安防系统管理　/ 101

第十节　楼宇智能化管理　/ 104

思考　/ 106

推荐阅读　/ 109

■ **第四章　收益性房地产资产管理　/ 110**

第一节　收益性房地产价值评估　/ 113

第二节　房地产市场分析　/ 140

第三节　租赁管理　/ 160

第四节　招商管理　/ 177

第五节　收益性房地产资产管理计划　/ 192

思考　/ 197

推荐阅读　/ 198

■ **第五章　收益性房地产组合投资管理　/ 203**

第一节　收益性房地产组合投资管理概述　/ 205

第二节　收益性房地产组合投资管理相关经济指标　/ 209

第三节　收益性房地产组合投资管理的评价模型　/ 216

第四节　收益性房地产组合投资管理的决策分析　/ 222

第五节　收益性房地产组合投资管理的成本管理　/ 236

第六节　收益性房地产组合投资管理的风险控制　/ 244

思考　/ 250

推荐阅读　/ 251

匠心塑造篇

任务一　调研我国物业管理行业发展现状　/ 256

任务二　模拟分析某商业地产项目的市场情况　/ 260

任务三　模拟分析某商业地产项目的政策环境　/ 263

任务四　模拟分析某商业地产的竞争对手情况　/ 266

任务五　模拟分析某商业地产的产品组合及定价策略　/ 269

任务六　完成某商业地产项目的成本管理及风险评估分析　/ 272

任务七　模拟设计案例商业地产项目的租赁管理方案　/ 277

任务八　模拟编制案例商业地产项目的运营管理方案　/ 279

任务九　设施设备岗位职责及管理制度标准　/ 284
任务十　给排水泵房设备及管理制度　/ 288
任务十一　消防联动编程　/ 290
任务十二　消防系统　/ 298
任务十三　安全用电实训　/ 299
任务十四　电梯突发事件处理　/ 300
任务十五　DDC智能控制编程　/ 303
任务十六　物业设备智能化管理　/ 305

附录一　设备类型表　/ 306
附录二　功能模块网络变量说明表　/ 307

理 论 知 识 篇

　　本篇主要梳理了物业资产管理各环节所涉及的理论知识,包括收益性物业基础管理、收益性物业设施管理、收益性房地产资产管理和收益性房地产组合投资管理的核心知识点。其中,收益性物业基础管理的内容主要涉及物业管理行业发展简史、物业管理企业财务管理及人力资源管理、客户关系管理;收益性物业设施管理的内容主要涉及收益性物业常用的设施设备如给排水系统、采暖系统、室内燃气设施设备、消防系统、通风与防排烟系统、空调系统、电气系统、电梯系统、建筑安防系统及楼宇智能化的管理;收益性房地产资产管理主要包括收益性房地产价值评估、市场分析、租赁管理、招商管理和收益性房地产资产管理计划等内容;收益性房地产组合投资管理主要包括投资相关经济指标、投资评价模型、投资决策流程以及成本管理和风险控制等内容。

　　本篇内容的设计,可以让学生非常清晰、深入地认识物业资产管理,掌握相关理论知识,并能够有目标、有脉络地深入研究下去。

第一章

物业资产管理概述

◎【教学目标】

  1. 让学生能够对物业管理行业有正确的认知；
  2. 理解和掌握物业资产管理的基础知识和基本内容。

◎【教学重点】

  1. 物业资产管理的主要内容；
  2. 物业资产管理的服务对象；
  3. 物业资产管理的客体。

◎【教学难点】

  对物业资产管理内涵的理解和运用。

◎【其他说明/建议】

  建议先对物业及物业类型进行较为详细的讲解，适当地进行实地教学。

◎【行业动态】

行业前沿——大咖云集，共话设施管理新价值！

  2019年2月20日—22日，为期三天的国际设施管理大会在日本东京举行，《现代物业》杂志社社长、云南省物业管理行业协会会长宋有兴在会上做了"设施管理在中国的发展"主题分享。在汉语翻译英语Facility Management(FM)的过程中业内一直没有找到精准的名词，因此使用了"设施管理"一词。

宋社长在会上分享中国数家企业设施管理案例

其他国家设施管理行业代表分享本地区实践案例（图为韩国设施管理协会会长尹孝镇介绍韩国设施管理发展情况）

《现代物业》杂志社对外交流部部长、日本株式会社百思特总经理高彦陪同出席并作同步翻译。宋社长以设施管理在中国的定义遇到的名词解析困惑开始，从中国对设施管理的基本认识、中国企业对设施管理的研究与运用、中国设施管理标准体系的建立、设施管理在中国当前存在的问题和探究等方面展开阐述，通过行业调查报告、案例分析等呈现设施管理专业在当前中国的发展状况，引起与会者的积极响应与互动讨论。

本次国际论坛由日本设施管理协会（JFMA）主办，云集国际上众多设施管理行业精英和业界名流，来自日本、中国、美国、德国、韩国、印度、泰国、柬埔寨等地的三百多名设施管理行业代表齐聚东京，不同地区的观点和见解相互交融与碰撞，描绘了现行经济背景下的设施管理现状及未来发展趋势。

在社会、建筑、人文与环境相互交融的情况下，物业管理人和设施管理人顺应时代的新变化，思考和实践着物业全生命周期管理的最佳解决方案。虽然设施管理的本质没有改变，但是随着社会的进步和技术的日新月异，设施管理的技术和作用在不断发展，创造着新的价值。设施管理业界持续研究并取得诸多成果，不同的地区都有自己独特的行业成长经历，业者在不断探索发展、转变的道路上依然任重道远！

（资料来源：http://www.xdwy2001.com/a/tuijian/2019/0306/6322.html）

第一节 物业资产管理概念

随着房地产行业不断向高端发展，房地产投资规模不断扩大、投资形式日益多样化，对物业资产管理的需求不断增加。业主或投资者希望通过物业资产管理，不仅使物业在运营和使用过程中能够保值，还要实现增值。这就要求物业管理从传统的物业基础管理服务拓展到价值层面的物业资产管理服务。

房地产资产通常在企业总资产中占很大比例,其管理质量对企业的成本收益、股东的回报以及公司主营业务的顺利发展起着至关重要的作用。因此,企业房地产资产管理和物业管理专业人才在企业决策中发挥着越来越重要的作用。与传统企业不同,许多现代企业,尤其是跨地区的大型企业,越来越多地将工作重点放在核心业务上,同时将非核心业务和服务管理留给更专业的人士。企业房地产资产管理通常属于房地产企业的非核心业务,因此房地产企业逐步将其外包出去,为物业管理行业向高端发展提供了可能,也为物业行业的高端发展提供了广阔空间。

一、物业资产管理的内涵

物业资产管理又称物业经营管理,是指为了实现业主的目标,综合利用物业基础管理、设施管理、房地产资产管理、房地产组合投资管理的技术、手段和模式,以收益性房地产为对象,为业主提供贯穿于物业整个生命周期的综合性管理服务。它强调为业主提供价值管理服务,满足其对物业投资收益或企业发展战略及主营业务发展目标的需求。

由物业资产管理的概念可以看出,物业资产管理不是一个特定的专业领域,而是由物业基础管理、设施管理、房地产资产管理和房地产组合投资管理四大领域随着市场需求的变化,不断拓展、交叉和融合的"综合体"。

物业资产管理活动既包括了为保证物业正常使用而进行的运行操作管理,也包括了将物业作为一种收益性资产所进行的资本投资决策、市场营销、租赁管理、成本控制、物业价值和经营绩效评估等经营活动。

二、物业资产管理的客体

物业资产管理活动的客体,即管理对象,主要是收益性房地产,包括写字楼、商业物业、工业物业等,其中最典型的收益性房地产是商业物业。商业物业包括商业街、市场类商铺、社区类商铺、交通设施类商铺、百货商场、购物中心、城市综合体等。这些收益性房地产通常出租给租户(又称租客、承租人)使用,可获得经常性租金收益,是房地产投资信托基金和机构投资者进行商业房地产投资的主要物质载体。

(一) 写字楼

办公楼(Office Building),是专门用来处理业务或提供专业性服务的建筑,是以脑力工作者为主体进行生产、管理、信息交换的场所,是各种非工业制造性组织机构为处理组织内部公务活动而使用的专门建筑。写字楼则是商务办公楼(Business Office Building)的通用别称,通常将写字楼直接简称为Office。

由于大多数服务型企业没有能力拥有写字楼或出于业务经营特性的原因不愿意拥有写字楼,所以存在着一个巨大的写字楼投资和租赁市场。由于写字楼的业主或投资者通常不是物业资产管理方面的行家,为了保持写字楼持续的市场竞争力,提升写字楼的市场价值,通常需要采购高标准、高质量、专业化的物业资产管理服务。

写字楼的分级标准问题在国内外房地产界和理论界已探讨很久,但始终没有形成理论共识。目前尽管房地产市场上有一些机构给出了写字楼的分类标准,但在实际执行过程中,写字楼分类与分级长期依赖于专业人员的主观判断,缺乏一致性。目前的写字楼分级主要是在综合考虑所处的位置、自然或质量状况、收益能力、物业管理等因素后,结合国际通行标准,将其按市场可接受的品质分为甲、乙、丙三个档次。

1. 甲级写字楼

国际上称为 Grade A Office(or A+),指在目前市场上拥有最高质量的空间、优越的地理位置、配备顶级的设施和系统的写字楼。甲级写字楼的建筑设计是美观和标志性的,建筑高并拥有良好的视野。甲级写字楼通常由信誉良好的物业管理公司提供专业资产运营管理服务,租金回报率通常高于本市平均租金水平,出租率非常高。其主要的租户是具有较高知名度、较大规模的企业、证券银行金融机构、地产投资商以及会计师、律师和建筑师等专业事务所等。

2. 乙级写字楼

国际上称为 Grade B Office,具有良好的地理位置,建筑物实物状况良好,建筑质量达到有关建筑条例或规范的要求;但建筑物的功能不是最先进的(有功能陈旧因素影响),有自然磨损存在,收益能力低于新落成的同类建筑物。

乙级写字楼的租金水平往往趋向于城市的平均租金水平。总体而言,乙级写字楼的区位、建筑系统和物业管理要略高于周边市场平均水平。区分甲级和乙级写字楼的依据主要是楼龄。乙级写字楼虽然楼龄不长,但可能已经出现最小功能退化或故障。其中一些乙级写字楼可能是刚从甲级标准中降级的,在成为乙级写字楼后开始有明显的损耗现象。

3. 丙级写字楼

国际上称为 Grade C Office,其物业已使用的年限较长,建筑物在某些方面不能满足新的建筑条例或规范的要求;建筑物存在较明显的实物磨损和功能折旧,但仍能满足低收入租户的需求并与其租金支付能力相适应;相对于乙级写字楼,丙级写字楼的租金虽然较低,但仍能保持一个合理的出租率。出租对象以那些不能支付高租金但又需要留在某个次中心区的小型企业为主。丙级写字楼拥有一些更新或重建的市场机遇,经过一些大的改善修整后可以升到乙级水平。

(二)商业物业

商业物业是指用于商业经营活动的建筑,包括从小型店铺到大型购物中心的各种商业空间。商业物业具有投资特性、商业特性和地产特性三大特性,其中首要的是投资特性。无论一宗商业物业的产权是统一的还是分散的,为了实现业主总体利益的最大化,非常需要集中统一的专业化物业资产管理服务,以选择优良租户,优化商业物业空间内的商业业态组合,保持和不断提升该商业物业对顾客的吸引力,通过增加商场人流以增加其营业额,并最终实现商业物业业主和投资者的收益目标。

商业物业的分类主要依据其建筑规模、经营商品的特点及商业辐射区域的范围三个方面。

1. 商业街

商业街是由众多商店、餐饮店、服务店共同组成，按一定结构比例规律排列的商业繁华街道，是城市商业的缩影和精华，是一种多功能、多业种、多业态的商业集合体。

商业街这类收益性房地产对商圈的成熟度及消费人流的依存度较大，通常采用独立商铺销售形式，统一招商压力比较小。另外，商业街的租金成本较高，尤其是二层以上商铺出租较难。这就需要物业资产管理专业运作，以实现增值。

2. 市场类商铺

市场类商铺是一种相对封闭的、由众多小商铺组成的商业地产类型。按照市场经营的商品是单一类别还是综合类型，可将其分为专业市场商铺和综合市场商铺。

市场类商铺的租售特点是对商圈的成熟度及消费人流的依存度较弱；采用分割式产权商铺返租销售的模式；统一招商压力比较大；商铺升值空间比较大，失败的风险也比较大；对市场规模和招商运营能力要求较高。

3. 社区类商铺

社区类商铺一般是住宅底商，租金不高，业态以满足居民日常生活需求为主，如便利店、药房、花店、小餐饮、洗衣店等。社区类商铺对人气和招商运营管理要求不高。

4. 百货商场

最早将满足人们衣食住行的什么商品都有的市场，称为百货商场。这种类型的物业布局特征是在一栋建筑物中，安排一个一个的专柜，柜台开价售货，面积比较小，柜台之间相对开放。

百货商场的运营模式包括联营模式和自营模式。联营模式是指店方的盈利靠收取各经营商家的销售扣点，店方和商家休戚与共。联营模式下，百货商场以统一收银为主，主要通过专柜销售收入的分成方式获利，营运部门需逐日对相关的品牌商销售业绩分别进行确认和复核；尤其是涉及大型促销活动时（如买送、买减、直接打折等），往往客流增加、营业额增加，但是基于百货商场不同的促销活动，让利幅度不同，会出具不同的开单条码以作为内部复核及结算的依据。自营模式是店家自行经营。

5. 购物中心

购物中心（Shopping Mall，也译为"摩尔"）是多种零售店铺、服务设施集中在由企业有计划地开发、管理、运营的一个建筑物内或一个区域内，向消费者提供综合性服务的商业集合体。

（1）区域购物中心。区域购物中心是指规模巨大，集购物、休闲、娱乐、餐饮等于一体，包括百货店、大卖场以及众多专业连锁零售店在内的超级商业中心。其建筑面积在10万 m^2 以上，有效商业服务半径可达到200 km，由专业购物中心管理集团开发经营，业态业种的复合度高（全业态、全业种/行业经营，高度专业化与高度综合化并存）、行业多、店铺多、功能多。

区域购物中心定位于家庭式消费，通过设置大面积百货和超市大卖场及大量不同行业的各种专卖店、家具家电、儿童及青年游乐设施、文化广场、餐饮，以覆盖老中青幼四代各个层次不同类型的顾客，再辅以针对各类消费者需求的各种专业店。此外，还设置各类特色店以吸引国内、国际游客,能满足各种层次顾客的一站式购物消费和一站式享受(文化、娱乐、休闲、餐饮、展览、服务、旅游观光)的需求。

区域购物中心所包含的内容比较广泛,在服务功能上表现为复合性,在经营管理上表现为一致性,在服务设施上体现为完整性,在服务范围上面向商圈内所有居民。因此,区域购物中心不是各类商家简单的集合,而是一个高效运作的统一体。

(2)市级购物中心。市级购物中心的建筑规模一般在 3 万 m^2 以上,其商业辐射区域可覆盖整个城市,服务人口在 30 万人以上,年营业额在 5 亿元人民币以上。在市级购物中心中,通常由一家或数家大型百货公司为主要租户;男女时装店、家用电器设备商店、眼镜店、珠宝店、摄影器材商店、男女鞋店、体育健身用品商店等,通常也可作为次要租户进入中心经营;银行分支机构、餐饮店、影剧院、汽车服务中心等,也常常成为这些市级购物中心的租户。按所服务的对象不同,市级购物中心又有高档和中档之分。

(3)地区购物商场。地区购物商场的建筑规模一般在 1 万~3 万 m^2 之间,商业服务区域以城市中的某一部分为主,服务人口 10 万~30 万人,年营业额为 1 亿~5 亿元人民币。在地区购物商场中,中型百货公司往往是主要租户,家具店、超级市场、图书及音像制品店、礼品店、快餐店、男女服装店、玩具店等常常是这类商场的次要租户。

6. 城市综合体

城市综合体是"舶来品",通过吸取西方发达国家商业物业优点并结合我国国情而打造的,以建筑群为基础,是融商业零售、商务办公、酒店餐饮、公寓住宅、综合娱乐五大核心功能于一体的"城中之城",是一种功能聚合、土地集约的城市经济聚集体。

城市综合体有五种发展模式,即均衡发展型、住宅驱动型、商务驱动型、酒店驱动型和商业驱动型。城市综合体各功能物业各有其作用并相互影响(图1-1)。

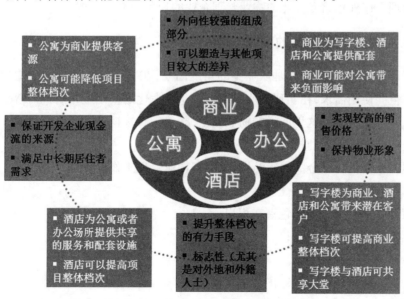

图 1-1　城市综合体各功能物业的作用及相互关系

(底色为深色的框内文字是作用,底色为灰色的框内文字是相互关系)

(三) 出租型别墅或公寓

用于出租经营的居住建筑主要是别墅和公寓，这是经营性房地产的重要类型。为了保持较高的出租率和租金水平，需要物业管理企业来为业主或投资者提供招租、租赁管理、维护与维修、安全与卫生、资本与预算管理等物业资产管理服务。

1. 别墅

别墅(Villa)是指在风景区或在郊外建造的供休养的住所。从环境上看，别墅与城市或者大规模的居民聚居点具有一定的距离，周边环境质量比较高。从建筑形态上看，别墅建筑应独立，豪华舒适，层数较少，并带有一定规模的院落。

2. 公寓

公寓(Apartment)是指包含有许多住宅单元的建筑物，通常不分割产权出售，供出租或短期居住。具体类型包括复式公寓（一套公寓住宅的诸房间在相连的两层楼上）、花园公寓（公寓建筑中底层能通向后院或花园的住宅）和单间公寓（由单独的多功能房间、厨房或小厨房及一间浴室组成的公寓住宅）。

(四) 工业物业

工业物业是指为人类生产活动提供入住空间的物业，包括工业厂房、仓储用房、高新技术产业用房、研究与发展用房（又称工业写字楼）等。用于出租经营的工业物业常常出现在工业开发区、工业园区、科技园区和高新技术产业园区。

工业物业管理通常与企业生产活动的流程与空间需求特征相关，必须保证能源供应和内部运输系统的通畅。同时还要兼顾物业资产的有效利用状况及运行成本对企业生产成本和经营利润的影响。随着越来越多的生产经营企业将关注重点转向企业的主营业务，而将工业物业管理工作外包给专业化的物业管理企业的现象越来越普遍。

三、物业资产管理服务的目标

物业资产管理服务的目标，是从业主的角度出发，在物业经济的全生命周期内，持续满足租户正常空间使用需求，在实现物业各期净收益最大化的基础上，保持和提高物业的市场价值以及未来发展潜力。这里所说的物业业主，既包括直接持有物业产权的企业或机构，也包括这些企业或机构背后的投资者。

在房地产投资信托基金的组织结构下，承担物业管理工作的物业管理企业，通常要承担如下责任：

(1) 策划租户的组合及物色潜在租户；

(2) 制定及落实租务策略；

(3) 执行租务条件；

(4) 确保所管理的物业遵守国家法规；

(5) 履行租务管理工作，例如管理租户租用物业的情况及附属康乐设施，就出租、退租、租金调整、终止租约及续订租约等与租户磋商；

（6）进行租务评估、制定租约条款、拟备租约、收取租金、追收欠租及收回物业等；

（7）执行例行的管理服务，包括保安监控、防火设施、通信系统及紧急事故管理等；

（8）制订和落实有关楼宇管理、维修及改善的政策及计划；

（9）提出更新改造建议及监控有关活动。

此外，物业管理企业的管理工作，还要与基金管理公司的投资策略、现金流量管理、财务计划等进行有效的配合。

四、物业资产管理企业

物业资产管理企业的发展，通常是从物业管理起家，逐渐向上延伸，过渡到物业管理与资产管理并重的复合型企业。也有少量房地产资产管理企业，通过向下延伸，发展成综合的物业资产管理企业。实践中，大量的物业资产管理企业还是以物业管理企业的名义出现。

（一）物业资产管理企业的特征

物业管理企业是依法成立、具备专门资质并具有独立企业法人地位，依据物业服务合同从事物业管理相关活动的经济实体。其特征可以归纳为以下三点：

第一，是独立的企业法人。物业管理企业严格遵循法定程序建立，拥有一定的资金、设备、人员和经营场所；拥有明确的经营宗旨和符合法规的管理章程，具备相应的物业管理资质；独立核算，自负盈亏，以自己的名义享有民事权利，承担民事的责任；所提供的服务是有偿的和盈利性的。

第二，属于服务性企业。物业管理企业的主要职能是通过对物业的管理和提供的多种服务，确保物业正常使用，为业主和物业使用人创造一个舒适、方便、安全的工作和居住环境。物业管理企业本身并不制造实物产品，它主要是通过常规性公共服务的延伸性的专项服务、随机性的特约服务、委托性的代理服务和创造性的经营服务等项目，尽可能实现物业的保值和增值。因此，物业管理企业的"产品"就是服务，与工业企业等其他经济组织是有区别的。

第三，具有一定的公共管理性质的职能。物业管理企业在向业主和物业使用人提供服务的同时，还承担着物业区域内公共秩序的维护、市政设施的配合管理、物业的装修管理等工作，其内容带有公共管理的性质。

（二）物业资产管理企业的类型

1. 按业务性质分类

（1）委托经营型物业管理企业。受委托有两种情况：一种是由开发建设单位委托，承担业主委员会成立前的前期管理；另一种是业主委员会成立后，由业主委员会选聘或在公开招标中，竞标取得管理权，由业主委员会委托实施管理。

委托经营型物业管理企业只有经营管理权，大多数从事住宅小区的物业管理，以做好公共服务、专项服务和特约服务的工作为主，同时兼营一些为小区内业主和使用人提供方便的经营性项目。

(2)租赁经营型物业管理企业。这类物业管理企业往往是由开发商自己成立的,大多是对商业大厦、写字楼等进行租赁经营和管理。这类企业除了要对物业进行租赁经营外,同样需要对租用物业的使用人提供物业服务和管理。

(3)委托代理型物业管理企业。这类企业又称为委托顾问型物业管理企业。这类企业的共同特点是,只有管理层,不设或少设操作层,专业化的服务内容都委托专业公司实施,物业管理企业只对这些工作进行督导,以及对房屋的基本管理、文档图纸管理、计算管理等费用和公用水电费进行分摊等。

委托代理又有两种形式,一种是对业主聘请的专业公司提供顾问性意见,由业主委员会与选聘的专业服务公司签订委托合同,物业管理公司只负责监督合同条款的执行情况;另一种是物业管理企业接受业主的委托,代聘各类专业服务公司,由物业管理企业与专业服务公司签订委托合同。

委托代理型物业管理企业是物业管理的发展方向。这种类型的物业管理既能降低业主支付的费用和企业的经营成本,又能提高管理服务的质量。

2. 按隶属关系分类

(1)由房屋开发商成立的物业管理企业。目前我国很多物业管理企业都是如此。

这在我国物业管理发展的初期(20世纪80—90年代),对我国物业管理的发展曾起到很大的推动作用。但是由于开发企业自身因素的限制,特别是随着我国物业管理水平的迅速提高以及物业管理市场的形成和逐步规范化,这类企业必须向独立化、专业化和社会化方向发展,这样才能有进一步发展的空间。

(2)单独成立的物业管理企业。这类物业管理企业包括私营、外商独资、中外合资或合作三种不同的经济成分。

(3)由房地产管理部门附属房管所改制的物业管理企业。

(4)由机关、企事业单位管房部门改制的物业管理企业。

(三)物业资产管理企业成立要求

根据《公司法》和《物业管理企业资质管理办法》的规定,物业管理企业的设立程序分为工商注册登记和资质审批两个阶段。

(1)物业管理企业的工商注册登记。根据《公司法》的规定,企业设立须向工商行政管理部门注册登记,在领取营业执照后,方可开业。因此,物业管理公司在营业前必须到工商行政管理部门注册登记,其办理手续与一般企业相同。注册登记的内容包括:预先审核的企业名称、公司地址、注册资本、股东人数和法定代表人、公司人员、公司章程等。

(2)物业管理企业的资质审批及管理。物业管理企业资质等级分为一、二、三级。国务院建设主管部门负责一级物业管理企业资质证书的颁发和管理;省、自治区人民政府建设主管部门负责二级物业管理企业资质证书的颁发和管理;直辖市人民政府房地产主管部门负责二级和三级物业管理企业资质证书的颁发和管理,并接受国务院建设主管部门的指导和监督;设区的市的人民政府房地产主管部门负责三级物业管理企业资质证书的颁发和管理,并接受省、自治区人民政府建设主管部门的指导和监督。

第二节 物业资产管理的内容

物业资产管理的内容与物业类型和业主持有物业的目的密切相关,通常将其分为物业基础管理或设施管理、收益性房地产资产管理和收益性房地产组合投资管理三个层次。其中,物业基础管理和设施管理以运行管理为主,收益性房地产资产管理和收益性房地产组合投资管理以策略性管理为主。

一、物业管理

(一)物业管理的含义

物业管理,是指物业管理企业受物业所有人的委托,依据物业管理委托合同,对物业的房屋建筑及其设备、市政公用设施、绿化、卫生、交通、治安和环境容貌等管理项目进行维护、修缮与整治,并向物业所有人和使用人提供综合性的有偿服务。

(二)物业管理的性质

物业管理是一种与房地产综合开发的现代化生产方式相配套的综合性管理,是随着住房制度改革的推进而出现的与产权多元化格局相衔接的统一管理,是与建立社会主义市场经济体制相适应的社会化、专业化、企业化、经营型的管理。

物业管理的客体是物业,服务对象是人,是集管理、经营、服务为一体的有偿劳动。所以,物业管理属于第三产业,是一种服务性行业。物业管理的性质也比较明确,主要是"服务性"的,寓管理、经营于服务之中。

(三)物业管理的基本特征

1. 社会化

物业管理的社会化是指将分散的社会分工集中起来统一管理,诸如房屋管理、水电供给、清洁卫生、保安巡逻、园林绿化等过去都是由多个部门多头、多家管理,改为由物业管理企业统一管理,充分发挥住宅小区与各类房屋的综合效益和整体功能,使之实现社会效益、经济效益和环境效益的统一。

物业管理社会化有两个基本含义:一是物业的所有权人要到社会上去选聘物业管理企业;二是物业管理企业要到社会上去寻找可以代管的物业。物业的所有权、使用权与物业经营管理的分离是物业管理社会化的必要前提;现代化大生产的社会专业分工则是实现物业管理社会化的必要条件。

2. 专业化

这是指专门的物业管理企业通过签订委托合同,按照产权人和使用人的意志与要求去实施专业化管理。物业管理企业有专业的人员配备,有专门的组织机构,有专门的管理工具和设备,有科学、规范的管理措施和工作程序,可以运用现代管理科学和先进的维修、养护技术实施专业化的管理。

3. 企业化

物业管理企业化的核心是按照现代企业制度组建物业管理企业,使其真正成为相对独立的经济实体,成为自主经营、自负盈亏的社会主义商品生产者和经营者,成为具有一定权利和义务的法人。

4. 经营型

物业管理的属性是经营性,所提供的商品是劳务和服务。它推行的是有偿服务,合理收费使得各类物业管理走上以业养业、自我发展的道路。

(四) 物业管理的基本内容

尽管物业的类型各有不同,但是物业管理所提供服务的基本内容是一致的。按服务的性质和提供的方式不同,物业管理可分为常规性的公共服务、针对性的专项服务和委托性的特约服务三大类。

1. 常规性的公共服务

公共服务是指物业管理中的基本管理工作,是物业管理企业面向所有住用人提供的最基本的管理和服务。公共服务的目的是确保物业的完好与正常,保证正常的生活和工作秩序,净化、美化生活环境。一般在物业服务委托合同中有明确规定,住用人享受这些服务时不需事先提出或者做出某种约定。公共服务一般有以下几项:

(1) 房屋建筑物主体的管理,具体包括对房屋基本情况的掌握,如房屋的数量、建筑形式、产权情况、完好程度、使用情况等。

(2) 房屋设备、设施的管理。

(3) 环境卫生的管理。

(4) 绿化管理。

(5) 治安管理。

(6) 消防管理。

(7) 车辆道路管理。

(8) 公众代办性质的服务。

2. 针对性的专项服务

专项服务一般具有一定的针对性,它是物业管理企业为了改善和提高住用人的生活、工作条件,而向广大住用人提供的各项服务工作。专项服务的特点是物业管理企业事先设立服务项目,并将服务内容与服务质量应达到的水平、收费标准(需额外收费)等公布给住用人,当住用人需要该项服务时可自行选择。

3. 委托性的特约服务

特约服务是指为了满足物业产权人、使用人的个别需求而受其委托所提供的服务。因为这类服务是个别需求,所以通常在物业服务委托合同中不会作约定,而物业管理企业在专项服务中也未设立,只是在产权人、使用人提出这方面的要求后,物业管理企业根据自身的能力状况和业务量状况,尽量满足其要求,为其提供特约服务。

上述三类服务中,第一类是最基本的工作,是物业管理企业必须做好的工作。同时根据自身的能力和住用人的需求,确定第二、第三类中的具体服务项目和内容,采取灵活多样的经营机制和服务方式,以人为核心做好物业管理服务工作,并不断拓展其广度和深度。

二、设施管理

设施管理是一种新型的房地产服务业务,其主要功能是通过对人和工作的协调,为某一机构(企业或事业单位)创造一个良好的生产、办公环境。设施管理的对象,主要是高新技术企业用房、医院、科研教学设施、大型公共文体设施、政府和企业办公楼等物业,服务对象通常为拥有房地产的非房地产企业或机构。随着社会经济的发展,越来越多的机构开始认识到,房地产作为一种重要的战略资源,其良好的管理对创造一个有益于员工健康的高效生产办公环境、降低房地产使用成本、保持房地产价值、实现机构发展战略,均具有十分重要的意义。因此,各类机构对设施管理专业服务的需求日益增加。

三、收益性房地产资产管理

收益性房地产资产管理从对物业、设施与租户的管理上升到聘用多个物业管理企业和设施管理公司来同时管理多宗物业。房地产资产管理公司负责管理物业管理企业和设施管理公司,监督它们的行为,指导它们为物业发展制订战略计划,以便使这些物业在所处的房地产子市场内实现价值最大化的目标,满足房地产组合投资管理者的要求。

四、收益性房地产组合投资管理

收益性房地产组合投资管理的视野更加广阔,包括理解和执行物业业主的投资目标;评价资产管理公司的表现;审批资产管理公司为维护物业资产结构安全、功能先进,保持其市场竞争地位而提出的更新改造计划;以经风险调整后的组合投资回报最大化为目标来管理资产;在合适的时机购置和处置物业资产;等等。

五、物业资产管理内容间的相互关系

物业基础管理、设施管理、资产管理和组合投资管理的作用是相互的。物业基础管理和设施管理定位于现场操作层面的管理,其主要作用是为租户提供及时的服务和保证物业的持续收入和现金流;资产管理通常涉及几处不同的物业,一般按照物业类型、地理位置或两者结合起来的分类原则来管理物业,因此比现场操作型的物业管理具有更广阔的视角。资产管理通过物业管理的工作来实施自己的战略计划,并在资产持有期间努力满足投资者的投资回报目标。

为了实现投资者所拥有的房地产资产价值最大化的目标,物业管理、设施管理、资产管理和组合投资管理必须进行有效的协调,并根据市场需求的变化主动地调整经营策略。

【思考】

1. 物业资产管理与传统物业管理的联系与区别是什么?
2. 商业物业的特性有哪些?其中最具有吸引力的特性是什么?
3. 物业资产管理企业的特征包括哪些?独立法人资格是什么意思?
4. 物业资产管理最大的价值在哪里?

【推荐阅读】

戴德梁行:去库存背景下经营性物业的资产管理策略

提要:2016年4月19日,戴德梁行(微博)举行了2016年第一季度媒体发布会,北中国区策略发展顾问部主管王晨博士就时下去库存问题进行深度剖析,并提出应对策略。

2015年以来,随着中国宏观经济增速放缓、结构转型,以及调控政策适应经济发展新常态,房地产这一支柱型产业的重要性又被重新提到台前。中央政府在多个高级别经济会议上频繁提到房地产"去库存"问题,并且将结合户籍制度改革、信贷政策调整,因城施策针对性地化解房地产库存。

去库存已成为政府帮助市场纠正供需错配,排除改革"堰塞湖",扫清供给侧改革障碍的规定动作。

在全部房地产去库存任务中,住宅物业所占面积比例达63%,毫无疑问是去库存的主力,也是人们关注的焦点。尽管全国住宅待售面积从2015年4月起同比增幅已呈下降趋势,但总量仍在继续攀升,每月以460万平方米的速度在累积。按同比幅度下降趋势预计,仍需一年时间才能使月度新增待售面积降为零,开始真正地去库存。

住宅物业去库存形势不容乐观,那么占去库存任务余下37%面积的经营性物业是否同样面临压力呢?

让高层领导头疼的难题

在审视经营性物业去库存形势前有必要厘清这类物业去库存的定义。由于经营性物业兼具使用功能和收益功能,最终以对外租赁获取资产孳息为目的,因此在开发商出售物业让渡产权时,即完成了第一次常规意义上的去库存;而对终端业主而言,未出租的经营面积也是库存,其对外出租经营时,即完成第二次去库存。相对于住宅物业的情况,经营性物业这种两次去库存的情况更复杂。

写字楼:据戴德梁行统计,2015年年末,除北、上、广、深四个一线城市外,其余二、三线城市甲级写字楼空置率已全部突破10%。以二线城市天津为例,2014年之后甲级写字楼市场空置率即突破20%并仍在走高。未来五年,部分二、三线城市还将迎来新增供应潮,总存量将提高一倍至数倍,空置率飙升不可避免。

商业：未来三年内，部分二、三线城市仍将迎来零售商业面积的大规模供给。以北中国区大连、青岛、西安为例，2016 年以上三个城市商业存量预计将增加一半，而三年内将翻番，商业空置率也将不可避免地达到 10% 以上。商业空置重灾区沈阳虽然入市面积逐年减少，但空置率仍将进一步提升，巨量商业面积面临去库存压力。

酒店：酒店行业受经济疲弱等影响较大。星级酒店总客房数自 2008—2009 年奥运经济热潮过后开始回落，2013 年更是纷纷主动摘星或被动转型退出统计口径。但客房出租率受经济下行影响仍无法保持平稳，过剩的"房晚数"已经成为酒店行业的巨大库存，预计未来 3 年五星级酒店将进入整体亏损期。

从经营性物业的两次去库存进程看，虽然首次去库存物业总量尚小于住宅，但增速不减，预计未来会成为难题，其压力主要为开发企业所承担；二次去库存物业总量巨大，且库存成本需全社会共同承担，将成为整个社会的隐疾。

市场反应如何

由于此轮去库存主要由政府主导，面对不断新增的库存增量和无法被消化的库存存量，政府的调控逻辑必然是限制市场新增供应量，同时快速出清现有存货，在价格上采取中短期压低成交价格以价换量、远期创造升值预期的策略。

经营性物业靠租赁收入支撑资产价值，但一般靠资产升值获利。当一般资产交易价格受政府严格调控升值乏力时，投资者出于保值考虑会纷纷出手，转而涌向优质资产，造成的后果就是一般资产价格越来越低，而优质资产供不应求且选择待价而沽。

在一般资产难以依靠市场稀缺性实现保值增值目时，稳妥地经营现金流才是资产保值的基石，资产持有者必须修炼内功，提升资产经营获利能力以求保值。

五大应对策略

在资产经营获利能力方面，人口基本面是经营性物业存续的前提背景，抛开这个外在因素，我们认为物业最高最佳用途、对市场的快速反馈、专业运营能力、压低成本提高利润空间、通过品牌细分获取辨识度是可予改进的五大策略。

根据级差地租理论，土地区位不同和投资生产率不同造成地租差别。在物业外部区位因素不变的前提下提高单位面积经营效率，形成物业类型梯次延展是经营行为的必然趋势。例如，高楼层商业的招商运营一向是难题，但转换角度看，客流难以抵达也是安静独立空间的功能特征，目前已有高层商业开始改造为联合办公模式。同理，还有商务区老旧酒店改造为办公楼。

根据市场需求尽快调整经营产品供给是当前供应端过剩、竞争加剧环境下企业领先于对手的必备能力。以北方写字楼区域市场为例，针对空气污染问题，部分甲级写字楼及时反应，在空调进风口处加装新风除霾设备，并在大堂设置 LED 屏幕显示室内外空气质量指数的对比，整体配置成本不高，但对提升写字楼租户忠诚度有很好效果。

在传统零售渠道规则被打破，B 端与 C 端直接对话的时代，物业经营者对终端产品的运营能力将成为企业区别于对手的核心竞争力。以广州正佳广场为例，在租赁联营模式中逐渐增加自营比例，直到推出"Hi 百货"买手店，增强自身专业能力的同时也获取中间代理环节的利润。同理,还有万达百货推出的"非他非她"鞋店。

这种策略可以直接对经营现金流产生影响。增加收益额的两种策略是:(1)着重提升业务规模并摊薄成本,逐步扩大收益率;(2)在规模不变的情况下着重压低经营成本,扩大利润敞口。对于经营性物业持有者,可采纳后一策略,通过合理缩减人员成本、进行物业能耗改造等来实现。万达广场内商管与百货的工程物业团队整合即体现了这一策略。

通过专业化运营和品牌塑造,加强自身的特点,让终端消费者能在第一时间想到某一经营性物业并前往消费。以酒店产业为例,放弃大而全的标准型酒店主题,针对目标细分客群做全方位需求满足是目前星级酒店转型的出路,由此获得的品牌辨识度成为进入市场的入口。

经营性物业持有者面对去库存这一大背景,如同开闸放水,只有身强(专业运营能力)、体健(对市场的快速反应)、装备专业(物业最高最佳用途)的泳者才能逃出生天。企业应从管理理念、管理层级、决策机制开始,着手修炼内功,提升资产经营能力,加强资产盈利预期以求保值。

(资料来源:news.dichan.sina.com.cn)

第二章

收益性物业基础管理

◎【教学目标】

1. 掌握什么是物业、收益性物业和物业基础管理,掌握物业和物业基础管理的基础知识,在头脑中对物业基础管理形成比较清晰的轮廓。

2. 了解合同相关知识,掌握物业基础管理合同的内涵以及特点,类型及其特征。

3. 了解物业管理企业财务管理的相关内容和相关制度,具有基本的财务意识。掌握专项维修资金的构成及相关使用制度。

4. 了解物业管理企业中的人力资源管理基本知识点,增加对物业管理企业整体架构的认知。

5. 了解客户关系管理基本知识,掌握物业基础管理过程中客户关系管理的主要内容、特点、要求和方式方法等,并能够对一些突发事件进行危机公关。

◎【教学重点】

1. 物业及物业基础管理的概念;物业基础管理的特征;物业基础管理的基本内容。

2. 物业基础管理合同内涵;物业基础管理合同特征;物业基础管理合同类型及其特点。

3. 物业管理企业财务管理基本内容、基本原则、特点和相关制度;专项维修资金的构成及重要性。

4. 物业管理企业人力资源管理的内涵、基本内容、特点、要求。

5. 客户关系管理基本知识;物业基础管理中企业客户关系管理的特点、要求和重要性。

◎【教学难点】

对每一个知识点的理解,以及灵活运用知识点进行相关案例、事件的分析。

◎【教学建议】

课程可按小节录制微课,方便学生巩固理论知识。

◎【行业动态】

中国物业管理协会设施设备技术委员会全体会议在苏州召开

2019年中国物业管理协会设施设备技术委员会全体会议于3月29日在苏州召开，中国物业管理协会副会长兼秘书长王鹏，中国物业管理协会副会长、设施设备技术委员会主任李健辉，以及委员会高级顾问、副主任及委员共138人参加了会议。

29日上午召开了设施设备技术委员会领导机构会议，23位与会代表各抒己见，共同研究和探讨了2019年设施设备技术委员会的重点工作，具体包括房屋及重要机电设备重大安全责任事故预防、《物业设施设备管理指南》修订、绿色物业管理样板机房创建、设施设备人员专业技能培训、维修与维护边界课题研究、设施设备国际化管理经验学习和交流合作六个方面的工作。代表们还围绕绿色建筑维护与运营、行业标准编写、加强对外宣传、充分发挥技术委员会技术引领优势等工作进行讨论。会议由中国物业管理协会副会长、设施设备技术委员会主任李健辉主持。下午，来自全国各地的138名技术委员会委员参加了全体委员大会，共同研究和探讨物业设施设备管理工作，共同推动行业高质量发展。

中国物业管理协会第三届设施设备技术委员会主任李健辉作了《设施设备技术委员会2018年工作总结及2019年工作计划》的报告。2018年是贯彻党的十九大精神的开局之年，也是改革开放40周年，自2018年4月委员会换届以来，根据国家提出的中国经济高质量发展的方针，结合中国物业管理协会"服务质量提升年"的总体要求，委员会坚持科技引领，技术推动，以全面提升物业管理行业设施设备技术管理水平为己任，积极主动开展各项工作。中国物业管理协会将2019年定义为"标准化建设"年，委员会将贯彻落实"创新、协调、绿色、开放、共享"的发展理念，紧密围绕安全生产，通过组织对《物业设施设备管理指南》的修订、项目重要设备样板机房和实训基地建设，加强行业专业人才培训、交流和知识更新，提升设施设备的专业化管理能力，推动设施设备运行管理和维护的标准化建设；通过联合维修资金研究专业委员会共同申请并承接《物业共用设施设备维修资金使用界定研究》重点课题，为有效解决专项维修资金使用难的问题，提供政策制定的有效依据；通过加强与国际设施设备管理协会的交流，开拓设施设备管理人员的眼界和视野。

设施设备管理是物业管理行业生存和发展的根本，是物业管理的"芯片"，其管理水平的高低直接关系到业主满意度和幸福感，关系到物业资产是否能够保值增值。中国物业管理协会副会长兼秘书长王鹏充分肯定了设施设备技术委员会2018年取得的丰硕成果，同时回顾了委员会自2008年成立以来，秉持汇聚全国设施设备高尖人才，为行业技术提升做贡献的初心。围绕2019年物业管理行业标准建设年以及行业发展趋势，王鹏副会长提出了四点工作要求：一是要防范风险，排查隐患，预防系统性安全事故的发生；二是要参与到行业标准化编写和编撰工作中，要让更多的专业技术人才参与到设施设备管理标准建设当中，各委员要发挥聪明才智，积极为技术标准建设出谋划策；三是要做好人才队伍建设和培训工作，为行业高质量发展提供保证和支撑；四是要搭建沟通交流平台，充分应用互联网、物联网先进技术,为行业提质增效,推动行业高质量发展。

为推动技术委员会工作开展,第三届技术委员会共分为八个专业和一个交流小组,分别由副主任担任组长和副组长,为展现各专业小组所开展的工作,各专业小组长按顺序上台发言,"幸福是奋斗出来的,我奋斗,我幸福",相信在各小组共同努力下,技术委员会的整体工作一定能上一个新台阶。

为了吸纳更多愿意为行业做出贡献的优秀人才,加强委员会的考核和管理,真正发挥委员会的引领作用,根据管理需要,大会全体委员共同审议通过了《修订设施设备技术委员会工作规则》《设施设备技术委员会委员增补名单》《设施设备技术委员会副主任增补候选人名单》《设施设备技术委员会年度积分考核管理办法》。

本次会议得到了苏州工业园区金鸡湖物业管理有限公司、利亚德光电股份有限公司及大金(中国)投资有限公司的大力支持,三家公司分别以《不恋过往岁月峥嵘　不畏将来勇立潮头》《显示设备在改造项目中的选型方案探讨》《大金VRV提供最佳空气解决方案》为题进行了主题分享。

本次会议不仅总结了工作成果,还厘清了今后发展方向,技术委员会定将不忘初心、继往开来,切实发挥职责和应有作用,为行业高质量发展做出新的更大贡献。技术的更新迭代速度越来越快,消费者的需求日益增长,且越来越多样化和个性化,但不会因时间流逝而折旧,不会因世事变迁而贬值的,就是锲而不舍的工匠精神,拥有这种精神,便可以在任何时代与任何浪潮中实现可持续的高质量发展,并铸就自己的辉煌。

本次会议由广州粤华物业、苏州金鸡湖物业共同承办,周密的会议安排,以及优质服务,得到了与会人员的高度赞扬。

(资料来源:http://www.ecpmi.org.cn/NewsInfo.aspx？NewsID=7611)

第一节　概　述

一、物业管理的产生与发展

(一)早期的物业管理

物业管理起源于19世纪60年代的英国。当时英国工业正处于一个发展的高涨阶段,对劳动力的需求很大,城市住房的空前紧张成为一大社会问题。一些开发商相继修建一批简易住宅以低廉租金租给贫民和工人家庭居住。由于住宅设施极为简陋,环境条件又脏又差,不仅承租人拖欠租金严重,而且人为破坏房屋设施的情况也时有发生,严重影响了业主的经济收益。于是,在英国的第二大城市伯明翰,一位名叫奥克维娅·希尔(Octvia Hill)的女业主迫不得已为其出租的物业制定了一套规范——约束租户行为,要求承租者严格遵守。同时,业主本人也及时对损坏的设备、设施进行修缮,维持了起码的居住环境。此举收到了意想不到的良好效果,使得当地人士纷纷效仿,并逐渐被政府有关部门重视,普遍推广到其他西方国家,因而被视为最早的物业管理。

(二) 现代物业管理

物业管理虽然起源于英国,但真正意义上的现代物业管理却是 20 世纪初期在美国形成并发展起来的。

公寓大厦、摩天办公大楼是现代物业管理的催生剂。19 世纪末到 20 世纪初,美国进入垄断资本主义阶段,垄断资本在积累巨额财富的同时,也带来大规模的国内民工潮、国际移民潮和求学潮,加速了美国的城市化过程。美国政府出于环境保护和长远发展的考虑,对城市土地的使用面积进行了严格的控制,加上建筑新材料、新结构、新技术的出现和不断进步,于是,一幢幢高楼大厦迅速拔地而起,而这些大厦的日常管理、服务、维修、养护的专业技术要求大大超出了传统的物业管理要求。并且,大厦的业主常常不是一个或几个,而是数十个或数百个,面临着不知由谁来管理的难题,结果,一种适应这种客观需要的专业性物业管理机构应运而生。该机构应业主的要求,对楼宇提供统一的管理和系列的服务,开启了现代物业管理的大门。

现代物业管理产生的另一标志是物业管理行业组织的诞生。

1908 年,芝加哥建筑管理人员的组织举行了第一次全国性会议,有来自美国各地的 75 名代表参加,宣告了世界上第一个专门的物业管理行会的诞生。

芝加哥建筑物管理人员组织(Chicago Building Managers Organization, CBMO)的诞生和运作,又推动了另外两个重要的全国性物业管理组织的诞生。在其后的 3 年中,CBMO 先后在底特律、华盛顿、克利夫兰等美国大城市举行了年会,促使世界上第一个建筑物业主组织(Building Ownerts Organization, BOO)问世。CBMO 和 BOO 的成立,对美国物业管理的发展起到了积极作用。而后,在这两个组织的基础上,美国成立了"建筑物业主与管理人协会(Building Owners and Managers Association, BOMA)"。这是一个地方性和区域性组织的全国联盟,代表物业管理过程中业主和房东的利益。所以,CBMO、BOO、BOMA 一起将美国的物业管理首先推入现代化轨道。在美国物业管理模式的影响下,欧洲很多国家在第二次世界大战前后都实现了这种管理行为组织体制的有机结合,并且涌现出一大批高素质的物业管理人才,政府对物业管理行为一般不采取直接干预方式,而是通过法律与制度进行规范与引导,促使物业管理行业健康发展。

(三) 中国物业管理的产生与发展

(1) 香港特别行政区的物业管理。在香港回归之前,当时的香港政府自 20 世纪 50 年代开始,为解决住房紧张的问题,仿效英国的公共住房政策,制定了早期的"公共房屋计划",继而成立了屋宇建设委员会,开始兴建公共住房,称为"公屋"。另外,政府部门工务局也兴建了设备齐全的屋村,并由屋宇建设委员会负责管理。为筹划和管理好一批公共楼宇与屋村,当时的香港政府特别从英国聘来房屋经理。从此,专业性房屋管理的概念正式引入香港地区。

随着建筑物高度的增加和屋村规模的扩大，以及人们对居住环境的要求日益提高，单靠政府或开发商提供管理服务难以满足要求，于是，发挥住户的自我管理、民主管理的作用就显得必要。为此，当时的香港政府制定了《多层大厦（业主案法团）条例》，确定业主可以"参与管理者"的身份，组织业主立案法团。业主立案法团由半数以上的自住（用）业主组成，是合法的管理组织。它可以收取管理费，可以雇用员工，也可以委任专业管理公司，为大厦提供多方面的服务。

当时的香港政府主要是通过立法对物业管理进行引导和监督，先后制定了《房屋条例》《多层大厦（业主立案法团）条例》《建筑物管理条例》等法规，分别由建筑事务监督员、消防专员、卫生专员按照法律规定进行有关的检查和监督，以确保物业管理的各项工作和内容能够符合有关条例的要求。

（2）社会主义市场经济体制下的中国物业管理。除香港、澳门、台湾地区外，中国其他地区对物业管理的探索和尝试始于20世纪80年代初期。当时，被列为沿海开放城市和经济特区的广州、深圳，为破除旧的住宅管理体制的弊端，在借鉴国外先进的经验的基础上，结合中国的实际，大胆探索，在一些涉外商品房屋管理中，首先推行了专业化的物业管理方式。

我国物业管理的发展可以分为三个阶段：

第一阶段（20世纪80年代初—1994年3月）是探索和尝试阶段，这段时间主要是我国沿海地区和城市开始引进境外的一些专业物业管理模式，并根据当地的实际情况加以改造，专业化的物业管理处在试验阶段。

第二阶段（1994年3月—1999年5月），1994年3月，建设部颁布第33号令，即《城市新建住宅小区管理办法》，明确指出："住宅小区应当逐步推行社会化、专业化的管理模式，由物业管理公司统一实施专业化管理。"该阶段是我国物业管理的快速发展时期，物业管理企业建立、物业管理立法、从业人员培训和行业管理等方面都取得了长足进步，专业的物业管理已经被社会广泛接受。物业管理正在更深入、广泛地影响着每个居民的生活。与此同时，一些开展物业管理较早的物业管理企业已经在规范化和市场化方面做了一些有益的探索。

第三阶段（1999年5月—），1999年5月，全国物业管理工作会议在深圳召开，主要解决培育和规范物业管理市场，推动物业管理工作健康发展的问题。因此，这一阶段主要是巩固和提高物业管理的普及率，培育物业管理市场，建立竞争机制，初步形成以政府宏观调控为主导，业主与企业双向选择，以公平竞争为核心，以社会、经济、环境效益的统一为目的，以规范化、高标准为内容，以创建品牌、上规模为方向的物业管理体系。

（四）物业管理发展的影响因素

影响物业管理的因素主要有以下几项：

（1）购买服务商品的支付能力。

（2）住房制度的改革。

（3）政府行为的推动。

我国为了推动物业管理的发展，先后颁布了《城市新建住宅小区管理办法》《城市住宅小区物业管理服务收费暂行办法》《住宅公用部位共用设施设备维修基金管理办法》《物业管理企业财务管理规定》等几项部门规章和一些示范性文件。此外，各个城市也根据自身的特点，分别制定了适合本地区的相关的地方性法规、政策等，使我国的物业管理步入一个良性发展的环境。

二、物业管理合同内涵

在物业管理活动中，合同占有举足轻重的地位。合同大量存在于物业管理的各个环节，物业管理的各种行为都与合同有关。物业管理合同是一个综合的概念，它是指物业管理当事人之间根据权利义务所达成的具有法律效力的协议或契约，包括售房合同、业主公约、早期介入合同、前期物业服务合同、物业服务合同、室内装饰装修管理服务协议、物业经营协议、供水供电有偿委托合同、专项管理项目及设备分包协议等。签订与履行物业管理合同，是物业管理优质服务的核心内容，也是保障物业管理活动顺利开展的基石。

（一）合同的概念

合同是双方或多方当事人之间的协议。当受要约人以订立合同的意图接受要约时合同即成立。合同是当事人之间意思表示一致的结果。合同的订立，必须经过要约和承诺两个阶段。

（二）合同的要约

要约(Offer)，在商品交易中又称为发盘、出盘、发价、出价等，是指一方当事人以缔结合同为目的，向对方当事人所做出的希望与其订立合同的意思表示。发出要约的一方称为要约人(Offeror)，接受要约的一方称为受要约人(Offeree、Acceptor)，或被称为承诺人。简单地说，要约就是订立合同的意思表示，承诺就是对要约的接受。要约人在要约中提出合同的基本条件，并表明愿意以此条件订立合同。一旦受要约人同意，合同即成立，双方均应受合同的约束。如果受要约人认为要约中有些内容不能接受，并提出修改建议，称为反要约。所以，一个合同的签订往往要经过要约、反要约数个回合的谈判。合同成立以最后的要约与承诺生效为准。

1. 合同要约的构成要件

作为合同成立的一个要素，要约的构成要件为：

（1）要约必须是特定人的意思表示，必须具有订立合同的意图。即表明一旦受要约人承诺，要约人即受该意思表示的约束，要约人就成为合同的一方当事人。

（2）要约必须包括合同的主要内容，并且内容必须具体确定。即要约的内容必须具有足以使合同成立的主要条款，且内容必须明确，使受要约人能理解要约人的真实意图。

（3）要约必须传达到受要约人才能生效。如果要约人虽有要约，但未传达，或要约因信件遗失等原因而不能传达，则该要约不发生任何效力。

要约一旦做出，要约人需要承担法律责任。要约是订立合同的提议，应表明一旦对方同意，即受要约约束的意思表示，所以不是所有的订约提议都可以构成要约。

2. 合同要约与要约邀请

要约不同于要约邀请。要约邀请(Invitation to Treat)是一方邀请他方向自己发出要约，要约邀请人无须承担法律责任。从以下比较中可以更加明确要约与要约邀请之间的区别：

（1）拍卖。拍卖是一种特殊的交易方式，但其成交过程也可用要约与承诺来分析。拍卖广告以及拍卖人宣布拍卖某物都属于要约邀请。拍卖过程中出价人每次竞买的出价均为要约，拍卖师击槌表示成交则为承诺，双方交易告成。在拍卖过程中，拍卖广告上的有些物品，可能会被撤销拍卖，因为拍卖广告并非要约。

（2）广告。原则上，一般的广告不是要约。即使广告中标明价格，也不认为广告是要约，广告只是要约邀请。但对于某些已经做出许诺的广告，并且广告的内容符合要约规定，则可能成为要约。例如，悬赏广告是要约，悬赏广告声明对完成某种特定行为的人给予奖励，构成了单方允诺行为，只要有人完成了广告所约定的行为，合同即成立，悬赏人就有义务履行奖励的允诺，支付约定的报酬。

（3）标价。标价是要约邀请，不是要约。任何商店或超级市场内的商品标价陈列，都仅仅是要约邀请。当顾客交钱购物，店员接受时，合同才成立。同样，当顾客根据广告、货物清单或商品陈列的价目表上的价格提出订单时，这个订单的提出就构成要约。

（4）招标。招标投标也是现代社会常见的交易方式。招标是要约邀请，投标则是要约，招标人接受投标确定中标是承诺。一旦中标，合同即成立。因此，往往在物业管理招标文件或投标文件中，必须明确物业管理服务合同的主要内容。

3. 合同要约的法律意义

要约的法律意义在于要约是一种法律行为，要约到达受要约人时生效，要约一旦生效对要约人具有约束力，不得随意撤销，具体体现在要约的撤回或撤销的严格法律规定中。依据《中华人民共和国合同法》第十七条以及第十八条的规定，撤回要约的通知应当在要约到达受要约人之前或者与要约同时到达受要约人。撤销要约的通知则只限于在受要约人发出承诺通知之前到达受要约人。同时《中华人民共和国合同法》第十九条规定了有下列两种情形之一的，要约不得撤销：第一，要约人确定了承诺期限或者以其他形式明示要约不可撤销；第二，受要约人有理由认为要约是不可撤销的，并已经为履行合同做了准备工作。否则，要约人应承担相应的法律责任。

（三）合同的承诺

承诺，在商品交易中又称为接受、收盘，是指受要约人按照要约规定的时间和方式，用语言或行为对要约表示完全接受以缔结合同的一种意思表示。要约一经承诺，合同即告成立。

1. 合同承诺的构成要件

承诺必须具备如下要件，才能产生法律效力：

（1）承诺必须由受要约人或其代理人做出。非受要约人或未获得授权的代理人不得做出承诺。

（2）承诺必须在要约的有效时间内做出。超过要约规定的期限或合理期限的承诺无效，只能视为一个新要约。

(3) 承诺必须与要约的内容一致。一项有效的承诺,受要约人不能对要约内容做出实质性变更,否则为新要约,并导致原要约失去效力。

(4) 承诺必须传达给要约人。如果受要约人内心愿意接受要约,却保持沉默,未对要约人公开表示,则不构成承诺。

2. 合同承诺的法律意义

与要约相对应,承诺也是一种法律行为。承诺的法律意义在于:受要约人一经做出承诺,该合同即告成立;要约人与受要约人(即承诺人)之间就形成了合同关系,双方当事人就要受合同的约束。当然,承诺也可依法撤回,根据《中华人民共和国合同法》第二十七条规定:"承诺可以撤回。撤回承诺的通知应当在承诺通知到达要约人之前或者与承诺通知同时到达要约人。"

(四) 合同的要件

合同要件即有效合同应当具备的必要条件。它包括以下几个方面:

1. 当事人的缔约能力

当事人缔约能力,即指合同当事人应当具备的合法资格。具体而言,订立合同的当事人应当具备相应的民事权利能力和民事行为能力,可以是自然人,也可以是法人或其他组织。作为法人和其他组织,这些主体在订立合同时,必须具有相应的法律资格。

2. 当事人的真实意思表示

当事人意思表示真实,即合同应当是双方当事人意思表示的真实反映。合同的订立是基于"契约自由"原则,而"契约自由"是建立在当事人真实意思表示基础之上的。因此,如果合同内容不能反映当事人的真实意思,该合同就必然属于无效合同。

3. 合同的内容合法

合同的内容不合法,则合同无效。因此,合同的内容必须符合法律、法规的规定,符合社会的公共利益。

4. 合同的形式合法

合同形式是合同当事人所达成协议的表现形式,是合同内容的载体。合同的形式必须遵守法律、法规的有关规定,否则也将构成合同的无效。《中华人民共和国合同法》第十条就明确规定:"当事人订立合同,有书面形式、口头形式和其他形式。法律、行政法规规定采用书面形式的,应当采用书面形式。当事人约定采用书面形式的,应当采用书面形式。"这条规定的实质就是要求合同形式必须合法。

订立的合同如果不符合上述四个合同要件之一,就不具备合同生效的基本条件。

5. 口头合同、书面合同、事实合同

(1) 口头合同。口头合同是指当事人以对话的方式就合同的主要条款协商一致达成的协议。除了当事人面对面协商达成的口头协议之外,当事人通过电话以及第三人从中撮合、转达意思达成一致的表示一般也都认为属于口头合同。

口头合同的优点是简便易行,缺点是一旦发生纠纷难以查据。因此,口头合同一般适用于数额较小、即付即清、经济关系比较简单、信用较好的老客户。对于标的金额大、时间周期较长、法律关系复杂、不太了解对方信用的情况,就应该采用书面合同。在实践中,有些口头合同虽然已经履行完毕,还会因质量等问题而引发纠纷,如物业装饰装修等工程,当事人之间应该订立书面合同。

(2) 书面合同。所谓书面合同,就是指当事人采用文字、图形及表格等方式将双方协商一致达成的协议表述出来的一种合同形式。当事人双方协商成文后签字或盖章形成的合同书、协议书、公约等一般都属于书面合同的形式,如前期物业服务合同、物业服务合同、业主公约等。通过信件、电报、电传、传真、电子数据交换以及电子邮件等通信工具或形式进行协商达成的协议,也属于书面合同。

合同采用书面形式,不仅可以强化双方当事人的责任心,敦促双方严肃认真全面履行合同义务,而且在发生纠纷时,可以形成比较可靠的证据。因此,只要条件允许,合同应当尽可能采用书面形式。

(3) 事实合同。《中华人民共和国合同法》第十二条规定:"当事人订立合同,有书面形式、口头形式和其他形式。"其他形式主要指行为合同形式,也就是通常人们所说的事实合同。事实合同是指当事人双方不直接用口头或者书面形式进行意思表示,而是通过实施某种具体行为方式进行意思表示所达成的协议。

在现实生活中存在着大量的事实合同。如顾客到自选商场购买商品,直接到货架上拿取商品,支付价款后合同即成立;又如车主将车辆开到停车场进口处,即表示要进入停车场停放车辆,停车场管理员将停车场道闸打开允许车辆入内后车辆停放合同即成立。

(五) 合同签订应遵循的基本原则

合同受法律法规约束,其签订和履行应当遵循《中华人民共和国合同法》规定的以下五项基本原则:

1. 主体平等

合同当事人的法律地位平等,一方不得将自己的意志强加给另一方。任何民事主体在法律人格上是一律平等的,享有独立的人格,不受他人的支配、干涉和控制。只有合同当事人的人格平等,才能实现合同当事人的法律地位平等。合同当事人平等是商品经济的必然前提和必然产物,也是社会主义市场经济对交易秩序和经济秩序的具体要求。

2. 合同自由

当事人依法享有自愿订立合同的权利,任何单位和个人不得非法干预。合同自愿原则,也就是合同自由原则,或称为契约自由原则。其含义包括缔结合同、选择缔约相对人、选择合同形式、决定合同内容、变更和解除合同、选择补救方式的自愿或自由。当然,实行合同自由原则,并不排除法律以及国家对合同的适当干预和限制。

3. 权利义务公平对等

在经济活动中,合同的任何一方当事人既享有权利,也承担相应义务,权利义务相对等。公平原则规范合同当事人之间的利益关系,制约对合同自由原则的滥用,要求形式(即合同主体的法律地位)的公平和实质的公平。合同的实质公平,是指双方当事人的权利、义务必须大体对等。对于显失公平的合同,当事人一方有权请求人民法院或者仲裁机构变更或撤销。

4. 诚实信用

诚实信用原则,也称为诚信原则,是民法、合同法的最基本原则。诚实信用原则,是指民事主体在从事包括合同行为在内的民事活动时,应该诚实守信,以善意的方式行使自己的权利和履行自己的义务,不得有任何欺诈行为。诚实信用原则适用弹性相当大,具有确定行为规则、平衡利益冲突、解释法律与合同三大基本功能。诚实信用原则体现了社会主义精神文明和道德规范的要求。

5. 守法和维护社会公益

当事人订立合同、履行合同,应当遵守法律法规,遵守社会公德,不得扰乱社会经济秩序,损害社会公共利益,这是人们社会公共生活的基本准则。维护社会公益原则,也就是维护公序良俗原则,包括社会公德、公共秩序和善良风俗。守法和维护社会公益原则,是合同法的最高要求。

三、前期物业服务合同

(一) 前期物业服务合同的概念

前期物业服务合同,是指物业建设单位与物业管理企业就前期管理阶段双方的权利义务所达成的协议,是物业管理企业被授予开展物业管理服务的依据。《物业管理条例》第二十一条规定:"在业主、业主大会选聘物业服务企业之前,建设单位选聘物业服务企业的,应当签订书面的前期物业服务合同。"第二十五条规定:"建设单位与物业买受人签订的买卖合同应当包含前期物业服务合同约定的内容。"前期物业服务合同的当事人不仅涉及建设单位与物业管理企业,也涉及业主。

在实践中,物业的销售及业主入住是持续的过程。这个阶段经专有部分占建筑物总面积过半数的业主且占总人数过半数的业主同意并形成业主大会选聘物业服务企业的决定是不现实的,而这个阶段的物业管理服务又是必需的。因此,为了避免在业主大会选聘物业管理企业之前出现物业管理的真空,明确前期物业管理服务的责任主体,规范前期物业管理活动,《物业管理条例》明确规定前期物业管理服务由建设单位选聘的物业管理企业提供。

(二) 前期物业服务合同的主要内容

合同的内容就是合同的条款,是合同对当事人权利义务的具体规定。前期物业服务合同的内容就是通过合同条款反映建设单位与物业管理企业之间的权利义务关系。其具体包含以下几个主要部分:

1. 合同的当事人

物业服务合同的当事人就是建设单位与物业管理企业,其中建设单位以及物业管理企业一般都是法人组织。

2. 物业基本情况

物业的基本情况包括物业名称、物业类型、坐落位置、建筑面积等方面的内容。

3. 服务内容与质量

服务内容主要包括:物业共用部位及共用设施设备的运行、维修、养护和管理;物业共用部位和相关场地环境管理;车辆停放管理;公共秩序维护、安全防范的协助管理;物业装饰装修管理服务;物业档案管理及双方约定的其他管理服务内容;等等。

4. 服务费用

服务费用包括:物业服务费用的收取标准、收费约定的方式(包干制或酬金制);物业服务费用开支项目;物业服务费用的缴纳;酬金制条件下,酬金计提方式、服务资金收支情况的公布及其争议的处理;等等。

5. 物业的经营与管理

物业的经营与管理包括:停车场和会所的收费标准、管理方式、收入分配办法;物业其他共用部位、共用设施设备的经营管理;等等。

6. 承接查验和使用维护

承接查验和使用维护的主要内容包括执行过程中双方责任义务的约定。

7. 专项维修资金

专项维修资金的主要内容包括这部分资金的缴存、使用、统筹和管理。

8. 违约责任

这部分内容主要包括违约责任的约定和处理、免责条款的约定等。

9. 其他事项

其他事项主要包括合同履行期限、合同生效条件、合同争议处理、物业管理用房、物业管理相关资料归属以及双方认为需要约定的其他事项等。

(三)签订前期物业服务合同应注意的事项

1. 物业的承接验收

物业共用部位、共用设施设备的承接验收是前期物业服务活动的重要环节,前期物业服务合同应当对物业共用部位、共用设施设备的承接验收内容、标准、责任等做出明确的约定。而对业主自有物业专有部分的承接验收则属于业主与发展商之间的问题,无须在合同中约定。

2. 物业服务的费用

前期物业服务合同涉及的费用种类多,情况复杂,支付主体及责任容易混淆,易造成矛盾,必须在合同中予以列明。例如,应当由建设单位支付的费用不能转嫁给业主;对于由业主支付的费用,则应当注意是否符合国家法律法规的要求,应当在物业销售前予以明示或约定。

3. 前期物业服务合同的解除或终止

前期物业服务合同的履行受业主入住状况及房屋工程质量等各种因素的影响,合同的期限具有不确定性,当此类因素致使前期物业服务合同无法全面履行时,物业管理企业可以通过提前解除合同或要求补偿的方式规避风险。因此,有必要在前期物业服务合同中对解除合同的条件做出明确约定。

四、物业服务合同

(一) 物业服务合同的概念

物业服务合同是物业管理企业与业主(或业主大会授权的业主委员会,下同)之间就物业管理服务合同及相关的物业管理活动所达成的权利义务关系的协议。

(二) 物业服务合同的特点

(1) 一般情况下,产权多元化的物业管理区域是由业主委员会在业主大会的授权下作为合同主体与物业管理企业签订物业服务合同。

《物业管理条例》第十五条规定:"业主委员会代表业主与业主大会选聘的物业服务企业签订物业服务合同。"业主大会经物业管理区域内专有部分占建筑物总面积过半数的业主且占总人数过半数的业主同意,决定选聘物业管理企业后,由业主委员会代表业主与业主大会选聘的物业管理企业签订物业服务合同。

(2) 物业管理涉及群众的日常生活以及城市的正常秩序,因此各级政府行政机关有必要介入、指导和监督物业管理活动。《物业管理条例》对物业服务合同主体资格做出了明确规定,要求业主大会成立、业主委员会选举必须符合法定程序,要求物业管理企业必须具备相应资质证书等。此外,还要求在物业服务合同签订之后应当及时向政府物业管理主管部门备案。

(3) 在订立物业服务合同时,应明确不但业主或物业使用人要支付在物业管理服务过程中所发生的相关费用,物业管理企业还应取得一定的酬金或利润,物业管理服务是有偿性质的。

(4) 物业管理区域内的全体业主作为物业服务合同的一方主体,一般不可能在选择物业管理服务以及选择物业管理企业方面形成一致的看法,其中的单个业主或部分业主,也不可能拒绝某种物业管理服务或某个物业管理企业。因此,只要通过法定的多数投票权数,所有业主都必须承担相应的物业服务合同责任。

(三) 物业服务合同与前期物业服务合同的主要区别

物业服务合同中关于服务内容的条款与前期物业服务合同基本相同,主要差别在于:

1. 订立合同的当事人不同

前期物业服务合同的当事人是物业开发建设单位与物业管理企业;物业服务合同的当事人是业主(或业主大会)与物业管理企业。

2. 合同期限不同

前期物业服务合同的期限虽然可以约定,但是期限未满、业主委员会与物业管理企业签订的物业服务合同又开始生效的,前期物业服务合同将会终止。物业服务合同期限则由订立合同双方约定,与前期物业服务合同相比,具有期限明确、稳定性强等特点。

（四）物业服务合同的签订

1. 物业服务合同的成立

物业服务合同的成立,是指合同双方当事人就合同主要条款达成一致,且采用书面的形式订立,双方当事人一经签字或盖章,合同即成立。

2. 物业服务合同的生效

物业服务合同通常在成立时即生效。如果合同附生效条件,则在该条件成熟时生效。

3. 签订物业服务合同应注意的事项

（1）明确业主委员会的权利义务。除了《物业管理条例》规定的业主委员会应有的权利义务之外,业主委员会的其他一些权利义务,也应在服务合同里明确约定。例如,业主委员会有权对物业管理企业的服务质量,按照合同规定的程序提出意见并要求限期整改。同时,业主委员会应承担相应的义务,包括督促业主按时交纳物业费,积极配合物业管理企业工作,尊重物业管理企业专业化的管理方式和措施,等等。

（2）明确物业管理企业的权利和义务。本着权利和义务对等的原则,在赋予物业管理企业管理整个小区日常事务的权利时,也要明确物业管理企业所承担的义务与责任,并且尽可能予以细化。

（3）对违约责任的约定。履行合同时如有一方违约就应该赔偿另外一方的损失。损失的计算及赔偿标准应该按照《中华人民共和国合同法》的规定进行具体表述。对于不可抗力,如地震、战争等造成的损失应该免于赔偿。要在服务合同里明确双方违反约定应承担的违约责任,约定的责任要具有可操作性。

（4）对免责条款的约定。在物业服务合同约定中,订立合同各方应本着公平合理、互利互让的原则,根据物业的具体情况设立免责条款,明确免责的事项和内容。例如,在物业服务合同中应当明确约定物业服务费不包含业主与物业使用人的人身保险、财产保管等费用,排除物业管理公司对业主及物业使用人的人身、财产安全保护、保管等义务,以免产生歧义,引发不必要的纠纷。

（5）物业服务合同的主要条款宜细不宜粗。规范物业服务相关活动是合同签订的主要目的。在签订物业服务合同时,要特别注意以下主要条款:

① 项目,即应逐项写清管理服务项目。如"房屋建筑公用部位的维修、养护和管理""共用设施设备的维修、养护运行和管理""环境卫生"等。

② 内容,即各项目所包含的具体内容,越详细越好。例如,房屋建筑公用部位的维修、养护和管理项目内容应包括楼盖、屋顶、外墙面、承重结构,以及环境卫生应覆盖的部分、安全防范的实施办法等。

③ 标准,即各项目具体内容的管理服务质量标准。例如,垃圾清运的频率(是一天一次,还是两天一次)、环境卫生的清洁标准、安全防范具体标准(门卫职责、是否设立巡逻岗)等。此外,还要注意在明确质量标准时要少用或不用带有模糊概念的词语,例如,要避免用"整洁"等词,因为在合同的执行过程中很难对是否整洁做出准确的判断。

④ 费用,即在前述的管理服务内容与质量标准下应收取的相应费用。物业管理服务是

分档次的,不同档次收取的费用是有较大差异的。在明确了解了项目、内容和标准后,费用的确定往往是双方争论的焦点。在确定合理的费用时,要经过详细的内容测算和横向比较。

为防止合同过长,双方还可就具体问题增加合同附件。

(6)合同的签订要实事求是。物业的开发建设是一个过程,有时需分期实施。在订立合同尤其是签订前期物业管理服务协议时应充分考虑这点,既要实事求是,又要留有余地。比如,对于"24小时热水供应"的服务承诺,在最初个别业主入住时,一般无法提供,因此在合同中应予以说明,并给出该项服务提供的条件与时机以及承诺在未提供该项服务时适当减免物业管理服务费。又如,当分期规划建造一个住宅区时,在首期合同中就不应把小区全部建设后才能提供的服务项目内容列入。

(7)明确违约责任的界定及争议的解决方式。在物业管理实践中,难免会产生各种各样的问题。这些问题既可能发生在物业管理企业与业主之间,也可能发生在业主之间;既有违法的问题,也有违约、违规以及道德和认识水平的问题。显然,对于不同性质、不同层面的问题、矛盾与纠纷,要通过不同的途径、采取不同的处理方式来解决。

一般情况下,物业服务合同发生争议时应通过友好协商解决。如果协商不成,则可依照合同中约定的仲裁条款请求仲裁委员会仲裁,或者向人民法院提起诉讼。

(五)物业服务合同的终止

物业服务合同可以因下列原因终止:

(1)物业服务合同约定的期限届满,双方没有续签合同的;

(2)物业管理企业与业主大会双方协商一致解除合同的;

(3)因不可抗力致使物业服务合同无法履行的,物业服务合同将自然终止;

(4)物业管理企业如被宣告破产,应按照国家规定进行破产清算,物业管理合同自然无法继续履行;

(5)法律、法规规定的其他情形。

第二节 物业管理企业财务管理

一、物业管理企业财务管理基本内容

物业管理企业财务管理包括营业收入管理、成本费用管理、利润管理以及专项维修资金管理。做好物业管理企业财务管理工作,有利于规范物业管理企业财务行为,有利于促进企业公平竞争,有效保护物业管理相关各方的合法权益。

（一）物业管理企业的营业收入

1. 物业管理企业营业收入的内容

营业收入是指物业管理企业从事物业管理和其他经营活动所取得的各项收入，包括物业管理主营业务收入和其他业务收入。

（1）主营业务收入。主营业务收入是指物业管理企业在从事物业管理活动过程中，为物业产权人、使用人提供维修、管理和服务所取得的收入，包括物业管理收入、物业经营收入和物业大修收入。

① 物业管理收入是指物业管理企业向物业产权人、使用人收取的公共性服务费收入、公众代办性服务费收入和特约服务收入。

② 物业经营收入是指物业管理企业经营物业产权人、使用人提供的房屋建筑物和共用设施取得的收入，如房屋出租收入和经营停车场、游泳池、各类球场等公用设施所取得的收入。

③ 物业大修收入是指物业管理企业接收物业产权人、使用人的委托，对房屋共用部位、共用设施设备进行大修取得的收入。

（2）其他业务收入。其他业务收入是指物业管理企业从事主营业务以外的其他业务活动所取得的收入，包括房屋中介代销手续费收入、材料物资销售收入、废品回收收入、商业用房经营收入及无形资产转让收入等。

商业用房经营收入是指物业管理企业利用物业产权人、使用人提供的商业用房，从事经营活动取得的收入，如开办健身房、美容美发屋、商店、餐食店等的经营收入。

2. 物业管理企业营业收入的管理

物业管理企业应当在劳务已经提供，同时收讫价款或取得收取价款的凭证时确认为营业收入的实现。物业大修收入应当经物业产权人、使用人签证认可后，确认为营业收入的实现。物业管理企业与物业产权人、使用人双方签订付款合同或协议的，应当根据合同或者协议所规定的付款日期确认为营业收入的实现。

（二）物业管理企业的成本费用和税费

1. 物业管理企业营业成本的内容

物业管理企业的营业成本包括直接人工费、直接材料费和间接费用等。

（1）直接人工费包括物业管理企业中直接从事物业管理活动的人员的工资、奖金及职工福利费等。

（2）直接材料费包括物业管理企业在物业管理活动中直接消耗的各种材料、辅助材料、燃料和动力、构配件、零件、低值易耗品、包装物等的费用。

（3）间接费用包括企业所属物业管理单位管理人员的工资、奖金及职工福利费、固定资产折旧费及修理费、水电费、取暖费、办公费、差旅费、邮电通信费、租赁费、财产保险费、劳动保护费、保安费、绿化维护费、低值易耗品摊销及其他费用等。

2. 物业管理企业成本费用的管理

实行一级成本核算的物业管理企业，可不设间接费用，有关支出直接计入管理费用。

物业管理企业经营管辖物业共用设施设备支付的有偿费用计入营业成本,支付的物业管理用房有偿使用费计入营业成本或者管理费用。

物业管理企业对物业管理用房进行装饰装修发生的支出,计入递延资产,在有效使用期限内,分期摊入营业成本或者管理费用中。

物业管理企业可以于年度终了时,按照年末应收取账款余额的0.3%~0.5%计提坏账准备金,计入管理费用。企业发生的坏账损失,冲减坏账准备金;收回已核销的坏账,增加坏账准备金。不计提坏账准备金的物业管理企业,其所发生的坏账损失,计入管理费用;收回已核销的坏账,冲减管理费用。

3. 物业管理企业其他业务支出的内容及管理

物业管理企业其他业务支出是指企业从事其他业务活动所发生的有关成本和费用支出。物业管理企业支付的商业用房有偿使用费,计入其他业务支出。企业对商业用房进行装饰装修发生的支出,计入递延资产,在有效使用期限内,分期摊入其他业务支出。

4. 物业管理企业税费的管理

物业管理企业的税金和费用包括流转环节的营业税及附加、收益环节的所得税等。

物业管理企业代有关部门收取水费、电费、燃(煤)气费、专项维修资金、房租的行为,属于营业税"服务业"税目中的"代理"业务,不计征营业税,但对从事此项代理业务取得的手续费收入应当征收营业税。

(三)物业管理企业的利润

1. 物业管理企业利润的构成

物业管理企业利润总额包括营业利润、投资净收益、营业外收支净额以及补贴收入。其中,营业利润包括主营业务利润和其他业务利润。

2. 物业管理企业利润的计算

主营业务利润是指主营业务收入减去税金及附加,再减去营业成本、管理费用及财务费用后的净额;其他业务利润指其他业务收入减去其他业务支出和其他业务缴纳的税金及附加后的净额;补贴收入是国家拨给物业管理企业的政策性亏损补贴和其他补贴。

二、物业管理企业财务管理基本原则

物业管理项目财务管理是指在一个独立行使管理权的基层物业管理单位内,独立核算的财务主体进行的以物业服务费为主要对象的费用计划、编制、控制、使用及管理和分析的财务活动。它的基本职能是通过一般会计制度规定的程序和方法,将由物业管理项目管理服务活动所产生的大量的、日常的业务数据,经过记录、分类和汇总,定期编制通用的财务报表和专用的服务费用收支报表。它要求物业管理项目单位定期向所属的上级财务主管部门和全体业主分别报告物业管理项目总体财务状况、财务变动状况、经营成果信息和服务费用收支情况。

物业管理项目财务管理,一方面接受物业管理企业的行政管理和业务指导,其财务计划、开支范围和权限、财务分析报告等受其严格管制,同时,物业管理企业又不得随意调集、挪用和将服务费据为己有;另一方面,酬金制条件下业主通过业主大会及其机构(如业主委员会等)监督物业管理项目机构的财务工作。因此,物业管理项目机构财务管理既具有一般会计主体财务管理的形式、手段、方法的基本形态,又具有与一般会计主体财务管理和一般会计要素不同的特性。

物业管理项目财务管理因具有不同的特性,其与普通的财务管理是有区别的。从目前物业管理项目机构财务管理的现状来看,主要分为独立核算与非独立核算两种形式。

(1) 独立核算。这一形态的物业管理项目机构的财务管理,在机构设置上一般都设有财务部或专职会计和出纳员,物业管理企业对其财务权限给予一定的限制。

(2) 非独立核算。实施非独立核算的物业管理企业把各项目管理单位的会计核算集中到企业,按物业管理项目进行分别核算,各项目管理单位只负责各项费用的收取和部分费用的直接支出。

三、专项维修资金

(一) 专项维修资金的概念与来源

专项维修资金由业主或物业使用人交纳,专项用于物业共用部位、共用设施设备保修期满后的大修、更新、改造。专项维修资金属业主所有,物业管理单位的管理和使用属于代管性质。专项维修资金的来源主要有以下几个方面:

1. 法规规定的费用

按照建设部、财政部《住宅共用部位共用设施设备维修基金管理办法》(建住房〔1998〕213号)的规定,在销售商品房时,购房者应当按购房款2%~3%的比例向售房单位缴交维修基金。在出售公房时,售房单位按照一定比例从售房款中提取,原则上多层住宅不低于售房款的20%,高层住宅不低于售房款的30%,该部分专项维修基金属售房单位所有。

2. 物业服务费结转的费用

物业服务费在运行中可能产生结余,如果在连续几年或者年度出现较大数额的结余时,除可在管理预算中调整外,也可经业主大会同意设定一定比例纳入专项维修资金。

3. 业主大会中决定分摊的费用

根据物业维护保养的需要,在大、中修和更新改造费用不足时,由业主大会决定向全体业主续筹的资金。

4. 业主共有物业的收益

物业区域内的共用部位、共用设施设备,有些可以用来经营,获得收益,经业主大会同意,可将收入的一部分纳入专项维修资金。

5. 社会捐赠或政府拨款的费用

由社会各界捐赠或政府根据某种情况拨付的费用。

(二) 专项维修资金的管理

专项维修资金属全体业主共同所有,专项用于物业保修期满后物业共用部位、共用设施设备的维修和更新、改造。由于其所有权及使用的特殊性,房地产主管部门或其指定机构、开发企业及物业管理单位代收的专项维修资金不计征营业税。

专项维修资金应当在银行存储,专款专用。为了保证专项维修资金的安全,在维修资金出现闲置时,除可用于购买国债或者用于法律、法规规定的其他范围外,严禁挪作他用。在业主大会成立前,专项维修资金的使用由售房单位委托的单位提出使用计划,经当地房地产行政主管部门审核后划拨。业主大会成立后,维修资金的使用由物业管理企业提出年度使用计划,经业主大会审定后实施。在物业管理企业发生更迭时,代管的维修资金账目经业主大会审核无误后,应当办理账户转移手续。账户转移手续应当自双方签字盖章之日起十日内送当地房地产行政主管部门和业主委员会备案。在业主转让房屋所有权时,结余维修资金不予退还,随房屋所有权同时过户。因房屋拆迁或者其他原因造成住房灭失的,维修资金代管单位应当将维修资金账面余额按业主个人缴交比例退还给业主。

四、酬金制、包干制与物业服务费的测算编制

(一) 酬金制与包干制

物业服务费是指物业管理企业按照物业服务合同的约定,对房屋及配套设施设备和相关场地进行维修养护管理,维护相关区域内环境卫生和秩序,向业主所收取的费用。物业服务收费应当区分不同物业的性质和特点,分别实行政府指导价和市场调节价。按照目前国家政策法规的规定,业主与物业管理企业可以采取酬金制或者包干制等形式约定物业服务费用。

1. 物业服务费用酬金制

物业服务费用酬金制是指在预收的物业服务资金中按约定比例或者约定数额提取酬金支付给物业管理企业,其余全部用于物业服务合同约定的支出,结余或者不足由业主享有或者承担。

物业服务费用酬金应以预收的物业服务资金为计提基数,计提基数和计提比例通过物业服务合同约定。在物业管理服务过程中产生的归属于业主的其他收入也可计提酬金,但要经业主大会同意并在物业服务合同中专门约定。其他收入包括产权归全体业主的停车场收入、成本费用在物业管理项目机构列支的其他经营收入等。

在酬金制下,物业管理企业提供物业服务的经济利益仅仅局限于按固定的金额或比例收取的酬金,扣除酬金以及物业服务支出后结余的资金为全体业主所有。对业主而言,物业服务费用的收支情况较为透明,避免了收费与服务不相符的情况,维护了业主的合法权益;对物业管理企业而言,由于酬金是按照预收的物业服务资金提取的,具有相对的固定性,可以使企业在一定程度上规避收支不平衡的经营风险。在酬金制条件下,物业管理企业应当向全体业主或者业主大会公布物业服务资金年度预决算,并每年不少于一次公布物业服务资金的收支情况。

2. 物业服务费用包干制

物业服务费用包干制是指由业主向物业管理企业支付固定物业服务费用,盈余或者亏

损均由物业管理企业享有或者承担的物业服务计费方式。

实行包干制的物业管理企业在与业主签订物业服务合同时应明确服务费额度和服务内容、服务质量标准,并明确在此前提下的盈余或亏损是由物业管理企业承担的,企业的经济效益与其管理服务、成本控制、经营运作能力紧密相关。

在包干制下,物业管理企业作为一个独立的企业法人,自主经营、自负盈亏、承担风险、结余归己。但业主可以对物业管理企业是否按合同要求的内容和质量标准提供服务进行监督,对物业管理工作提出改进建议。物业管理企业应本着诚信公平原则,主动接受业主监督,保证服务质量并不断改进。

以包干制方式约定物业服务费用,对业主而言物业服务费是固定的,不会因市场短期波动、物业管理项目运作情况而发生变化;对物业管理企业而言,物业项目管理服务的利润不再是固定的,企业可以不断挖掘管理潜力,通过科学的管理运营实现服务质量和经营效益的同步增长,既保障业主利益又促进企业发展。

3. 酬金制和包干制的财务特征

(1) 会计主体。在酬金制下,物业管理项目是独立的会计主体,各物业管理项目应独立建账、独立核算。在包干制下,物业管理项目的会计主体是物业管理企业,物业管理项目可以独立核算,也可以纳入企业统一管理。

(2) 收入。采取酬金制的物业管理项目,物业管理企业的物业服务收入仅限于该项目的物业管理酬金;采取包干制的物业管理项目,物业管理企业的物业服务收入就是该项目的物业服务费。

(3) 成本费用。物业管理企业固定成本的比例较高,人工成本占总成本的比例较高,物业管理企业成本费用的可预测性较强。

(二) 物业服务费的测算编制应考虑的因素

(1) 物业服务费测算编制应当区分不同物业的性质和特点,并考虑其实行的是政府指导价还是市场调节价。

(2) 物业服务费的测算编制应根据物业服务的项目、内容和要求,科学测算确定物业服务成本。

(3) 物业管理企业为该项目管理投入的固定资产折旧和物业管理项目机构用物业服务费购置的固定资产折旧,这两部分折旧均应纳入物业服务费的测算中。

(4) 物业管理属微利性服务行业,物业服务费的测算和物业管理的运作应收支平衡、略有结余,在确保物业正常运行维护和管理前提下,获取合理的利润,使物业管理企业得以可持续发展。

(三) 物业服务成本(支出)构成

物业服务成本或者物业服务支出构成一般包括以下部分:

(1) 管理服务人员的工资、社会保险和按规定提取的福利费等;

(2) 物业共用部位、共用设施设备的日常运行、维护费用;

（3）物业管理区域清洁卫生费用；

（4）物业管理区域绿化养护费用；

（5）物业管理区域秩序维护费用；

（6）办公费用；

（7）物业管理企业固定资产折旧；

（8）物业共用部位、共用设施设备及公共责任保险费用；

（9）经业主同意的其他费用。

（四）物业服务费编制的依据

（1）收入的编制方式通常是根据收费标准（单位时间费率形式）和可收费的管理面积编制。

（2）支出的编制依据包括：

① 管理计划及实施计划所需物业服务成本。管理计划主要是指常规物业管理服务中的人员计划、物品使用计划、能源消耗计划、工程维护保养计划、清洁保洁与绿化保养计划等。在编制测算时，应根据实施这些计划所需人工成本、物料成本、能耗成本、外包费用等进行测算。

② 物业正常维修和养护计划。可比照以往每年实际发生的或参考其他同类物业的物业服务成本。

（五）物业服务费核算要点及方法

1. 确定服务成本构成的注意事项

一是要求详细，把具体消耗或支出费用分解得越具体，才越真实；二是全面，不要漏项；三是测算依据准确，不用或少用估值。

2. 收集原始数据

服务费的核算要做到合理、准确，对原始数据和资料的收集就至关重要。如在测算低值易耗材料时，要计算出各类材料的详细数量和对市场价格进行详细调查，其他关于工资水平、社会保险、专业公司单项承包、一般设备固定资产折旧率、折旧时间等，均应严格以政府和有关部门的规定和实际支出标准等有效依据作为测算基础。

3. 物业服务费的测算

物业服务费的测算，首先应根据物业服务成本（支出）项目和内容进行分解，然后由各部门或相关人员分别测算各单项费用。例如，在测算共用部位、共用设施设备运行维护费项目时，应分别测算其子项目，如公共建筑及道路土建维修费、给排水设备日常运行维护费、电气系统设备维护保养费等费用，在完成各子项目测算的基础上，将子项目费用求和后即为所需"共用部位、共用设施设备运行维护费"。

各单项费用测算完毕进行加总，即为物业服务成本（支出）总额，加上物业管理酬金（酬金制）或法定税费及利润（包干制）后，即得出物业服务费总额。以物业服务费总额除以该物业可收费总建筑面积即可得出单位面积物业服务费标准。

◎【案例】

某项目可收费总建筑面积10万m²，经测算该项目全年发生的各项费用如下：

(1) 各类管理服务人员的工资、社会保险等费用50万元；

(2) 共用部位、共用设施设备的运行维护费20万元；

(3) 清洁卫生费15万元；

(4) 绿化养护费10万元；

(5) 公共秩序维护费10万元；

(6) 办公费5万元；

(7) 固定资产折旧费2万元；

(8) 物业共用部位、共用设施设备及公众责任保险费2万元；

(9) 业主委员会办公费、社区文化活动费等其他费用6万元。

总费用合计120万元。

若采用酬金制方式，且约定物业管理酬金比例为10%，则该项目单位物业服务费标准为：

120万元 × (1 + 10%) ÷ 10万m² ÷ 12个月 = 1.1元/m²

若采用包干制方式，如该项目法定税费和利润约12万元，则该项目单位物业服务费标准为：

(120万元 + 12万元) ÷ 10万m² ÷ 12个月 = 1.1元/m²

在物业服务费测算完毕后，可编制物业服务费核算表，以便提交建设单位或业主大会。核算表的内容一般包括序号、核算项目、核算依据、计算式、计算结果各项占总费用的比例、备注等栏目和内容。同时，将有关需要说明的问题和需要解释的地方以文字进行表述。

第三节 物业管理企业人力资源管理

一、物业管理企业人力资源管理的内涵

人力资源管理，是指运用科学方法，对与一定物力相结合的人力进行合理的培训、组织和调配，使人力、物力经常保持最佳比例，同时对人的思想、心理和行为进行恰当的引导、控制和协调，充分发挥人的主观能动性，使人尽其才、事得其人、人事相宜，以实现组织目标。

随着物业管理市场的不断规范和发展，对物业管理企业的运作要求越来越高，能否对人力资源进行有效开发和管理，已成为物业管理企业极其重要的战略问题。

二、物业管理企业人力资源管理的基本内容

（一）员工的招聘与解聘

首先，物业管理企业的招聘应根据企业发展战略、管辖项目类型、物业面积的大小、业主构成情况、收入与消费倾向、消费特点等制订招聘计划。其内容包括：

（1）计划招聘人员总数和人员结构，包括专业结构、学历结构等；
（2）各类人员的招聘条件；
（3）招聘信息发布的时间、方式与范围；
（4）招聘的渠道；
（5）招聘方法。

其次，实施招聘。招聘的组织实施主要有以下几个步骤：

（1）公布招聘信息。物业管理企业可通过一定渠道或选择一定的方式，公布有关招聘信息，包括招聘的时间、招聘的职位、招聘人员的数量及相关资格要求等。

（2）设计应聘申请表。招聘信息发布后，求职者通常会寄来个人简历。为了保证应聘人员提供信息的规范性，企业在招聘活动开始时要组织人员设计应聘申请表。

（3）对应聘者进行初审。初审是对应聘者是否符合职位基本要求的一种资格审查，目的是筛选出那些背景和潜质都与职务所需条件相当的候选人。

（4）确定选拔方法。物业管理企业要根据应聘岗位的特征、参加招聘人员的能力与素质及应聘者的数量和层次确定选拔方法。下面介绍一下常用的选拔方法。

① 面试。面试是面试者通过与应聘者正式交谈，达到客观了解应聘者业务知识水平、外貌风度、工作经验、求职动机、表达能力、反应能力、个人修养、逻辑思维等情况，并对是否聘用做出判断与决策的过程。

一般可在面试前先确定要提的重要问题，列出提纲，按提纲提问，同时针对不同的岗位要求和应聘者具体情况，在面试中提出针对性问题，全面了解应聘者的情况。

面试程序一般包括五个步骤：准备、营造和谐气氛、提问、结束及复审。

② 心理测验。心理测验是指通过一系列科学方法来测量被试者智力和个性差异。智力是指人类学习和适应环境的能力，包括观察力、记忆力、想象力、思维能力等。个性是指一个人比较稳定的心理活动特点的总和。通过个性测验可以了解一个人个性的某一方面（如人际关系等），再结合其他指标，考虑此人适合担任哪些工作。特殊能力指某人具有的他人所不具备的能力。

③ 知识测验。知识测验的目的是了解应聘者是否掌握应聘岗位所必须具备的基础知识和专业知识。一般采用书面考试的方法进行。

④ 劳动技能测验。在招聘操作层员工时，可根据应聘岗位的需要，对应聘者进行劳动技能方面的测验。

⑤ 人员的录用。人员录用是人员招聘的最后一个环节，主要涉及人员选择之后的一系列有关录用事宜，如通知录用人员、签订试用合同、安排员工的初始工作、试用、正式录用等。

最后,员工的解聘,即物业管理企业与员工解除劳动合同。员工的解聘包括员工辞职、辞退和资遣三种情况。

(1) 员工辞职。辞职是指员工要求离开现任职位,与企业解除劳动合同,退出企业工作的人事调整活动。

(2) 员工的辞退。员工的辞退就是终止劳动合同。辞退员工必须慎重考虑,恰当处理。一般而言,对无重大过失者,不要使用辞退的手段。但若出现下列情况,应对当事人予以辞退:

① 在试用期间被证明不符合录用条件的;
② 严重违反劳动纪律或者用人单位规章制度的;
③ 严重失职,营私舞弊,对用人单位利益造成重大损害的;
④ 被依法追究刑事责任的。

(3) 员工的资遣。资遣是企业因故提出与员工终止劳动合同的一项人事调整活动。资遣不是因为员工的过失原因造成的,而是企业根据自己经营的需要,主动与员工解除劳动契约。

(二) 人员的培训及管理

物业管理企业培训体系包括一级培训体系和二级培训体系。

1. 一级培训体系

企业培训由公司统一领导、计划和组织实施。只在公司一级设立专职培训机构,项目机构不设置培训机构。

一级培训体系有利于充分利用企业的培训资源,有利于统一公司的培训标准和培训要求,有利于降低培训成本,但其针对性相对较差。

2. 二级培训体系

项目机构也可设置相应机构并配备相应人员,在公司统一规划、领导下,按照分类管理、分级实施的原则运作。

二级培训体系有利于加强培训的针对性、适应性、及时性,加强项目机构培训的责任感,但不利于培训标准和要求的统一。

如果项目机构的数量较多且分布较散,所管物业类型结构复杂,员工整体素质较高,培训资源比较充裕,宜建立二级培训体系。如果企业员工集中,并且培训资源较紧缺,则宜建立一级培训体系。

入职培训一般包括职前培训和试用培训两个环节。职前培训是指在新员工上岗前,为其提供基本的知识培训。培训的目的是使新员工了解公司的基本情况,熟悉公司的各项规章制度,掌握基本的服务知识。试用培训是对新员工在试用期内,在岗位进行的基本操作技能的培训,以使新员工了解和掌握所在岗位工作的具体要求。

职前培训的内容包括公司发展史、公司概况及规章制度、公司组织架构、公司企业文化、职业礼节礼貌、物业管理基础知识、安全常识等。试用培训的内容为岗位工作职责及工作要求。

（三）员工薪酬管理

员工薪酬管理，是企业管理者对员工薪酬的支付标准、发放水平、要素结构进行确定、分配和调整的过程，即是对基本工资、绩效工资、激励性报酬和福利等薪资加以确定和调整的过程。

1. 确定薪酬管理目标

薪酬管理目标必须与企业经营目标相一致，因为薪酬管理是企业管理的一个有机组成部分。

2. 选择薪酬政策

所谓薪酬政策，就是企业管理者对企业薪酬管理的目标、任务、途径和手段进行选择和组合，是企业在员工薪酬上所采取的方式策略。企业的薪酬政策要受到多种宏观因素和微观因素的影响与制约。

宏观因素是指企业薪酬运行的外部环境因素，例如，国家经济运行状况、经济增长率、通货膨胀率、劳动力市场的供求状况、当地生活指数以及国家税收、财政和产业政策的变化等。

微观因素是指企业经营发展和薪酬管理状况，例如，当前的经营收益状况，企业现今所处的发展阶段、相应的经营策略及劳动力的成本收益，以及薪酬管理运行状况等。

薪酬政策是企业管理者审时度势的结果，决策正确，企业薪酬机制就会充分发挥作用，运行就会畅通、高效；反之，决策失误，管理就会受到非常不利的影响。

3. 制订薪酬计划

一个好的薪酬计划是企业薪酬政策的具体化。所谓薪酬计划，就是企业预计要实施的员工薪酬支付水平、支付结构及薪酬管理重点等。

4. 调整薪酬结构

薪酬结构是指企业员工间的各种薪酬比例及构成，主要包括：企业工资成本在不同员工之间的分配，职务和岗位工作率的确定，员工基本工资、绩效工资、激励性报酬的比例及其调整等。

对薪酬结构的确定和调整应主要掌握两个基本原则，即给予员工最大激励的原则和公平付薪原则。公平付薪是企业管理的宗旨，否则，会造成不称职的员工不努力工作，或高素质的人才外流。同时对薪酬结构的确定还必须与企业的人事结构相一致。

5. 实施和修正薪酬体系

绝对公平的薪酬体系是不存在的，只存在员工是否满意的薪酬体系。因此，在制订和实施薪酬体系的过程中，应及时进行上下沟通，必要的宣传或培训是薪酬方案得以实施的保证。

（四）员工的考核与奖惩

1. 员工的考核

考核的对象包括对项目负责人的考核、对操作层员工以及其他管理人员的考核。其中，对项目负责人的考核一般是通过工作业绩、业务能力、综合素质和个人品质等方面进行的。

考虑到物业管理服务运作的特点,对项目负责人的工作业绩和业务能力的考核可设定相应的指标体系,通过定量考核与定性考核相结合,实现对项目负责人的综合评定。定量考核指标可由物业管理企业根据不同物业和项目的具体情况自行设定。

对操作层员工以及其他物业管理人员的考核主要内容包括业务能力、沟通能力、理解能力、协调能力、学习能力、责任意识、真诚意识、纪律意识、敬业意识、服从意识、团队意识等方面。区分不同岗位,考核的侧重点应有所不同。

(1) 考核的原则。

① 凡是与绩效有关的工作都要列入考核指标体系,做到全面和完整,以避免考核的片面性。

② 考核的内容必须与工作相关,与工作无关的诸如个人生活习惯、癖好之类的琐细内容不要包括在考核内容中。

③ 考核标准要便于衡量和理解,如果含混不明,抽象深奥,便无法使用。考核标准必须可以直接操作,同时还应尽可能予以量化,做到可定量测定。

④ 考核标准应适用于一切同类型的员工,不能区别对待或经常变动,使考核结果的横向与纵向可比性降低或没有,使考核没有可信度。

⑤ 考核标准的制定与执行必须科学合理,不掺入个人好恶等感情成分。

(2) 考核的程序。

① 进行职务分析,明确考评对象的工作目标、岗位职责、岗位要求及能力要求。

② 确定考核周期,一般以一年为周期比较合适。

③ 建立考核的组织机构,一般对项目负责人的考核可建立以公司负责人为组长,公司领导班子成员及人力资源部负责人为成员的考核领导小组;对物业管理其他人员的考核可建立以项目机构负责人为组长,项目机构领导班子成员及相关部门负责人为成员的考核领导小组。

④ 根据被考核人员的不同岗位特点,设定相应考核指标权重。

⑤ 对考核指标进行科学分档,并明晰每档的具体要求。

⑥ 组织实施考核,各考核者根据对被考核者情况的了解给被考核者评分。

⑦ 收集整理有关资料,确认考核结果。

(3) 考核的方法。物业管理企业员工考评通常采用定性考核法和定量考核法。

定性考核法是对被考核者素质和工作绩效的质的方面的考查核实。一般采取个别谈话、小型座谈会等方式由被考核者所在组织,根据被考核者的德、才表现和主要优缺点,给予基本、客观评价。定量考核法主要包括设计相应考核指标体系,通过对被考核人员承担职责、工作任务进行指标分解,以量化指标进行考核。

定性考核和定量考核不是孤立的,而是应相互结合综合评定。

2. 员工的奖惩

(1) 员工的奖励。

① 员工奖励的形式。一般说来,对员工的奖励可分为物质奖励和精神奖励两种,物质

奖励包括奖金、加薪、奖品、升迁、带薪休假等;精神奖励包括表扬、培训等。

② 员工奖励应注意要把物质奖励与精神奖励有机结合起来,使两者相辅相成;员工作出了成绩,符合奖励标准时,管理者应该立即予以奖励;对不同的员工要采用不同的奖励方式;奖励程度要与员工的贡献相符;奖励的方式可适当变化。

(2) 员工的惩罚。

① 惩罚的形式。管理者在对员工的期望行为给予奖励的同时,也要对员工的非期望行为予以必要的惩罚。惩罚在某种程度上也是教育。因此,有效而又公平地运用惩罚手段,也是激励员工的一种重要手段。惩罚的形式包括批评、扣罚奖金、给予罚款、降低薪资、降低职务、免除职务、岗位调整、给予辞退以及其他惩罚。

② 惩罚时应注意合理、适当、一致、灵活。

第四节 物业管理企业客户关系管理

一、客户关系管理理论简介

(一) 客户关系管理的含义

客户关系管理(Customer Relationship Management,CRM),是一种通过围绕客户细分来组织企业,鼓励满足客户需要的行为,并通过加强客户与供应商之间联系等手段,来提高盈利、收入和客户满意度的遍及整个企业的商业策略。CRM 指的是企业通过富有意义的交流沟通,理解并影响客户行为,最终实现赢得客户、保留客户、客户忠诚和客户创利的目的。CRM 是选择和管理有价值客户及其关系的一种商业策略,要求以客户为中心的商业哲学和企业文化来支持有效的市场营销、销售与服务流程。

CRM 的概念由美国 Gartner 集团率先提出,是辨识、获取、保持和增加"能够带来利润的客户"的理论、实践和技术手段的总称。它是一种以"客户价值"为中心的企业管理理论、商业策略和企业运作实践。CRM 能够最大限度地改善、提高整个客户关系生命周期中的绩效,CRM 整合了客户、公司、员工等资源,对资源进行有效的结构化分配和重组,便于在整个客户关系生命周期内及时了解、使用有关资源和知识;简化并优化各项业务流程,使得公司和员工在销售(租赁)、服务与市场营销活动中,能够把注意力集中到改善客户关系、提升绩效的重要方面与核心业务上,提高了员工对客户的快速反应和反馈能力;也为客户带来了便利,客户能够根据需求迅速获得个性化的产品、方案和服务。

CRM 是一种手段,它的根本目的是通过不断改善客户关系、互动方式、资源调配、业务流程和自动化程度等,达到降低运营成本,提高企业销售收入、客户满意度和员工生产力的目的。企业经营以追求可持续的最大盈利为最终目的,进行好客户关系管理是达到上述目的的手段,因此 CRM 应用立足企业利益,同时方便了客户,提高了客户满意度。

（二）CRM 出现的原因和必然性

20 世纪后半叶，"以产品为中心"的市场营销策略主导着企业的销售与服务运作，企业以自身为出发点来面对外部的市场环境，围绕着 Product（产品）、Price（价格）、Place（渠道）、Promotion（促销）——"4P"进行营销管理。在物质不够丰富以及企业生产能力不足的年代，企业"以产品为中心"进行销售与服务运作十分奏效，那时客户/消费者在意的是如何能够买到产品、购买的是否为真品以及产品质量如何。

随着工业化大生产和后工业化时代的到来，产品质量不断提高，开始出现企业生产过剩、产品同质竞争的市场局面，各类优质产品琳琅满目，市场主导权从卖方转移到买方；另外，企业在与其他厂商的竞争中难以扩大销售业绩和市场份额，甚至因销路不畅而出现产品大量积压。这迫使企业开始把关注中心从产品转向客户/消费者以及客户/消费者差别化上。

实际上，从 20 世纪 90 年代起，市场营销策略就开始从"以产品为中心"向"以客户为中心"进行转移，开始强调并实践 Customer（客户）、Cost（成本）、Channel（渠道）、Convenience（方便性）——"4C"策略。"4C"最初关注的是把市场营销概念引入企业的服务组织，对客户/消费者进行高效、便捷、低成本的服务。"4C"提供了一种"以客户为中心"的理念和初步方法，但在实际企业管理中还有许多细致问题亟待回答。例如，"以客户为中心"和"企业追求利润最大化"究竟孰重孰轻？哪个是手段、哪个是目的？如何识别客户的差别？哪部分客户是最具价值的、哪部分是最具成长性的、哪部分是利润低于边际成本的？如何定量分析各种商务数据？怎样能够最优地整合客户、公司、员工等资源，降低整体运营成本，同时提高企业销售收入、客户满意度和员工生产力？面对客户的流失，如何保住老客户和业务资源？如何有效地开发新客户和新业务？怎样提高客户忠诚度？

针对这些问题，一种崭新的、称之为 CRM 的企业管理理论和基于 IT 的技术开始出现和发展。20 世纪 90 年代中后期，"以客户为中心"的市场营销理论经过不断演绎，孕育出一整套相关的企业管理理论和实践方法，CRM 正是在此过程中应运而生并走向成熟的。

（三）CRM 对企业的作用

CRM 这一创造性与领先性的管理理念和手段在新时期推动了企业销售与服务组织的日常运作，为市场营销策划提供了定量的、客观的依据。

1. CRM 能够整合客户、企业和员工资源，优化业务流程

在 CRM 系统中，存在着客户、企业、员工等各种资源。CRM 一方面对资源分门别类存放，另一方面可以对资源进行调配和重组。CRM 可以根据需要围绕某个方面去整合资源，并允许同时从其他多个角度探寻资源的相关属性。CRM 可以优化业务流程，针对不同的客户、不同的员工和不同的业务类型，设计不同的业务流程。不同企业之间或同一企业不同员工之间，业务流程可能不一样；即便在同一个员工身上也会发生多种业务流程。

2. CRM 能够提高企业、员工对客户的响应、反馈速度和应变能力

CRM 对客户的快速响应体现在"一对一"销售和服务的及时性上。简单地说，一定要让

客户在产生购买欲望或者服务请求最迫切的第一时间,能够迅速找到一名最合适的员工来准确处理、负责业务。知识再丰富的员工也存在知识盲区和经验不足问题。能否让知识和经验并未达到完美状态的员工也可以高效、准确地对客户提供报价、解决方案等反馈,其意义就显得十分突出。CRM为员工提供了多种解决方法来面对这个问题。CRM还能够有效地提高企业、员工针对客户的应变能力。

3. CRM能够提高企业销售收入

区别于其他以产品为中心应用于企业后端组织的管理理念,CRM主要应用于企业前端组织(如销售/租赁组织、服务组织、市场营销组织)。CRM的本质是客户价值差别化管理,识别客户价值的差别化和需求的差别化,使管理者能够目标明确,采用最合适的方法对最具价值的客户和最具成长性的客户不断实现创收,开发一般客户和潜在客户,对低于边际成本的客户找到问题所在和原因。

4. CRM能够改善企业服务,提高客户满意度

服务管理是CRM的核心业务组成部分。CRM强调服务是个性化的,是提高客户对企业满意度的重要方式。在CRM中,服务管理是企业整体营销中的一个重要环节。CRM把营销思想不仅引入企业的销售组织,还引入企业的服务组织,并强调内外兼修的营销思想,同时减少了部门壁垒所带来的内耗,从而改善企业的服务能力和质量。在CRM中,负责销售的员工在与客户的接触中,可以及时把客户的服务请求和感受传达给客户服务中心,及时响应、解决问题并提高客户满意度。

(四) CRM的本质

目前CRM已成为风行全球的管理理念,但实际上不少人还只是从IT的角度来理解它,认为CRM是一种企业管理软件或者是信息技术的创新,这实际上是对它的误解。

1. CRM是一种管理理念而非管理软件

CRM分为三个层次:

(1)管理思想层:其实质是在关系营销、业务流程重组等基础上进一步发展而成的以客户为中心的管理思想。

(2)软件产品层:综合应用了数据库技术、Internet技术、图形用户界面、网络通信等信息产业成果,是以CRM管理思想为核心的软件产品。

(3)管理系统层:它是整合了管理思想、业务流程、人和信息技术的管理系统。

这三个层次是层层递进的。其中,CRM管理思想是CRM概念的核心,CRM软件结合了先进的CRM管理思想以及先进的业务模式,为CRM管理思想的实现构筑了现实的信息平台。

2. CRM是营销管理的创新

CRM是一种倡导企业以客户为中心的营销管理思想和方法,在应用时通过网络技术来实施。其主要创新体现在三个方面:一是CRM充分体现了新营销理论以客户为导向的核心理念;二是CRM实现了营销管理重点的创新,将营销管理的外部资源利用与内部价值创新充分整合,并为客户提供差异化的服务,使客户价值最大化;三是CRM运用先进的信息技术、网络技术进行营销,使 IT 技术成为企业经营、发展、创新的根本性和决定性力量。

二、物业管理企业 CRM 中的客户沟通

(一)准备工作

物业管理企业和管理服务人员为了使沟通工作达到良好效果,在做好场地、人员、资料和相关服务工作的同时,应针对不同对象、不同内容做好相应准备工作。

(1)在与政府相关部门的沟通中,物业管理企业要摆正位置,对政府职能部门提出的建议和要求应经过了解、调查和分析,做好沟通交流每个环节的准备。

(2)与建设单位、市政公用事业单位、专业公司等单位的沟通交流,要以合同准备为核心,明确各方职责范围、权利义务,做好沟通交流工作。

(3)与业主、业主大会和业主委员会的沟通准备工作要求:

① 物业管理企业中的管理人员应熟悉物业管理基本的法律法规,并能将其运用于物业管理实践,如《物业管理条例》《业主大会规程》《住宅室内装修装饰管理办法》等。

② 客户沟通相关人员应充分熟悉和掌握物业的基本情况,熟悉物业区域内各类设施设备、场地的功能、特点和要求。

③ 在日常的物业管理服务中,要勤于学习,勤于思考,注意观察、了解物业区域内的业主(或物业使用人)的基本情况。

④ 物业管理企业应定期对物业管理服务人员进行必要的培训,使其掌握沟通服务的基本形式、方法和要求,以达到良好的沟通效果。

(二)沟通的方法

在物业管理服务活动中,物业管理企业及员工与客户的沟通随时随地都有可能发生,沟通的内容、形式和方法是复杂多变的,沟通并无固定模式。一般而言有以下方法:

(1)倾听。物业管理服务沟通人员应该以极大的耐心倾听,让客户充分表达甚至宣泄。

(2)提问。在客户表达混乱或语无伦次时,要有礼貌地截住客户谈话,弄清主题和要求,也可以重新组织谈话或转换话题。

(3)表示同情。无论客户所谈话题与物业管理是否相关、是否合理,应表示同情但不能轻易表示认同,要审慎对待,不可受到客户的情绪影响。

(4)解决问题。客户所提问题或投诉,要引起重视,尽快处理。

(5)跟踪。物业管理人员要全程跟踪处理过程,尤其要注意解决问题的方式方法。要有一个积极的结尾,对于无法解决的问题,要有充分合理的解释。

(三)沟通的管理

1. 建立定期客户沟通制度

物业管理应区分不同沟通对象,并对其进行分析研究,针对客户特点和要求,定期走访客户,与客户进行沟通,全面了解和掌握客户需求,不断改进管理服务工作。与建设单位的沟通主要集中在前期物业管理阶段,重点是物业资料的移交和工程遗留问题的处理;与政府

机关、公共事业单位、专业服务外部单位以及业主、业主大会和业主委员会等的沟通则是一项长期性的工作,贯穿于物业管理全过程,如定期召开业主座谈会,实施客户满意度调查,向政府行政主管部门汇报物业管理相关工作,等等。

2. 建立跟踪分析和会审制度

在与客户沟通过程中,要形成完整的沟通记录,包括时间、地点、沟通人员、事件和处理结果等。在每次沟通完成之后要按照客户不同类型分门别类地建立客户档案;实施跟踪分析和会审制度,评估客户沟通工作的效果;检讨物业管理服务工作和客户沟通存在的问题,适时采取相应措施,提升管理服务水平;同时,结合公司发展战略制订项目管理相关计划,确保物业管理工作的有序开展和顺利进行。

3. 引进先进技术和手段,加强客户管理

客户沟通是客户管理的基础性工作。有条件的物业管理企业要通过引进先进的客户管理技术和手段,通过定量分析和定性分析相结合,将人工管理和技术管理相结合,建立行之有效的客户沟通和客户管理系统。

4. 客户沟通的注意事项

(1) 良好的沟通环境可使双方轻松愉悦地进行沟通和交流。客户沟通的地点可能是物业管理单位的办公区域,也可能是其他地点,如政府办公场所、业主家中等。在物业管理区域实施沟通时,物业管理单位应对相关场所进行必要布置,做到摆放有序、干净整洁、明亮舒适。

(2) 物业管理人员在与客户沟通交流时,应态度诚恳、神情专注,没有特别情况不去做其他与沟通交流无关的事。对较简单或能够立即回答的问题要当场解释,对职权范围内可以决定的事项可立即予以答复,对较复杂或不能立即决定的问题要致歉并解释,请高级管理人员回答或另行约定沟通的时间、地点和人员。

(3) 沟通中物业管理人员与客户应保持适当距离,不应有多余的肢体动作或不恰当行为,如过多的手势、不停地整理头发等。注意倾听别人的谈话,不得轻易打断。服务行为要适度,避免影响沟通气氛。

(4) 在与业主正式沟通时,可以寒暄等方式为开场白,缓和气氛,使双方更好地交流。物业管理人员对业主(或物业使用人)所提任何问题和要求,均要采取与人为善的态度,给予充分理解,必要时可作耐心解释,但不宜指责、否定和驳斥。

(5) 物业服务的沟通应根据沟通的对象、目的、内容和地点的不同采取相应的沟通方法。如和老人沟通时,首先要尊重对方,沟通的气氛要庄重,语速不宜过快;而与年轻人沟通时,则可以相对自由放松。当对方偏离沟通主题时,应以适当技巧予以引导。

(6) 客户沟通的事由、过程、结果应记录归档。客户所提要求,无论能否满足,应将结果及时反馈客户。

◎【案例】

某日,业主周先生来到某物业服务中心,接待员小赵立刻起身以站姿迎客,并微笑着请对方在对面座位就座,倒了杯水放在周先生面前说:"您请喝水。"周先生随即说明来意。在了解到周先生是咨询有关物业管理费构成和支出方面的问题后,小赵为了能够准确答复,有理有据,遂找出《物业管理条例》、物业服务费用测算表等相关材料,向周先生出示并解释。在小赵与周先生交谈沟通时,服务中心门外又来了一位先生,小赵立即对周先生说了句"对不起,您请稍等"后,起身迎客。

在获知来人王先生需办理装修管理相关事宜后,为了不耽误两位客人的时间,在请两位来宾稍等片刻的同时,立即向物业服务中心主管说明情况并请求帮助接待。返回接待台,即对王先生说:"实在不好意思,我现在正在接待周先生,我请中心主管和你谈好吗?"王先生欣然接受,小赵随即引导其来到主管座位前,请其入座后,回到接待台继续回答周先生的问题。

案例分析:在接待业主来访时,工作人员首先要注意礼仪礼节,尤其是最基本的礼仪一定要按标准操作,这与平时的培训和不断的实践是分不开的。另外,第一时间接待业主也是关键,要让业主在到达服务中心的第一时间就受到关注,保持轻松愉快的心情,避免节外生枝,使问题复杂化。最后,当业主简单说明咨询内容后,接待人员应快速判断自己能否准确解答,如果存在困难,则应向其他工作人员请求支援或查阅相关文件资料,尽可能让业主得到满意的答复。

在答复业主咨询过程中,有时会突然产生新的情况而打断接待,如本案例中又有一位业主需要接待。在此情况下,接待人员应立即判断两项工作中是否有一项可在非常短时间内完成,如果可以,则让另一位来访者稍等,先处理简单事务;如果发现两项事务都无法很快处理完,则应该请求其他工作人员支援,协助接待工作,这样可提高工作效率,节约业主时间,同时避免使业主感觉受冷落,产生不满情绪。

三、物业管理企业 CRM 中的投诉处理

在物业管理与服务运行过程中,引起物业管理投诉的原因很多,但概括起来主要有以下几个方面:物业管理服务、物业服务收费、社区文化活动组织、突发事件处理和毗邻关系处理等。

投诉的途径一般包括电话、个人亲临、委托他人、信函邮寄、投送意见信箱以及其他方式,如通过保安、清洁等物业操作人传言投诉,及传真投诉和网上投诉等。

(一)物业管理投诉处理的程序

1. 记录投诉内容

在接受投诉时,应将投诉的内容详细记录,其中包括时间、地点、投诉人姓名、联系电话、所居住地,被投诉人及部门,投诉内容,业主的要求和接待人或处理人,等等。

2. 判定投诉性质

首先应确定投诉的类别,然后判定投诉是否合理。如投诉属于不合理的情况,应该迅速答复业主,婉转说明理由或情况,真诚求得业主谅解。

3. 调查分析投诉原因

通过各种渠道与方法调查该项投诉的具体原因,并及时进行现场分析,弄清投诉问题的

症结所在。

4. 确定处理责任人

依据调查与分析后所获得的信息,确定该项投诉由谁(责任人或责任单位/部门)负责专项落实与处理。

5. 提出解决投诉的方案

由处理投诉事件的专项负责人或部门/单位根据业主投诉的要求,提出解决投诉的具体方案。

6. 答复业主

运用信息载体如信函、电话、传真、电子邮件以及走访等方式及时和业主取得联系,将投诉处理情况告知业主(或物业使用人),经业主认可后立即按照方案付诸实施。

7. 回访

在投诉事件全部处理完毕后,一般要进行回访,向业主征询投诉事件处理的效果,如存在的不足或遗漏、对投诉处理的满意程度等。

8. 总结评价

物业管理人可以按照每月或每季度将各类投诉记录文件给予归类存档,同时进行总结、检讨和评价。

(二)物业管理投诉处理方法

1. 耐心倾听,不与争辩

要以真诚的态度、平和的心态认真耐心地听取业主的投诉,不要轻易打断。同时,可以通过委婉的方式进行提问,及时弄清投诉的原因和要求。对那些失实、偏激或误解的投诉,适度表示理解,不做任何敌对性、辩解性的反驳,以免发生冲突。

2. 详细记录,确认投诉

在倾听业主投诉的同时,应当面认真做好尽可能详细具体的投诉记录,并对业主所投诉的内容以及所要求解决的问题进行复述,确认业主投诉事项。如"××先生、小姐/女士,您是说……,是吗?""××先生、小姐/女士,您认为……,对吗?"等。

3. 真诚对待,冷静处理

对各种投诉、遭遇或不幸的倾诉,首先要设身处地从业主的角度考虑,适当表示理解或同情。如业主投诉时情绪激动、态度粗暴,物业管理人员应冷静处理,必要时暂时离开,避免冲突。

4. 及时处理,注意质量

对投诉要求要尽快提出处理意见和解决问题方案,立即行动,采取措施处理。拖延处理也是导致业主产生新的投诉的一个重要原因,同时还要特别注重投诉处理的质量。

5. 总结经验,改善服务

在投诉处理的回访中,对业主提出的意见和建议要表示感谢。同时,将业主的投诉加以整理与分类,进行分析,总结教训与经验,完善和改进管理及服务工作。

◎【案例】

某小区物业服务中心维修班小黄接到报修电话,业主张小姐说家中厨房小阳台地漏冒水。小黄马上带着设备在5分钟内赶到业主家,此时张小姐家的厨房小阳台已积了30多毫米深的污水。小黄急忙用吸泵试图通地漏,但效果不佳,地面污水不见减少。小黄满脸歉意地对业主说:"对不起,小姐,这个地漏堵得很死,吸泵无法通开,必须用机器才能打通,但按规定要收取30元费用。"张小姐不同意:"我家洗衣机这几天都没用过,不可能是我家地漏堵了,一定是主下水管的事,没有道理让我家付钱。"小黄耐心地向她解释相关规定,但是业主很不高兴,马上拨通了物业服务中心的电话,投诉维修工不想干活,胡乱收取费用。小黄并没生气,而是采取了婉转沟通的策略,向业主详细分析:"您家厨房洗菜盆下水管和阳台地漏是连通的,共用一个出口。我们可以试着打通洗菜盆下水管,如果污水流走了,说明是您家地漏堵了,您需要支付维修费用;如果水管疏通而污水还没流走,说明是主下水管的堵塞,我们不收取您一分钱。"张小姐同意了,小黄用机器从洗菜盆下水口将疏通带打下去,很快阳台的积水从地漏流走了。在事实面前业主才相信是自己家的地漏堵了,付清了维修费用,积水事件也得到了圆满解决。

案例分析:物业管理人员在接到投诉后,应当首先使业主从戒备、焦虑的心理状态中解脱出来,采用良好的沟通方式化解业主的对立情绪。在处理投诉的过程中,不要将注意力纠缠于谁对谁错,而是应当注意问题的有效处理和解决。

【思考】

1. 查阅资料,思考英国与美国物业管理行业目前的发展现状、特征与区别。
2. 前期物业服务合同最大的风险是什么?
3. 物业服务合同终止的条件是什么?
4. 物业服务费是否可以与停车费、能源费、水电费等捆绑式收取?
5. 专项维修资金在什么情况下、由谁决定是否动用?
6. 物业服务企业如何留住人才?
7. 物业服务人员如何应对投诉?
8. 物业服务人员与业主(或物业使用人)进行沟通时,需要注意哪些事项?

【推荐阅读】

重构价值　快速行动

重构价值,是为了真正看清自己,既不妄自菲薄也不盲目自信,而是恰如其分地找到自身深度与多元价值,找到主动变革、快速行动的勇气、动力与方向。——中国物业管理协会副会长、上海上房物业董事长张圣哲在中物协第三届常务理事会第四次全体会议上的发言。

发言内容摘要：

重构价值，是为了真正看清自己，既不妄自菲薄也不盲目自信，而是恰如其分地找到自身深度与多元价值，找到我们主动变革、快速行动的勇气、动力与方向。行业历经30多年发展，本身已经面临若干非常明晰的发展趋势与自主愿望，正在逐渐改变我们的一些传统认知。而且，同很多其他行业甚至中国社会发展一样，从粗放向集约、从速度向效益的内在发展规律必然要求我们加快转型与自我提升的步伐。而更迫切与深远的，不管我们愿不愿意，互联网的深刻变革和商业模式的不断创新，已经并正在愈演愈烈地导致所有行业价值不得不被重新定义！

要理解和重新定义物业服务行业的价值，我们需要先理顺与行业发展相关的趋势、价值链和关联要素。

首先是几个发展趋势。其一是关于中国社会生活结构演变，即中国已经完成了由国家统筹管理向社区管理与服务兼容的社会生活结构的深刻转变，物业管理行业已成为中国社会管理的一支重要的正面力量(主要是服务职能)；其二是关于城市建设与房地产产业链，即未来数十年，房地产及相关联产业将日趋理性、逐步衰减，而居家生活及相关联产业将日趋看好、逐步增长；其三是关于互联网影响力，即互联网尤其是移动互联网将改变产业链划分、所有行业的格局、产品提供方式乃至真正的商业模式；其四是关于人性及需求，未来，对于能够依靠网络与机器提供的产品或服务，将逐步减少人工投入，而网络与机器无法替代的手工产品、精神与感官体验等，将凸显其资源的宝贵。

其次，我们来看一下价值链。这事关如何重新定义我们的价值。很多人在微信上有很多"群"，涵盖了家人的、朋友的、同学的、同事的等，群中人相互间也许并不认识，之间也没有什么关系，唯一的交集点就是我们自己。这给我们一个虽是常识性的、但很容易忽略的启示——人的本质是一切"社会关系的总和"，即人是可有多种生活价值链的，可以做出多种选择。企业也是一样，我们总是把自己定位在房地产产业链上来固化我们的思维与业务，以为在做物业售后服务，长此以往，物业管理蜕变成我们唯一的业务与收费来源，当跨界者(非以此为业务和收费来源)来到时，我们懵了，甚至来不及招架。我们要有互联网思维，即每个人、每个企业都应该重新定义自己的价值——在不同产业链、价值链上。

最后，我们再来理一下重新定义价值中逻辑关联的相关要素。这方面我在多次发言和《重新定义价值》一文中做过专门阐述。需要说明的是，我们评估、判断物业服务行业变革与转型升级的要素至少包含五项：现代服务业的内涵、特征与内在要求，全球顶尖同类企业的成功范式，互联网变革与商业模式创新的深远影响，物业服务行业自身发展趋势，中国政治文化、经济发展趋势与庞大的市场潜力。

在理顺以上这些与行业发展有关的趋势、价值链和关联要素的基础上，我们能够看到物业管理行业的真正价值。我认为，首先，我们从事的是一个好行当，用互联网思维、未来趋势看尤其如此！有人说，那些互联网巨头之间其实都有默契，他们瓜分的版图和他们满足互联网时代的重大需求有关，"百度"解决的是人与资讯的关系，"淘宝"解决的是人与物的关系，

"微信"解决的是人与人的关系。大家也认为,目前还缺少一个方面,也是最难的,就是人与服务之间的关系,因为这涉及OTO模式中的第二个"O"——线下的真正的整合能力。只有那些既有脑子、能够创新,又能踏踏实实落地解决客户端需求的人才能解决这个问题。这方面,我反而看好物业管理行业。

以前我们常常抱怨中国的物业管理都是围墙坏了事,因为欧、美等发达国家的住宅社区没有围墙,因此也没有我们所说的综合物业管理,他们所谓物业管理等同于设施管理。虽然围墙让我们物业管理行业非常苦恼(很多责任边界不清都是跟围墙有关的),但正是有了这堵围墙,让我们行业可以有机会借助互联网技术,以OTO模式,通过App这样的载体来成为互联网社区生活服务供应商。这是时代、中国国情对我们辛勤耕耘的物业人的特别馈赠。

物业管理行业最少有三大产业链与业务方向值得我们好好布局与耕耘,以此体现我们的真正价值。第一是成为像第一太平戴维斯(Savills)、世邦魏理仕(CBRE)这样的房地产综合服务供应商,第二是成为类似欧艾斯(ISS)、爱玛客(Aramark)这样的设施管理及综合后勤服务供应商,第三是成为我们独创的互联网社区生活服务供应商。这三大方向也完全符合我们行业现今及未来的服务范围与对象:商业办公物业、公共性物业和住宅物业。

与此同时,也是非常关键的,时间是真的不等人了,现实威胁已经存在。马云讲的"很多人输就输在,对于新兴事物第一看不见,第二看不起,第三看不懂,第四来不及",我开始以为最关键是不要看不见、看不起,后来才发现,最难的是来不及!不是危言耸听,如果我们再不彻底转变观念甚至颠覆自己,立马行动,恐怕我们中的很多人真的"来不及"了。因为互联网时代不是有了第一还有第二,数万家企业中可以排出TOP200,而往往是有了第一就不需要第二。其实做"微信"第一家并非腾讯,而是米聊,但是他们没有意识到速度的重要性,腾讯微信抢先一步正式推广并且成功,随后雷军即宣布米聊退出,并且表示"输得心服口服"。马化腾曾说:"坦白讲,微信这个产品出来,如果说不在腾讯,不是自己打自己的话,是在另外一个公司,我们可能现在根本就挡不住。回过头来看,生死关头其实就是一两个月,那时候我们几个核心的高管天天泡在上面……"是的,"生死关头其实就一两个月",说的就是速度。马年春节"微信红包"再次赢了"微米红包",后者据说肠子悔青了,只因为差了10天。易居中国周忻与平安银行联手投入500亿元,将互联网、房地产买卖、按揭等业务整合后形成了一个全新的业务,从双方开始谈判,到策划、产品设计、取得银监会批文,再到正式发布,只用了28天时间。在互联网时代,不快速行动真的不行,因为时间——不等人!

(资料来源:中国物业管理协会网站)

第三章

收益性物业设施管理

◎【教学目标】

1. 掌握物业设施设备运行的原理、操作及维护的相关知识；
2. 掌握物业设施设备各岗位职能及管理的相关知识；
3. 掌握与其他部门协作的能力，能灵活处理突发情况；
4. 引导学生的探索兴趣，训练自学、自觉分析问题以及思维创新能力。

◎【教学重点】

1. 掌握设施设备的构成，掌握物业设施设备管理的内容、目标及核心；
2. 熟悉物业设施设备管理组织结构及管理制度，了解物业设备管理岗位职责；
3. 掌握物业各类设施设备系统的日常维护、管理及应急处理；
4. 了解物业智能化管理发展的特点。

◎【教学难点】

1. 掌握设施设备的运行、维修与保养管理；
2. 熟悉物业设施设备各大系统的管理制度；
3. 市场调研的技巧，将课堂知识与实践相结合，能根据实地调研情况与网络资源完成实训任务；
4. 结合前续课程，综合分析，并最终掌握物业智能化管理所需的知识技能。

◎【教学建议】

1. 本章学习应在学生对物业实体有一定了解的基础上，配合实际设备或者模型进行讲授；
2. 课程可按小节录制微课，方便学生进入物业项目巩固理论知识。

物业设施设备是建筑物附属设施设备的简称,是指附属于房屋建筑,为物业用户提供生活和工作服务的各类设施设备的总称,是构成房屋建筑实体有机的不可分割的重要组成部分,是发挥物业功能和实现物业价值的物质基础与必要条件。房屋建筑附属的基本设施设备,包括供水、排水、供暖、供冷、供电、燃气、电梯、消防、智能控制系统等。

物业设施设备无所不在,其主要构成种类如下:

(1) 卫生等设施设备。包括给水、排水、热水供应(供暖)、消防、通风、燃气设施设备及空调等。

(2) 电气工程。包括照明与供电设备、弱电设备、运输(电梯)设备及防雷设备等。

(3) 智能化技术设备。包括楼宇自动化控制系统(BAS)、保安报警系统(SAS)、消防报警系统(FAS)、通信自动化系统(CAS)、办公自动化系统(OAS)。

物业设施设备管理是物业服务企业根据物业管理总体目标,对物业设施设备通过保养、维修等手段,保障物业设施设备可靠、安全、经济地运行,延长设备的使用寿命,以保持创造出最大的经济效益、社会效益和环境效益的技术管理和经济管理活动。

物业设施设备管理的根本目标就是用好、管好、维护好、检修好、改造好现有设施设备,提高设施设备的利用率与完好率。要想使设施设备使用功能正常发挥、寿命长久,日常维护和定期检修是核心。设施设备技术性能的发挥、使用寿命的长短,在很大程度上取决于设施设备管理的质量。物业设施设备管理的质量一般用设施设备的有效利用率和完好率来表示。

第一节 给排水系统管理

建筑给水系统是为了保证建筑内生活、生产、消防所需水量、水压和水质而修建的一系列工程设施,它的任务主要是将城镇(或小区)给水管网或自备水源的水引入室内,再经室内配水管网送至生活、生产和消防用设备处。建筑排水系统的任务是接纳、汇集建筑内各种卫生器具和用水设备排放的污(废)水以及屋面的雨、雪水,并在满足(或经处理后满足)排放要求的条件下,将其排入室外排水管网。水循环利用流经如图3-1所示。根据物业设备管理的内容,本教材主要讨论室内给排水系统。

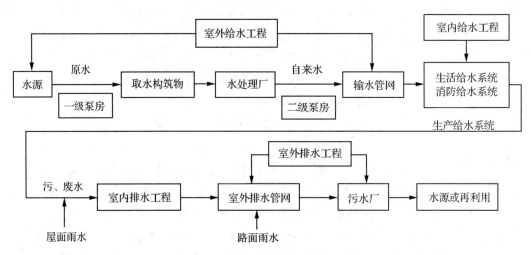

图 3-1 水循环利用流经路径示意图

一、室内给水系统

(一) 室内给水系统的分类

1. 生活给水系统

生活给水系统主要是为民用建筑和工业建筑内部饮用、烹调、洗浴、洗涤、冲洗等的日常生活用水所设的给水系统。除了水量、水压应满足要求外,生活给水的水质也必须满足国家规定的生活饮用水卫生标准。

2. 生产给水系统

生产给水系统主要是提供各类产品制造过程中所需用水及生产设备的冷却、产品和原料洗涤、锅炉用水及某些工业的原料用水。

生产和生活给水的区别:如果生产无特殊需求时,生产给水对水质要求不高,如冷却用水,但大多会有特别要求,如精加工用水。

3. 消防给水系统

(1) 对水质要求不高,但必须保证水量和水压;

(2) 当两种或两种以上用水对象的水质、水压要求相近时,应尽可能采用共用给水系统;

(3) 对消防要求严格的高层建筑或大型建筑,应独立设置消防给水系统。

(二) 室内给水系统的组成

一般室内给水系统由下列各部分组成,如图 3-2 所示。

1. 引入管

将室外给水管引入室内的管段,也称为进户管或者总进水管。

2. 水表节点

引入管上的水表及其前后设置的阀门和泄水装置统称为水表节点。

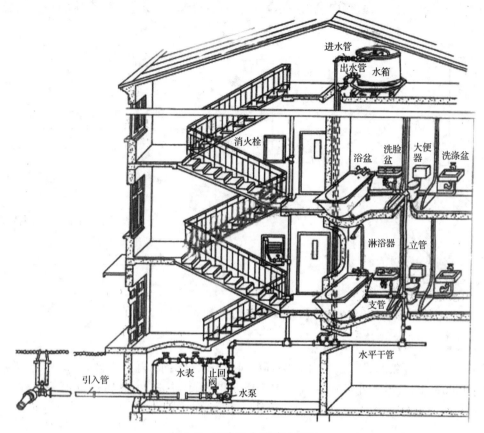

图 3-2 室内给水系统的组成

3. 给水管道

干管：上端——引入管，方向——水平；

立管：上端——干管，方向——竖直；

支管：上端——立管，指向——每一层。

4. 给水附件

它包括给水管网上的闸阀、止回阀等控制附件，淋浴器、配水龙头、冲洗阀等配水附件和仪表等。

5. 升降压和储水设备

升压设备：增大管内水压，如水泵。

降压设备：减压阀。

储水设备：水池、水箱和水塔等。

6. 配水装置用水设备

它包括卫生器具水龙头、消防栓、自动喷淋消防设备等。

（三）室内常用给水方式

1. 直接给水方式

直接给水即市政管网直接供水，当市政管网的水压在任何时候都能满足室内所需压力时,可利用室外管网水压直接向室内给水系统供水,如图3-3所示。该系统的特点如表3-1所示。

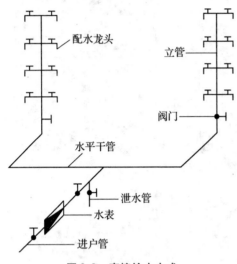

表3-1 直接给水方式特点

优点	构造简单、经济,施工维护方便,供水安全
缺点	水压要求高,因此在用水高峰期可能造成高层用户供水中断

图3-3 直接给水方式

2. 设置升压设备的给水方式

（1）单设水箱给水方式。室外管网直接向顶层水箱供水,再由水箱向各配水点供水;当外网水压短时间不足时,由水箱来调节用水量,如图3-4所示。其特点详见表3-2。

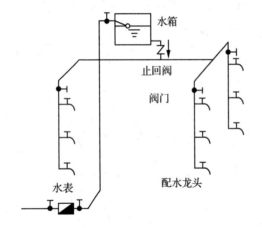

表3-2 单设水箱给水方式特点

优点	不需要专门设置加压设备即可实现不间断供水
缺点	造价高,水容易被二次污染且占用室内使用面积

图3-4 单设水箱给水方式

（2）单设水泵给水方式。当外网水压不足时,室外管网由水泵加压给各配水点供水,如图3-5所示。其特点详见表3-3。

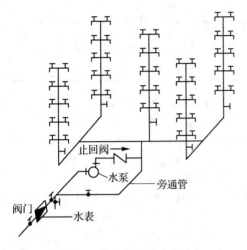

图 3-5 单设水泵给水方式

表 3-3 单设水泵给水方式特点

优点	出水均匀,水泵工作稳定,电能消耗少
缺点	外网容易负压

（3）水池、水泵和水箱联合供水。当市政部门不允许从室外给水管网直接供水时,需增设地面水池,此系统增设了水泵和水箱。室外管网水压经常性或周期性不足时,多采用此种供水方式,如图 3-6 所示。其特点如表 3-4 所示。

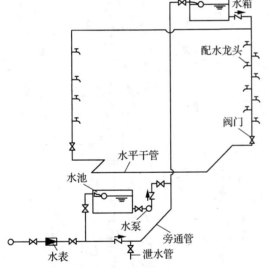

图 3-6 水池、水泵和水箱联合供水

表 3-4 水池、水泵和水箱联合供水方式特点

优点	供水可靠,技术成熟,长期经济效果好
缺点	费用高,水质容易被二次污染

3. 竖向分区给水

当建筑物层数较多时,室外管网的压力往往不能满足上几层的供水要求,为充分利用外网压力,可将建筑物在竖向上分为两个区,下区由外网直接供水,上区由水泵、水箱联合供水。如图 3-7 所示。

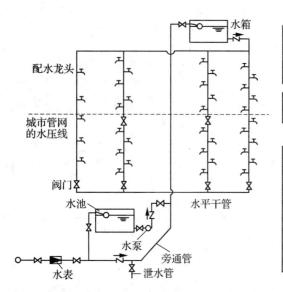

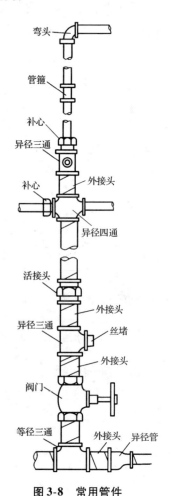

图 3-7　竖向分区给水方式示意图及必要性分析

（四）常用给水管件

管道配件是指在管道系统中起连接、变径、转向、分流等作用的零件，简称管件。管件的种类很多，不同管道应采用与该类管材相应的专用管件，如图 3-8 所示。

（1）弯头。常用的有 45°和 90°两种，有等径弯头及异径弯头，具有改变流体方向的作用。

（2）管箍。又称管接头、内螺丝、束结，用于连接管道的管件，两端均为内螺纹，分同径管箍及异径管箍两种。

（3）补心。又称内螺纹管接口，用于直线管道变径处。与异径管箍的不同点在于：它的一端是外螺纹，另一端是内螺纹。外螺纹一端通过带有内螺纹的管配件与大管径管子连接，内螺纹一端则直接与小管径管子连接。

（4）三通。具有对输送的流体分流或合流作用，分等径三通及异径三通两种。

（5）外接头。又称双头外螺丝、短接，用于连接距离很短的两个直径相同的螺纹管件或阀件。

（6）四通。分为等径四通与异径四通。

（7）活接头。又称由任，作用与管箍相同，但比管箍装拆方便，用于须经常装拆或两端直接固定的管路上。

（8）丝堵。用于堵塞管件的端头或堵塞管道上的预留口的管件。

图 3-8　常用管件

（五）室内给水管道的布置

1. 敷设方式

（1）明装。可用于各类建筑的设备层。

优点：造价低，施工安装、维护修理均较方便。

缺点：管道的表面易积灰、产生凝水等，影响环境卫生，有碍房屋美观。

（2）暗装。管道敷设在地下室天花板下或吊顶中，或在管井、管槽、管沟中隐蔽敷设。

优点：卫生条件好，房间美观。

缺点：造价高，施工、维护均不便。

2. 给水管道布置方式

（1）下行上给式。水平配水干管敷设在底层（明装、埋设或沟敷）或地下室天花板下，自下而上供水。利用室外给水管网水压直接供水的居住建筑、公共建筑和工业建筑多采用这种方式。

（2）上行下给式。水平配水干管敷设在顶层天花板下或吊顶内，自上向下供水。对于非冰冻地区，水平干管可敷设在屋顶上；对于高层建筑也可敷设在技术夹层内。这是目前主流供水模式。

（3）中分式。水平干管敷设在中间技术层内或某中间层吊顶内，向上下两个方向供水。一般层顶用作露天茶座、舞厅或设有中间技术层的高层建筑多采用这种方式。它的缺点是需要设技术层或增加某中间层的层高。

（六）给水管道系统的验收

给水管道系统的验收工作包括如下几个方面：

（1）室内给水管道的水压试验必须符合设计要求。当设计未标明时，各种材质的给水管道系统试验压力均为工作压力的1.5倍，且不得小于0.6MPa。

检验方法：金属及复合管给水管道系统在试验压力下观测10min，压力降不大于0.02MPa，然后降到工作压力进行检查，应不渗不漏；塑料管给水管道系统应在试验压力下稳压1h，压力降不得超过0.05MPa，然后在工作压力的1.15倍状态下稳压2h，压力降不得超过0.03MPa，同时检查各连接处不得渗漏。

（2）给水系统交付使用前必须进行通水试验并做好记录。

（3）生活给水系统管道在交付使用前必须冲洗和消毒，并经有关部门取样检验，符合《生活饮用水卫生标准》方可使用。

（4）室内直埋给水管道（塑料管道和复合管道除外）应做防腐处理。埋地管道防腐层的材质和结构应符合设计要求。

（七）给水系统的管理与维护

1. 管理范围

物业管理公司对给水系统的管理范围，政府部门都有明确的规定。

对于一般居住小区，如果物业管理公司管理的对象是高层楼房，则以楼内供水泵房总计费水表为界;如果是多层楼房,则以楼外自来水表井为界。界线以外(含计费水表)的供水管线及设备由供水部门负责维护与管理;界线以内至用户的供水管线及设备由物业管理公司负责维护与管理。供水管线及管线上设置的地下消防井、消防栓等消防设施,由供水部门维护与管理,公安消防部门负责监督检查;高层或多层消防供水系统,包括泵房、管道、室内消防栓等,由物业管理公司负责维护、管理,并接受公安消防部门的检查。

2. 管理维护工作内容

室内给水系统管理维护的主要内容有:

(1) 建立正常的供水、用水制度。

(2) 建立检查维修卡。

(3) 日常维护和定期检修工作要做好。

(4) 每月至少检查管道一次,每年至少除锈、涂防锈油漆保养一次;在北方地区还需注意入冬前的保暖工作。

(5) 闸阀在日常使用中,至少每周开闭检查一次,每年至少除锈、涂防锈油漆保养一次;水表在每月抄表的时候进行检查。

(6) 储水设备每天必须检查一次,检查水位是否正常;每个季度必须由具有健康证的工作人员清洗一次。

(7) 过滤器每年必须开盖清理一次,防止过滤器堵塞。

(8) 电机水泵在日常使用中,必须两个小时检查一次,检查三相电机电压是否正常,机身温度是否正常,电机是否有空转现象。

(9) 减压阀必须每天检查两次以上。

(10) 对用户普及使用常识,正常使用给水设备。

二、室内排水系统

(一) 室内排水系统的分类

(1) 生活排水系统。

(2) 生产排水系统。

(3) 屋面雨水排水系统。

(二) 室内排水体制

1. 合流制

建筑中两种或两种以上的污、废水合用一套排水管道系统排出。

2. 分流制

居住建筑和公共建筑中的生活污水与生活废水,工业建筑中的生产污水和生产废水各自由单独的排水管道系统排出。

* 以下情况应明确采用分流制制度:

(1) 新建居住小区应采用生活排水与雨水分流排水系统,在缺水或严重缺水地区,宜设置雨水贮存池。

（2）建筑物内下列情况下宜采用生活污水与生活废水分流的排水系统：

① 建筑物使用性质对卫生标准要求较高时；

② 生活污水需经化粪池处理后才能排入市政排水管道时；

③ 生活废水需回收利用时。

（3）下列建筑排水应单独排水至水处理或回收构筑物：

① 公共饮食业厨房含有大量油脂的洗涤废水；

② 洗车台冲洗水；

③ 含有大量致病菌,放射性元素超过排放标准的医院污水；

④ 水温超过40℃的锅炉、水加热器等加热设备排水；

⑤ 用作中水水源的生活排水。

（三）室内排水系统组成

1. 卫生器具

卫生器具是用来承受水或收集污（废）水的容器。

2. 排水管道

它包含器具排水管（含存水弯）、横支管、立管、埋地横干管和排出管等。

3. 通气管道

通气管能防止管内压力过低而引起的排水波动和水封受损。

4. 清通设备

5. 抽升设备

设置在高度较低、污水无法通过重力自流排出的场所。

6. 污水局部处理构筑物

当建筑物排出的污水不允许直接排入城市排水管网的时候,必须设置污水局部处理设备,一般有隔油池、降温池、化粪池等。

（四）室内排水管网的验收

1. 排水管道灌水试验

排水管道灌水试验的目的是检查排水管道接口的严密性,以确保管道工程质量。对于暗设、埋设和有隔热层的排水管道,在隐蔽前必须做灌水试验。具体步骤如下：

（1）对生活、生产排水管道,管内灌水高度一般以一层楼的高度为准,且最高不得超过8米。雨水管的灌水高度必须达到每根立管最上部的雨水斗的高度。

（2）管道在灌满水15分钟后,再连续灌水5分钟,以液面不下降、无渗漏为合格。

2. 通球试验

在透气管投入相当于管径70%的球,冲水后能排到排水管道室外第一检查井为合格。

（五）室内排水管网的管理

1. 排水设备的管理：外观

（1）每年涂抹防锈油漆一次，并做好资料存档；

（2）PVC落水管须检查活接头是否有漏水现象；

（3）排污水口须定期检查是否有堵塞，雨季时期必须每天检查一次。

2. 排水管道的管理：清通

目的：保证排水通畅。

途径：（1）水井口的封闭；

（2）清通件每季度检查一次，确保清通口可正确打开；

（3）清通头每年必须加轮滑油保养一次以上；

（4）管道的清扫——人工、机械。

3. 教育业主、用户不要把杂物投入下水道，防止堵塞

第二节 采暖系统管理

一、采暖系统设施设备

（一）相关定义

供热工程——以热水或蒸汽作为热媒为用热系统（如供暖、通风、空调等）提供热能的供暖系统和集中供热系统。

供暖系统——用人工方法向室内供给热量，使室内保持一定的温度，以创造适宜的生活条件或工作条件的技术。

采暖系统的基本工作原理：低温热媒在热源中被加热，吸收热量后，变为高温热媒（高温水或蒸汽），经输送管道送往室内，通过散热设备放出热量，使室内温度升高；散热后温度降低，变成低温热媒（低温水），再通过回收管道返回热源，进行循环使用。如此不断循环，从而不断将热量从热源送到室内，以补充室内的热量损耗，使室内保持一定的温度。

（二）采暖系统分类

在采暖系统中，承担热量传输的物质称为热媒。这里主要讲解按照所使用热媒不同而进行的采暖系统分类。

1. 热水采暖系统

以热水为热媒，把热量带给散热设备的采暖系统，称为热水采暖系统。

2. 蒸汽采暖系统

以蒸汽为热煤的采暖系统称为蒸汽采暖系统。

蒸汽采暖系统的工作原理:水在锅炉中被加热成具有一定压力和温度的蒸汽,蒸汽靠自身压力作用通过管道流入散热器内,在散热器内放出热量后,蒸汽变成凝结水,凝结水靠重力经疏水器(阻汽疏水)后沿凝结水管道返回凝结水箱内,再由凝结水泵送入锅炉重新被加热变成蒸汽。

蒸汽采暖系统一般由蒸汽锅炉、分气缸、减压阀、蒸汽管道、散热器、凝结水管、凝结水箱和凝结水泵等部分组成。

蒸汽采暖和热水采暖的特点比较如表3-5所示。

表3-5　蒸汽采暖和热水采暖的特点比较

	温度	管壁腐蚀率	静水压力	密封性	热惰性
蒸汽采暖	温度高,导致灰尘升起	腐蚀快,特别是冷凝水管道	小	严密度高,并需要抽气设备	小
热水采暖	温度低,供热均匀	慢	大	要求稍低	大

3. 热风采暖系统

该系统是以空气为热煤,把热量带给散热设备的采暖系统,可分为集中送风系统和暖风机系统。

(1) 热风采暖系统的特点。

① 热惰性小;

② 升温快;

③ 室内温度分布均匀;

④ 温度梯度较小。

(2) 暖风器的分类。在室内空气再循环的热风采暖系统中,常采用暖风机采暖方式,暖风机分为轴流式与离心式。

① 轴流式暖风机体积小,送风量和产热量大,金属耗量少,结构简单,安装方便,用途多样;但它的出风口送出的气流射程短,出口风速小。

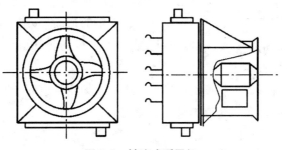

图3-9　轴流式暖风机

② 离心式暖风机是用于集中输送大量热风的热风供暖设备。

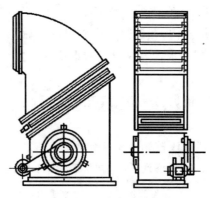

图 3-10　离心式暖风机

（三）采暖系统常见设施设备

1. 采暖系统的主要设备

采暖系统由热源（热媒制备）、热循环系统（管网或热媒输送）及散热设备（热媒利用）三个主要部分组成。

（1）热源。它是指热的发生器，用于产生热量，是采暖系统中供应热量的来源。

（2）热循环系统。用于进行热量输送的管道及设备，是热量传递的通道。

（3）散热设备。用于将热量传递到室内的设备，是采暖系统中的负荷设备。

常见的散热设备有铸铁散热器、钢制散热器以及铝合金散热器。散热器是安装在采暖房间内的散热设备，热水或蒸汽在散热器内流过，它们所携带的热量便通过散热器以对流、辐射方式不断地传给室内空气，达到供暖的目的。

散热器应布置在外窗下，当室外冷空气从外窗渗透进室内时，散热器散发的热量会将冷空气直接加热，人处在暖流区域会感到舒适，可以根据需要选择明装或者暗装。

2. 采暖系统常见辅助设备

（1）膨胀水箱。用于储存采暖系统中被加热后的膨胀水量、定压及排除系统中的空气。

（2）换热器。完成各种不同传热过程的设备。

（3）集气罐及放气阀。设置在系统供水干管末端的最高处，用于排出空气。

（4）除污器。排除锅炉在安装和运行过程中的污物，防止管道和设备堵塞，常在用户引入口或循环泵进口处设置。

（5）补偿器。在管段适当长度的两端设置固定支架将管道固定不动，补偿热伸长量，减弱对固定支架的水平推动和对管道本身的热应力。

（6）疏水器。在蒸汽供暖系统中，当蒸汽沿管道输送时，温度会逐渐降低，少量蒸汽会变成凝结水，并随蒸汽一起流动。疏水器的作用就是阻隔蒸汽通过，同时将凝结水顺利排出。

（四）采暖设备的组成

1. 自然循环热水采暖系统（图3-11）

自然循环热水采暖系统主要适用于小型建筑和一家一户的采暖形式。其作用半径不宜超过50m。

2. 机械循环热水采暖系统

（1）自然循环+水泵=机械循环。

（2）自然循环与机械循环的比较。

表3-6 自然循环与机械循环比较表

	管径/流速	维护	作用半径	耗能
自然循环	大/慢	方便	小	小
机械循环	小/快	维修量大	大	大（电能）

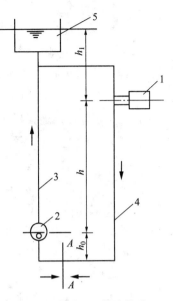

1.散热器；2.锅炉；3.供水管路；
4.回水管路；5.膨胀水箱

图3-11 自然循环热水采暖系统示意图

3. 分户计量热水采暖系统

（1）目标。

① 建筑节能；

② 提高室内供热质量；

③ 进行供暖系统智能化管理。

（2）费用的收取。

（3）分户计量热水采暖系统中，热媒采用一户一阀控制。

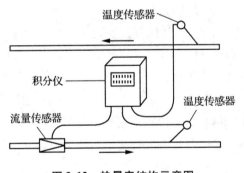

图3-12 热量表结构示意图

图3-12所示为热量表原理图，由热量表来计量用户的用热量，并作为采暖费收缴的依据，它由流量传感器、温度传感器和积分仪组成。

二、采暖系统管理

（一）热网管理

1. 室外管网维护

（1）定期检查修复变形的管道支架；

（2）修复保温层，减少热量损失和防止管内水冻结；

（3）防止管道因热应力和压力过大而破裂。

2. 室内管网维护

（1）定期检查管道连接处；

（2）检查各种阀门和连接管件是否有泄漏。

3. 维修注意事项

关闭阀门,更换修复破损的管道,并及时排出积水。

4. 热水供暖系统通暖程序及调试

（1）外部检查。采暖系统安装竣工后,整个系统应进行一次全面仔细的外部检查,主要检查采暖入口、设备、管道及附件等安装是否正确。

（2）管道冲洗。如果在管道组装时对管道、散热器内部的杂质已做清除,系统冲洗工作即可与水压试验结合进行。

冲洗原则是由上至下,冲洗水压不宜低于 0.25MPa,直至流出的水清澈无泥沙即可。

（3）水压试验。

① 在试压充水时,应先把系统中所有阀门及排气阀打开,并将连接膨胀水箱的管道拆开,装上临时的连接管和排气装置。

② 暂不与外网管道连接,在回水干管上安装试压泵和临时给水管道。

③ 冲水速度要缓慢,使整个系统内水位上升在同一水平上,以便将空气顺利排出。系统充满水时应将所有排气阀门关闭,然后方可进行水压测试。

④ 启动试压泵开始升压。试验压力要符合相关规定。试压过程中应对系统做全面的检查,如有漏水现象须修理直至试压合格。

⑤ 排放系统内的水。冬季试压时,应注意管道防冻。室温在0℃以上时(人工采暖),可用冷水进行系统试压。室温在0℃以下时,在有热水供应的条件下,可通过加压泵加压送到系统中。如果发现问题应该停止供水,并将水尽快从系统最低点排出,以防止冻结。

（4）室内热水供暖系统通暖程序。确认供热外网运行正常后,打开系统回水总阀门注水。当系统的集气设备排气完毕并排水后,说明系统已经满水。此时打开供水总阀门,开始供水。

（5）系统调节。根据立管温差及房间温度适当调节流量开关阀。室内温度与设计温度的允许温差为±2℃。

（6）水温控制。

（二）热源管理

针对锅炉和热力站制定各项规章制度,包括安全操作制度、水质处理制度、交换班制度等。

在热水供暖系统中,为了保证室内温度恒定及系统经济运行,可对热源进行集中调节,以最经济的供暖方式达到较为理想的供暖效果。集中调节主要有以下几种方式：

1. 质调节

质调节就是根据室外温度的变化,调节供水温度。如初冬季节室外气温高于当地室外供暖设计温度时,可以降低供水温度来满足室内设计温度要求。

2. 量调节

量调节即在供水温度不变的情况下,改变调整系统管网循环流量。在实行量调节时,可把供暖期分为几个阶段。当室外温度接近室外设计温度时,应开启全部水泵;当室外温度较高时,可适当减少开启循环水泵的数量。

3. 间歇供暖

间歇供暖是指当室外温度较高时,不去改变循环水量和供水温度,而减少每日供暖时间,一般适用于室外温度高于设计温度的供暖初期和末期。

(三)用户管理

(1)指导用户遇到供暖问题时如何与物业管理公司沟通;
(2)教育用户如何节约能源,合理取暖;
(3)检查房间的密闭性能,加强保温措施;
(4)用户家庭装修需变动散热器位置或型号时,须取得管理人员的现场认可。

第三节 室内燃气设施设备管理

一、室内燃气系统的组成与供应

(一)燃气的种类

1. 液化石油气

液化石油气是指将提炼汽油、煤油、柴油、重油等油品过程中剩下的一种石油尾气,通过一定方式加以回收利用,采用加压的措施使其变成液体,装在受压容器内,其主要成分有乙烯、乙烷、丙烯、丙烷和丁烷等。液化石油气在汽化过程中体积大约会变成原体积的二百五十倍,并极易扩散,遇到明火就会燃烧或爆炸。

2. 人工煤气

它是指以煤为主要原料制取的可燃气体。一般可分三种方法生产:第一种是煤在煤焦炉里干馏时产生的煤气,主要成分是甲烷、氢气、一氧化碳,称为焦炉气或煤气;第二种是用水蒸气和炽热的无烟煤或焦炭作用而生成的煤气,主要成分是一氧化碳和氢气,称为水煤气;第三种是用空气和少量的水蒸气跟煤或焦炭在煤气发生炉内反应而产生的煤气,主要是一氧化碳和氮气,称为炉煤气。

3. 天然气

从自然界直接收集和开采而得到的,不需要加工。

(二)燃气的互换性

不同的燃气是不能在同一燃烧器上互换的,要更换燃气喷嘴和火孔盖(改变燃气和燃气

—空气混合物喷孔面积的大小,以达到规定的燃烧状况)。

（三）城镇燃气的质量要求

（1）热值高。

（2）杂质少。

（3）含水低。含水高的话,在一定温度和压力的条件下,水蒸气和甲烷会形成水化物,造成管道堵塞。

（4）毒性小。一氧化碳含量在10%以下。

（5）燃气成分稳定。

（6）漏气易察觉。加臭,在爆炸下限20%的浓度时,应能察觉。

（四）燃气供应方式

1. 瓶装供应

图 3-13　瓶装燃气

2. 管道输送

（1）低压管网：输送压力 $P \leqslant 4.9 \text{kPa}$。

（2）中压管网：输送压力 $4.9 \text{kPa} < P \leqslant 147.15 \text{kPa}$。

（3）次高压管网：输送压力 $147.15 \text{kPa} < P \leqslant 294.3 \text{kPa}$。

（4）高压管网：输送压力 $294.3 \text{kPa} < P \leqslant 784.8 \text{kPa}$。

（五）室内燃气管道系统

（1）必须使用明装。

（2）主要由引入管、干管、立管、用户支管、燃气表、用具连接管以及燃气用具组成,如图 3-14 所示。

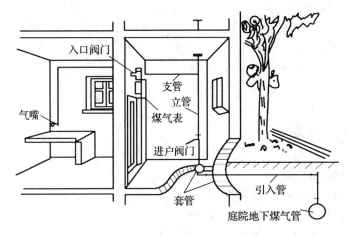

图 3-14 室内燃气管道铺设示意图

二、室内燃气供应系统的维护管理

(一)燃气供应系统的维护管理

1. 燃气设施的检查和报修

例如,苏州港华公司　报修电话:96111000。

网址:http://www.sz-towngas.com.cn/index.asp。

2. 燃气设施的保养和维修

为减少管道机械和自然损坏,提高燃气使用的安全可靠性,延长管道和设备中修、大修的周期,应对室内燃气管道和设备进行养护维修。

3. 安全用气宣传

4. 室内燃气设施的安全管理

严格执行国家颁布的《城市燃气管理规定》,从燃气和设备的使用、销售等方面,切实做好管理,杜绝燃气事故的发生。

(二)室内燃气管道检查

1. 外观检修

2. 漏气检修

常用肥皂水进行漏气检查。

3. 燃气表检修

(1)每年一次,误差<4%。

(2)检修操作。不能带气操作,要关闭引入管总阀门,并把管道中的燃气排到室外。维修作业过程中要加强室内的通风换气。

(3)避免所有火源,避免电焊维修。

第四节 消防系统管理

一、消防系统概述

（一）火灾的成因

（1）人为因素（疏忽大意、违规操作等）；

（2）电气事故（设备质劣、线路短路、雷击）；

（3）可燃物的引燃（固体、液体、气体）。

（二）现代火灾的特点

（1）火势凶猛且蔓延极快（烟囱效应、装修材料）；

（2）火灾扑救难度大（现有灭火设备性能不能满足高层建筑的需求）；

（3）楼内人员和物资疏散困难；

（4）经济损失大、政治影响大。

（三）消防系统

1. 特点

以防为主、防消结合（高层建筑必须立足于自救）。

2. 系统的组成

包括火灾自动报警系统、灭火及消防联动系统。

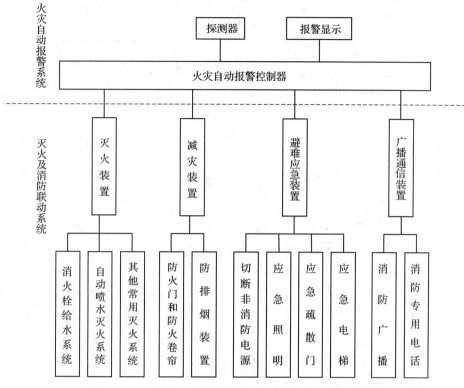

图 3-15 消防系统组成示意图

（四）消防系统的构成模式

图 3-16 消防系统的构成模式

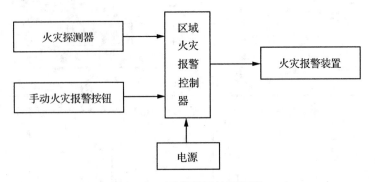

图 3-17　区域报警系统框架图

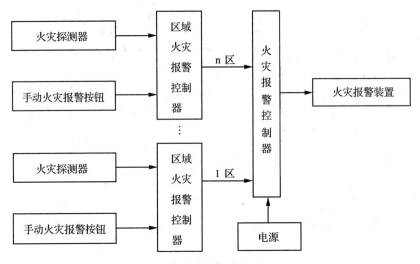

图 3-18　集中报警系统框架图

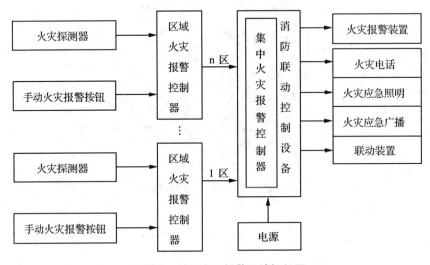

图 3-19　控制中心报警系统框架图

二、消防灭火系统设备及其运行

（一）火灾探测器

1. 特点

它是用量最大、最早发现火情的设备。

2. 分类

（1）感烟探测器。感烟探测器是对探测区域内某一点或某一连续线路周围的烟参数敏感响应的设备。由于它能探测物质燃烧初期在周围空间中所形成的烟雾粒子浓度，因此它具有非常好的早期火灾探测报警功能，应用最广泛，应用数量最大。

（2）感温探测器。感温火灾探测器是对警戒范围内某一点或某一线段周围的温度参数（异常高温、异常温差和异常温升速率）敏感响应的设备。

（3）感光探测器。

（4）复合探测器。

（5）可燃气体探测器。

（二）火灾报警控制器

1. 主、备电源

火灾报警控制器的电源应有主电源和备用电源。主电源为220V交流电，备用电源一般选用可充放电反复使用的各种蓄电池。当备用电低于20V时控制器将自动关机，以防电池过放而损坏。

2. 火灾报警

可接受来自探测器、手动报警按钮、消火栓报警按钮及编码模块所配接的设备发来的火警信号，此时火灾指示灯亮并发出火灾报警音响，同时显示首次报警地址号及总数。

3. 故障报警

故障灯亮并发出长音故障音响，同时显示报警地址号及类型号。

4. 时钟锁定

记录着火时间，当有火警或故障时，时钟显示锁定，但内部能正常走时，一旦恢复，时钟将显示实际时间。

5. 火警优先

在系统存在故障的情况下出现火警，则报警器能由报故障自动转变为报火警；当火警被清除后又自动恢复报原有故障。

6. 自动巡检

报警系统长期处于监控状态，为提高报警的可靠性，控制器设置了检查键，供用户定期或不定期进行模拟火警检查。

7. 自动打印

当有火警、部位故障或有联动时，打印机将自动打印记录火警、故障或联动的地址号，此地址号与现实地址号一致,并打印出故障、火警、联动的月、日、时、分。

8. 输出

(1) 控制器有 V 端子、VG 端子,可输出 DC24V、2A;

(2) 控制器有端子 L1、L2,可用双绞线将多台控制器连通组成多区域集中报警系统;

(3) 控制器有 GTRC 端子,用来同 CRT 联机,其输出信号是标准 RS-232 信号。

9. 联机控制

联机控制可分自动联动和手动启动两种方式,但都是总线联动控制方式。

(三) 消防给水系统

1. 消防水泵

(1) 远程启动。

① 消防控制中心发出指令;

② 消火栓报警按钮控制;

③ 水流报警,启动器控制消防水泵的启停。

* 水流指示器会产生前报警,区别于压力报警,压力开关一旦打开就会直接喷淋。水流指示器可能会经常误报(开泵的水压冲力,开泄压阀有水流,喷淋头喷淋),很灵敏。

(2) 就地启泵。

(3) 止泵。消防泵不会自行止泵,必须人工操作。

2. 室内消火栓

室内消火栓给水系统是利用室外消防给水系统提供的水量,扑灭建筑物中与水接触不会引起燃烧、爆炸的火灾而在室内设置的固定灭火设备。

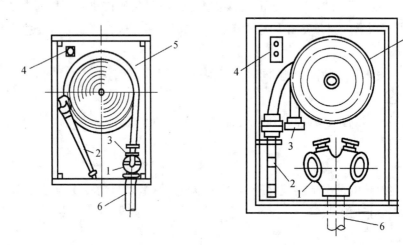

1. 消火栓;2. 水枪;3. 水带接口;4. 按钮;5. 水带;6. 消防管道

图 3-20 室内消火栓结构示意图

3. 消防水箱

消防水箱是在建筑物室外给水管网经常不能保证室内给水管道有足够水压时设置的。

低层建筑室内消防水箱应储存10分钟的室内消防用水量;高层建筑消防水箱的储存量,一类建筑不小于18立方米,二类建筑和一类住宅建筑不小于12立方米,二类住宅建筑不小于6立方米。

4. 室外消火栓

室外消火栓与城镇自来水管网相连接,既可供消防车取水,又可连接水带、水枪,直接出水灭火。

5. 消防水泵接合器

图3-21 地上式消防水泵接合器

图3-22 地下式消防水泵接合器

6. 灭火器

(1) 填充物:空气泡沫、水型、干粉、二氧化碳、卤代烷。

(2) 移动方式:手提式、背负式、推车式。

(3) 灭火器性能和要求:灭火器主要包含喷射性能、灭火性能、使用温度性能、密封性能、操作性能、抗腐蚀性能,以及机械强度、密封、结构要求等。

三、消防联动系统

(一) 应急照明系统

应急照明也称为事故照明,是当正常照明因故熄灭后,供人员继续工作、保障安全或疏散用的照明。其必须具有备用电源,火灾应急照明主要包括备用照明及疏散照明,其中疏散照明又包含通道疏散指示灯与出入口标志灯。

必须设置火灾应急照明的公共场所有:

(1) 消防控制室、自备电源室、配电室、消防水泵房、防排烟机房、电话总机房、通信机房、直升机停机坪;

（2）公共建筑的疏散楼梯间、防烟楼梯间前室、疏散通道、消防电梯间等。

（二）防排烟系统

《高层民用建筑设计防火规范》要求，对于新建、扩建和改建的高层民用建筑及其相连的附属建筑都要设有防火、防烟、排烟设置。防排烟主要包含以下要求：

（1）消防中心能显示各种电动防排烟设施的运行情况，并能进行联动遥控。

（2）根据火灾情况，打开有关排烟道上的排烟口，启动排烟风机，打开安全出口的电动门。与此同时，关闭有关的防火阀及防火门，停止有关防烟区域内的空调系统的运行。

（3）设有正压送风的系统应打开送风口，启动送风机。

（4）根据《火灾自动报警系统设计规范》规定，对防火卷帘的控制要求为：

① 疏散通道上的防火卷帘两侧，应设置火灾探测器组及其警报装置，且两侧应设置手动控制按钮；其自动控制要求感烟探测器动作后，卷帘降至距离地面1.8m处；感温探测器动作后，卷帘下降到底。

② 用作防火隔离的防火卷帘，当火灾探测器动作后，卷帘应一降到底。

（三）消防通信系统

1. 消防专用电话

消防电话系统是一种消防专用的通信系统。通过这个系统可迅速实现对火灾的人工处理，并可及时掌握火灾现场情况及进行其他必要的通信联络，便于指挥灭火及恢复工作。

2. 火灾应急广播系统

（四）火灾自动报警及联动系统的配套设备

火灾自动报警及联动系统的配套设备主要包括手动火灾报警按钮、总线隔离器、消火栓报警按钮、输入/输出模块、编码中继器、火灾显示器、声光讯响器、CRT彩色显示系统等。

（五）消防电梯

消防电梯是高层民用建筑特有的消防设施。普通电梯在火灾时往往因为切断电源而停止使用，而消防队员若靠攀登楼梯进行扑救，会因体力不支和运送器材困难而贻误战机，影响扑灭火灾及抢救伤员工作。因此，高层建筑必须设置消防电梯，以便消防队员在火灾时能迅速到达起火层进行扑救工作，减少火灾损失和人员伤亡。

当建筑起火后，全部电梯须召回首层。若火灾发生在首层则停于较近层，待人员撤离后即锁上停止使用，而消防电梯则由消防队员操纵投入灭火救援工作。

（六）防火门

我国将防火门分为甲、乙、丙三级：甲级须耐火1.2小时，其构造多为薄钢板中间填硅酸钙板及陶瓷棉，主要用于防火分区的门洞口处；乙级须耐火0.9小时，其构造为厚木板单面或双面钉石棉板及铁片，有的将木料经防火浸料处理，主要设在楼梯间、前室及消防电梯前室门洞口处；丙级应耐火0.6小时，主要用作管道井的检修门。

四、消防系统的维护管理

（一）消防队伍

（1）选择年轻力壮,身体素质好,责任心强,勇于献身并且反应灵敏,具有全面消防知识的人员建立消防队伍。

（2）消防队伍的主要责任:

① 普及防火知识,落实防火岗位责任制;

② 定期进行消防安全检查;

③ 负责消防监控报警中心的日常值班工作。

（二）消防系统管理内容

1. 灭火器的管理

灭火器应放置在干燥、通风、阴凉并取用方便的地方,避免日晒,温度保持为4~45℃的场所。灭火器一旦开启,就必须按规定要求进行再充装。

2. 消防给水系统的管理

消火栓、消防水泵接合器、消防水箱及消防泵要定期检查,特别是在重大节日前,应对其进行一次检查。

3. 消防检查内容

（1）检查消防监控主机系统、消防泵、喷淋泵、烟感、温感、喷头、防火卷帘、防火门、送风机、排烟机、紧急广播、气体灭火系统等设备是否完好,启动是否正常;

（2）检查消防通道是否畅通,是否有易燃物堆积;

（3）检查餐饮、娱乐场所的防火安全隐患是否改正;

（4）检查楼内是否有超负荷用电或不规则的电源走线现象。

4. 定期巡检

（1）日检。启动火灾报警控制器的自检功能检查,按动主机复位键、消声键、复位键。

（2）月检。完成日检全部内容,进行控制器主要工作电压测试,重点检查检测器的外观及接触是否良好。

（3）季度试验和检查。除了完成日检和月检内容外,还需对所有设备的功能进行测试,对备用电源进行1~2次充放电试验,进行1~3次主电源和备用电源自动切换试验。

（4）年度检查试验:

① 查看设备设施使用年限是否超期,特别是手提式、轻便的灭火器应及时更换;

② 进行抽查、模拟联动检查,看是否需要完善、修正;

③ 对所有公共部位的烟感器和温感器进行外观检查;

④ 对楼层内端子箱进行内部清扫、连接紧固。

第五节 通风与防排烟系统管理

一、通风系统的常用设备

(一) 建筑通风基本知识

引入问题: 你开门开窗、开空气净化器或者开空调是为了什么呢?

1. 通风的作用

其作用是把室内污染空气直接或经净化后排到室外,把新鲜空气补充进来,以保持室内的空气环境符合卫生标准和满足生产工艺的需要。

2. 通风系统定义

通风系统是指为实现排风和送风所采用的一系列设备、装置的总体。

3. 通风的分类

根据通风过程分为:

(1) 排风:从室内排除污浊空气。

(2) 送风:向室内补充新鲜空气。

根据工作动力分为:

(1) 自然通风。

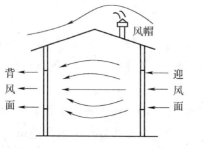 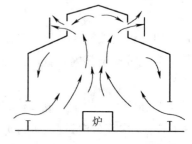

图 3-23　风压作用下的自然通风　　图 3-24　热压作用的自然通风

(2) 机械通风。它是指利用通风设备所造成的压力,迫使室内外空气进行交换的通风方式。主要由通风机和送、排风管道以及空气处理设备等组成。分为全面通风与局部通风两大类。

(二) 通风系统主要设备

1. 风机

风机是通风系统中为空气流动提供动力以克服输送过程中的阻力损失的机械设备。

风机主要分为离心风机与轴流风机两类。

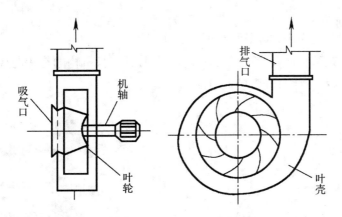

图 3-25 离心风机结构示意图

2. 风管(风道)

(1) 风管主要由以下材料制成:

① 金属材料:薄钢板、不锈钢板(防腐)以及铝板(防爆)等。

② 非金属材料:玻璃钢板、硬聚氯乙烯板、混凝土风道等。

③ 柔性材料:制成各种软管,如塑料软管、橡胶软管以及金属软管等,用于需要经常移动的风管。

(2) 连接方式主要有咬口连接(由咬口机完成,板厚≤1.2mm)、铆钉连接(将要连接的板材板边搭接,用铆钉穿边紧铆在一起。风管连接较少采用)以及焊接(一般有电焊、气焊、锡焊、氩弧焊等)方式。

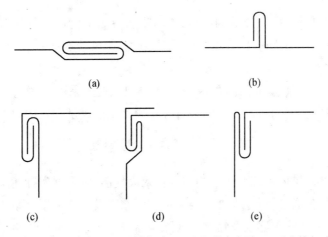

(a)单平咬口;(b)立咬口;(c)转角咬口;(d)联合角咬口;(e)按扣式咬口

图 3-26 各种咬合口形式

3. 风阀

装设在风管或风道中,主要用于调节空气的流量,主要分为一次调节阀、开关阀和自动调节阀等。

一次调节阀:主要用于系统调试,调好阀门位置后就保持不变,如三通阀、蝶阀、对开多叶阀、插板阀等。

开关阀:用于系统启闭,如风机启动阀、转换阀等。

自动调节阀:是系统运行中需经常调节的阀门,其执行机构的行程与风量成正比,常用顺开式多叶调节阀和密闭对开多叶调节阀。

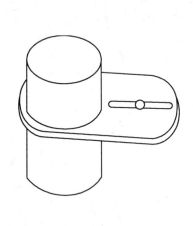

图 3-27　插板阀构造示意图

图 3-28　电动通道窗形百叶阀

4. 风口

风口主要分为进气口和排气口两种,装设在风管或风道的两端,根据使用场合的不同有室内和室外两种形式。

(1) 室外进气口。是排风管道的出口,它负责将室内的污浊空气排到室外大气中。排风口通常设置在高出屋面 1m 以上的位置,为防雨、雪或风沙倒灌,出口处应设成百叶风格或设风帽。

(2) 室内进气口。是送风系统的空气出口,它把风道送来的新鲜空气按一定的方向和速度均匀地送入室内。其间可以使用活动百叶式风格调节风量和风向以及使用空气分布器调节送风量的大小。

5. 除尘设备

为防止大气污染,排风系统在将室内空气排入大气前,应根据实际情况采取必需的净化处理,使粉尘与空气分离,进行这种处理的设备称为除尘设备。常用除尘设备有挡板式除尘器、旋风式除尘器、袋式除尘器以及喷淋塔式除尘器。

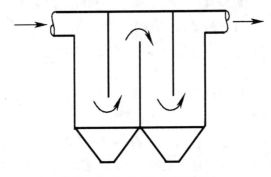

图 3-29　挡板式除尘器示意图

二、通风与防排烟系统的维护管理

（一）防排烟系统的运行

1. 开车前的检查

开车前要做好运行准备,必须对设备进行检查。主要检查项目包括风机等转动设备有无异常;打开应该开启的阀门;给测湿仪表加水;等等。

2. 室内外空气温湿度的测定

根据当天的室内外气象条件确定运行方案。

3. 开车

开车指启动风机等其他各种设备,使系统运转,向通风房间送风。启动设备时,要在一台转速稳定后才允许启动另一台,以防供电线路启动电流太大而跳闸。

风机起动要先开送风机,后开回风机,以防室内出现负压。风机启动完毕,再开电加热器等设备,设备启动完毕,再巡视一次,观察各种设备运转是否正常。

4. 运行

（1）认真按规定时间做好运行记录,读数要准确,填写要清晰。

（2）值班人员不许擅离职守,不许大声喧哗,精神保持高度集中。

（3）要随时巡视机房,尤其是对刚维修过的设备更要多加注意。

（4）掌握设备运转情况,监督各种自动控制仪表,保证其动作正常,发现问题应及时处理,重大问题应立即报告。

（5）认真观测和分析实际运行与所确定方案是否相符。

5. 停车

关闭通风系统各种设备。先关闭加热器,再停回风机,最后停送风机。停车后巡视检查,看设备是否都已停止运行,该关的阀门是否关好,有无不安全因素。检查完毕方可离开值班室。

（二）通风与防排烟系统的日常维护管理

1. 建立各项规章制度,并且严格执行

（1）岗位责任制。规定配备人员的职责范围和要求。

（2）巡回检查制度。明确定时检查的内容、路线和应记录项目。

（3）交接班制度。明确交接班要求、内容及手续。

（4）设备维护保养制度。规定设备各部件、仪表的检查、保养、检修、定检的周期、内容和要求。

（5）清洁卫生制度。

（6）安全、保卫、防火制度。

（7）执行制度时的各种记录，包括运行、交接班、水质化验、设备维护保养、事故记录等。

（8）制定操作规程。设备操作规程是按风机及其辅助设备使用说明书并与制造厂商一起制定出来的，以保证风机及辅助设备正确、安全地操作。

2. 防排烟系统的日常维护

（1）灰尘清理。灰尘来源主要是新风、漏风、风管内积尘以及回风从室内带出来的灰尘等。所以要经常检查并及时更换空气过滤器，并保持通风系统洁净，经常打扫风机箱等，并定期上漆防锈，上漆要牢靠，不起粉尘。必要时要打扫风管内部。同时还需要经常检查堵漏，尽量减少系统漏风点。消声器的材料要保持干净，当其积尘量大时要清洗或更换。保持房间环境整洁，确保通风房间内的正压。定期测定送风和室内的含尘量，以便及时发现问题并予以解决。

（2）巡回检查。巡回检查的目的主要是为了做到心中有数，出现问题能够及时解决。根据该目的，设定巡回检查的主要项目有送、回风机，水泵，电动机声音是否正常，轴承发热程度如何，传动带松紧是否合适；风机箱、风管等内部是否有锈蚀脱漆现象；水阀门是否严密，开关是否灵活；风管、水管保温是否有损坏；各个部位的空气调节阀门有否损坏，固定位置是否有变化；需定期清洗、更换的设备（如各级过滤器等）是否已到清洗更换限度；配电盘、各种电器接线头有否松脱发热现象，仪表动作是否正常；等等。

（3）仪表检定。定期检验和校正测量、控制仪表设备，保证测量控制准确无误。

（4）系统检修。

第六节 空调系统管理

空调工程是采用技术手段把某种特定空间内部的空气环境控制在一定状态下，使其满足人体舒适或生产工艺的要求。

> **引入问题**：我们日常使用的空调功能有哪些？

控制的内容有：加热/冷却＋加/减湿＋过滤＋输送。

目的：(1) 创造合适的室内气候环境；

（2）创造舒适的"人工气候"。

一、空调系统的主要设施设备

1. 压缩机

压缩机的用途是压缩气体。当活塞下行时，进气阀片被吸下，气流进入气缸中。当活塞上行时，进气阀片关闭，排气阀片被冲开，高压气体排出。

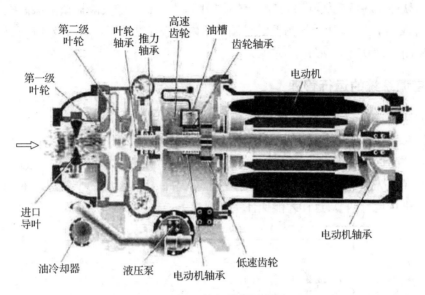

图 3-30　压缩机结构示意图

2. 冷凝器

冷凝器为制冷系统的机件，属于换热器的一种，能把气体或蒸气转变成液体，将管中的热量以很快的方式传到附近的空气中。冷凝器工作过程是个放热的过程，所以冷凝器温度都是较高的。

3. 蒸发器

空调蒸发器的作用是利用液态低温制冷剂在低压下易蒸发，转变为蒸气并吸收被冷却介质的热量，达到制冷目的。

4. 四通阀

四通阀，液压阀术语，是具有四个油口的控制阀。

图 3-31　四通阀

5. 空气净化器

（详见通风及防排烟）

6. 空调消声减震设备

在空调系统中，除了对风机、水泵等产生振动的设备设置弹性减振支座外，还应在风机与管路之间采用软管连接，软管宜采用人造材料或帆布材料制作。水泵、冷水机组、风机盘管、空调机组等设备与水管之间用软管连接，不使振动传递给管路。在管路的支吊架、穿墙处使用非燃软性材料填充做减振处理。空调机组可直接采用橡胶隔振垫隔振。振动较大的设备（如风机）吊装时，采用减振吊钩。空调机房内壁表面贴附吸声材料及吸声孔板，机房门采用消声密闭门，使墙体有吸声能力等。

二、空调系统的运行管理

1. 空调系统的运行（参见通风与防排烟系统的运行）

2. 空调系统的运行管理

空调系统的运行管理主要是系统的运行调节。空调系统在全年运行中，室内的热、湿负荷会随着生产情况和室内人员的变化而有所不同，因此，空调系统的全年运行期间必须根据负荷的变化进行运行调节，这样才能保证室内要求。

表3-7　空调系统的运行调节

调节方式	调节内容
露点控制	(1) 改变加热（冷却）量 (2) 调节新风回风比例 (3) 调节喷水室（或换热器）的水温
温度调节	(1) 用阀门调节盘管内冷冻水或热水的流量 (2) 调节新风旁通阀，改变加热或冷却新风的比例
湿度调节	(1) 控制露点温度 (2) 控制送风水蒸气分压 (3) 用固体或液体吸湿剂减湿
风量调节	(1) 调节风机转速 (2) 调节风量调节阀

表3-8　风机盘管空调系统的运行调节

调节方式	调节内容
调节水量	调节安装在风机盘管供水管道上的二通或三通调节阀，增加或减少盘管中冷水的流量，改变房间内空气吸收热量的能力
调节风量	调节风机的转速，转速的快慢变化使通过盘管的风量发生变化，房间内空气在盘管中的热交换量也随之变化

三、制冷机组的维护管理

制冷机是空调系统的冷源，制冷机运行正常与否是空调系统运行正常与否的关键，同时制冷机也是空调系统中最复杂的设备。

空调用制冷机组自动化程度较高,除有制冷量调节和润滑油恒温控制以外,它还装有高压继电器、低压继电器、油压继电器及冷冻水、冷却水流量信号器等保护装置,以实现冷凝压力过高保护、油压油温保护、蒸发压力过低保护和断水保护等,使系统正常运转,如有不正常情况就报警及自动停车。同时,机组还装有有关参数的测量和记录仪表。

(一)开机前的检查与准备工作

目前广泛使用的活塞式冷水机组均为多台(最多可达8台)半封闭压缩机组合的机型,俗称多机头机型。其日常开机前的检查与准备工作以开利30HK/HR型活塞式冷水机组为例介绍如下:

(1)检查每台压缩机的油位和油温。

① 油面在1/8~3/8;

② 油温在40~50℃,手摸加热器须发烫。

(2)检查主电源电压和电流。

① 电源电压在340~440V范围内;

② 三相电压不平衡值<2%(>2%绝对不能开机);

③ 三相电流不平衡值<10%。

(3)启动冷冻水泵和冷却水泵,两个水系统的循环建立起来以后,调节蒸发器和冷凝器进出口阀门的开度,使两器的进出口压差均在0.05MPa左右。

(4)检查冷冻水供水温度的设定值是否合适,不合适可改设。

(二)冷水机组的启动

在空调领域中,冷水机组大多采用的是水冷方式,在启动前先要完成两个水系统,即冷冻水系统和冷却水系统的启动,其启动顺序一般为空气处理装置→冷却塔及冷却水泵→冷冻水泵。两个水系统启动完成,水循环建立以后,经再次检查,设备与管道等无异常情况后即可进入冷水机组(或称主机)的启动阶段,以此来保证冷水机组启动时,其部件不会因缺水或少水而损坏。

应该注意的是,需要多台水泵、冷却塔或冷水机组同时运行时,在按上述顺序启动各设备的过程中,都应先启动一台,待运行平稳后(可通过观察运行电流值来判定),再启动下一台,尽量避免多台同时启动的方式(特别是采用遥控启动时尤其要注意),防止由于启动瞬间的启动电流过大,造成很大的线路电压降而使其启动困难,并影响到同一线路上其他电动设备的正常运行,甚至发生控制回路或主回路中熔断器烧断的现象。

(三)冷水机组的运行调节

不同类型和同类型但不同型式的机组,由于其自身的工作原理和使用的制冷剂不同,在运行参数和运行特征方面都或多或少有些差异,了解和掌握所管理的冷水机组正常运行标志和制冷量的调节方法,是掌握用好该机组的基础。

对于冷水机组,在运行时主要需关注以下情况:

(1) 蒸发器冷冻水进、出口的温度和压力;

(2) 冷凝器冷却水进、出口的温度和压力;

(3) 蒸发器中制冷剂的压力和温度;

(4) 冷凝器中制冷剂的压力和温度;

(5) 主电机的电流和电压;

(6) 润滑油的压力和温度;

(7) 压缩机组运转是否平稳,有否异常的响声;

(8) 机组的各阀门有无泄漏;

(9) 与各水管的接头是否严密。

冷水机组的主要运行参数要作为原始数据记录在案,以便与正常运行参数(表3-8)进行比较,借以判断机组的工作状态。

表3-8 冷水机组参数正常范围参考表

参数	正常范围
蒸发压力	0.4~0.6Mpa
吸气温度	蒸发温度5~10℃的过热度
冷凝压力	1.7~1.8Mpa
排气温度	110~135℃
冷却水压差	0.05~0.10Mpa
冷却水温度	4~5℃
油温	低于74℃
油压差	0.05~0.08Mpa
电机外壳温度	低于51℃

(四) 制冷量调节

制冷量调节装置由冷冻水温度控制器、分级控制器和一些由电磁阀控制的气缸卸载机构组成,通过感受冷冻水的回水温度来控制压缩机的工作台数和一台特定压缩机若干个工作气缸的上载或卸载来实现制冷量的梯级调节。

(五) 运行参数分析

1. 蒸发压力与蒸发温度

蒸发器内制冷剂具有的压力和温度,是制冷剂的饱和压力和饱和温度,可以通过设置在蒸发器上的相应仪器或仪表测出。这两个参数中,测得其中一个,可以通过相应制冷剂的热力性质表查到另外一个。当这两个参数都能检测到,但与查表值不相同时,有可能是制冷剂中混入了过多的杂质或传感器及仪表损坏。

蒸发压力、蒸发温度与冷冻水带入蒸发器的热量有密切关系。空调冷负荷大时,蒸发器冷冻水的回水温度升高,引起蒸发温度升高,对应的蒸发压力也升高。相反,当空调冷负荷减少时,冷冻水回水温度降低,其蒸发温度和蒸发压力均降低。实际运行中,空调房间的冷负荷是经常变化的,为了使冷水机组的工作性能适应这种变化,一般采用自动控制装置对冷水机组实行能量调节,来维持蒸发器内的压力和温度相对稳定在一个很小的波动范围内。蒸发器内压力和温度波动范围的大小,完全取决于空调冷负荷变化的频率和机组本身的自控调节性能。一般情况下,冷水机组的制冷量必须略大于其负担的空调设计冷负荷量,否则将无法在运行中得到满意的空调效果。

根据我国 JB/T7666 95 标准(制冷和空调设备名义工况一般规定)的规定,冷水机组的名义工况为冷冻水出水温度7℃,冷却水回水温度32℃。其他相应的参数为冷冻水回水温度12℃,冷却水出水温度37℃。由于提高冷冻水的出水温度对冷水机组的经济性十分有利,运行中在满足空调使用要求的情况下,应尽可能提高冷冻水出水温度。

一般情况下,蒸发温度常控制在 3~5℃ 的范围内,较冷冻水出水温度低 2~4℃。过高的蒸发温度往往难以达到所要求的空调效果,而过低的蒸发温度,不但增加冷水机组的能量消耗,还容易造成蒸发管道冻裂。

蒸发温度与冷冻水出水温度之差随蒸发器冷负荷的增减而分别增大或减小。在同样负荷情况下,温差增大则传热系数减小。此外,该温度差大小还与传热面积有关,而且管内的污垢情况、管外润滑油的积聚情况也有一定影响。为了减小温差,增强传热效果,要定期清除蒸发器水管内的污垢,积极采取措施将润滑油引回到油箱中去。

2. 冷凝压力与冷凝温度

由于冷凝器内的制冷剂通常也是处于饱和状态的,因此其压力和温度也可以通过相应制冷剂的热力性质表互相查找。

冷凝器所使用的冷却介质,对冷水机组冷凝温度和冷凝压力的高低有重要影响。冷水机组冷凝温度的高低随冷却介质温度的高低而变化。水冷式机组的冷凝温度一般要高于冷却水出水温度 2~4℃,如果高于4℃,则应检查冷凝器内的铜管是否结垢需要清洗;空冷式机组的冷凝温度一般要高于出风温度 4~8℃。

冷凝温度的高低,在蒸发温度不变的情况下,对于冷水机组功率消耗有决定意义。冷凝温度升高,功耗增大;反之,冷凝温度降低,功耗随之降低。当空气存在于冷凝器中时,冷凝温度与冷却水出口温差增大,而冷却水进、出口温差反而减小,这时冷凝器的传热效果不好,冷凝器外壳有烫手感。

除此之外,冷凝器管子水侧结垢和淤泥对传热也有着相当大的影响。因此,在冷水机组运行时,应注意保证冷却水温度、水量、水质等指标在合格范围内。

3. 冷冻水的压力与温度

空调用冷水机组一般是在名义工况所规定的冷冻水回水温度12℃、供水温度7℃、温差5℃的条件下运行的。对于同一台冷水机组来说,如果其运行条件不变,在外界负荷一定的情况下,冷水机组的制冷量是一定的。此时,由 $Q = W \times \Delta t$ 可知:通过蒸发器的冷冻水流量与供、回水温度差成反比,即冷冻水流量越大,温差越小;反之,流量越小,温差越大。所以,冷水机组名义工况规定冷冻水供、回水温差为5℃,这实际上就限定了冷水机组的冷冻水流量,该流量可以通过控制冷冻水经过蒸发器的压力降来实现。一般情况下这个压力降为0.05MPa,其控制方法是调节冷冻水泵出口阀门的开度和蒸发器供、回水阀门的开度。

阀门开度调节的原则一是蒸发器出水有足够的压力来克服冷冻水闭路循环管路中的阻力;二是冷水机组在负担设计负荷的情况下运行,蒸发器进、出水温差为5℃。按照上述要求,阀门一经调定,冷冻水系统各阀门开度的大小就应相对稳定不变,即使在非调定工况下运行,各阀门也应相对稳定不变。

应当注意,全开阀门加大冷冻水流量,减少进、出水温差的做法是不可取的,这样做虽然会使蒸发器的蒸发温度提高,冷水机组的输出冷量有所增加,但水泵功耗也因此而提高,两相比较得不偿失。所以,蒸发器冷冻水侧进、出水压降控制在0.05MPa为宜。

为了冷水机组的运行安全,蒸发器出水温度一般都不低于3℃。此外,冷冻水系统虽然是封闭的,蒸发器水管内的结垢和腐蚀不会像冷凝器那样严重,但从设备检查维修的要求出发,应每三年对蒸发器的管道和冷冻水系统的其他管道清洗一次。

4. 冷却水的压力与温度

冷水机组在名义工况下运行,其冷凝器进水温度为32℃,出水温度为37℃,温差5℃。对于一台已经在运行的冷水机组,环境条件、负荷和制冷量都为定值时,冷凝热负荷无疑也为定值,冷却水流量必然也为一定值,而且该流量与进出水温差成反比。这个流量通常用进出冷凝器的冷却水的压力降来控制。在名义工况下,冷凝器进出水压力降一般为0.07MPa左右。压力降调定方法同样是采取调节冷却水泵出口阀门开度和冷凝器进、出水管阀门开度的方法。所遵循的原则也是两个:一是冷凝器的出水应有足够的压力来克服冷却水管路中的阻力;二是冷水机组在设计负荷下运行时,进、出冷凝器的冷却水温差为5℃。同样应该注意的是,随意过量开大冷却水阀门,增大冷却水量借以降低冷凝压力,试图降低能耗的做法,只能事与愿违,适得其反。

为了降低冷水机组的功率消耗,应当尽可能降低其冷凝温度。可采取的措施有两个:即降低冷凝器的进水温度和加大冷却水量。但是,冷凝器的进水温度取决于大气温度和相对湿度,受自然条件变化的影响和限制;加大冷却水流量虽然简单易行,但流量不是可以无限制加大的,要受到冷却水泵容量的限制。此外,过分加大冷却水流量,往往会引起冷却水泵功率消耗急剧上升,也得不到理想的效果。所以冷水机组冷却水量的选择,以冷却水进、出冷凝器压降0.07MPa为宜。

5. 压缩机的吸气温度

对活塞式压缩机来说,吸气温度是指压缩机吸气腔中制冷剂气体的温度,吸气温度的高低,不仅影响排气温度的高低,而且对压缩机的容积制冷量有重要影响。压缩机吸气温度高时,排气温度也高,制冷剂被吸入时的比容大,此时压缩机的单位容积制冷量小;相反,压缩机吸气温度低时,其单位容积制冷量则大。但是,压缩机吸气温度过低,可能造成制冷剂液体被压缩机吸入,使活塞式压缩机发生"液击"。

为了保证压缩机的正常运行,其吸气温度需要比蒸发温度高一些,亦即应具有一定的过热度。对于活塞式冷水机组来说,其吸气过热度一般为5~10℃,如果采用干式蒸发器,则通过调节热力膨胀阀的调节螺杆,就可以调节过热度的大小。此外,要注意压缩机吸气管道的长短和包扎的保温材料性能的好坏对过热度会有一定影响。

6. 压缩机的排气温度

压缩机的排气温度是制冷剂经过压缩后的高压过热蒸气到达压缩机排气腔时的温度。由于压缩机所排出的制冷剂为过热蒸气,其压力和温度之间不存在对应关系,通常是靠设置在压缩机排气腔的温度计来测量的。排气温度要比冷凝温度高得多。排气温度的直接影响因素是压缩机的吸气温度,两者是正比关系。此外,排气温度还与制冷剂的种类和压缩比的高低有关,在空调工况下,由于压缩比不大,所以排气温度并不很高。当活塞式压缩机吸、排气阀片不严密或破碎引起泄漏(内泄漏)时,排气温度会明显上升。

7. 油压差、油温与油位高度

润滑油系统是冷水机组正常运行不可缺少的部分,它为机组的运动部件提供润滑和冷却条件,离心式、螺杆式和部分活塞式冷水机组还需要利用润滑油来控制能量调节装置或抽气回收装置。从各种冷水机组润滑系统的组成特点看,除活塞式机组将润滑油贮存在压缩机曲轴箱内依附于制冷系统外,离心式和螺杆式机组都有独立的润滑油系统,有自己的油贮存器,还有专门用于降低油温的油冷却器。

8. 主电机运行电流与电压

主电机在运行中,依靠输给一定的电流和规定的电压,来保证压缩机运行所需要的功率。一般主电机要求的额定供电电压为400V、三相、50Hz,供电的平均相电压不稳定率小于2%。

实际运行中,主电机的运行电流在冷水机组冷冻水和冷却水进、出水温度不变的情况下,随能量调节中的制冷量大小而增加或减少。活塞式冷水机组投入运行的压缩机台数或气缸数多少都会影响到运行电流的大小。但当冷冻水或冷却水进、出水温度变化时,则很难做出正确判断。不过,通过安装在机组开关柜上的电流表读数可以反映出上述两种工况下的差别:凡运行电流值大的,主电机负荷就重,反之负荷就轻。通过对冷水机组运行电流和电压参数的记录,可以得出主电机在各种情况下消耗的功率大小。

电流值是一个随电机负荷变化而变化的重要参数。冷水机组运行时应注意经常与总配电室的电流表做比较,同时应注意指针的摆动(因平常难免有些小的摆动)。正常情况下因三相电源的相不平衡或电压变化,会使电流表指针做周期性或不规则的大幅度摆动。

在压缩机负荷变化时,也会引起这种现象发生,运行中必须注意加强监视,保持电流、电压值的正常状态。

(六) 冷水机组的关闭

舒适性用途的中央空调系统由于受使用时间和气候的影响,其运行是间歇性的。当不需要继续使用或要定期保养维修或冷冻水供水温度低于设定值而停止冷水机组制冷运行时,为正常停机;因冷水机组某部分出现故障而引起保护装置动作的停机为故障停机。到停用时间(如写字楼下班、商场关门等)需要停机或要进行定期保养维修需要停机或其他非故障性的人为主动停机,通常都是采用手动操作;冷冻水供水温度低于设定值和因故障或其他原因使某些参数超过保护性安全极限而引起的保护停机,则由冷水机组自动操作完成。

一般来说,空调用水冷水机组及其水系统的停机操作顺序是其启动操作顺序的逆过程,即冷水机组→冷冻水泵→冷却水泵及冷却塔→空气处理装置。需要引起注意的是,冷水机组压缩机与冷却水泵的停机间隔时间,应能保证进入冷凝器内的高温高压气体制冷剂全部冷凝为液体,且最好全部进入贮液器;而冷水机组压缩机与冷冻水泵的停机间隔时间,应能保证蒸发器内的液态制冷剂全部气化变成过热气体,以防冻管事故发生。

第七节 电气系统管理

一、物业供配电

(一) 电力系统

由发电厂通过电力网到达用户的整个过程,统一称为电力系统,如图3-32所示。

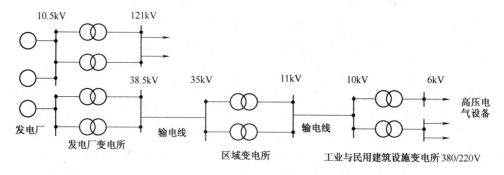

图3-32 电气联系图(电气系统图)(电能输送图)

(二) 电力网

1. 输电网

它由35kV及以上的输电线路和与之相连的变电站组成,其作用是将电能输送到各个地区的配电网,或直接输送给大型的工业企业用户。

2. 配电网

它由10kV及以下的配电线路和配电变压器组成,其作用是将电能分配到各类用户系统中。

(三) 物业供配电

物业供配电主要是指针对住宅小区、工业区、高层楼宇、商业场地等所需要的电能的供应与分配。其范围如图3-33所示。

图3-33 物业供配电的范围

从范围描述可知,物业管辖内的供配电是有多种电压存在的,因此部分物业会配备变电所,在变电所中配电电压器高压侧一般为10kV,低压侧一般为0.4kV,所有进户均采用220/380V三相四线制配电。

二、动力设备的维护管理

动力设备在物业设施设备中主要包括水泵、风机、空调设备以及电梯等机械设备,基本范围为电动机。电动机由定子与转子构成,主要作用是将电能转换成机械能。

按照电动机的工作原理可以分为同步电动机及异步电动机。

1. 同步电动机

转子与定子转速一致,要有自己的磁场,要有专门的启动装置或启动绕组。因此,其制造工艺复杂,成本高,一般用来作发电机或补偿器。

2. 异步电动机

感应电机,转速会随负载不同略有改变,转子转速小于定子转速,可直接启动。一般用于电动机,转子的电磁场是由定子磁场感应出来的。

动力设备的维护管理详见有关给排水系统水泵管理、防排烟系统风机管理以及电梯设备管理章节。

三、照明设备的维护管理

(一)照明的基本知识

照明:利用各种光源照亮工作和生活场所或个别物体的措施。

光:是能量的一种形式,它可以通过辐射形式从一个物体传播到另一个物体。

1. 照明的种类(按照明的用途分)

(1)正常照明。正常照明指为了保证人们工作及生活能正常进行所采用的照明。所有居住房间、工作场所、运输场地、人行道和车道以及室内外场地和小区等,都应设置正常照明。

(2)应急照明。应急照明也称事故照明,是指正常照明熄灭后供工作人员暂时继续作业和疏散人员使用的照明。应急照明应使用快速点亮的可靠光源,比如白炽灯或卤钨灯。

(3)建筑物照明。建筑物照明也称泛光照明,主要指一种使室外目标或场地比周围环境明亮的照明,是夜间投光照射建筑物外部的一种照明方式。一般用白炽灯,条件好的可用霓虹灯。

(4)警卫值班照明。在值班室、警卫室、门卫室等地方设置,主要供值班人员使用。

(5)障碍照明。障碍照明是指在高层建筑上或在基建施工、开挖路段时,作为障碍标志用的照明。

2. 照明的质量

(1)照度均匀、合理及稳定性。照度表示物体被照亮的程度。用符号 E 表示,单位为勒克司(lx)。

(2)合适的亮度分布。光通量是指光源在单位时间内向周围空间辐射出的使人眼产生光感的能量,合适的亮度分布就是指有均匀的光通量。

(3)光源的显色性。同一颜色的物体在具有不同光谱的光源照射下能显现出不同的颜色。光源对被照物体颜色显现的性质,称为光源的显色性。光源的显色指数越高表示物体颜色失真越小,显色性能越好。日光颜色指数定位为 100,白炽灯为 97~99,荧光灯为 79~90。

(4)限制眩光及频闪效应。

(5)光源寿命。

(二)照明设备的维护管理

1. 照明线路的验收

(1)照明线路的检查。首先要检查电路的绝缘性能,一般用 500V 兆欧表检测,各回路的绝缘电阻不得低于 0.5M 欧;其次检查绝缘带包扎是否完好、各接头是否接好等。

(2)照明线路的接电。照明线路接电分两种情况:一种是新装照明电路,由供电部门派人承接;另一种是用户内部扩大电路,由用户自行接电。

2. 照明线路的日常管理

为了避免电气照明故障的发生,必须对电气照明设施加强管理。

(1)日常维护。要对配电箱、熔断器、开关线路及每个灯都进行日常检查和维护,维护时要断电操作。对异常现象及时进行处理。

(2)定期维护。要定期(半年或一个季度)对照明设施进行维护。具体检查维护的内容是:

① 配电箱、灯座和插座等装置上的各种接线、接头是否有松动,是否被擅自拆装过,线头是否被接错;

② 配电箱、灯座和插座等装置的结构是否完整,操作是否灵活可靠,通电触片的接触是否良好,是否有被电弧灼伤的痕迹;

③ 带接地线的线路是否被拆除或接错,电源引线有无被擅自接长,导线绝缘是否良好;

④ 灯泡的功率是否符合要求,是否被擅自换成大功率的灯泡;

⑤ 是否有被擅自加接灯座或插座的情况;

⑥ 导线绝缘是否损坏或老化,中间连接处有无松散现象,线路是否被移位;
⑦ 各级保护熔断器中的熔体是否被换粗。

3. 室内照明线路的检修

照明系统的故障极易被发现,如开灯不亮等。

(1) 故障调查。询问目击者或操作人员,了解故障前后的情况,询问故障发生之前有什么征兆,故障发生时是什么现象,有无改动过接线等。常见回答及故障原因如表3-10所示。

表3-10 照明故障调查常见回答及故障原因

常见回答	故障原因
开灯或者插座插入后发生故障的	熔断器熔丝
亮着的情况下,开别的电气的时候熄灭	熔断器熔丝
亮着的情况,闪了两下熄灭	灯具故障

(2) 直观检查。一般物业管理人员可以通过以下三种方式进行直观检查,分别是:巡视,查看线路上有无明显问题,然后进行重点部位检查;查看熔断器熔丝;查看闸刀开关、熔断器。

(3) 测试检查。常用测试检查工具有试电笔、万用表、兆欧表、电流表等,本着先难后易的原则进行分段检查,可采用分支路和"对分法"分段的方法展开工作。

4. 常见照明故障的处理

(1) 短路。照明线路发生短路故障时短路电流很大,如果保护装置不能及时动作,就会发生包括火灾在内的严重事故。其原因包括:
① 接线错误,使相线与地(零)线相碰引起短路;
② 接线不良,接头之间直接短接或碰线引起短路;
③ 保护装置不能及时动作,引发短路;
④ 房屋失修,导线霉烂破损引发短路;
⑤ 电器内部或灯头、开关的短路等。

(2) 断路。引起照明线路断路的原因主要是导线断落、线头松脱、开关损坏、熔丝熔断、自动开关跳闸等。

(3) 漏电。漏电主要是由于电线或电气设备的绝缘因外力损伤或长期使用发生老化,或受到潮气侵袭或被污染导致绝缘不良,而引起漏电。照明线路发生漏电时,不但浪费电力,还可能引起电击事故。漏电和短路只是程度上的差别,严重的漏电就会造成短路。因此,应将漏电看成短路的前兆,对漏电切不可默然。其检查方法为:
① 分析是否确系漏电,可用表测其绝缘电阻或在总刀闸上进行电流表检查。
② 如果是漏电,可继续用电流表判断是相线与零线间漏电,还是相线与大地间漏电,或者两者都有;若切断零线,电流表同样偏转,则是相地漏电;若电流表指示为零,则是相零漏电;若电流表指示变小,则是总线与分线均有漏电。
③ 确定漏电范围。拉下各支路刀闸,若电流表指示不变,则表明是总线漏电;若电流表为零,则是分线漏电;若电流表指示变小,则是总线与分线均有漏电。

④ 确定是某段线路漏电后,依次拉断该线路上的用电设备的开关,仍以电流表指示变化来判断是哪一支线路漏电。若所有支线拉开仍表示有漏电,则是该段干线漏电。

⑤ 在建筑单元内可直接用漏电开关是否跳闸来检查是哪一支线路或哪一电器漏电。

四、安全用电及建筑防雷

(一)安全用电

1. 生活中常见的触电方式

(1)单相触电,即 220V 电压触电。

(2)两相触电,即 380V 电压触电。

(3)跨步电压触电。为了防止跨步电压触电,有关电业安全作业规程中规定人不得走进离断线入地地点 8~10m 地段。

2. 电流对人体的伤害

(1)电击。电击是因为直接接触带电部分,使一定的电压施加于人体,并产生一定的电流。在这个电流的作用下,人体的组织细胞尤其是心脏和中枢神经系统会受到破坏,从而造成伤害,这种由电流直接流过人体造成的伤害叫电击。

(2)电伤。电伤是由电流的热效应、化学效应、机械效应等对人体造成的伤害。电伤会在人体表面留下明显的伤痕,但其伤害作用也可能深入体内。

3. 触电急救

被电击的人能否获救,关键在于能否尽快脱离电源和施行正确的紧急救护。据统计,触电 1min 后开始急救,90% 有良好效果,6min 后 10% 有良好效果,12min 后救活的可能性就很小了。所以触电急救包含以下两大模块:

(1)脱离电源。当人体触电后,自己很难自行摆脱电源,所以需要人帮助尽快脱离电源。抢救人员不能直接把他拖开,而是需要用干燥、不导电的材料如木棍、竹竿等拨开电线或立即拉掉开关或拔出插头。

(2)紧急救护。视触电者身体情况决定,必要时选择心肺复苏法,及时拨打 120 救护电话。

4. 电气设备保护措施

(1)接地保护。接地保护就是把电气设备正常情况下不带电,而在故障情况下可能出现危险的对地电压的部分同大地紧密连接起来。

(2)接零保护。接零保护就是把电气设备在正常情况下不带电的金属部分和电网的零线紧密地连接起来。

(3)漏电保护。漏电保护通常的做法是在线路中装设漏电保护器。漏电保护器的作用是在发生触电时能够及时准确地向保护装置发出信息,使之有选择地切断电源。

(二)建筑防雷

1. 防雷装置

(1)接闪器。接闪器分为避雷针、避雷线和避雷网(带)。

避雷针通常采用圆钢或焊接钢管制成,当针长在1m以下时,圆钢直径不小于12mm,钢管直径不小于20mm。当针长为1~2m时,圆钢直径不小于16mm,钢管直径不小于25mm。烟囱顶上的避雷针,圆钢直径不小于20mm,钢管直径不小于40mm。

避雷线一般采用截面积不小于35mm² 的镀锌钢绞线。

避雷网和避雷带宜采用圆钢或扁钢,优先采用圆钢。

（2）引下线。

（3）接地装置。

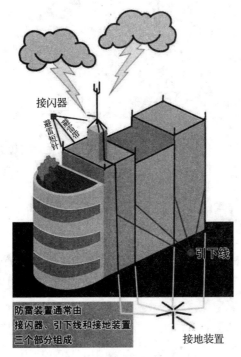

图3-34 建筑防雷装置示意图

2. 防雷设施的维护

防雷装置应定期检查,确保安全可靠。10kV以下的防雷装置每三年应检查一次,但是避雷器应在每年雨季前检查一次,雷雨过后还应注意对防雷保护装置的巡视。

防雷装置的检查包括外观检查和测量两方面内容。外观检查主要检查接闪器、引入线等各部分的连线是否牢固可靠；检查各部分的腐蚀和锈着情况,若腐蚀超过30%应给予更换。也应注意各部分安装是否符合规范。测量的内容是检查接地电阻值。

第八节 电梯系统管理

电梯是沿固定导轨自一个高度运行至另一个高度的升降机,是一种置于建筑物内的竖向交通工具,它是现代多层及高层建筑中不可或缺的一部分,所以做好电梯系统的管理维护是现代物业管理中非常重要的一块。

一、电梯的常见设备及维护管理

(一)电梯的组成

电梯的结构:由机械和电气两大部分组成。

1. 机械装置部分

机械装置部分主要有曳引系统、轿厢、门系统、导向系统、对重系统及机械安全装置等。

(1)曳引系统。提供电梯运行动力,把曳引机的旋转运动转换为电梯的垂直运动。它由曳引电动机、联轴器、制动器、减速箱、机座、曳引轮等组成。

(2)轿厢。轿厢是装载乘客和货物的电梯组件,它在曳引钢丝绳的牵引下沿电梯井道内的导轨做快速平稳的运行。

轿厢必须有足够的机械强度,内部装设有完备的电气控制装置,如操作开关、信号灯、紧急开关、警铃、电话等,用于运行操作和救援联络。轿厢内一般还应装设空调通风、照明、防火及减振等设施。

(3)门系统。由厅门(层门)、轿厢门、自动开门机、门锁、层门联动机构及安全装置等组成。电梯门(轿厢门和厅门)有中分式、旁开式及闸门式等,其作用就是打开或关闭轿厢与层站厅门的出入口。

(4)导向系统。主要由导轨、导轨架及导靴等组成。导轨架将导轨支撑固定在井道壁上,导靴安装在轿厢、对重架的两侧。它的作用是限制轿厢和对重的活动自由度,使轿厢和对重只能沿着导轨作升降运动。

(5)对重系统。由对重及重量补偿装置组成,也称质量平衡系统。

对重:由对重架和对重块组成。

对重的作用:平衡轿厢自重和部分额定载重。

重量补偿装置:补偿高层电梯中轿厢与对重侧曳引钢丝绳长度变化对电梯平衡的影响。

(6)机械安全装置。电梯的机械安全保护装置有机械限速装置、缓冲器和端站保护装置。

机械限速装置由限速器和安全钳组成。限速器安装在电梯机房的楼板上,安全钳安装在轿厢架上的底梁两端,其作用是限制电梯运行的速度不超过预定值。

缓冲器是安装在井道底坑中的弹簧或液压装置,无论是轿厢还是对重如果因故障意外高速坠落时,可利用其缓冲作用减缓冲顶或撞底的冲击,以保护乘客和设备的安全。

端站保护装置是为了防止轿厢运行失控冲过限位开关位置而仍未停车,在经过端站300～400mm时,行程极限开关动作强迫第二次停车。

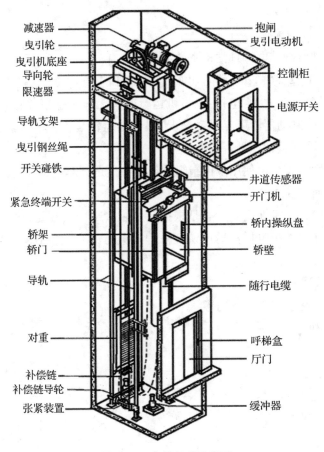

图3-35 电梯组成示意图

2. 电气装置部分

电气装置的作用是对电梯的运行实行操纵和控制,可分为电力拖动系统、操作控制系统、电气安全系统三大部分。

(1) 电力拖动系统。由曳引电机、供电系统、调速装置、速度反馈装置构成。其作用是对电梯实行速度控制。

(2) 操作控制系统。由操纵装置、平层装置与选层器等构成,是对电梯实施操纵、监控的系统。

① 操纵装置:指设在轿厢内的按钮操作箱、厅门口的呼梯按钮盒。

② 平层装置:产生电梯平层信号的传感器。当轿厢在平层位置时产生平层信号,以使电梯准确停靠平层。

③ 选层器:用来选择楼层的电气装置,作用是指示轿厢的位置、决定运行方向、发出加减速信号。

（3）电气安全系统。指在电梯控制系统中用于实现安全保护作用的电路及电气元件。包括：电源控制、基本电气保护、电源断相/错相保护、电梯超载保护、上/下行端站超越保护、电梯门连锁与安全触板保护等。

（二）电梯的维护管理

1. 电梯使用过程中的检查

（1）电梯的日常检查。电梯日常检查的主要内容有：

① 厅门锁闭装置；② 轿门；③ 消防功能；④ 报警和应急功能；⑤ 备用电源。

（2）电梯的季度检查。主要包括：曳引机运行时有无异常噪声、减速机是否漏油、减速箱及电机的温升情况、制动器的可靠制动情况、限速器运转是否灵活可靠、控制柜内电气元件动作是否可靠、极限开关动作是否可靠等。

（3）电梯的年度检查。由使用单位组织的年度检查是针对电梯运行过程中的整机性能和安全设施进行全面的检查。

（4）定期安全检查。定期安全检查是根据政府主管部门的规定，由负责电梯注册登记的有关部门或主管部门委派电梯注册或认证工程师进行的安全检查。检查的周期、内容由各地主管部门决定。

2. 电梯的使用管理制度

电梯的使用管理制度包括以下内容：

（1）岗位责任制。

（2）交接班制度。

（3）机房管理制度。

（4）安全使用管理制度。

（5）维修保养制度。

（6）技术档案管理制度。

① 新梯的移交资料。主要有：电梯井道及机房土建图和设计变更文件；产品质量合格证书；使用维修保养说明书、电气控制原理图、接线图、主要部件和电气元件的技术说明书等随机技术资料；安装、调试、试验、检验记录和报告书；电梯安装方案或工艺卡以及隐蔽工程验收记录等。

② 设备档案卡。

③ 电梯运行阶段的各种记录。包括运行值班记录、维修保养记录、大中修记录、各项试验记录、故障或事故处理记录、改造记录等。对于主管部门的安全技术检验记录和报告书应一起归档管理。

3. 电梯常见故障的检查和排除

电梯的故障分为机械故障和电气系统故障两类。

（1）机械系统的故障和排除。机械系统的常见故障有：润滑系统的故障、机件带伤运转、连接部位松动以及平衡系统的故障。常采用及时润滑有关部件和紧固螺栓来预防和处理机械系统常见故障。

（2）电气系统的故障和检修。电梯出现的故障大多是控制系统故障。常见的电气系统故障有：门系统故障、继电器故障、电气元件绝缘老化以及外界干扰等。

二、自动扶梯的常见设备及维护管理

自动扶梯是一种带有循环运行的梯级，用于倾斜向上或向下连续输送乘客的运输设备。因其具有能大量输送连续客流的特点，我们可将其作为交通工具，设置在大型商场、车站、码头、机场、宾馆酒店以及办公大楼等地点。自动扶梯有轻型、重型、全透明无支撑、全透明有支撑、半透明有支撑，室内用、室外用等分别。

（一）自动扶梯的组成

自动扶梯主要组成部分有梯级、曳引链、驱动装置、导轨、金属骨架、扶手装置、梳板前沿板、电气设备等部件，如图 3-36 所示。

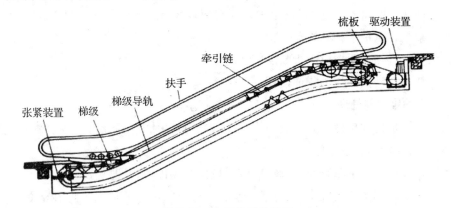

图 3-36　自动扶梯结构图

1. 梯级（梯级踏板）

梯级由踏板、主副轮轴、踢板、支架、支撑板等组成。为了保证进出的安全，踏板在移动时要一直保持水平，而且在进出扶梯口处要有一段水平运动的距离。

2. 曳引链

曳引链是传递牵引力的主要部件，一般采用套筒滚子链结构，也有的采用齿条式结构。

3. 驱动装置

驱动装置主要由电动机、减速器、驱动齿轮、驱动链以及中间传动件、摩擦制动器等组成。主机驱动装置通过驱动链带动曳引链牵引梯级运行，同时通过驱动从动链轮的轴端曳引链带动扶手驱动装置，从而驱动扶手带运行。

4. 导轨

作用：支承由梯级传递来的梯路载荷，保证梯级按一定的规律运动以及防止梯级跑偏等。

组成：包括主轮和辅轮的全部导轨、反轨、反板、导轨支架及转向壁等。

5. 骨架

作用：在于安装和支承自动扶梯的各个部件、承受各种载荷以及将建筑物两个不同层高的地面连接起来。端部驱动及中间驱动自动扶梯的梯路、驱动装置、张紧装置、导轨系统及扶手装置等安装在金属骨架的里面和上面。

6. 扶手装置

扶手装置是供站立在自动扶梯上的乘客手扶之用。扶手装置主要由传动部分(扶手带、扶手驱动装置、扶手带调节装置、滑轮群、托轮、防偏轮等)和固定部分(支撑条、钢化玻璃、盖板等)组成。扶手必须与梯级有相同的运动速度。

7. 梳板前沿板

梳板前沿板主要由梳齿、梳齿板、前沿板、活动地框等组成,梳板前沿板的关键是梳齿与梯级踏板槽级的间隙调整,要保证间隙均匀,不允许有碰擦现象。

(二) 自动扶梯的维护与管理

1. 梯级的维护与管理

(1) 自动扶梯的出入口处1.5m范围内应有使乘客清除鞋底杂物的设施;

(2) 严禁乘客携带重物和铁器上梯;

(3) 踏板齿有相邻两根以上折断的应及时更换;

(4) 严禁将自动扶梯作为货梯使用。

2. 曳引链的维护与管理

(1) 曳引链是自动扶梯最大的受力构件,长期运行会使其受到磨损,曳引链系统必须配备润滑系统,对各传动链条实施润滑;

(2) 如果发现梯级主轮有脱胶、裂纹、破裂现象必须停机,及时更换;

(3) 驱动主轴和张紧轮应定时、定量、定质实施润滑,以保证轴承的使用寿命。

3. 驱动装置的维护与管理

(1) 例行检查时发现问题要及时报告,及时维修,以免酿成事故;

(2) 减速器的润滑油的添加与更换要严格按照说明书规定要求执行;

(3) 制动器间隙调整要按照说明书规定执行。

4. 扶手装置的维护与管理

(1) 要经常检查扶手带的松紧程度,不可过松,也不可调得过紧,以免造成发热现象;

(2) 在例行检查时,应适度调节驱动链的松紧程度,并按要求对其进行润滑。

第九节 建筑安防系统管理

引入提问：如果你们将来买房子，肯定要选择安全的小区，但如何判断这个小区是否安全呢？

一、建筑安防系统综述

（一）物业安全管理

1. 物业安全的含义

（1）物业区域内的人身和财物不受侵害，物业区域内部的生活秩序、工作秩序和公共场所秩序保持良好的状态；

（2）物业的安全状态应该是一种既没有危险，也没有可能发生危险的状态；

（3）物业安全是物业区域内各方面安全因素整体的反映，而不是单指物业的某一个方面的安全。

2. 物业安全管理含义

物业安全管理是指物业管理公司采取各种措施和手段，保证业主和使用人的人身与财产安全，维持正常的生活和工作秩序的一种管理工作。

（二）安防的基本要素

安防的基本要素主要有以下三个，分别是：

1. 探测

感知"隐性"和"显性"风险事件的发生并发出报警。

2. 延迟

推延风险事件的发生。

3. 反应

组织力量来制止风险事件发生所采取的快速行动。

（三）安防管理的方式

1. 封闭式管理

这种方式适用于政府机关、部队等一些要害部门，或别墅、高级写字楼等一些高档物业，或业主、使用人有特别要求的物业管理。

其管理特点是整个物业为封闭体系，物业出入口有专门保安人员看守，业主、使用人有专用通行证件，外来人员须征得业主、使用人同意并办理登记手续方可入内。

2. 开放式管理

一些大的住宅小区或商业楼宇都采用开放式管理方式，不仅业主、使用人无须办理专用通行证件,且外来人员只要着装整洁均可自由进出。

不过一些商业楼宇在非办公时间亦采用封闭式治安管理,以确保业主、使用人的人身与财产安全。

3. 封闭、开放相结合

如商场(营业时间结束后封闭)。

二、安防系统的维护管理

(一)安全防范系统维护管理的总体要求

(1)清洁、调整、润滑安全技术防范系统前端设备、辅助设备、传输设备、控制设备及记录和显示设备,检查系统工作状况和主要功能,进行相应维护保养,发现并消除安全隐患;

(2)系统的维护保养每年至少进行2~4次,并写出书面报告;

(3)维保人员在检查系统时,发现异常情况应及时通报;

(4)维护保养和维修工作必须每次都要有文字记录;

(5)系统的交直流电源应保持清洁,能及时切换;

(6)系统防雷接地装置状态良好;

(7)监控中心设备要清洁、整齐,应急照明完好,监控中心应保证通信手段正常,应配置适合于电子设备的消防器材,确保各子系统功能有效,确认网络设备工作正常;

(8)有联动功能的安全防范系统应保证工作正常。

(二)闭路电视监控系统维护管理

应确保前端设备正常工作,确保系统控制功能、监控功能、显示功能、记录回放功能、报警联动功能、图像复核功能等正常,确保视频安防监控系统预留接口工作正常。为此要做到:

(1)摄像机应清洁,确保监控方位和原设计方案相一致。

(2)室内外防护罩应清洁、牢固,进线口密封良好。

(3)监控器应清洁,散热应正常,确保图像质量和原设计方案相一致。

(4)云台应清洁、牢固,上下左右控制应灵活有效。

(5)镜头的调整、控制应灵活有效。

(6)硬盘录像机控制、预览、录像、回放以及图像质量应符合设计要求,视频和报警系统应齐全有效;硬盘录像机感染计算机病毒时应杀毒、升级;硬盘录像机机器内应清洁、除尘,确保散热风扇工作正常;硬盘录像机时钟应定期校验,误差小于60s。

(7)图像传输、编解码设备的检查、调试。

(8)系统的维修过程应不影响系统的正常运行。

(三)出入口控制系统维护管理

确保出入口对象识别装置功能、控制及信息处理功能、报警功能、楼宇对讲电控防盗门系统功能等工作正常。具体有:

（1）门磁开门调控间隙应符合要求；

（2）电控锁功能应有效,工作正常；

（3）对讲电话分机应话音清楚、功能有效；

（4）出入口数据处理设备应齐全有效；

（5）门开关状态良好；

（6）读卡器应清洁、功能有效,指纹、掌纹等识别器应清洁、功能正常；

（7）电控锁应确保机械和电机正常。

（四）电子巡更系统维护管理

（1）电子巡查信息钮应牢固；

（2）巡更棒时间验证应正常,时间误差小于60s；

（3）巡更管理软件应齐全有效；

（4）保安巡逻按钮应清洁、牢固；

（5）数据传输应齐全有效；

（6）确保巡更设备功能、记录打印功能、管理功能等正常。

（五）停车场管理系统维护管理

应确保识别功能、控制功能、报警功能、计费功能等正常。主要包括：

（1）收费显示屏保持清洁,时间误差小于60s；

（2）自动道闸起落应平稳、无振动；

（3）卡读写系统应齐全有效；

（4）临时卡计费器应齐全有效；

（5）管理主机应齐全有效；

（6）数据通信应齐全有效。

（六）访客对讲系统维护管理

（1）访客对讲系统主机应功能有效,时间误差小于60s；

（2）对讲电话分机应话音清楚、功能有效；

（3）可视对讲摄像机图像应清晰,可视对讲机功能应有效；

（4）电控锁功能应有效,防拆功能应有效；

（5）门开关状态良好；

（6）电控锁确保机械和电机正常。

第十节 楼宇智能化管理

一、楼宇智能化管理综述

(一) 建筑智能化的定义

在我国,智能建筑一般被定义为:以建筑为平台,兼备建筑设备、办公自动化及通信网络系统,集结构、系统、服务、管理及其最优化组合,向人们提供安全、高效、舒适和便利的建筑环境。

我国智能建筑专家、清华大学张瑞武教授在1997年6月厦门市建委主办的"首届智能建筑研讨会"上,提出了以下比较完整的定义:智能建筑是指利用系统集成方法,将智能型计算机技术、通信技术、控制技术、多媒体技术和现代建筑艺术有机结合,通过对设备的自动监控,对信息资源的管理,对使用者的信息服务及其建筑环境的优化组合,所获得的投资合理,适应信息技术需要并且具有安全、高效、舒适、便利和灵活特点的现代化建筑物。这是目前我国智能化研究理论界所公认的最权威的定义。

(二) 建筑智能的组成

智能建筑传统上又称为3A大厦,它是具有办公自动化(OA)、通信自动化(CA)和楼宇自动化(BA)功能的大厦,其中消防自动化(FA)和保安自动化(SA)包含于楼宇自动化(BA)中。智能建筑大厦主要由5个独立的自动化子系统组成。

1. 办公智能化系统(OAS)

包括计算机网络系统、会议中心系统、门厅多媒体查询系统、物业管理计算机系统等。

2. 楼宇智能化系统(BAS)

包括冷热源系统、空调系统、变配电系统、照明系统、给排水系统、电梯管理系统、停车库系统等。

3. 通信智能化系统(CAS)

包括双向电视电话会议系统、共用天线电视系统、公共广播系统、数字式用户交换机系统、楼内移动电话系统、综合布线系统等。

4. 安保智能化系统(SAS)

包括监视电话系统、通道控制系统、防盗报警系统、巡更系统等。

5. 消防智能化系统(FAS)

包括消防联动系统、自动喷淋系统、自动报警系统等。

(三) 建筑智能化系统

1. 综合布线系统(GCS)

综合布线系统(GCS)是建筑物或建筑群内部的传输网络。它能使建筑物内部或建筑群之间的运营设备、数据通信设备、信息交换设备、建筑物物业管理设备及建筑物自动化管理设备等系统之间彼此相连,也能使建筑物内部通信网络设备与外部通信网络相连。

2. 建筑设备自动控制系统(BAS)

根据《建筑智能化系统工程设计标准》的规定,BAS可分为建筑设备运行管理与控制子系统、火灾报警与消防控制子系统、公共安全防范子系统三个部分。它包括对空调、给水排水、供配电、照明、电梯、应急广播、保安监控、防盗报警、出入口门禁、汽车库综合管理等系统的管理、控制或监视。

3. 通信自动化系统(CAS)

智能建筑CAS是保证建筑物内的语音、数据及图像传输的基础,它同时与外部通信网络,如公共电话网、数据通信网、计算机网络、微信通信网及广电网等相连,与世界各地互通信息,提供建筑物内外的有效信息服务。

4. 办公自动化系统(OAS)

办公自动化系统是将计算机技术、通信技术、多媒体技术和行为科学技术等先进技术应用到办公业务中,且人们的部分办公业务借助于各种办公设备,并由这些办公设备与办公人员构成服务于某种办公目标的人机信息系统。

5. 建筑设备管理系统(BMS)

实现智能化建筑的核心技术方法是系统集成。

6. 智能建筑综合管理系统(IBMS)

IBMS是一个一体化的集成监控和管理的实时系统,是通过大厦内的BAS、OAS、CAS的信息和功能集成来实现的。

二、智能化物业管理的特点及发展趋势

(一) 智能化物业管理的定义

它是指在物业管理中,运用现代计算机技术、自动控制技术、通信技术等高新技术和相关的设备系统实现对物业及物业设施、物业设备、物业环境、物业消防、物业安防等的自动监控和集中管理,实现对业主信息、报修、收费、综合服务等的计算机网络化管理,以完善业主的生活、工作环境和条件,以便充分体现智能物业的价值。

(二) 智能化物业管理的内容

楼宇智能化管理的目标是为了使物业有效运行、节约成本、提高效率,也就是发挥物业最大的使用价值,以及对物业进行保值、增值(物业管理存在的核心)。它主要包含以下管理内容:

1. 智能化经营管理功能

包括收支、预算、委托契约、租金等。

2. 智能化运行管理功能

包括设备运行、维修、管理等。

3. 智能化用户出租、服务管理功能

公共设施使用预约等。

(三) 智能化物业管理的特点

系统运行的苛刻性和脆弱性给物业管理带来专业性要求,其具体的特点如下:

1. 工程投资高

智能建筑采用当前最先进的计算机、控制、通信技术,提供高效、舒适、便捷、安全的环境,大大增加了建筑的工程投资。

2. 具有重要性或特殊地位

智能建筑在所在城市或客观环境中,一般具有重要性,如广播电台、电视台、报社、部队指挥调度中心等。

3. 应用系统配套齐全、服务功能完善

采用系统集成的技术手段,实现远程通信、办公自动化以及楼宇自动化的有效运行,提供反应快速、效率高和支持力较强的环境,使用户能达到迅速实现其业务的目的。

4. 技术先进、总体结构复杂、管理水平要求高

智能建筑是现代4C技术的有机融合,系统技术先进、结构复杂、涉及各个专业领域,因此,建筑管理不同于传统的简单设备维护,需要具有较高素质的管理人才对整个智能化系统有全面了解,需要建立完善的智能化管理制度,使智能建筑发挥它强大的服务功能。

(四) 智能化物业管理的发展

未来,智能化物业管理必将向高性能化、高智能化及城市组网三方面发展。

1. 国民经济的持续增长,将为智能物业行业的发展提供广阔的空间

经济发达国家的经验表明:当人均GDP超过800美元之后,人们对住房面积的需求将持续增长,居住质量将快速提高。住宅小区的智能化建设是大势所趋,有着广阔的发展前景,这也为未来智能物业行业的发展提供了广阔的空间。

2. 丰富的劳动力资源为行业的发展提供了可靠的人力资源保证

智能建筑的物业管理在运行过程中涉及的知识面很宽,包括行政管理学、心理学、公共关系学、经济学、系统工程学、法学等,还涉及城市规划学、建筑学、土木工程学等方面,因此,合理、正确地选拔合适人才对智能物业管理很重要,而丰富的劳动力资源也是智能物业得以快速发展的可靠保证。

3. 物业行业发展的外部环境越来越成熟

美国、日本、欧盟等国家的科学研究机构已经使智能大厦的概念及模式深入人心,使人们对物业环境的要求发生了根本性变化,智能化的物业管理是未来房地产市场发展的大趋势。

4. 专项维修资金制度的建立,为业主和物管企业解决了后顾之忧

有了完善的住房专项维修资金制度做保障,业主从此不再担心因为资金问题房子得不到有效修缮,物业管理企业也不用因接管旧物业为筹集修缮资金而发愁。

【思考】

1. 物业管理企业的岗位都有哪些?自己将来想从事什么岗位?职业如何规划?

2. 填料是什么？
3. 如何处理"阀门不能开启"？
4. 水箱的清理过程及注意事项有哪些？
5. 室内给水与排水的分类和维护内容是什么？
6. 试讨论以下问题如何处理：
   (1) 水质检查指标不合格；
   (2) 短时间出水浑浊；
   (3) 长时间出水浑浊、有色；
   (4) 给水龙头出水压力过大；
   (5) 给水龙头出水压力过小；
   (6) 管道材料劣质、施工质量不合格；
   (7) 阀门生锈；
   (8) 屋顶水箱进水控制出问题；
   (9) 屋顶水箱水泵失灵。
7. 讨论采暖系统运行管理及以下常见故障处理：
   (1) 泄漏；
   (2) 堵塞；
   (3) 上层热下层不热；
   (4) 由于空气问题引起的上层不热；
   (5) 立管温差大；
   (6) 单片不热。
8. 如果嗅到室内有煤气味，怀疑燃气管道泄漏，于是用打火机沿着管道检查漏气点，这种做法是否有错？如果你认为有错，请讲述正确的检查方法。
9. 如果经检查后，确定燃气泄漏，应如何处理？
10. 火灾时什么工作场所还需要继续工作呢？
11. 对于散发有害气体的来源位置确定后应优先采用(　　)方式加以控制。
    A. 全面通风　　B. 自然通风　　C. 局部送风　　D. 局部排风
12. 自然通风的动力为(　　)。
    A. 风压　　B. 热压　　C. 温度　　D. 风压和热压
13. 防止工业有害物污染室内空气的最有效的通风方法是(　　)。
    A. 局部排风　　B. 局部送风　　C. 全面排风　　D. 全面送风
14. 设有机械排烟系统的汽车库，其每个防烟分区的建筑面积不宜超过(　　)。
    A. 500平方米　　B. 1 000平方米　　C. 2 000平方米　　D. 2 500平方米
15. 《高层民用建筑设计防火规范》规定每个防烟分区的建筑面积不宜超过(　　)。
    A. 250平方米　　B. 500平方米　　C. 1 000平方米　　D. 2 000平方米
16. 防烟楼梯间的加压送风口(　　)设一个。

A. 每层　　　　　B. 每隔1~2层　　　C. 每隔2~3层　　　D. 每隔3层

17. 建筑高度超过32m的二类高层的(　　)部位,应设置机械排烟设施。
    A. 有自然通风,长度超过60m的内走道
    B. 不具备自然排烟条件的防烟楼梯间
    C. 封闭避难层
    D. 采用自然排烟楼梯间,其不具备自然排烟条件的前室

18. 防火调节阀的动作温度宜为(　　)。
    A. 50℃　　　　B. 70℃　　　　C. 100℃　　　　D. 280℃

19. 一类建筑内净空高度超过(　　)的中庭,应设置机械排烟设施。
    A. 12M　　　　B. 5层　　　　C. 20M　　　　D. 30M

20. 对于正压防烟送风系统,楼梯间及其前室的压力应(　　)走廊及房间的压力。
    A. 高于　　　　B. 等于　　　　C. 低于　　　　D. 小于或等于

21. 高层建筑分区地下室,每个防火分区的建筑面积一般不超过(　　)。
    A. 500平方米　　B. 1 000平方米　C. 1 500平方米　D. 2 000平方米

22. 与全面通风相比,下列(　　)不是局部通风的优势。
    A. 控制效果好　　B. 通风量小　　C. 比较经济　　D. 对工艺操作影响小

23. 防火调节阀平时为(　　),并可作为风量调节用。
    A. 关闭　　　　B. 时开时关　　　C. 常开　　　　D. 不工作

24. 请阐述变频空调的原理。

25. 请说明室内滴水故障的原因。

26. 冷冻水、冷却水和冷凝水指的是什么?它们有什么区别?

27. 请找出空调系统和防排烟系统的联系与共同点。

28. 请说明电力系统与电力网的组成。

29. 总结学校内建筑防雷的装置,并结合学习内容制定相应的管理方案。

30. 电梯运行时有响声,可能的原因及相应的排除方法有哪些?

31. 电梯由哪几个部分组成?

32. 自动扶梯的管理与保养工作内容有哪些?

33. 简述各大安防子系统的功能特点。

34. 前几天,因为风大,导致五楼北侧的窗户损坏坠楼,砸坏了楼下停放的轿车挡风玻璃,致害方认为轿车停在楼下属于不当停车,不应承担全部责任。轿车在小区内停放有什么规定?责任该如何划分呢?

35. 案例分析

某小区采用水池—水泵—水箱联合供水。一天上午,该小区的物业管理公司接到部分业主投诉,称早晨用水时发现水龙头出水浑浊,有沉淀变色现象,并且有异味,要求物业管理公司及时查清污染源,提高供水水质,否则将拒交物业费。

(1) 物业管理公司应该如何处理此事?

（2）在日常的物业管理中可采取哪些措施预防此类事件的发生？

【推荐阅读】

表1 一般楼宇的保养周期表

部位	事项	周期
楼宇外、内墙	走廊及楼梯粉刷	每3年1次
	修补粉刷外墙	每5~6年1次
供水系统	检查、唧油及调试各水泵	每半个月1次
	清洗水池	每半年一次
电梯	例行抹油及检查	每周1次
	全面维护保养及安全性鉴定	每年1次
消防设备	日常巡视及保养	每周1次
	聘用政府认可的消防设备保养公司做检查及维修并向消防处提交报告	每年1次
沟渠	清理天台雨水筒及渠闸	每周1次
	清理明渠及沙井之沉积物	每2周1次
机器护栏	检查锈蚀的窗框、栏杆、楼梯扶手	每月1次
	油漆	每年1次

表2 一般楼宇设施设备翻新周期表

种类	项目	更新周期(年)
楼宇附加装置	屋顶覆盖层	20
	窗	20
	门	30
	五金器具	20
修饰	墙壁	15
	地板	10
	天花板	20
供水及卫生设备	喉管	30
	洁具	20
电力	电线	30
	电力装置	15
通风	空调	15
其他	电梯及自动扶梯	20

第四章

收益性房地产资产管理

◎【教学目标】

1. 了解收益性房地产的内涵；
2. 掌握收益性房地产价值评估的方法；
3. 掌握房地产市场分析的方法；
4. 学会编制收益性房地产资产管理计划；
5. 了解商业地产招商和租赁的内容。

◎【教学重点】

1. 收益性房地产价值评估方法与实例分析；
2. 房地产市场分析方法；
3. 收益性房地产招商运营管理方案设计与制定；
4. 收益性房地产资产管理计划的执行。

◎【教学难点】

综合运用所学方法对一宗房地产实例进行评估、管理。

◎【其他说明/建议】

本章涉及较多的统计分析方面的知识，建议在学生有一定的经济学基础后进行讲解，或在相关章节讲解前先对这方面的基础知识做一个简单介绍。

◎【行业动态】

政府工作报告关注物业管理行业发展

2019年3月5日,第十三届全国人民代表大会第二次会议在北京人民大会堂开幕,国务院总理李克强代表国务院向会议做政府工作报告。

社区养老、社会治理、老旧小区改造……这些与物业管理行业息息相关的话题,也出现在了本次政府工作报告当中。

2019政府工作报告有关内容

今年是新中国成立70周年,是全面建成小康社会、实现第一个百年奋斗目标的关键之年。李克强总理在政府工作报告中首先对2018年工作进行回顾,并对2019年政府工作任务做出了相关部署。

在2019年的整体工作当中,李克强总理把稳定就业放在了首要位置,他表示就业是民生之本、财富之源,今年首次将就业优先政策置于宏观政策层面,旨在强化各方面重视就业、支持就业的导向。

在此基础上要实施更大规模减税,将普惠性减税与结构性减税并举,重点降低制造业和小微企业税收负担。采取对生产、生活性服务业增加税收抵扣等配套措施,确保所有行业税负只减不增。

除此之外,在报告中还提到了发展消费新业态、新模式,促进线上线下消费融合发展,全面推进"互联网+",运用新技术、新模式改造传统产业。

与此同时,还要以人为核心,提高柔性化治理、精细化服务水平,丰富人民群众精神文化生活,让城市更加宜居,更具包容和人文关怀。

在报告中李克强总理还指出,目前我国60岁以上人口已达2.5亿,所以要大力发展养老特别是社区养老服务业,对在社区提供日间照料、康复护理、助餐助行等服务的机构给予税费减免、资金支持、水电气热价格优惠等扶持,新建居住区应配套建设社区养老服务设施。

物业服务保障民生

翻看此次政府工作报告不难发现,不管是社区养老、社会治理,还是老旧小区改造、发展消费新业态、新模式,政府工作报告中所提及的内容都是目前物业服务企业着重开展的业务领域。

物业管理作为社区服务的重要组成部分,在保障就业、改善人民生活、促进居民消费等方面起到了重要作用。

根据第二次全国经济普查主要数据公报,2008年年末我国物业服务企业58 406个,物业服务企业从业人员250.12万人,如果加上清洁、绿化、秩序维护等专业分包出去的一并计算,物业服务的从业人员达到500万以上。

根据中国物业管理协会编撰的《2018年全国物业管理行业发展报告》中的统计数据显示,2017年全国物业服务企业已经达到11.8万家,从业人员约904.7万人,物业管理作为劳动密集型行业,对于大量吸纳各类从业人员、扩大社会就业一直贡献着自己的积极力量。

当前,在科学技术和互联网浪潮的推动下,人们的生活方式正在发生重大的变化,众多物业服务企业也借力"互联网+"的浪潮不断提升自身服务能力,在做好社区服务的基础上,进行着多元化尝试,用邻里活动、社区电商、社区金融、社区养老等多种多样的服务形式来满足业主日益增长的生活需求。像彩生活的"彩惠人生"平台、中航物业的"π"平台、天骄爱生活的"小A帮"App、蓝光嘉宝的"生活家服务体系"等正是这一思路下的有效例证。

物业服务企业这些延伸业务的开展,既方便了居民的日常生活,满足了业主物业服务、社区生活服务、邻里社交、旅游出行、家政服务等全方位服务需求,又挖掘和带动了与物业管理关联的各类消费支出,对扩大居民消费、拉动经济增长、实现人民美好生活都起到了重要作用。

而在目前政府着重提到的社区养老方面,物业服务企业也有着天然优势。

物业服务企业可以通过发挥自身对场地、服务以及设施管理拥有主导权的优势,整合或介入相关资源,逐渐形成以社区为依托,以老年人日间照料、生活护理、家政服务为主要内容,以上门服务和社区日托为主要形式的居家养老服务体系。

据了解,诸如万科物业、绿城服务等众多物业服务企业都在积极开展相关业务,通过社区养老、居家养老等多种途径,有效减轻了人口老龄化带来的养老压力等问题。

例如,智汇坊养老服务中心就是万科在2014年打造的一家社区养老机构,由小区社区活动中心改建而成,它不仅可以提供日间照料的服务,还包括短期入住、长期入住等多样化功能,可以满足周边社区中老年人的不同需求。

政策利好助力物业管理行业强势发展

除了目前物业管理行业所涉及的一些内容外,2019年的政府工作报告在一定程度上也对物业管理行业相关工作给予了全新启示。

从这次报告提到的有关养老、老旧城区改造、社会治理和柔性治理、丰富人民精神生活等内容中可以明显地感受到,政府越来越关注人们的生活品质。

而生活品质就包括城镇设施的正常使用,为特有群体,包括老人、小孩还有一些行动不便人士所提供的专项服务,以及为整个城镇提供基础服务的能力,而这些恰恰都是物业服务企业应该具备的专业能力。

对此深圳市之平物业发展有限公司董事、执行总裁余绍元认为,对于物业服务企业来说,此次政府工作报告是一个非常好的机会点,能够促使物业服务企业更好、更深入地介入城镇的治理和对城镇居民全方位的服务。

余绍元向《物业深度报道》表示,"对于大部分物业服务企业来说,怎么提高对于城镇、建筑物及其配套设备设施的维护和打理的专业度与效率,以及具有这种改造城镇设备设施的能力,用最低的成本获得最大的效果,这是我们物业服务企业需要去考虑的事情。"

除此之外他还表示,此次政府工作报告对于物业服务企业的另一点启示,就是城市的综合治理,也就是城市柔性服务方面。

"我们原来做的是社区服务,今天我们可以把社区服务扩大到对于城市的服务、公共的服务。例如,专业领域的城市综合服务,泛专业领域的养老服务、医疗服务、社区氛围营造等,这些都是我们物业服务企业需要更加关注的专业问题。"余绍元说,"总的来说此次政府工作报告是一个很好的机会,为物业服务企业更好地体现自身价值、拓展专业领域服务等方面都是一个启发和鼓舞。"

（资料来源：http://www.epmi.org.cn/NewsInfo.aspx？NewsID＝7423）

第一节 收益性房地产价值评估

一、收益性房地产概念

2001年,美国经济学家罗伯特·马丁和杰弗里·费舍博士在《收益性不动产评估技术》一书中提出,收益性房地产特别是指以产生收益为目的而被开发或者被购买的房地产。这类房地产作为整体或整体中的一部分,具有实质性的或者潜在的获利能力。例如,开发商为了获得利润而开发商品房、写字楼,投资者为获利而建立学校来经营,这些住宅、写字楼和学校就可以被称为收益性房地产。

对于具体一个房地产来说,它是属于收益性房地产还是属于非收益性房地产,不是看它目前是否正在直接产生经济收益,而是看这种类型的房地产在本质上是否具有直接产生经济收益的能力。例如,某套公寓或某幢写字楼目前尚未租出而空置着,没有直接产生经济收益,但仍然属于收益性房地产。这是由于同类公寓和写字楼大量存在着出租现象,能直接产生经济收益,该公寓虽然空置,但是具有产生收益的潜在价值,本质上具有产生收益的能力,并且可以通过市场比较,在理论上求取收益的多寡。

影响收益性房地产价值的因素很多,有区位、新旧程度、供求关系、房地产管理等。但这些因素最终都表现为能否在未来带来足够的收益,只有带来足够的收益,对于投资者而言才有投资的价值。

从物业管理的角度来说,物业是指已建成投入使用的各类建筑物及其相关的设备、设施和场地。各类建筑物可以是一个建筑群,或一幢单体建筑,或单体建筑中的一个单元；相关的设备、设施和场地是指与上述建筑物配套或为建筑物的使用者服务的室内外各类设备、市政公用设施和与之相邻的场地、庭院、道路等。

根据使用功能的不同,物业可分为以下4类：

（1）居住物业。包括住宅小区、单体住宅楼、公寓、别墅、度假村等。

（2）商业物业。包括综合楼、写字楼、商业中心、酒店、商业场所等。

（3）工业物业。包括工业厂房、仓库等。

（4）其他用途物业。如车站、机场、医院、学校等。

二、收益性房地产价值影响因素

影响收益性房地产价值的因素很多,例如区位、新旧程度、供求、物业管理等,但这些最终都表现在未来能够带来的收益这一最核心、最直接的因素上,即收益性房地产只有未来能够带来收益,对投资者才有价值,投资者才会为了预期的投资回报购买该房地产。收益性房地产价值的高低主要取决于下列3个因素:

(1) 未来净收益的大小。未来净收益越大,房地产的价值就越高,反之就越低。

(2) 获得净收益期限的长短。获得净收益期限越长,房地产的价值就越高,反之就越低。

(3) 获得净收益的可靠性。获得净收益越可靠,房地产的价值就越高,反之就越低。

三、房地产价格的概念和形成条件

(一) 房地产价格概念

根据经济学的表述,价格是价值的货币表现。房地产价格是房地产价值的货币表现。

(二) 形成条件

房地产要有价格与其他任何物品要有价格一样,需要具备有用性、稀缺性和有效需求。

1. 有用性

这是指物品能够满足人们的某种需要,俗话说"有用",经济学上称为使用价值。

2. 稀缺性

这是指物品的数量没有多到使每个人都可以随心所欲地得到它,是相对缺乏,而不是绝对缺乏。一种物品仅有用还不能使其有价格。因为如果该种物品的数量丰富,随时随地都能够自由取用,像空气或某些地方的水那样,尽管对人们至关重要——没有它们我们就无法生存,但是也不会有价格。因此,房地产要有价格还必须具有稀缺性。

3. 有效需求

经济学认为,有效需求是指预期可给业主带来最大利润量的需求,有效需求是总供给与总需求相等从而处于均衡状态的社会总需求,它包括消费需求(消费支出)和投资需求(投资支出),并决定社会就业量和国民收入的规模。房地产的有效需求是指对房地产不但愿意购买而且有能力购买的需求。只有需要而无支付能力(即想买但没有钱),或者虽然有支付能力但不需要(即有钱但不想买),都不能使购买行为发生,从而不能使价格成为现实。例如,一套200万元的住房,A家庭需要,但买不起;B家庭买得起,但不需要;C家庭既需要,也买得起。在这种情况下,只有C家庭对这套住房的需求是有效需求。

(三) 房地产价格的特征

房地产价格与一般物品的价格既有共同之处,又有不同之处。共同之处是:

(1) 都是价格,用货币来表示。

(2) 都有波动,受供求因素的影响。

（3）都是按质论价，优质高价，劣质低价。

房地产价格与一般物品价格的不同，表现为房地产价格的特征。房地产价格主要有下列几个特征：

1. 房地产价格的二元性

房地产是建筑物与土地的统一物，土地是房地产构成的直接要素。在一般情况下，房地产价格是建筑物价格与土地价格之和，这就决定了在研究和评估房地产的价格时，其内涵上具有双重实体基础，一部分来源于建筑物的建设所形成的价格，另一部分则来源于建筑物所依赖的土地使用权的价格。

2. 房地产价格的区位性

由于房地产不可移动，其价格与区位密切相关。房地产的区位是指房地产的空间位置。具体地说，一宗房地产的区位是该宗房地产与其他房地产或事物在空间方位和距离上的关系，除了其地理坐标位置外，还包括它与重要场所（如市中心、机场、港口、码头、火车站、汽车站、政府机关、同行业等）的距离，从其他地方到达该宗房地产的可及性，从该宗房地产去往其他地方的便捷性，以及该宗房地产的周围环境、景观等。这里的可及性与便捷性，含义基本相同。但我们用"可及性"表达由"外"到"内"——"进"的方便程度，用"便捷性"表达由"内"到"外"——"出"的方便程度。因为某些物业受单行道、道路隔离带、人行天桥、立交桥、交通出入口方位等的影响，其由外到内和由内到外的方便程度是不相同的，甚至差异很大。最常见、最简单的是用距离来衡量区位的好坏。距离可以分为空间直线距离、交通路线距离和交通时间距离。由于路况、交通拥挤、交通管制以及时间对于人们越来越宝贵等原因，现在人们越来越重视交通时间距离而不是空间直线距离。

3. 房地产价格的权益性

房地产价格实质上是房地产权益的价格。房地产由于不可移动，在交易中可以转移的不是其实物，而是其所有权、使用权或其他权益。实物状况相同的房地产，权益状况可能千差万别，甚至实物状况好的，由于权益过小，如土地使用年限很短或产权不明或权属有争议，价格较低；相反，实物状况差的，由于权益较大，如产权清晰、完全，价格可能较高。因此，从这种意义上讲，房地产价格是房地产权益的价格。

4. 房地产价格形成的多样性

房地产价格构成因素复杂，房地产种类繁多、用途不一，交易对象、交易方式不同，形成了房地产价格的多样性，如销售价格、租赁价格、课税价、抵押价、拍卖价、重置价等，可以说，在所有的商品价格之中，房地产价格体系是最复杂的。

5. 房地产价格形成的长久性

由于房地产价值量大，加之独一无二的特性，造成对影响房地产价格的产权、质量、功能、环境、物业管理等方面的情况在短时间内不易为人们所了解，所以人们在房地产交易时一般是十分谨慎的，从而使房地产交易价格通常难以在短期内达成。另外，一宗房地产通常与其周围物业构成某一特定的地区，而该地区并非固定不变，尤其是社会经济位置经常在变化，因此，还要考虑该房地产过去如何使用，预计将来可以做何种使用，总结这些考虑结果后才形成房地产现在的价格。

6. 房地产价格因素的非市场性

房地产作为一种人类必需的生活资料和社会经济的重要资源,其价格构成中的很多因素是受国家政策、计划干预和控制的,所以,房地产市场是一种不充分、不完全的准市场,市场对房地产价格的调节仅被限定在一定的范围内,不可能像一般商品那样完全由市场因素确定,还要受许多非市场因素的影响。

7. 房地产价格的调控性

房地产行业是国民经济的重要支柱,其价格对人民生活和社会经济的繁荣、稳定有十分重要的影响,从而政府必然要加强对房地产市场的管理和调控,通过调节地价与批地量的多少来调整房地产的价格。

四、收益性房地产价值和价格的种类

(一)收益性房地产价值种类

1. 使用价值和交换价值

广义的价值包括使用价值和交换价值。一种商品的使用价值,是指物品能够满足人们某种需要的属性;交换价值,是指该种商品同其他商品相交换的量的关系或比例,通常用货币来衡量,即交换价值表现为一定数量的货币、商品或其他有价物。人们在经济活动中一般简称的价值,指的是交换价值。

使用价值是一切商品都具有的共同属性之一。任何物品要想成为商品都必须具有可供人类使用的价值;反之,毫无使用价值的物品是不会成为商品的。使用价值是物品的自然属性。马克思主义政治经济学认为,使用价值是由具体劳动创造的,并且具有质的不可比较性。比如,人们不能说橡胶和香蕉哪一个使用价值更多。使用价值是价值的物质基础,和价值一起,构成了商品二重性。

2. 投资价值和市场价值

"投资价值"有两种含义:一是值得投资,例如,人们在为某个房地产项目或某项资产做销售宣传时,经常称其具有投资价值;二是指从某个特定的投资者(即某个具体的投资者)的角度所衡量的价值。这里所讲的投资价值指的是后者。因此,某一房地产的投资价值,是指某个特定的投资者(如某个具体的购买者)基于个人的需要或意愿,对该房地产所评估出的价值。而该房地产的市场价值,是指该房地产对于一个典型的投资者(市场上抽象的一般投资者,它代表了市场上大多数人的观点)的价值。市场价值是客观的、非个人的价值,而投资价值是建立在主观的、个人因素基础上的价值。在某一时点,市场价值是唯一的,而投资价值会因投资者的不同而不同。

同一房地产对于不同的投资者之所以会有不同的投资价值,是因为不同的投资者可能在开发成本或经营费用方面的优势不同、纳税状况不同、对未来的信心不同等。所有这些因素,都会影响投资者对该房地产未来收益能力的估计,从而影响投资者对该房地产价值的估计。如果所有投资者都做出相同的假设,也面临相同的环境状况,则投资价值与市场价值就

会相等，但实际上不可能出现这种情况。因此，常常会有某些投资者愿意支付比其他投资者更高的价格来获得某一房地产。

评估投资价值与评估市场价值的方法本质上是相同的，所不同的是假设前提。例如，投资价值与市场价值都可以采用收益法来评估——价值是预期未来净收益的现值之和，但其中选取参数的立场不同。拿折现率来说，评估市场价值所采用的折现率，应是与该房地产的风险程度相对应的社会一般报酬率；而评估投资价值所采用的折现率，应是某个特定的投资者所要求的最低报酬率（通常称为最低期望收益率）。这个特定的投资者所要求的最低报酬率，可能高于也可能低于与该房地产的风险程度相对应的社会一般报酬率。在净收益方面，评估投资价值时通常要扣除所得税，而评估市场价值时通常不扣除所得税。另外，不同的投资者对未来净收益的估计，有的可能是乐观的，有的可能是悲观的；而评估市场价值时，要求对未来净收益的估计是客观的。

投资者评估的房地产的投资价值大于或等于该房地产的市场价格，是其投资行为（或交易）能够实现的基本条件。当投资价值大于市场价格时，说明值得投资（购买）；反之，说明不值得投资（购买）。换一个角度讲，每个房地产投资者对其拟投资（购买）的房地产都有一个心理价位，投资价值可以看成是这个心理价位。当市场价格低于其心理价位时，投资者趋向于增加投资；相反，他们将向市场出售过去所投资的房地产。

（二）收益性房地产价格种类

1. 成交价格、市场价格、理论价格

（1）成交价格。成交价格简称成交价，是指在一笔房地产交易中交易双方实际达成交易——买者同意付出、卖者同意接受，或者买者支付、卖者收取的货币额、商品或其他有价物。成交价格是一个已经完成的事实，通常随着交易者的财力、动机、对交易对象和市场的了解程度、购买或出售的急迫程度、讨价还价能力、交易双方之间的关系、卖者的价格策略等的不同而不同。

成交价格可能是正常的，也可能是不正常的，因此，可以将成交价格区分为正常成交价格和非正常成交价格。正常成交价格是指交易双方在公开市场、信息通畅、平等自愿、诚实无欺、没有利害关系下进行交易所形成的价格，不受一些不良因素，如不了解市场行情、垄断、强迫交易等的影响；反之，则为非正常成交价格。

成交价格还可以按照交易方式的不同来划分，例如，按照土地使用权出让方式的不同，可以将土地使用权出让的成交价格分为招标成交价、拍卖成交价、挂牌成交价和协议成交价。招标成交价是指采取招标方式交易（或出让）房地产的成交价格，拍卖成交价是指采取拍卖方式交易（或出让）房地产的成交价格，挂牌成交价是指采取挂牌方式交易（或出让）房地产的成交价格，协议成交价是指采取协议方式交易（或出让）房地产的成交价格。

（2）市场价格。市场价格是指某种房地产在市场上的一般、平均水平价格，是该类房地产大量成交价格的抽象结果。

（3）理论价格。理论价格是经济学假设的"经济人"的行为和预期是理性的，或真实需求与真实供给相等的条件下形成的价格。

价格与供求是互动的:一方面,价格是由供给力量与需求力量相互作用决定的;另一方面,供给量与需求量又受价格的影响,通过价格调节达到均衡。市场价格和理论价格相比,市场价格是短期均衡价格,理论价格是长期均衡价格。市场价格的正常波动是由真实需求与真实供给相互作用造成的。凡是影响真实需求与真实供给的因素,如居民收入、房地产开发建设成本等的变化,都可能使市场价格发生波动。因此,在正常市场或正常经济发展情况下,市场价格基本上与理论价格相吻合,围绕着理论价格而上下波动,不会偏离太远。但在市场参与者普遍不理性的情况下,市场价格可能会较大、较长时期脱离理论价格,例如,在投机需求带领下或在非理性预期下形成不正常的过高价格。

2. 总价格和单位价格

(1) 总价格。总价格简称总价,是指某一宗或某一区域范围内的房地产整体的价格。它可能是一块面积为 $500m^2$ 的土地的价格,一套建筑面积为 $200m^2$ 的高档公寓的价格,或是一座建筑面积为 $10\ 000m^2$ 的商场的价格,也可能是一个城市的全部房地产的价格,或是一国全部房地产的价格。房地产的总价格一般不能反映房地产价格水平的高低。

(2) 单位价格。单位价格简称单价,其中,土地单价是指单位土地面积的土地价格,土地与建筑物合在一起的房地产单价通常是指单位建筑物面积的价格。建筑物的单位除了面积,还有体积(如某些类型的仓库通常用体积而不是面积来衡量),有些房地产还可能用其他名称作单位,如停车场通常以每个车位为单位。房地产的单位价格一般可以反映房地产价格水平的高低。

认清单位价格,必须认清价格单位,否则只是一个单纯的数字符号,无经济意义。价格单位由货币和面积两方面构成。

① 货币:包括币种和货币单位。在币种方面,如人民币、美元、港币等;在货币单位方面,如元、万元等。

② 面积:包括面积内涵和面积单位。在面积内涵方面,建筑物通常有建筑面积、使用面积以及成套房屋的套内建筑面积之别。此外,住宅还有居住面积,商业用房还有营业面积,出租的房屋还有可出租面积,成片开发的土地还有可转让的土地面积,成片开发的商品房还有可出售的建筑面积等。在面积单位方面,不同国家和地区的法定计量单位或习惯用法可能不同,如中国内地通常采用平方米(土地的面积单位有时还采用公顷、亩),美国、英国和中国香港地区习惯采用平方英尺,日本、韩国和中国台湾地区一般采用坪。

3. 实际价格和名义价格

实际价格是指在成交日一次付清的价格,或者将不是在成交日一次付清的价格折现到成交日的价格。名义价格是指在成交日讲明,但不是在成交日一次付清的价格。

例如,一套建筑面积 $200m^2$、单价 $9\ 000$ 元$/m^2$、总价 180 万元的住房,在实际交易中的付款方式可能有下列几种:

① 要求在成交日一次付清。

② 如果在成交日一次付清,则给予折扣,如优惠 5%。

③ 从成交日起分期付清,如首期支付 60 万元,余款在一年内分两期支付,如每隔半年支

付 60 万元。

④ 约定在未来某个日期一次付清,如约定一年后付清。

⑤ 以抵押贷款方式支付,如首期支付 30 万元,余款在未来 10 年内以抵押贷款方式按月等额支付。

在上述第一种情况下:实际单价为 9 000 元/m²,实际总价为 180 万元;不存在名义价格。

在第二种情况下:实际单价为 $9\,000 \times (1-5\%) = 8\,550$(元/m²),实际总价为 171 万元;名义单价为 9 000 元/m²,名义总价为 180 万元。

在第三种情况下:实际总价为 $60 + 60/(1+2.5\%) + 60/(1+2.5\%)^2 = 175.65$(万元)(假定年折现率为 5%),实际单价为 8 782.5 元/m²;名义单价为 9 000 元/m²,名义总价为 180 万元。

在第四种情况下:实际总价为 $180 \div (1+5\%) = 171.43$(万元)(假定年折现率为 5%),实际单价为 8 571.5 元/m²;名义单价为 9 000 元/m²,名义总价为 180 万元。

在第五种情况下:实际单价为 9 000 元/m²,实际总价为 180 万元;不存在名义价格。

4. 现房价格和期房价格

房地产的现货价格是指以现状房地产为交易标的的价格。该房地产的现状可能是一块准备建造但尚未建造建筑物的土地,可能是一项在建工程,也可能是建筑物已建成的房地产。当为建筑物已建成的房地产时,即为现房价格(含土地价格)。房地产的期货价格是指以未来状况的房地产为交易标的的价格,其中最常见的是期房价格(含土地价格)。期房价格是指以目前尚未建成而在将来建成的房屋(含土地)为交易标的的价格。

在期房与现房同品质(包括质量、功能、环境和房地产管理等)下,期房价格低于现房价格。以可以出租的公寓来看,由于买现房可以立即出租,买期房在期房成为现房期间不能享受租金收入,并由于买期房总存在着风险(如有可能不能按期建成,甚至出现"烂尾",或者实际交付的品质比预售约定的差),所以,期房价格与现房价格之间的关系是:

期房价格 = 现房价格 − 预计从期房达到现房期间现房出租的净收益的折现值 − 风险补偿

【例】 某期房尚有 1 年时间才可投入使用,与其类似的现房价格为 9 900 元/m²,出租的年末净收益为 990 元/m²。假设折现率为 20%,风险补偿估计为现房价格的 2%,试计算该期房目前的价格。

【解】 该期房目前的价格计算如下:

$$V = 9\,900 - \frac{990}{1+20\%} - 9\,900 \times 2\% = 8\,877\,(元/m^2)$$

在现实中,常常出现同地段的期房价格比现房价格高的相反现象,这主要是由于两者的品质不同,如现房的户型和环境差、功能已落后等。

5. 起价、标价、成交价和均价

起价、标价、成交价和均价,是在商品房销售中出现的一组价格。

(1)起价。起价是指所销售的商品房的最低价格。这个价格通常是最差的楼层、朝向、户型的商品房价格,甚至这种价格的商品房根本不存在,仅是为了广告作用,吸引人们对所销售商品房的关注而虚设的价格。因此,起价通常不能反映所销售商品房的真实价格水平。

(2)标价。标价又称报价、表格价,是商品房出售者在其"价目表"上标注的不同楼层、朝向、户型的商品房出售价格,即卖方的要价。一般情况下,买卖双方会围绕着这个价格进行讨价还价,最后出售者可能做出某种程度的让步,按照一个比这个价格低的价格成交。

(3)成交价。成交价是商品房买卖双方的实际交易价格。商品房买卖合同中写明的价格一般就是这个价格。

(4)均价。均价是所销售商品房的平均价格,具体有标价的平均价格和成交价的平均价格。成交价的平均价格一般可以反映所销售商品房的总体价格水平。

6. 评估价、保留价、起拍价、应价和成交价

评估价、保留价、起拍价、应价和成交价,是在房地产拍卖活动中出现的一组价格。房地产拍卖是以公开竞价的形式,将房地产转让给最高应价者的买卖方式。

(1)评估价。评估价是对拟拍卖的房地产的公开市场价值进行测算和判定的结果。

(2)保留价。保留价又称拍卖底价,是在拍卖前确定的拍卖标的可售的最低价格。拍卖分为无保留价拍卖和有保留价拍卖。拍卖标的无保留价的,拍卖师应在拍卖前予以说明。拍卖标的有保留价的,当竞买人的最高应价未达到保留价时,该应价不发生效力,拍卖师应当停止拍卖标的。有保留价拍卖通常是在拍卖之前对拍卖标的进行估价,然后参照评估价确定一个合理的保留价。例如,《最高人民法院关于人民法院民事执行中拍卖、变卖财产的规定》(法释〔2004〕16号)第八条规定:"拍卖保留价由人民法院参照评估价确定;未做评估的,参照市价确定……人民法院确定的保留价,第一次拍卖时,不得低于评估价或者市价的百分之八十;如果出现流拍,再行拍卖时,可以酌情降低保留价,但每次降低的数额不得超过前次保留价的百分之二十。"

(3)起拍价。起拍价又称开叫价、起叫价,是拍卖师在拍卖时首次报出的拍卖标的的价格。拍卖有增价拍卖和减价拍卖。增价拍卖是先对拍卖标的确定一个最低起拍价,然后由低往高叫价,直到最后由出价最高者获得。减价拍卖是由拍卖师先喊出拍卖标的的最高起拍价,然后逐次喊出逐步降低的价格,直至有竞买人表示接受而成交。增价拍卖是一种常见的叫价方式。在增价拍卖中,起拍价通常低于保留价,也可以等于保留价。

(4)应价。应价是竞买人对拍卖师报出的价格的应允,或是竞买人自己报出的购买价格。

(5)成交价。成交价是经拍卖师落槌或者以其他公开表示买定的方式确认后的竞买人的最高应价。在有保留价拍卖中,最高应价不一定成为成交价,只有在最高应价高于或等于保留价的情况下,最高应价才成为成交价。

7. 买卖价格、租赁价格

(1)买卖价格。买卖价格简称买卖价,是房地产权利人通过买卖方式将其房地产转移给他人,由房地产权利人(作为卖方)收取或他人(作为买方)支付的货币额、商品或其他有价物。

(2)租赁价格。租赁价格通常称为租金,在土地场合称为地租,在土地与建筑物合在一起的场合称为房租,是房地产权利人作为出租人将其房地产出租给承租人使用,由出租人收取或承租人支付的货币额、商品或其他有价物。

在实际中,房租可能包含真正房租构成因素之外的费用,如可能包含家具设备使用费、房地产服务费用、水费、电费、燃气费、供暖费、通信费、有线电视费等;房租也可能不包含真正房租构成因素的费用,如出租人与承租人约定维修费、管理费、保险费等由承租人负担。房租有的按使用面积计算,有的按建筑面积计算,有的按套或幢计算。其中,住宅一般是按使用面积或套计租,非住宅一般是按建筑面积计租。房租可分为日租金、月租金或年租金。房租还有定额租金、定率租金(又称分成租金、百分率租金,零售商业用房通常采用这种租金)等之别。

8. 市场调节价、政府指导价和政府定价

市场调节价、政府指导价和政府定价,是一组与政府对价格管制或干预程度有关的价格。《中华人民共和国价格法》(1997年12月29日中华人民共和国主席令第92号)第三条规定:"国家实行并逐步完善宏观经济调控下主要由市场形成价格的机制。价格的制定应当符合价值规律,大多数商品和服务价格实行市场调节价,极少数商品和服务价格实行政府指导价或者政府定价。"在房地产价格方面,例如《城市房地产开发经营管理条例》(1998年7月20日国务院令第710号)第二十九条规定:"房地产开发项目转让和商品房销售价格,由当事人协商议定;但是,享受国家优惠政策的居民住宅价格,应当实行政府指导价或者政府定价。"可见,从政府对价格管制或干预的程度来划分,可将房地产价格分为市场调节价、政府指导价和政府定价。

市场调节价是指由经营者自主制定,通过市场竞争形成的价格。政府指导价是指由政府价格主管部门或者其他有关部门,按照定价权限和范围规定基准价及其浮动幅度,指导经营者制定的价格。政府定价是指由政府价格主管部门或者其他有关部门,按照定价权限和范围制定的价格。如在城镇住房制度改革中,出售公有住房的标准价、成本价就属于政府定价。

政府对价格的干预,还有最高限价和最低限价。最高限价是试图规定一个对房地产可以收取的最高价格;最低限价又称最低保护价,是试图规定一个对房地产可以收取的最低价格。政府对价格的干预还有规定成本构成或利润率等。如规定新建的经济适用住房出售价格实行政府指导价,按保本微利原则确定,其中,经济适用住房的成本包括征地和拆迁补偿安置费、勘察设计和前期工程费、建筑安装工程费、住宅小区基础设施建设费(含小区非营业性配套公建费)、管理费、贷款利息和税金七项因素,利润控制在3%以下。

9. 原始价值、账面价值、市场价值

原始价值简称原值、原价,也称历史成本、原始购置成本,是指一项资产在当初取得时实际发生的成本,包括买价、运输费、安装费、缴纳的有关税费等。会计核算的历史成本原则,要求将原始价值作为资产的入账价值。

账面价值又称账面净值、折余价值,是指一项资产的原始价值减去已计提折旧后的

余额。

市场价值又称实际价值，是指一项资产现时在市场上实际所值的价格；或者假设把该项资产拿到市场上去交易，它最可能实现的价格。

原始价值是始终不变的，账面价值是随着时间的流逝而不断减少的，市场价值是随着时间的流逝而上下波动的。市场价值与账面价值或原始价值可能有关，但通常情况下是无关的。

房屋重置价格是指某一基准日期，不同区域、不同用途、不同建筑结构、不同档次或等级的房屋，建造时所需要的一切合理、必要的费用、税金及应获得的利润。

五、收益性房地产价格影响因素

在现实中，房地产价格的高低是受众多因素影响的。不同的房地产价格影响因素，引起房地产价格变动的方向是不尽相同的：有的影响因素降低房地产的价格，有的影响因素提高房地产的价格。但是，对于不同类型的房地产，同一影响因素引起房地产价格变动的方向可能是不同的。例如，某一地带有铁路，这一地带如果为居住区，铁路就可能成为贬值因素，但如果为仓储或工业区，则铁路可能成为增值因素。

另外，不同的房地产价格影响因素，引起房地产价格变动的程度是不尽相同的：有的影响因素对房地产价格的影响较大，即随着这种影响因素的变化所引起的房地产价格的升降幅度较大；有的影响因素对房地产价格的影响较小。但是，随着时期、地区、房地产类型的不同，那些影响较大的因素也许会变为影响较小的因素，甚至没有影响；相反，那些影响较小的因素则有可能成为主要的影响因素。

当然，不同的房地产价格影响因素，与房地产价格之间的影响关系也不尽相同：有的影响因素对房地产价格的影响是一向性的，即随着这种影响因素的变化会一直提高（或降低）房地产的价格；有的影响因素在某一状况下随着这种影响因素的变化会提高（或降低）房地产的价格，但在另一状况下随着这种影响因素的变化会降低（或提高）房地产的价格；有的影响因素从某一角度看会提高房地产的价格，但从另一角度看会降低房地产的价格，它对房地产价格的最终影响如何，是由这两方面的合力决定的。例如，修筑一条道路穿过某个居住区，一方面由于改善了交通，会提高该居住区住宅的价格；另一方面由于带来了噪声、汽车尾气污染和行人行走的不安全，会降低该居住区住宅的价格。至于具体的影响如何，还要看被影响的住宅临该道路的远近以及该道路的性质。其中，紧临道路的住宅较里面的住宅受到的负面影响要大，除非适宜改变为商业用途。但是，如果该道路是一条过境公路，如全封闭的高速公路，则对住宅来说只有负面影响，无正面作用。

有些房地产价格影响因素对房地产价格的影响与时间有关，有些与时间无关。在与时间有关的影响因素中，引起房地产价格变动的速度又可能是不同的：有的影响因素会立即引起房地产价格的变动，有的影响因素对房地产价格的影响则会经过一段时间之后才表现出来。

某些房地产价格影响因素对房地产价格的影响可以用数学公式或数学模型来量化，但更多的影响因素对房地产价格的影响虽然可以感觉到,却难以用数学公式或数学模型将其描述出来。具体影响因素包括:物价因素、利率因素、居民收入因素、房地产税收因素、城市规划因素、交通因素、心理因素、人口因素、汇率因素等。

1. 物价因素

房地产价格是物价的一种,但与一般物价的特性不同。通常,物价的普遍波动表明货币购买力的变动,即币值发生变动。此时物价变动,房地产价格也随之变动,如果其他条件不变,那么物价变动的百分比就相当于房地产价格变动的百分比,而且两者的动向也应一致,则表示房地产价格与一般物价之间的实质关系未变。

不论一般物价总水平是否变动,其中某些物价的变动也可能引起房地产价格的变动,如建筑材料价格(特别是水泥、钢材、木材的价格)、建筑设备价格、建筑人工费的上涨,会增加房地产的开发建设成本,从而可能推动房地产价格上涨。

从较长时期来看,国内外统计资料表明,房地产价格的上涨率要高于一般物价的上涨率和国民收入的增长率。但在房地产价格中,土地价格、建筑物价格和房地价格,或者不同类型房地产的价格,其变动幅度不是完全同步的,有时甚至是不同方向的。

就房地产价格中房价与地价之间的互动关系来看,在有较多土地供应者的情况下,房价是主动的,地价是被动的,即地价水平主要取决于房价水平,就如同一般情况下地租水平是由农产品价格水平决定的一样。但在房地产开发用地由政府独家垄断供应的情况下,土地一级市场上的地价水平在很大程度上影响着新建商品房的价格水平,预期政府会减少土地供应将造成的地价上涨或者其垄断的高地价,是会推动房价上涨或者市场会以房价上涨来做出反应的。

2. 利率因素

利率升降对房地产价格有着很大的影响。从成本的角度来看,利率升降会增加或降低房地产开发的投资利息,从而使房地产价格上升或下降。从房地产需求的角度来看,由于现在购买房地产(特别是商品住宅)普遍采取贷款方式付款,所以利率升降会减少或增加房地产需求,从而使房地产价格下降或上升。从房地产价值是房地产预期未来收益的现值之和的角度来看,由于房地产价值与折现率负相关,而折现率与利率正相关,所以利率升降会使房地产价格下降或上升。

综合来看,房地产价格与利率负相关:利率上升,房地产价格会下降;利率下降,房地产价格会上升。

3. 居民收入因素

通常,居民收入的真正增加(非名义增加。名义增加是指在通货膨胀情况下的增加),意味着人们的生活水平将随之提高,其居住与活动所需要的空间会扩大,从而会增加对房地产的需求,导致房地产价格上涨。至于对房地产价格的影响程度,要看现有的收入水平及边际消费倾向的大小而定。所谓边际消费倾向,是指收入每增加一个单位所引起的消费变化。

如果居民收入的增加是衣食都较困难的低收入者的收入增加,虽然其边际消费倾向较大,但其增加的收入大部分甚至全部会首先用于衣食等基本生活的改善,这对房地产价格的影响估计不大。

如果居民收入的增加是中等收入者的收入增加,因为其边际消费倾向较大,且衣食等基本生活已有了较好的基础,此时依消费顺序,其所增加的收入大部分甚至全部会用于提高居住水平,这自然会增加对居住房地产的需求,从而会促使居住房地产价格上涨。

如果居民收入的增加是高收入者的收入增加,因为其生活上的需要几乎已得到全部满足,边际消费倾向甚小,所以,其增加的收入大部分甚至全部可能用于储蓄或其他投资,这对房地产价格的影响就不大。不过,如果他们利用剩余的收入从事房地产投资或投机,如购买房地产用于出租或将持有房地产当作保值增值的手段,则会引起房地产价格上涨。

4. 房地产税收因素

有关房地产的不同税种、税率及其征收环节,对房地产价格的影响是不同的。可将有关房地产的税收分为房地产开发环节的、房地产交易环节的和房地产保有环节的。另外,考察房地产税收政策对房地产价格的影响,应当注意课税的转嫁问题。如果房地产的某种税可以通过某种途径部分或全部转嫁出去,那么它对房地产价格的影响就小,甚至不起作用。

增加房地产开发环节的税收,会增加房地产开发建设成本,从而会推动房地产价格上升;相反,会使房地产价格下降。

在房地产交易环节,增加买方的税收,如提高契税税率,会抑制房地产需求,从而会使房地产价格下降;而增加卖方的税收,如收取土地增值税,会使房地产价格上升。

直接或间接地对保有房地产课税(如城镇土地使用税、房产税或城市房地产税),实际上是减少了利用房地产的收益,因而会导致房地产价格低落;相反,降低甚至取消对保有房地产课税,会导致房地产价格上升。

5. 城市规划因素

城市规划对房地产价格有很大影响,特别表现在对城市发展方向、土地使用性质(用途)、建筑高度、建筑密度、容积率、绿地率等的规定方面。就规定用途来看,工业、商业、居住等不同用途对土地条件的要求不同;反过来,在土地条件一定的情况下,规定用途(比如是用于工业、商业还是居住或绿化)对土地价格有着很大的影响。规定用途对土地价格的影响可从两个方面来看:①就某一块土地而言,它会降低地价;②从总体上看,由于有利于土地的健康协调利用,因此有提高地价的作用。但是,如果规定用途不妥,缺乏科学的理论和方法,也会两败俱伤,既降低单块土地的价格,也会降低整片土地的利用率,从而使地价下降。规定用途对地价的影响在城市郊区表现得特别明显:如果城市的发展已使郊区某些农用地很适合于转变为城市建设用地,但如果政府规定只能维持现有的农业用途,则地价必然很低,而一旦允许改变用途,则地价会成倍上涨。

6. 交通因素

交通为居民带来出行便捷,节约出行时耗,提高出行效率,交通方便程度直接影响房地产价格。但某些房地产所处的位置看起来交通方便,而实际上并不方便,这可能是受到交通管制的影响。对房地产价格有影响的交通管制,主要有严禁某类车辆通行,实行单行道、步行街等。

交通管制对房地产价格的影响结果如何,要看这种管制的内容和房地产的使用性质。对于某些类型的房地产来讲,实行某种交通管制也许会降低该类房地产的价值,但是对于另一些类型的房地产来讲,实行这种交通管制则可能会提高该类房地产的价值。例如,在住宅区内的道路上禁止货车通行,可以减少噪声、汽车尾气污染和行人行走的不安全感,因此会提高房地产的价值。

7. 心理因素

心理因素对房地产价格的影响是不可忽视的。影响房地产价格的心理因素主要包括:购买或出售心态;个人偏好;"与时俱进";接近名家住宅心理;讲究风水或吉祥号码,如讲究门牌号码、楼层数字等。下面列举几种情况:

(1)房地产需求者遍寻适当的房地产,当选定了合意的房地产后,如该房地产的拥有者无出售之意,则房地产需求者必须以高出正常价格为条件才可能改变其惜售的原意,因此,如果达成交易,成交价格自然会高于正常价格。

(2)有时房地产购买者出于自身的急迫需要,在与竞争对手争夺中只求得到房地产,从而会抬高价格。

(3)房地产拥有者偶然发生资金调度困难,急需现金周转,无奈只有出售房地产变现,这时的成交价格多会低于正常市场价格。有债务纠纷的房地产,债务人为达到快速脱身的目的,会故意便宜出售房地产。

8. 人口因素

房地产(特别是居住房地产)的需求主体是人,人的数量、素质、构成等状况,对房地产价格有很大影响。下面主要从人口数量、人口素质和家庭人口规模三个方面来说明人口因素对房地产价格的影响。

(1)人口数量。房地产价格与人口数量的关系非常密切。当人口数量增加时,对房地产的需求就会增加,房地产价格也就会上涨;而当人口数量减少时,对房地产的需求就会减少,房地产价格也就会下降。

引起人口数量变化的一个重要因素是人口增长,它是在一定时期内由出生、死亡和迁入、迁出等因素的消长导致的人口数量增加或减少的现象。人口增长可分为自然增长和机械增长。人口自然增长是指在一定时期内因出生和死亡因素的消长,导致的人口数量的增加或减少,即出生人数与死亡人数的净差值。人口机械增长是指在一定时期内因迁入和迁出因素的消长,导致的人口数量增加或减少,即迁入的人数与迁出的人数的净差值。根据人口增长的绝对数量,人口增长有人口净增长、人口零增长和人口负增长三种情况。

在城市,特别是随着外来人口、流动人口的增加,对房地产的需求必然增加,从而会引起城市房地产价格上涨。人口数量还可以分为常住人口、暂住人口和流动人口,以及日间人口和夜间人口等的数量,可分析它们对不同类型房地产的价格影响。另外,在人口数量因素中,反映人口数量的相对指标是人口密度。人口密度从两方面影响房地产价格:一方面,人口高密度地区,一般来说对房地产的求多于供,供给相对缺乏,因而价格趋高,同时人口密度增加还有可能刺激商业、服务业等的发展,提高房地产价格;另一方面,人口密度过高会导致生活环境恶化,从而有可能降低房地产价格,特别是在大量低收入者涌入某一地区的情况下会出现这种现象。

（2）人口素质。人们的文化教育水平、生活质量和文明程度,可以引起房地产价格的变化。人类社会随着文明发达、文化进步,公共服务设施必然日益完善和普遍,同时对居住环境也必然力求宽敞舒适,凡此种种都足以增加对房地产的需求,从而导致房地产价格升高。如果一个地区中居民的素质低、构成复杂、社会秩序欠佳,人们多不愿意在此居住,则该地区的房地产价格必然低落。

（3）家庭人口规模。这里所说的家庭人口规模,是指全社会或某一地区的家庭平均人口数。家庭人口规模发生变化,即使人口总量不变,也将引起居住单位数的变动,从而引起所需要的住房数量的变动,随之导致房地产需求的变化而影响房地产价格。一般来说,随着家庭人口规模小型化,即家庭平均人口数的下降,家庭数量增多,所需要的住房总量将增加,房地产价格有上涨的趋势。

9. 汇率因素

在涉外房地产投资中,汇率波动会影响房地产的投资收益。例如,一个外国投资者以一定价格购买了一宗房地产,此后出售房地产时,相对于当地市场,房地产可能升值了,但如果该房地产所在国的货币发生了贬值,那么相对于国际交易,其房地产升值可能与货币贬值相互抵消,从而导致房地产投资失败。相反,如果该房地产所在国的货币发生了升值,那么即使相对于当地市场房地产没有升值,但相对于国际交易也会获得较好的房地产投资收益。因此,当预期某国的货币会升值时,就会吸引国外资金购买该国房地产,从而会导致其房地产价格上涨;相反,会导致其房地产价格下降。

六、收益性房地产估价常用方法

（一）房地产估价概述

估价,通俗的解释就是估计商品、资产、财产等的价格或价值,是任何人都可以做的,不论他估计得是否正确,也不论人们是否相信其估计结果。但是,要想获得客观合理、令人信服的估价结果,就需要专业估价。专业房地产估价的核心内容,是房地产估价机构接受他人委托,委派房地产估价师,为了特定目的,遵循公认的原则,按照严谨的程序,依据有关法规、政策和标准,在合理的假设下,采用科学的方法,对特定房地产在特定时间的特定价值进行分析、测算和判断。

通常,房地产估价有五大特点：

（1）房地产估价是评估房地产的价值而不是价格；

（2）房地产估价是模拟市场定价而不是代替市场定价；

（3）房地产估价是提供价值意见而不是作价格保证；

（4）房地产估价有误差但误差应在合理的范围内；

（5）房地产估价既是科学也是艺术。

一宗房地产的客观合理价格或价值,通常可以从如下三个途径来求取：

（1）近期市场上类似的房地产是以什么价格进行交易的——基于明智的买者肯出的价钱不会高于其他买者最近购买类似房地产的价格，即基于类似房地产的市场交易价格来衡量其价值。

（2）如果重新开发建设一宗类似的房地产需要多少费用——基于明智的买者肯出的价钱不会高于重新开发建设类似房地产所必需的代价，即基于房地产的重新开发建设成本来衡量其价值。

（3）如果将该宗房地产出租或营业预计可以获得多少收益——基于明智的买者肯出的价钱不会高于该宗房地产预期未来收益的现值之和，即基于该宗房地产的预期未来收益来衡量其价值。

由此在房地产估价上产生了三大基本方法，即市场法、成本法、收益法。

每种估价方法都有其特定的适用对象和条件，有时可以同时运用，以相互验证，有时是相互补充的，但不应相互替代。在评估一宗房地产的客观合理价格或价值时，一般要求同时采用两种以上（含两种）估价方法，而且可以同时采用多种估价方法的，应当同时采用多种估价方法。

（二）市场法

1. 市场法概述

市场法又称市场比较法、比较法，是将估价对象与在估价时点的近期发生过交易的类似房地产进行比较，对这些类似房地产的成交价格做适当的处理，以求取估价对象客观合理价格或价值的方法。其中，估价对象是指需要评估其客观合理价格或价值的具体房地产；估价时点是指需要评估的客观合理价格或价值所对应的时间；类似房地产是指与估价对象相同或者相当的房地产。

市场法从本质上来说，是以房地产的市场价格为导向来求取房地产的价值。通常把市场法测算出来的价值作为比准价值。由于市场法是利用实际发生、经过市场"检验"的类似房地产的成交价格来求取估价对象的价值，所以市场法是一种最直接、较直观且有说服力的估价方法，其测算结果易于被人们理解、认可或接受。

2. 市场法的理论依据

市场法的理论依据是房地产价格形成的替代原理，即在同一个房地产市场上相似的房地产有相近的价格。因为房地产价格形成有替代原理，所以估价对象的未知价格（价值）可以通过类似房地产的已知价格来求取。当然，在具体一宗房地产交易中，交易双方可能有利害关系，可能对交易对象不够了解或对市场行情不够熟悉等，导致成交价格偏离正常价格。但是，只要搜集了较多类似房地产的交易实例，对它们的成交价格进行适当处理所得的结果，就可以作为估价对象价值的最佳测算值。

3. 市场法适用的估价对象

市场法适用的对象是具有交易性的房地产，如房地产开发用地、普通商品住宅、高档公寓、别墅、写字楼、商铺、标准厂房等。而那些很少发生交易的房地产，如特殊厂房、学校、纪念馆、古建筑、教堂、寺庙等，则难以采用市场法估价。市场法适用的条件是在同一供求范围内并在估价时点的近期,存在着较多类似房地产的交易。如果在房地产市场发育不够成熟或者类似房地产交易实例较少的地区,就难以采用市场法估价。

4. 市场法估价步骤

运用市场法估价一般分为下列四大步骤进行:①搜集交易实例,即搜集大量发生过交易的房地产及其成交价格、成交日期、付款方式等信息。②选取可比实例,即从搜集的大量交易实例中选取一定数量符合一定条件的交易实例。③对可比实例成交价格进行处理。其中,根据处理的内涵不同,分为价格换算、价格修正和价格调整。价格换算即建立价格可比基础,价格修正即交易情况修正,价格调整包括交易日期调整和房地产状况调整。④求取比准价格,即把多个可比实例成交价格经过处理得到的多个比准价值综合为一个比准价值。

(三) 成本法

1. 成本法概述

成本法是先分别求取估价对象在估价时点的重新购建价格和折旧,然后将重新购建价格减去折旧,以求取估价对象客观合理价格或价值的方法。成本法也可以说是以房地产价格各构成部分的累加为基础来评估房地产价值的方法。因此,成本法中的"成本",并不是通常意义上的成本,而是价格。

只要是新近开发建设、可以假设重新开发建设或者计划开发建设的房地产,都可以采用成本法估价。成本法特别适用于那些既无收益又很少发生交易的房地产估价,如学校、图书馆、体育场馆、医院、行政办公楼、军队营房、公园等公用、公益的房地产,以及化工厂、钢铁厂、发电厂、油田、码头、机场等有独特设计或只针对个别用户的特殊需要而开发建设的房地产。单纯的建筑物通常也是采用成本法估价。在房地产保险(包括投保和理赔)及其他损害赔偿中,一般也是采用成本法估价。因为在保险事故发生后或其他损害中,房地产的损毁通常是建筑物的局部,需要将其恢复到原状;对于发生建筑物全部损毁的,有时也需要用重建或重置的办法来解决。另外,成本法也适用于房地产市场发育不够成熟或者类似房地产交易实例较少的地区,在无法运用市场法估价时的房地产估价。

运用成本法估价一般分为下列四个步骤进行:①搜集有关房地产开发建设的成本、税费、利润等资料;②测算重新购建价格;③测算折旧;④求取积算价格。

2. 房地产价格构成

运用成本法估价的一项基础工作,是要搞清楚房地产价格的构成。现实中的房地产价格构成极其复杂,不同地区、不同时期、不同类型的房地产,其价格构成可能不同。另外,对房地产价格构成项目的划分标准或角度不同,房地产价格的构成也会有所不同。但在实际运用成本法估价时,不论当地房地产价格的构成如何,首先最关键的是要调查、了解当地从取得土地一直到建筑物竣工验收合格乃至完成销售的全过程,以及该全过程中所涉及的费、税种类及其支付标准、支付时间,以做到既不重复,也不漏项。然后在此基础上针对估价对象的实际情况,确定估价对象的价格构成并测算各构成项目的金额。下面以"取得房地产开发用地进行房屋建设,然后销售所建成的商品房"这种典型的房地产开发经营方式为例,并从便于测算各构成项目金额的角度,来划分房地产价格构成。在这种情况下,房地产价格通常由如下七大项构成:土地取得成本、开发成本、管理费用、投资利息、销售费用、销售税费、开发利润。

(1) 土地取得成本。土地取得成本是指取得房地产开发用地所必需的费用、税金等。在完善、成熟的房地产市场中,土地取得成本一般由购置土地的价款和在购置时应由房地产开发商(作为买方)缴纳的税费(如契税、交易手续费)构成。在目前情况下,根据房地产开发用地取得的途径,土地取得成本的构成可分为下列三种:①通过征收农地取得的,土地取得成本包括农地征收中发生的费用和土地使用权出让金等。②通过城市房屋拆迁取得的,土地取得成本包括城市房屋拆迁中发生的费用和土地使用权出让金等。③通过市场"购买"取得的,如购买政府招标、拍卖、挂牌出让或者房地产开发商转让的已完成征收或拆迁补偿安置的熟地,土地取得成本包括购买土地的价款和在购买时应由买方缴纳的税费等。

(2) 开发成本。开发成本是指在取得的房地产开发用地上进行基础设施和房屋建设所必需的直接费用、税金等。在理论上,可以将开发成本划分为土地开发成本和建筑物建造成本。在实际中,开发成本主要包括下列几项:①勘察设计和前期工程费,包括可行性研究、工程勘察、规划及建筑设计,以及通水、通电、通路及平整场地等开发项目前期工作所发生的费用。②基础设施建设费,包括所需要的道路、供水、排水、供电、通信、燃气、热力等设施的建设费用。如果取得的房地产开发用地是熟地,则基础设施建设费已部分或全部包含在土地取得成本中,在此就只有部分或没有基础设施建设费。③房屋建筑安装工程费,包括建造房屋及附属工程所发生的土建工程费用和安装工程费用。附属工程如房屋周围的围墙、水池、建筑小品、绿化等。④公共配套设施建设费,包括所需要的非营业性的公共配套设施的建设费用。⑤开发建设过程中的税费。

(3) 管理费用。管理费用是指为组织和管理房地产开发经营活动所必需的费用,包括房地产开发商的人员工资及福利费、办公费、差旅费等,可总结为土地取得成本与开发成本之和的一定比率。因此,在估价时管理费用通常可按照土地取得成本与开发成本之和乘以这一比率来测算。

(4) 投资利息。它与会计上的财务费用不同,包括土地取得成本、开发成本和管理费用的利息,无论它们的来源是借贷资金还是自有资金都应计算利息。因为借贷资金要支付贷款利息,自有资金要放弃可得的存款利息,即基于资金机会成本的考虑。此外,从估价角度来看,房地产开发商自有资金应得的利息也要与其应获得的利润分开,不能算作利润。

(5) 销售费用。销售费用是指销售开发完成后的房地产所必需的费用,包括广告宣传费、销售代理费等。销售费用通常按照售价乘以一定比率来测算。

(6) 销售税费。它是指销售开发完成后的房地产应由房地产开发商(此时作为卖方)缴纳的税费,又可分为下列两类:①销售税金及附加,包括营业税、城市维护建设税和教育费附加(通常简称为"两税一费");②其他销售税费,包括应由卖方负担的交易手续费等。销售税费通常是售价的一定比率,因此,在估价时通常按照售价乘以这一比率来测算。

(7) 开发利润。现实中的开发利润是一种结果,是由销售收入(售价)减去各种成本、费用和税金后的余额。而在成本法中,"售价"是未知的,是需要求取的,开发利润则是需要事先测算的。估算的开发利润,应是在正常条件下房地产开发商所能获得的平均利润,而不是个别房地产开发商最终获得的实际利润,也不是个别房地产开发商所期望获得的利润。开发利润是按照一定基数乘以同一市场上类似房地产开发项目所要求的相应利润率来计算的。

3. 成本法的基本公式

成本法最基本的公式为:房地产价格 = 重新购建价格 − 折旧。

上述公式可以根据下列3类估价对象而具体化:①新开发土地;②新建房地产;③旧房地产。新开发土地和新建房地产采用成本法估价一般不存在折旧问题,但应考虑工程质量、规划设计、周围环境、房地产市场状况等而予以适当的增减价调整。例如,运用成本法评估某在建工程的价值,即使该在建工程实实在在投入了较多费用,但在房地产市场不景气时要予以减价调整。

新开发的土地包括征收农地并进行"三通一平"等基础设施建设和平整场地后的土地,城市房屋拆迁并进行基础设施改造和平整场地后的土地,填海造地,开山造地,等等。在这些情况下,成本法的基本公式为:

新开发土地价格 = 取得待开发土地的成本 + 土地开发成本 + 管理费用 + 投资利息 + 销售费用 + 销售税费 + 开发利润

对于新建房地产,成本法的基本公式为:

新建房地产价格 = 土地取得成本 + 土地开发成本 + 建筑物建造成本 + 管理费用 + 投资利息 + 销售费用 + 销售税费 + 开发利润

对于旧房地产,成本法的基本公式为:

旧房地产价格 = 房地产的重新购建价格 − 建筑物的折旧

或者:

旧房地产价格 = 土地的重新购建价格 + 建筑物的重新购建价格 − 建筑物的折旧

(1) 房地产的重新购建价格。重新购建价格又称重新购建成本,是指假设在估价时点重新取得全新状况的估价对象所必需的支出,或者重新开发建设全新状况的估价对象所必需的支出和应获得的利润。其中,重新取得可简单地理解为重新购买,重新开发建设可简单地理解为重新生产。把握重新购建价格的概念还应特别注意下列三点:①重新购建价格是估价时点的价格。如在重新开发建设情况下,重新购建价格是在估价时点的国家财税制度和市场价格体系下,按照估价时点的房地产价格构成来测算的价格。②重新购建价格是客观的价格。具体来说,重新取得或重新开发建设的支出,不是个别单位或个人的实际耗费,而是必需的耗费,应能体现社会或行业的平均水平,即是客观成本而不是实际成本。如果超出了社会或行业的平均水平,超出的部分不仅不能构成价格,而且是一种浪费;而低于社会或行业平均水平的部分,不会降低价格,只会形成个别单位或个人的超额利润。③建筑物的重新购建价格是全新状况下的价格,土地的重新购建价格是在估价时点状况下的价格。因此,建筑物的重新购建价格中未扣除建筑物的折旧,而土地的增减价因素一般已考虑在其重新购建价格中。例如,估价对象的土地是10年前取得的商业用途法定最高年限40年的土地使用权,求取其重新购建价格时不是求取其40年的土地使用权的价格,而是求取其30年的土地使用权的价格。如果该土地目前的交通条件比10年前有了很大改善,求取其重新购建价格时不是求取其10年前交通状况下的价格,而是求取其目前交通状况下的价格。

求取房地产的重新购建价格有两大路径:一是不将该房地产分为土地和建筑物两个相对独立的部分,而是模拟房地产开发商的房地产开发过程,在房地产价格构成的基础上,采用成本法来求取;二是将该房地产分为土地和建筑物两个相对独立的部分,先求取土地的重新购建价格,再求取建筑物的重新购建价格,然后将两者相加来求取。后一种路径适用于土地市场上以能直接在其上进行房屋建设的熟地交易为主的情况。

求取土地的重新购建价格,通常是假设该土地上的建筑物不存在,除此之外的状况均维持不变,然后采用市场法等求取该土地的重新购置价格。这种求取思路特别适用于城市建成区内难以求取重新开发成本的土地。求取土地的重新购建价格,也可以采用成本法求取其重新开发成本。因此,土地的重新购建价格可以分为重新购置价格和重新开发成本。求取建筑物的重新购建价格,是假设该建筑物所占用的土地已经取得,并且该土地为空地,除了建筑物不存在之外,其他状况均维持不变,然后在此空地上重新建造与该建筑物相同或具有同等效用的全新建筑物所必需的支出和应获得的利润;也可以设想将该全新建筑物发包给建筑承包商(建筑施工企业)建造,由建筑承包商将能直接使用的全新建筑物移交给发包人,这种情况下发包人应支付给建筑承包商全部费用(即建筑工程价款或工程承包价格),再加上发包人所必需的其他支出(如管理费、投资利息、税费等)及正常利润。

建筑物的重新购建价格根据建筑物重新建造方式的不同,分为重置价格和重建价格。重置价格又称重置成本,是指采用估价时点的建筑材料、建筑构配件、建筑设备和建筑技术等,在估价时点的国家财税制度和市场价格体系下,重新建造与估价对象建筑物具有同等效用的全新建筑物所必需的支出和应获得的利润。重建价格又称重建成本,是指采用与估价对象建筑物相同的建筑材料、建筑构配件、建筑设备和建筑技术等,在估价时点的国家财税制度和市场价格体系下,重新建造与估价对象建筑物相同的全新建筑物所必需的支出和应获得的利润。可将这种重新建造方式形象地理解为"复制"。

重置价格的出现是技术进步的必然结果。由于技术进步,原有的许多设计、工艺、原材料、结构等都已过时落后或成本过高,而采用新材料、新技术等,不仅功能更加完善,成本也会降低,因此,重置价格通常要比重建价格低。有特殊保护价值的建筑物,如人们看重的有特殊建筑风格的建筑物,适用重建价格。一般建筑物适用重置价格。因年代久远,已缺乏与旧建筑物相同的建筑材料、建筑构配件和建筑设备,或因建筑技术和建筑标准改变等,使"复制"有困难的建筑物,一般只有使用重置价格。

(2)建筑物的折旧。估价上的建筑物折旧与会计上的建筑物折旧,虽然都称为折旧并有一定的相似之处,但因两者的内涵不同而有着本质的区别。估价上的建筑物折旧是指由于各种原因而造成的建筑物价值损失,其数额为建筑物在估价时点的市场价值与重新购建价格的差额,即:

建筑物折旧 = 建筑物重新购建价格 - 建筑物市场价值

建筑物的重新购建价格表示建筑物在全新状况下所具有的价值,将其减去建筑物折旧相当于进行减价调整,其所得的结果则表示建筑物在估价时点状况下所具有的价值。根据造成建筑物折旧的原因,可将建筑物折旧分为物质折旧、功能折旧和经济折旧三大类。

① 物质折旧:是指建筑物在实体上的老化、损坏所造成的建筑物价值损失。物质折旧可进一步从自然经过的老化、正常使用的磨损、意外破坏的损毁、延迟维修的损坏残存四个方面来认识和把握。

自然经过的老化主要是由自然力作用引起的,如风吹、日晒、雨淋等引起的建筑物腐朽、生锈、风化、基础沉降等,它与建筑物的实际年龄(建筑物从竣工验收合格之日起到估价时点止的日历年数)正相关。同时要看建筑物所在地区的气候和环境条件,如酸雨多的地区,建筑物老化就快。正常使用的磨损主要是由人工使用引起的,它与建筑物的使用性质、使用强度和使用年数正相关。例如,居住用途建筑物的磨损要小于工业用途建筑物的磨损。意外破坏的损毁主要是由突发性的天灾人祸引起的,包括自然方面的,如地震、水灾、风灾;人为方面的,如失火、碰撞等。对于这些损毁即使进行了修复,仍然可能有"内伤"。延迟维修的损坏残存主要是由于没有适时地采取预防、养护措施或修理不够及时所引起的,它造成建筑物不应有的损坏或提前损坏,或已有的损坏仍然存在,如门窗有破损,墙体或地面有裂缝、洞等。

② 功能折旧:是指建筑物在功能上的相对缺乏、落后或过剩所造成的建筑物价值损失。导致建筑物功能相对缺乏、落后或过剩的原因,可能是建筑设计上的缺陷、过去的建筑标准过低、人们的消费观念改变、建筑技术进步、出现了更好的建筑物等。功能缺乏是指建筑物没有其应该有的部件、设备、设施或系统等。例如,住宅没有卫生间、暖气、燃气、电话线路、有线电视等;办公楼没有电梯、中央空调、宽带等。功能落后是指建筑物已有部件、设备、设施或系统等的标准低于正常标准或有缺陷而阻碍其他部件、设备、设施或系统等的正常运营。例如,设备、设施陈旧落后或容量不够,建筑式样过时,内部空间格局欠佳等。拿住宅来说,现在时兴"三大、一小、一多"式住宅,即客厅、厨房、卫生间大,卧室小,壁橱多的住宅,过去建造的卧室大、客厅小、厨房小、卫生间小的住宅,相对而言就过时了。再如高档办公楼,现在要求有较好的智能化系统,如果某个所谓高档办公楼的智能化程度不够,相对而言其功能就落后了。功能过剩是指建筑物已有部件、设备、设施或系统等的标准超过市场要求的标准而对房地产价值的贡献小于其成本。例如,某幢厂房的层高为6m,但如果当地厂房的标准层高为5m,则该厂房超高的1m因不能被市场接受而使其多花的成本成为无效成本。

③ 经济折旧:是指建筑物本身以外的各种不利因素所造成的建筑物价值损失。不利因素可能是经济因素(如市场供给过量或需求不足)、区位因素(如环境改变,包括自然环境恶化、环境污染、交通拥挤、城市规划改变等),也可能是其他因素(如政府政策变化等)。例如,一个高级居住区附近兴建了一座工厂,该居住区的房地产价值下降,这就是一种经济折旧。这种经济折旧一般是永久性的。再如,在经济不景气时期,房地产的价值下降,这也是一种经济折旧。但这种现象不会永久下去,当经济复苏后,这种经济折旧也就消失了。

【例】 某旧住宅,测算其重置价格为40万元,地面、门窗等破旧引起的物质折旧为1万元,因户型设计不好、没有独用厕所和共用电视天线等导致的功能折旧为6万元,由于位于城市衰落地区引起的经济折旧为3万元。试求取该旧住宅的折旧总额和现值。

【解】 该旧住宅的折旧总额求取如下:

该旧住宅的折旧总额 = 1 + 6 + 3 = 10(万元)

该旧住宅的现值求取如下:

该旧住宅的现值 = 重置价格 − 折旧 = 40 − 10 = 30(万元)

(3)求取建筑物折旧的年限法。年限法是根据建筑物的经济寿命、有效年龄或剩余经济寿命来求取建筑物折旧的方法。

建筑物的寿命分为自然寿命和经济寿命。建筑物的自然寿命是指建筑物从竣工验收合格之日起到由于主要结构构件和设备的自然老化或损坏而不能继续保证建筑物安全使用时止的时间。建筑物的经济寿命是指建筑物从竣工验收合格之日起到它对房地产价值不再有贡献时止的时间。建筑物的经济寿命短于其自然寿命。建筑物在其寿命期间如果经过了翻修、改造等,自然寿命和经济寿命都有可能得到延长。

建筑物的年龄分为实际年龄和有效年龄。建筑物的实际年龄是指建筑物从竣工验收合格之日起到估价时点止的日历年数,类似于人的实际年龄。建筑物的有效年龄是指估价时点的建筑物状况和效用所显示的年龄,类似于人看上去的年龄。

建筑物的有效年龄可能短于也可能长于其实际年龄。类似于有的人看上去比实际年龄小,有的人看上去比实际年龄大。实际年龄是估计有效年龄的基础,即有效年龄通常是在实际年龄的基础上进行适当的调整后得到:①当建筑物的维修养护为正常的,其有效年龄与实际年龄相当;②当建筑物的维修养护比正常维修养护好或者经过更新改造的,其有效年龄短于实际年龄;③当建筑物的维修养护比正常维修养护差的,其有效年龄长于实际年龄。

建筑物的剩余寿命是其寿命减去年龄之后的寿命,分为剩余自然寿命和剩余经济寿命。建筑物的剩余自然寿命是其自然寿命减去实际年龄之后的寿命。建筑物的剩余经济寿命是其经济寿命减去有效年龄之后的寿命,即:

剩余经济寿命 = 经济寿命 − 有效年龄

因此,如果建筑物的有效年龄比实际年龄短,就会延长建筑物的剩余经济寿命;反之,就会缩短建筑物的剩余经济寿命。建筑物的有效年龄是从估价时点起向过去计算的时间,剩余经济寿命是从估价时点起到建筑物经济寿命结束止的时间,两者之和等于建筑物的经济寿命。如果建筑物的有效年龄短于实际年龄,就相当于建筑物比其实际竣工验收合格之日晚建成。此时,建筑物的经济寿命可视为从这个晚建成之日起到它对房地产价值不再有贡献时止的时间。

利用年限法求取建筑物折旧时,建筑物的寿命应为经济寿命,年龄应为有效年龄,剩余寿命应为剩余经济寿命。因为这样求出的建筑物折旧更符合实际情况。例如,两幢同时建成的完全相同的建筑物,如果维修养护不同,其市场价值就会不同,但如果采用实际年龄计算折旧,那么它们的价值就是相同的。进一步来说,新近建成的建筑物未必完好,从而价值未必高;而较早建成的建筑物未必损坏严重,从而价值未必低。例如,新建成的房屋可能由于存在建筑设计、施工质量缺陷或者使用不当,竣工没有几年就已经成了"严重损坏房";而有些20世纪初建造的旧建筑物,至今可能仍然完好无损,即使撇开文化内涵因素,也有较高的市场价格。

年限法中最主要的是直线法。直线法是最简单和迄今应用得最普遍的一种折旧方法,它假设在建筑物的经济寿命期间每年的折旧额相等。直线法的年折旧额计算公式为:

$$D_i = D = \frac{C-S}{N} = \frac{C(1-R)}{N} \tag{4.1}$$

式中:

D_i——第 i 年的折旧额,或称作第 i 年的折旧。在直线法下,每年的折旧额是一个常数 D。

C——建筑物的重新购建价格。

S——建筑物的净残值,是建筑物的残值减去清理费用后的余额。建筑物的残值是预计建筑物达到经济寿命后,不宜继续使用时,经拆除后的旧料价值。清理费用是拆除建筑物和搬运废弃物所发生的费用。

N——建筑物的经济寿命。

R——建筑物的净残值率,简称残值率,是建筑物的净残值与其重新购建价格的比率。即:

$$R = \frac{S}{C} \times 100\% \tag{4.2}$$

有效年龄为 t 年的建筑物折旧总额的计算公式为:

$$E_t = D \times t = (C-S)\frac{t}{N} = C(1-R)\frac{t}{N} \tag{4.3}$$

式中:E_t——建筑物的折旧总额。

采用直线法折旧下的建筑物现值的计算公式为:

$$V = C - E_t = C - (C-S)\frac{t}{N} = C\left[1-(1-R)\frac{t}{N}\right] \tag{4.4}$$

式中:V——建筑物的现值。

【例】 某建筑物的建筑面积100平方米,单位建筑面积的重置价格为500元/平方米,判定其有效年龄为10年,经济寿命为30年,残值率为5%。试用直线法计算该建筑物的年折旧额、折旧总额,并计算其现值。

【解】 已知:$C = 500 \times 100 = 50\,000$(元);$R = 5\%$;$N = 30$ 年;$t = 10$ 年。

则:年折旧额 $D = \dfrac{C(1-R)}{N} = \dfrac{50\,000 \times (1-5\%)}{30} = 1\,583$(元)

折旧总额 $E_t = C(1-R)\dfrac{t}{N} = \dfrac{50\,000 \times (1-5\%) \times 10}{30} = 15\,833$(元)

建筑物现值 $V = C\left[1 - (1-R)\dfrac{t}{N}\right] = 50\,000 \times \left[1 - (1-5\%) \times \dfrac{10}{30}\right] = 34\,167$(元)

(四) 收益法

1. 收益法概述

收益法又称收益资本化法、收益还原法,是预测估价对象的未来收益,然后利用报酬率或资本化率、收益乘数将其转换为价值,以求取估价对象客观合理价格或价值的方法。根据将未来预期收益转换为价值的方式不同,即资本化的方式不同,收益法分为直接资本化法和报酬资本化法。直接资本化法是将估价对象未来某一年的某种预期收益除以适当的资本化率或者乘以适当的收益乘数转换为价值的方法。其中,将未来某一年的某种预期收益乘以适当的收益乘数转换为价值的方法,称为收益乘数法。报酬资本化法即现金流量折现法,具体是预测估价对象未来各期的净收益(净现金流量),选用适当的报酬率(折现率)将其折算到估价时点后相加,以求取估价对象客观合理价格或价值的方法。

收益法是以预期原理为基础的。预期原理说明,决定房地产当前价值的,重要的不是过去的因素而是未来的因素。具体来说,房地产当前的价值,通常不是基于其历史价格、开发建设它所花费的成本或者过去的市场状况,而是基于市场参与者对其未来所能带来的收益或者能够得到的满足、乐趣等的预期。历史资料的作用,主要是用来推知未来的动向和情势,解释未来预期的合理性。从理论上讲,一宗房地产过去的收益虽然与其当期的价值无关,但其过去的收益往往是未来收益的一个很好的参考值,除非外部条件发生异常变化使得过去的趋势不能继续下去。

收益法适用的对象是有收益或有潜在收益的房地产,如住宅(特别是公寓)、写字楼、旅馆、商店、餐馆、游乐场、影剧院、停车场、加油站、标准厂房(用于出租的)、仓库(用于出租的)、农地等。它不限于估价对象本身现在是否有收益,只要估价对象所属的这类房地产有获取收益的能力即可。例如,估价对象目前为自用或空闲的住宅,虽然没有实际收益,但却具有潜在收益,因为类似住宅以出租方式获取收益的情形很多,因此可将该住宅设想为出租的情况运用收益法估价,即先根据同一市场上有出租收益的类似住宅的有关资料,采用类似于市场法的方法求出该住宅的净收益或收入、费用等,再利用收益法来估价。但对于行政办公楼、学校、公园等公用、公益性房地产的估价,收益法大多不适用。

运用收益法估价一般分为下面四个步骤进行:①搜集并验证与估价对象未来预期收益

有关的数据资料,如估价对象及与其类似房地产的收入、费用等数据资料;②预测估价对象的未来收益(如净收益);③求取报酬率或资本化率、收益乘数;④选用适宜的收益法公式计算出收益价格。

2. 报酬资本化法的主要计算公式

(1) 收益期限为有限年且净收益每年不变的公式。收益期限为有限年且净收益每年不变的公式如下:

$$V = \frac{A}{Y}\left[1 - \frac{1}{(1+Y)^n}\right] \tag{4.5}$$

式中:

V——房地产的收益价格;

A——房地产的净收益;

Y——房地产的报酬率或折现率;

n——房地产的收益期限,是自估价时点起至未来可以获得收益的时间,通常为收益年限。

公式原型为:

$$V = \frac{A}{(1+Y)^1} + \frac{A}{(1+Y)^2} + \cdots + \frac{A}{(1+Y)^n} \tag{4.6}$$

此公式的假设前提(也是应用条件,下同)是:①净收益每年不变为 A;②报酬率不等于零为 Y;③收益期限为有限年 n。

上述公式的假设前提是公式推导上的要求(后面的公式均如此),其中报酬率 Y 在现实中是大于零的,因为报酬率也表示一种资金的时间价值或机会成本。从数学上看,当 $Y=0$ 时,$V = A \times n$。

【例】 某宗房地产是在政府有偿出让的土地上开发建设的,当时获得的土地使用年限为 50 年,至今已使用了 6 年;预计利用该宗房地产正常情况下每年可获得净收益 8 万元;该宗房地产的报酬率为 8.5%。试计算该宗房地产的收益价格。

【解】 该宗房地产的收益价格计算如下:

$$V = \frac{A}{Y}\left[1 - \frac{1}{(1+Y)^n}\right]$$

$$= \frac{8}{8.5\%}\left[1 - \frac{1}{(1+8.5\%)^{50-6}}\right]$$

$$= 91.52(万元)$$

(2) 收益期限为无限年且净收益每年不变的公式。收益期限为无限年且净收益每年不变的公式如下:

$$V = \frac{A}{Y} \tag{4.7}$$

公式原型为:

$$V = \frac{A}{(1+Y)^1} + \frac{A}{(1+Y)^2} + \cdots + \frac{A}{(1+Y)^n}\cdots \tag{4.8}$$

此公式的假设前提是：①净收益每年不变为 A；②报酬率大于零为 Y；③收益期限 n 为无限年。

> 【例】 某宗房地产预计未来每年的净收益为 8 万元，收益期限可视为无限年，该类房地产的报酬率为 8.5%。试计算该宗房地产的收益价格。
>
> 【解】 该宗房地产的收益价格计算如下：
>
> $$V = \frac{A}{Y} = \frac{8}{8.5\%} = 94.12(万元)$$
>
> 与上例中 44 年土地使用年限的房地产价格 91.52 万元相比，该例中无限年的房地产价格要高 2.6 万元(94.12 - 91.52 = 2.60)。

(3) 净收益在前若干年有变化的公式。净收益在前若干年有变化的公式如下：

$$V = \sum_{i=1}^{t} \frac{A_i}{(1+Y)^i} + \frac{A}{Y(1+Y)^i}\left[1 - \frac{1}{(1+Y)^{n-t}}\right] \tag{4.9}$$

式中：

t——净收益有变化的期限。

公式原型为：

$$V = \frac{A_1}{(1+Y)^1} + \frac{A_2}{(1+Y)^2} + \cdots + \frac{A_t}{(1+Y)^t} + \frac{A}{(1+Y)^{t+1}} + \frac{A}{(1+Y)^{t+2}} + \cdots + \frac{A}{(1+Y)^n} \tag{4.10}$$

此公式的假设前提是：①净收益在未来的前 t 年(含第 t 年)有变化，分别为 $A_1, A_2, \cdots, A_t$，在 t 年以后无变化为 A；②报酬率不等于零为 Y；③收益期限为有限年 n。

净收益在前若干年有变化的公式有重要的实用价值。因为在现实中每年的净收益往往不同，如果采用公式 $V = \frac{A}{Y}\left[1 - \frac{1}{(1+Y)^n}\right]$，或者公式 $V = \frac{A}{Y}$ 来估价，有时未免太片面；而如果根据净收益每年都有变化的实际情况来估价，又不大可能(除非收益期限较短)。为了解决这个矛盾，一般是根据估价对象的经营状况和市场环境，对其在未来 3~5 年或可以预测的更长时期的净收益做出估计，并且假设从此以后的净收益将不变，然后对这两部分净收益进行折现处理，计算出房地产的价格。特别是像商店、旅馆、餐饮、娱乐之类的房地产，在建成后的前几年由于试营业等原因，收益可能不稳定，更适宜采用这种公式来估价。

3. 房地产净收益的求取

运用收益法估价(无论是报酬资本化法还是直接资本化法)，需要预测估价对象的未来收益。可用于收益法中转换为价值的未来收益主要有潜在毛收入、有效毛收入、净运营收益。

出租的房地产是收益法估价的典型对象，其净收益通常为租赁收入扣除由出租人负担的费用后的余额。租赁收入包括租金收入和租赁保证金或押金的利息收入。出租人负担的费用，根据真正的房租构成因素(地租、房屋折旧费、维修费、管理费、投资利息、保险费、房地产税、租赁费用、租赁税费和利润），一般为其中的维修费、管理费、保险费、房地产税、租赁费用、租赁税费。

4. 报酬率的求取

报酬率即折现率，是与利率、内部收益率同类性质的比率。进一步搞清楚报酬率的内涵，需要搞清楚一笔投资中投资回收与投资回报的概念及其区别。投资回收是指所投入的资本的回收，即保本；投资回报是指所投入的资本全部回收之后所获得的额外资金，即报酬。以向银行存款为例，投资回收就是向银行存入的本金的收回，投资回报就是从银行那里得到的利息。所以，投资回报中是不包含投资回收的，报酬率为投资回报与所投入的资本的比率。

可以将购买收益性房地产视为一种投资行为：这种投资需要投入的资本是房地产价格，试图获取的收益是房地产预期会产生的净收益。投资既要获取收益，又要承担风险。以最小的风险获取最大的收益，可以说是所有投资者的愿望。盈利的多少一方面与投资者自身的能力有关，但如果抽象掉投资者自身的因素，则主要与投资对象及其所处的投资环境有关。在一个完善的市场中，投资者之间竞争的结果是：要获取较高的收益，意味着要承担较大的风险；或者，有较大的风险，投资者必然要求有较高的收益，即只有较高收益的吸引，投资者才愿意进行有较大风险的投资。因此，从全社会来看，报酬率与投资风险正相关，风险大的投资，其报酬率也高，反之则低。例如，以资金购买国债，风险小，但利率低，收益也就低；而将资金做投机冒险，报酬率高，但风险也大。认识到了报酬率与投资风险的上述关系，实际上就在观念上把握住了求取报酬率的方法，即所选用的报酬率，应等同于与获取估价对象产生的净收益具有同等风险的投资的报酬率。例如，两宗房地产的净收益相等，但其中一宗房地产获取净收益的风险大，从而要求的报酬率高；另一宗房地产获取净收益的风险小，从而要求的报酬率低。由于房地产价值与报酬率负相关，因此，风险大的房地产的价值低，风险小的房地产的价值高。

求取报酬率的方法主要有累加法和市场提取法。累加法是将报酬率视为包含无风险报酬率和风险报酬率两大部分，然后分别求出每一部分，再将它们相加。无风险报酬率又称安全利率，是无风险投资的报酬率，是资金的机会成本。风险报酬率是指承担额外风险所要求的补偿，即超过无风险报酬率以上部分的报酬率，具体是估价对象房地产存在的具有自身投资特征的区域、行业、市场等风险的补偿。

累加法的一个细化公式为：

$$报酬率 = 无风险报酬率 + 投资风险补偿 + 管理负担补偿 + 缺乏流动性补偿 - 投资带来的优惠$$

其中：①投资风险补偿，是指当投资者投资于收益不确定、具有风险性的房地产时，他必然会要求对所承担的额外风险有补偿，否则就不会投资。②管理负担补偿，是指一项投资要求的关心和监管越多，其吸引力就会越小，从而投资者必然会要求对所承担的额外管理有补偿。房地产要求的管理工作一般远远超过存款、证券。③缺乏流动性补偿，是指投资者对所投入的资金缺乏流动性也会要求补偿。房地产与股票、债券相比,买卖较困难,交易费用也较高,缺乏流动性。④投资带来的优惠,是指由于投资于房地产可能获得某些额外的好处,如易于获得融资,从而投资者会降低所要求的报酬率。因此,针对投资估价对象可以获得的好处,要做相应的扣减。

市场提取法是利用与估价对象房地产具有类似收益特征的可比实例房地产的价格、净收益等资料,选用相应的报酬资本化法公式,反求出报酬率。例如:

① 在 $V = \dfrac{A}{Y}$ 的情况下,是通过 $Y = \dfrac{A}{V}$ 来求取 Y,即可以将市场上类似房地产的净收益与其价格的比率作为报酬率。

② 在 $V = \dfrac{A}{Y}\left[1 - \dfrac{1}{(1+Y)^n}\right]$ 的情况下,是通过 $\dfrac{A}{V}\left[1 - \dfrac{1}{(1+Y)^n}\right]$ 来求取 Y。在手工计算的情况下,是先采用试错法试算,计算到一定精度后再采用线性内插法求取,即 Y 是通过试错法与线性内插法相结合的方法来求取的。

5. 直接资本化法

直接资本化法是将估价对象未来某一年的某种预期收益除以适当的资本化率或者乘以适当的收益乘数转换为价值的方法。

未来某一年的某种预期收益通常是采用未来第一年的,收益的种类有毛租金、净租金、潜在毛收入、有效毛收入、净收益等。

资本化率是房地产的某种年收益与其价格的比率,即:资本化率 $= \dfrac{年收益}{价格}$。

利用资本化率将年收益转换为价值的直接资本化法的常用公式是:

$$V = \dfrac{NOI}{R} \tag{4.11}$$

式中:

V——房地产价值;

NOI——房地产未来第一年的净收益;

R——资本化率。

因此,利用市场提取法求取资本化率的具体公式为:

$$R = \dfrac{NOI}{V} \tag{4.12}$$

收益乘数是房地产的价格除以其某种年收益所得的倍数,即:收益乘数 $= \dfrac{价格}{年收益}$

利用收益乘数将年收益转换为价值的直接资本化法公式为:房地产价值 = 年收益 × 收益乘数。

收益乘数是采用市场提取法,从与估价对象的收益流量类型等相同的类似房地产的有关资料中求得。收益乘数具体有:毛租金乘数、潜在毛收入乘数、有效毛收入乘数和净收益乘数。相应的收益乘数法有:毛租金乘数法、潜在毛收入乘数法、有效毛收入乘数法和净收益乘数法。

其中的毛租金乘数法是将估价对象未来某一年或某一月的毛租金乘以相应的毛租金乘数转换为价值的方法，即：房地产价值＝毛租金×毛租金乘数。

毛租金乘数是市场上房地产的价格除以其毛租金所得的倍数，即：毛租金乘数 $=\dfrac{价格}{毛租金}$。

毛租金乘数也是经常所讲的"租售比价"。当采用以月租金转换为价值时，应采用通过月租金与价格的关系求得的毛租金乘数；当采用以年租金转换为价值时，应采用通过年租金与价格的关系求得的毛租金乘数。

毛租金乘数法的优点是：①方便易行，在市场上较容易获得房地产的价格和租金资料；②由于在同一市场上，相似房地产的租金和价格同时受相同的市场力量影响，因此毛租金乘数是一个比较客观的数值；③避免了由于多层次测算可能产生的各种误差的累计。毛租金乘数法的缺点是：①忽略了房地产租金以外的收入；②忽略了不同房地产的空置率和运营费用的差异。

第二节　房地产市场分析

一、房地产市场的概念

房地产市场是从事房地产出售、租赁、买卖、抵押等交易活动的场所或领域。房地产，包括房产和地产，房产包括住宅、工业厂房、写字楼、商业场所、科教文类用房等。房地产是自然商品，因而建立和发展从事房地产交易的市场是经济运行的要求。一个完整的房地产市场是由市场主体、客体、价格、资金、运行机制等因素构成的一个系统。

与一般市场相同，房地产市场也是由参与房地产交换的当事者、房地产商品、房地产交易需求、房地产交易组织机构等要素构成的。这些要素反映着房地产市场运行中的种种现象，决定并影响着房地产市场的发展与未来趋势。

二、房地产市场的运行环境

房地产市场的运行环境是指影响房地产市场运行的各种因素的总和。在整个市场经济体系中，房地产市场并不是孤立存在的，它时刻受到社会经济体系中各方面因素的影响，同时也会对这些因素产生反作用。按照这些影响因素的性质，可以将房地产市场的运行环境分为以下八类：社会环境、政治环境、经济环境、金融环境、法律制度环境、技术环境、资源环境和国际环境。

（1）社会环境是指一定时期和一定范围内人口的数量及其文化、教育、职业、性别、年龄等结构，家庭的数量及其结构，各地的风俗习惯和民族特点等。

（2）政治环境是指政治体制、政局稳定性、政府能力、政策连续性以及政府和公众对待外资的态度等。它涉及资本的安全性，是投资者最敏感的问题之一。

（3）经济环境是指在整个经济系统内，存在于房地产业之外，而又对房地产市场有影响的经济因素和经济活动。例如，城市或区域总体经济发展水平、就业状况、居民收入与支付能力、产业与结构布局、基础设施状况、利率和通货膨胀率等。

（4）金融环境是指房地产业所处的金融体系和支持房地产业发展的金融资源。金融体系包括金融政策、金融机构、金融产品和金融监管。金融资源则涵盖了针对房地产权益融资和债务融资的金融服务种类和金融支持力度等。

（5）法律制度环境是指与房地产业有关的现行法律法规与相关政策，包括土地制度、产权制度、税收制度、住房制度、交易制度等。

（6）技术环境是指一个国家或地区的技术水平、技术政策、新产品开发能力以及技术发展动向等。

（7）资源环境是指影响房地产市场发展的土地、能源、环境和生态等自然资源条件。

（8）国际环境是指经济全球化背景下国际政治、经济、社会和环境状况或发生的事件与关系。它是一种动态的过程，是国家以外的结构体系对一国的影响和一国对国家以外结构体系的影响所做出的反应之间的相互作用、相互渗透与相互影响的互动过程。

三、房地产市场转变的社会经济力量影响因素

房地产市场发展与社会经济环境的依存程度不断增加。影响房地产市场发展的社会经济因素包括：

（1）社会因素，包括传统观念及消费心理、社会福利、人口数量及状态、家庭户数与规模、家庭生命周期等因素。

（2）经济因素，包括经济发展状况、家庭收入水平及分布、物价水平、工资及就业水平、房价租金比等。

（3）政策因素，包括房地产供给政策、住房分配和消费政策、房地产金融政策、房地产权与交易政策、房地产价格政策等。

随着全球经济一体化进程的逐步推进和信息技术的飞速发展，房地产业的发展与社会经济发展息息相关，其中影响房地产市场转变的主要社会经济力量如下。

1. 生产和工作方式的转变

2011—2018年，我国第三产业占GDP的比重逐年提高，从2015年开始，第三产业收入占比超过50%。2018年，我国GDP共90.03万亿元，第三产业增加值为46.96万亿元，第三产业占GDP的比重为52.16%。第三产业的发展壮大、劳动密集型产业向资金密集型和技术密集型产业的转变、高新技术产业的发展等，促进了人们工作和生活居住模式及观念的转变，居家办公、网上购物、跨区域甚至跨国服务采购与外包等模式的出现，使房地产空间服务需求特点发生了重大改变。

2. 金融业的发展

当房地产作为产业出现时,金融资本供给方的决策会直接影响房地产市场的价格,进而影响市场供给及人们对房地产价格和租金水平的预期,从而导致市场空置情况及实际租金水平的变化。金融和资本市场的支持,对我国房地产市场的迅速发展和房地产价格水平的提升,起到了不可替代的重要作用;而且随着房地产金融和房地产投资工具的创新,这种影响力还会进一步扩大。

3. 信息、通信技术水平的提高和交通条件的改善

信息、通信技术水平的提高和交通条件的改善大大缩短了不同房地产之间的相对距离,推动了不同地域消费品的交流,降低了劳动力的沟通成本和时间费用。这无疑会改变人们固有的房地产区位观念,增加对不同位置房地产的选择机会,促进不同地区间的资本流动。

4. 政治制度的变迁

住房问题的社会政治性特征,使得任何政府均将住房政策作为其施政纲领中的重要内容。

5. 人文环境的变化

社会老龄化、家庭小型化、受教育程度的提高等,使得对住宅的认识产生了巨大变化,老年人住宅、第二住宅和季节性住宅等概念应运而生。

6. 自然环境的变化

城市环境污染、低收入人口大量涌入城市所产生的社会问题等导致住宅郊区化;环境问题和社会问题的解决、土地资源的约束,使城区内住宅重新受到青睐。

四、房地产市场的特性与功能

(一) 房地产市场的特性

房地产市场作为市场体系的基本组成部分,具有市场的一般特性,如受价值规律、竞争规律、供求规律等的制约。由于房地产商品本身具有区别于其他商品的独特属性,房地产业在国民经济中又具有特殊重要的地位,这就导致了房地产市场具有一系列区别于一般市场的基本特性。

1. 市场供给的特点

由于房地产商品的供给在短期内很难有较大的增减,因此市场供给缺乏弹性;由于房地产的位置、环境、数量、档次的差异,市场供给具有非同质性;由于土地的有限性、不可再生性,以及房地产投资规模巨大,使房地产市场具有高度的垄断性,从而导致房地产市场供给主体间的竞争不充分。

2. 市场需求的特点

房地产是人类生存、享受、发展的基本物质条件,是一种基本需求,市场的需求首先具有广泛性;与市场供给的非同质性相吻合,需求者购置房地产时通常有不同的目的和设想,因而需求具有多样性;同时,购置房地产的开支巨大,通常需要借助金融信贷机构来进行融资。

3. 市场交易的特点

由于房地产市场上的商品本身不能移动,因此其交易是房地产产权的流转及其再界定;房地产交易通常需要经过复杂和严密的法律程序,耗费时间比较长,交易费用通常也比较多;由于市场信息的缺乏,市场交易通常需要估价师或房地产代理等专业人员提供服务。

4. 市场价格的特点

房地产商品的不可移动性,使房地产价格与其所处的地理位置关系极大;由于人口的不断增长和经济社会的不断发展,房地产价格总体呈向上波动的趋势;但现实价格是在长期考虑下而个别形成的,因此涉及交易主体的个别因素的影响也不容忽视。

以上四个方面是房地产市场的主要特征,但对于某一国家或地区的房地产市场来说,还要受其社会经济环境的影响,尤其是受到社会体制的影响。如不同的社会体制形成了不同的土地所有制,我国的土地出让制度导致了我国房地产市场的一些独特性。

(二)房地产市场的功能

在任何市场上,某种商品的价格反映的是当时市场该商品的供求状况。但价格变化不仅预示市场的变化及其趋势,还可以通过价格信号来指导买卖双方的行为。简言之,价格机制是通过市场发挥作用的。房地产市场的功能,可以分为以下几个方面。

1. 配置存量房地产资源和利益

由于土地资源的有限性,又由于房地产开发建设周期较长而常常滞后于市场需求的变化,所以必须在各种用途和众多想拥有房地产的人与机构之间进行分配。通过市场机制的调节作用,在达到买卖双方都能接受的市场均衡价格的条件下,就能完成这种分配。

2. 显示房地产市场需求变化

我们可以先通过一个简单的例子来说明市场的这种功能。假如居民想搬出自己租住的房子而购买自己拥有的住宅,则市场上住宅的售价就会上升而租金就会下降。如图 4-1 所示,售价从 OP 升到 OP_1,租金从 OR 降到 OR_1。

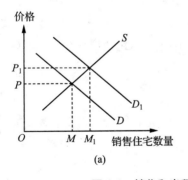
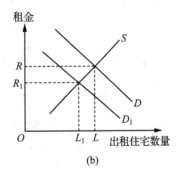

(a)　　　　　　　　　　　　(b)

图 4-1 销售和出租住宅需求变化示意图

3. 指导供给以适应需求的变化

房地产市场供给的变化可能会由于下述两个方面的原因引起:

(1)建设新的房地产项目或改变原来房地产的使用方式。例如,在图 4-1(b)中,由于部分需求从出租住宅转向出售住宅,租金下降至 OR_1,出租住宅的供给量从 OL 降到 OL_1,L_1L

就可以转换成出售住宅,出售住宅的需求量增加了 MM_1。最后形成了均衡价格 OP_1 和均衡租金 OR_1。

(2) 某类房地产或可替代房地产间的租售价格比发生变化。根据当地各类房地产收益率水平,同类型的房地产都存在一个适当的租金售价比例,例如,一般情况下住宅的售价相当于大约 100 个月的租金,如果售价太高,那么对出租住宅的需求就会增加,反之则会减少。

应该指出的是,房地产市场供给的这些变化需要一定的时间才能完成,而且受房地产市场不完全特性的影响,这一变化所需要的时间相对较长。同时,对市场供给与需求的有效调节还基于这样一些假设,即所有的房地产利益是可分解的,并且有一个完全的资本市场存在。但实际上这些假设条件是很难达到的。例如,银行的信贷政策往往受政府宏观政策的影响,使并非所有的人都能够获得金融机构的支持;为了整个社会的利益,政府还会通过城市规划、售价或租金控制等政策干预市场。房地产市场的不完全性,使之不可能像证券市场、外汇市场及期货市场等那样在短时间内达到市场供求均衡。

由于房地产市场通常需要一年以上的时间才能完成供求平衡的调节过程,而当新的平衡刚达到甚至还没有达到,可能马上又出现新的影响因素而造成新的不平衡,所以,用"不平衡是绝对的,平衡是相对的和暂时的"来描述房地产市场是再恰当不过的了。

4. 指导政府制定科学的土地供给计划

在我国,城市土地属于国家所有,这就为政府通过制定科学的土地供给计划来适时满足全体社会成员生产和生活的需要、调节房地产市场的供求关系提供了最可靠的保证。然而,制定土地供给计划首先要了解房地产市场,只有通过对市场提供的房地产存量、增量、交易价格和数量、空置率、吸纳率、市场发展趋势等市场信号的分析研究,才能制定出既符合市场需要、可操作性强,又能体现政府政策和意志的土地供给计划。

5. 引导需求适应供给条件的变化

例如,随着建筑技术的发展,在地价日渐昂贵的城市中心区建造高层住宅的综合成本不断降低,导致高层住宅的供给量逐渐增加,价格相对于多层住宅逐渐下降,使城市居民纷纷转向购买高层住宅,从而减少了城市中心区对多层住宅需求的压力,也使减少多层住宅的供给成为很自然的事。因此,市场可以引导消费的潮流,使之适应供给条件的变化,这甚至有利于政府调整城市用地结构、提高城市土地的使用效率。

(三) 房地产市场的政府干预

政府管理房地产市场的主要职能,是实施有效的宏观调控和按市场发育程度建立清晰完备的法制系统,保障房地产市场参与者的合法权益,将房地产市场的运作纳入法制的轨道。

1. 政府干预房地产市场的目标

政府干预房地产市场的政策目标通常包括:

(1) 实现房地产市场持续健康发展。由于房地产产业的关联度高,而且是国民经济的支柱产业,因此必须努力实现房地产市场的持续健康发展,不断提高居民住房水平、改善居住质量,不断促进消费、拉动投资增长,保持国民经济持续健康发展。实现房地产市场持续健康发展的主要标志是：市场供求总量基本平衡，供求结构基本合理，市场价格基本稳定。

（2）使存量房地产资源得到最有效的使用。在任何时候，都要有一个房地产存量来满足当前的生产生活需要。政府通常更关注新建商品房的入住情况，忽视存量房地产的空置问题，或对两者的重视程度不匹配。这就很难使存量房地产资源发挥最大的效用。

（3）保证为各类生产生活需要提供适当的入住空间。以住宅市场为例，长期的住房政策必须有改善住房质量的目标，必须对家庭居住偏好（住宅产权和住宅类型、位置）加以考虑，政府应允许超过需要数量的住宅剩余存在，因为空置住宅作为住宅市场上的"蓄水池"，可为居民变更住所提供方便，迫使已不符合居住标准的住宅被及时淘汰，满足部分家庭对拥有第二住所的需要。

（4）引导新建项目的位置选择。在选择新建项目位置时，要考虑当前不同类型房地产的短缺情况、就业机会和房地产需求的未来变化、当前的基础设施状况和城市总体规划的要求，以避免或减少新建项目空置。

（5）满足特殊群体的需要。例如，在城市住宅建设中，某些群体，如老人和残疾人等，对住房有特殊的要求，政府必须有与之相关的政策，从建设、分配和使用等方面做出特殊的安排，以满足其住房需要；又例如，随着知识经济时代的到来，发展高新技术成为提高中国综合国力的重要手段，因此对于高新技术产业发展所需要的土地，就需采取特殊的优惠政策。

2. 政府干预房地产市场的手段

对于一个完善的房地产市场而言，市场的自由运作非常重要。政府的土地政策，不能过分干预房地产市场的自由运作，这样才能保证本地及外来投资者对当地房地产市场的信心，进而保证房地产市场的稳定发展以及整个社会经济的安定繁荣。但是宏观调控也非常重要，宏观调控房地产市场的手段包括土地供应政策、金融政策、住房政策、税收政策、价格政策等。

（1）土地供应政策。没有土地供应，房地产开发和商品房供给就无从谈起。在我国现行土地制度下，政府是唯一的土地供给者，政府的土地供应政策对房地产市场的发展与运行有决定性影响。

土地供应政策的核心，是土地供应计划。土地供应计划对房地产开发投资调节的功效非常直接和显著，因为房地产开发总是伴随着对土地的直接需求，政府土地供应计划所确定的土地供给数量和结构，直接影响着房地产开发的规模和结构，对房地产开发商的盲目与冲动形成有效的抑制。科学的土地供应计划，应与国民经济发展规划和城市规划相协调，应有足够的弹性，能够对市场信号做出灵敏的反应。土地供应计划也应该是公开透明的，能够为市场提供近期和中长期的土地供应信息，以帮助市场参与者形成合理的市场预期，减少盲目竞争和不理性行为。

通过土地供应计划对房地产市场进行宏观调控，要求政府必须拥有足够的土地储备和供给能力，还要妥善处理好保护土地资源和满足社会经济发展对建筑空间的需求之间的关系。保护的目的是为了更好地、可持续地满足需求，但如果都不能很好地满足当前的需求，就很难说这种保护是有效率的。要在政府的集中垄断供给和市场的多样化需求之间实现平衡，必须准确把握社会经济发展的空间需求特征,通过提高土地集约利用和优化配置水平,采用科学的地价政策和灵活的土地供给方式,实现保护土地资源和满足需求的双重目标。

(2) 金融政策。房地产业与金融业息息相关。金融业的支持是房地产业繁荣必不可少的条件,房地产信贷也为金融业提供了广阔的发展空间。个人住房抵押贷款利率和贷款价值比率的调整,会明显影响居民购房支付能力,进而影响居民当前购房需求的数量。房地产开发贷款利率、信贷规模和发放条件的调整,也会大大影响房地产开发商的生产成本和利润水平,进而对其开发建设规模和商品房供给数量产生显著影响。此外,外商投资政策、房地产资产证券化政策以及房地产资本市场创新渠道的建立,也会通过影响房地产资本市场上的资金供求关系,进而起到对房地产开发、投资和消费行为的调节作用。因此,发展房地产金融,通过信贷规模、利率水平、贷款方式、金融创新等金融政策调节房地产市场,是政府调控房地产市场的一个重要手段。

(3) 住房政策。居住是人类生存的基本要求,住房问题不仅是经济问题,而且是社会问题。各国的经验表明,单靠市场或是全部依赖政府均不能很好地解决住房问题,而市场和非市场的结合,才是解决这一问题的有效途径。目前我国城市住宅的供给主要有三类,即廉租房、经济适用住房和市场价商品住宅。其中,廉租房面向最低收入家庭,其供应、分配和经营完全由政府控制,廉租房不能进入市场流通;经济适用房是具有社会保障性质的政策性商品住房,政府对其建设在土地供应和税费征收上给予很多优惠,但其销售价格和销售对象,要受政府的指导;市场价商品住宅则采取完全市场化的方式经营,是城市房地产市场的主要组成部分。如果政府对廉租房和经济适用房的供给和分配政策控制不严格,就会使市场价商品住宅受到前两类住宅的冲击;如果政府的住房政策不能很好地解决低收入和最低收入家庭(依城市规模和经济发展水平不同,这类家庭占全部家庭的比例约为10%～15%)的住房问题,也会影响房地产市场的正常发展。政府的住房分配和消费政策,对商品住宅市场的调控作用也是显而易见的。

(4) 城市规划。城市规划以合理利用土地、协调城市物质空间布局、指导城市健康有序发展为己任,对土地开发、利用起指导作用。原有的城市规划带有传统计划经济的色彩,市场经济体系建立后,其科学性、适用性都面临着严峻的挑战。我国部分城市如深圳特区已开始进行城市规划图则体系的改革,将规划分为发展策略、次区域发展纲要、法定图则、发展大纲图和详细蓝图五个层次,高层次的规划应能指导土地的开发和供应,低层次的细部规划应能为土地出让过程中确定规划要点提供依据。整个规划力求体现超前性、科学性、动态性和适用性。

实际上,国民经济和社会发展规划、城市规划、土地利用总体规划、土地供应计划都对土地配置,因而也对房地产市场的运行起重要作用,政府供应土地的过程应是具体实施国民经济和社会发展规划、城市规划的过程。面对日益成熟的市场环境,三个规划和一个计划除改善各自的技术、观念和管理方式外,有必要相互协调,形成土地配置及调控房地产市场的规划体系。

(5) 地价政策。房地产价格是政府调控房地产市场的主要对象,因为房地产价格不仅直接影响房地产市场的运作,而且对整体社会经济、投资环境产生直接的影响。虽然房地产价格主要取决于市场供求关系,但由于地价对房地产价格影响很大,城市土地又由政府垄断出让,所以政府可以通过地价对房地产市场进行调控。

地价、建造成本、专业费用、管理费用、财务费用、投资利润、税金等因素极大地影响着房地产市场上的供给价格。在一定时期内,建造成本及与之相关的专业费用和管理费用、财务费用和税金大体固定在一定水平上,通过调控地价来间接调控房地产价格,经常是十分有效的。政府通过调整土地供应数量、调整与土地开发相关的税费政策等经济手段,灵活运用协议、挂牌、招标、拍卖四种出让方式,以及必要时通过直接的行政干预,都可以对地价进行有效调控。

(6) 税收政策。房地产税收政策是政府调控房地产市场的核心政策之一。正确运用税收杠杆不但可以理顺分配关系、保证政府土地收益,还可以通过税赋差别体现政府的税收政策和产业政策,进而对抑制市场投机、控制房地产价格、规范房地产市场交易行为等方面起到明显的作用。例如,美国通过免除公司所得税这一税务优惠政策,推动了房地产投资信托行业的发展壮大。世界上许多国家和地区,通过个人购房税务优惠政策,有效推动了住房自有率的提高。我国 1998 年以来也曾运用降低契税的措施,成功促进了住房二级市场的发展;在 2005 年年初运用交易环节的营业税和契税政策,有效遏制了商品房市场上的投机需求和对高档豪华住宅的需求;从 2003 年开始研究房地产税的相关政策,准备通过房地产税制度的实施,来调整居民和机构拥有房地产资产的行为,减轻地方政府对土地使用权出让收入的依赖,建立起一个长期稳定的地方政府财政收入来源渠道。

(7) 租金和价格控制。租赁市场是房地产市场的一个重要组成部分,租金作为房地产的租赁价格,同样是政府调控房地产市场的主要对象之一,合理的租金水平应与整体经济发展水平相适应。在运行正常的房地产市场,租金还与房地产价格保持合理的比例。对住房价格的控制,也是政府调控房地产市场的重要工作内容。政府调控住房价格的目的,一是避免住房价格泡沫的形成,二是要保证中低收入家庭住房需求能够得到适当的满足。

五、房地产市场的供与求

(一) 房地产市场的"供"

房地产市场的供给与价格之间存在着一定的关系。由于价格上升或降低会导致供给数量的增加或减少,所以供给曲线是一条由左向右上方倾斜的曲线(图 4-2)。供给的基本法则为:当其他条件不变时,较高的商品价格会使可供销售的商品数量增加,较低的商品价格会使可供销售的商品数量减少。供给数量与价格的关系正好和需求数量与价格的关系相反,为正相关关系。这也很容易理解,因为对于供给者来说,较高的市场价格能增加其在市场上所获取的利润。例如,从 2004 年开始,由于中国房地产价格不断上升,导致房地产开发企业数量迅速膨胀和可供销售的商品房数量迅速增加。

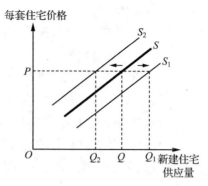

图 4-2　住宅市场供应曲线的变化

影响市场供给数量的并不仅仅是价格,所以我们在描述供给的基本法则时假设除价格和供给数量外,其他因素均保持不变。这些假设不变的市场因素包括:开发成本、建造技术、政府政策、相关产品的价格、对未来的预期、开发商获取利润水平的目标等。下面我们着重解释三个非价格因素对市场供给数量的影响,以说明市场条件变化引起的供给曲线的变化。

1. 房地产开发成本

房地产开发成本的变化会直接影响到开发商的利润水平,也会直接影响到其决定开发的商品房数量。例如,1998 年银行降低贷款利率、通货膨胀率维持在较低的水平,使普通商品住宅的开发成本下降,从而导致普通商品住宅供给数量增加,供给曲线向右平移(图 4-2 中 $S \to S_1$)。

2. 政府政策的变化

政府的税收政策也会影响到房地产开发的成本进而影响到商品房供给的数量。例如,从 2003 年开始统一实施土地使用权出让的招标、拍卖、挂牌制度,调整了征地及征地补偿政策,使土地成本有较大幅度的提升,进而加大了房地产开发成本,因而在一定程度上制约了房地产市场供给的迅速增加,间接地起到了对房地产市场宏观调控的作用,使供给曲线向左平移(图 4-2 中 $S \to S_2$)。国家从 1997 年开始采取取消或降低房地产开发中的税费、降低土地使用权出让金收取标准等措施,1998 年又将发展住宅建设作为推动国民经济发展的新增长点,这些政策措施均有利于普通住宅供给数量的增加,从而使供给曲线向右平移(图 4-2 中 $S \to S_1$)。

3. 对未来的预期

对未来房地产市场价格变化的预期会影响到房地产商当前的投资行为,进而影响到市场供给。例如,开发商预计未来房地产价格会大幅度上升,那么他就会将其开发的部分商品房搁置起来暂不销售,使当前的商品房供给减少,使图 4-2 中的供给曲线向左平移;北京成功获得 2008 年第 29 届夏季奥运会主办权后,预计房地产市场需求大大增加,于是开发商增大了开发的数量,又使图 4-2 中的供给曲线向右平移。

经济学上常用供给函数来表示生产者对某种商品的供给数量与不同影响因素之间的关系,其表达形式为: $Q_n^s = f(P_n, P_{n-1}, C, G, \cdots)$。该公式的含义是:对某种商品 n 的供给数量

(Q'_n)是该商品本身的价格(P_n)、其他商品的价格(P_{n-1})、生产成本(C)、政府政策(G)以及其他因素($\cdots$)的函数。对于某种具体的商品来说,其他因素是可以确定的。

(二)房地产市场的"求"

"求",指需求。需求曲线是一条具有负斜率的向右下方倾斜的曲线,如图4-3所示。如果其他条件不变,某种商品或服务的价格下降时,其需求数量就会上升,反之需求就会下降,即对某种商品或服务的需求数量与该商品或服务的价格呈逆相关关系。这里我们强调"其他条件不变",因为需求数量不完全由价格决定。

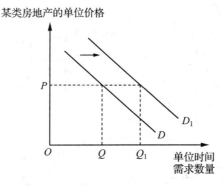

图4-3 非价格因素变化导致对某类房地产的需求变化

设想图4-3所说的某类房地产是人们特别感兴趣的商品住宅,那么有哪些因素会影响对商品住宅的需求,或者说哪些市场条件的变化会导致对商品住宅需求的变化呢?

1. **收入的变化**

一般来说,收入增加会导致对大多数商品需求的增加,从而使需求曲线向右平移。但也有例外,如收入增加导致对商品住宅购买需求增加,但对出租住宅的需求会相应减少。

2. **其他商品价格的变化**

画需求曲线时经常假设其他商品的价格保持不变,但实际的市场情形并不一定是这样。例如,上海的商品住宅市场,由于多层住宅价格的迅速上升使居民对高层住宅需求增加,进而导致高层住宅价格攀升,使高层商品住宅需求曲线向右平移。所以,原商品的替代品或在功能上可以互补的商品的价格变化,会影响对原商品的需求。

3. **对未来的预期**

尽管某种商品的价格不发生变化,但消费者对未来收入、利率和购买某种商品的可能性等的预期也会影响到对某种商品的当前需求。例如,居民预期未来住房抵押贷款利率可能下调、收入可能上升或在某一区域由于土地资源的限制不可能有充足的商品住宅供给,就会引起需求的增加,使当前的需求曲线向右平移。

4. **政府政策的变化**

政府房地产税收政策、住房政策的变化或城市规划的变更,也会影响当前的房地产需求。例如,降低交易税费、停止住房实物分配,就极大地推动了个人住房需求的增加。

经济学上常常用需求函数来表示消费者对某种商品的需求数量与不同影响因素之间的

关系,其表达形式为:$Q_n^d = f(P_n, P_{n-1}, Y, G, \cdots)$。该公式的含义是:对某种商品 n 的需求数量(Q_n^d)是该商品本身的价格(P_n)、其他商品的价格(P_{n-1})、收入(Y)、政府政策(G)以及其他因素($\cdots$)的函数。对于某种具体的商品来说,其他因素是可以确定的。

(三)房地产市场的供求关系

房地产市场的运作机制,在很大程度上取决于整个国家的经济体制。目前我国正处于社会主义市场经济体制下,作为市场经济核心的价格机制对市场起着主要的调节作用,但作为计划经济特征的国家宏观调控仍然对市场产生着重要影响。随着我国房地产市场的发展,价格机制的作用在逐渐增强。

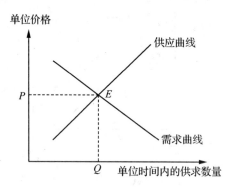

图 4-4 简化的供求曲线

人们经常使用市场供求关系曲线,通过建立起某种产品的单位价格与该产品在单位时间内的供求数量关系,来帮助了解价格机制对市场供求关系的调节作用。在利用图 4-4 分析价格与供求数量的关系时,有三个方面的问题值得注意:一是要有一个单位时间周期的概念,因为脱离了时间来分析供求数量问题是没有任何意义的,这里的单位时间通常是年、季度或月;二是为了分析问题方便,进行了除价格和供求数量外其他影响因素都不发生变化的假设,实际上我们很容易发现,影响需求数量的因素除价格外往往还有消费者收入变化和不同商品之间的替代关系等;三是为分析问题方便,把供给和需求曲线都简化成了直线,这样做能满足定性分析的需要。

从图 4-4 的供给曲线和需求曲线不难看出,某种商品的单位价格上升会导致需求量的减少和供给量的增加。供给和需求曲线的交点 E 为市场均衡点。所对应的价格 P 称为均衡价格,在这样的价格下,既没有多余的供给,也没有更多的需求,供给量和需求量相等,生产者和消费者皆大欢喜。我们可以通过图 4-5 所示的情况来作说明。假如在某城市的住宅市场上,新建住宅的均衡价格为 50 万元,均衡供求数量为 2 000 套。如果每套住宅的销售价格变为 75 万元,就会出现供给过剩从而导致住宅不能销售出去的情况,而要使市场达到均衡点 E,就需要将价格下调,使需求从 H 增加到 E、供给从 h 减少到 E;而如果每套住宅的销售价格变为 25 万元,就会出现供不应求从而导致住宅供给短缺,要想使市场在每套住宅 50 万元的价格下达到均衡,就需提高销售价格,使需求从 F 减少到 E、供给从 f 增加到 E。

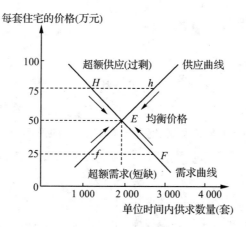

图 4-5 市场均衡

在任何一个市场上,供给和需求曲线都能形成一个均衡(点)价格,但市场的这种均衡也有稳定和非稳定之分,如果市场价格由于某种因素的作用脱离了均衡点,但在各种市场因素的作用下又能形成一个新的供求平衡点,则这种均衡叫作稳定均衡;如果原有的均衡状态被打破后不能形成一个新的均衡点,则这种均衡就叫作非稳定均衡。稳定均衡和非稳定均衡之间的区别可以用两个受力变形后的球来说明:一个球是硬橡皮球,其受压后会变形,但压力消除后能恢复原状;另一个球是橡皮泥制作的球,其受压后也会变形,但压力撤销后不能再恢复原状。前者就是稳定平衡,后者就是不稳定平衡。

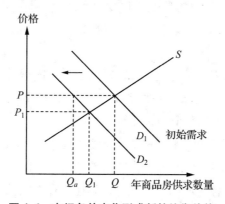

图 4-6 市场条件变化形成新的均衡价格

当市场条件发生变化时,供求关系曲线就会发生变化。例如,住房抵押贷款利率上升或贷款比率下降时,如果其他因素保持不变,商品住宅需求就会减少。如图 4-6 所示,商品住宅需求曲线由 D_1 变为 D_2,如果住宅价格仍为 P,则居民购买商品住宅的需求量下降为 Q_a,如果开发商供给的商品住宅数量仍为 Q,则市场上就会有积压的商品住宅量 $Q-Q_a$ 出现。然而,开发商往往要降低价格以减少其商品房积压,在降价的情况下居民会有更多的需求数量,这样就达到了一个新的市场均衡,这个新的均衡价格就是图 4-6 中的 P_1,而新的供求平衡的数量是 Q_1。

六、房地产市场细分

(一) 房地产市场结构

从宏观上说,房地产市场结构包括总量结构、区域结构、产品结构、供求结构和投资结构。要实现房地产市场总量基本平衡、结构基本合理、价格基本稳定的市场目标,保持房地产业与社会经济及相关产业协调发展,必须准确把握房地产市场上的这些主要结构关系。

(1) 总量结构:从房地产市场整体出发,分析开发和销售之间的数量结构关系,考察房地产供求之间的总量差距。

(2) 区域结构:分析在全国不同地区之间,房地产市场发育情况的差异和特点,考察不同区域或城市之间,房地产市场的开发规模、主要房地产类型、房价水平和政策措施的差异。

(3) 产品结构:从经济发展阶段出发,考察房地产市场中住宅、写字楼和商业用房等不同房地产类型之间的投资比例关系,分析其产品结构布局的合理程度。

(4) 供求结构:针对某一房地产类型,分析其市场内部不同档次房地产的供求关系,并从市场发展的实际情况出发,判别供给档次和需求水平之间是否处于错位的状态。

(5) 投资结构:根据投资者参与市场的不同投资目的和投资方式,具体分析不同投资方式的适用空间,以及彼此之间的动态协调关系。

(二) 房地产市场细分

从识别和把握房地产宏观市场环境的角度出发,我们可以按照地域范围、房地产类型、增量存量、交易形式等标准,对房地产市场进行细分。

1. 按地域细分

房地产的不可移动性,表明其对地区性需求的依赖程度很大,这决定了房地产市场是地区性市场,人们认识和把握房地产市场的状况,也多从地域概念开始,因此按地域范围对房地产市场进行划分,是房地产市场划分的主要方式。

地域所包括的范围可大可小,由于房地产市场主要集中在城市化地区,所以最常见的是按城市划分,例如,北京市房地产市场、上海市房地产市场、北海市房地产市场等。对于比较大的城市来说,其城市内部各区域间的房地产市场往往存在较大差异,因此常常还要按照城市内的某一个具体区域划分,如上海浦东新区房地产市场、北京亚运村地区房地产市场、深圳罗湖区房地产市场等。为了把握某一更大范围房地产市场状况,除按城市划分外,还可以按省或自治区所辖的地域划分,如海南省房地产市场、山东省房地产市场等。当然我们还可以说中国华北地区房地产市场、美国房地产市场、东南亚地区房地产市场、亚洲房地产市场、世界房地产市场等。但一般来说,市场所包括的地域范围越大,其研究的深度就越浅,研究成果对房地产投资者的实际意义也就越小。

2. 按房地产用途细分

由于不同类型房地产在投资决策、规划设计、工程建设、产品功能、面向客户的类型等方面均存在较大差异,因此需要按照房地产的用途,将其分解为若干子市场。如居住房地产市场(普通住宅、别墅、公寓等)、商业房地产市场(写字楼、零售商场或店铺、休闲旅游设施、酒店等)、工业房地产市场(标准工业厂房、高新技术产业用房、研究与发展用房、工业写字楼、仓储用房等)、特殊房地产市场、土地市场等。

3. 按存量增量细分

通常将房地产市场划分为三级市场:一级市场(土地使用权出让市场)、二级市场(土地转让、新建商品房租售市场)、三级市场(存量房地产交易市场)。而更加清晰的划分是按照增量存量的方式,将土地划分为一级土地市场和二级土地市场,将房屋划分为一级房屋市场(增量市场或一手房市场)和二级房屋市场(存量市场或二手房市场)。房地产增量和存量市场之间是一种互动关系,存量市场的活跃,不仅有利于存量房地产资源的有效配置,而且由于房地产市场中存在的"过滤"现象,能促进增量市场的发展。

4. 按交易形式细分

按照《中华人民共和国城市房地产管理法》的规定,房地产交易包括房地产买卖、租赁和抵押。由于同一时期、同一地域范围内某种特定类型房地产的不同交易形式均有其明显的特殊性,因此依不同房地产交易形式对市场进行划分也就成为必然。土地的交易存在着土地买卖、租赁和抵押等子市场,由于我国城市土地所有权属于国家,因此土地交易实质是土地使用权的交易;新建成的房地产产品交易,存在着销售(含预售)、租赁(含预租)和抵押等子市场;面向存量房屋的交易,则存在着租赁、转让、抵押、保险等子市场。

5. 按目标市场细分

从市场营销的角度出发,可以将房地产市场按照市场营销过程中的目标市场来进行细分。通常情况下,可以将某种房地产按其建造标准或价格水平,细分为低档、中低档、中档、中高档和高档房地产市场,例如,甲级写字楼市场、高档住宅市场、普通住宅市场等;也可以按照目标市场的群体特征进行细分,例如,老年住宅市场、青年公寓市场等。

上述五种划分方法是相互独立的,不同的市场参与者通常关注不同的子市场。根据研究或投资决策的需要,可以将五种划分方式叠加在一起,得到更细的子市场。如北京市写字楼出售市场、深圳市罗湖区土地拍卖市场、南京市二手房转让市场、上海市甲级写字楼租赁市场等。

(三) 房地产市场三大指标类型

反映和描述房地产市场状况的指标,包括供给指标、需求指标和市场交易指标三种类型。

1. 供给指标

(1)存量,指报告期期末(如第 t 年或半年、季度、月,下同)已占用和空置的房地产空间总量,单位为建筑面积或套数;在数值上,报告期存量 = 上期存量 + 报告期新竣工量 - 报告期灭失量($S_t = S_{t-1} + NC_t - \delta_t$);可按房地产类型分别统计。

(2)新竣工量,指报告期内新竣工房屋的数量,单位为建筑面积或套数,可按房地产类型分别统计。中国竣工量统计指标是竣工面积,指报告期内房屋建筑按照设计要求已全部完工,达到入住和使用条件,经验收鉴定合格(或达到竣工验收标准),可正式移交使用的各栋房屋建筑面积的总和。

(3) 灭失量,指房屋存量在报告期内由于各种原因(毁损、拆迁等)灭失掉的部分。

(4) 空置量,指报告期末房屋存量中没有被使用的部分,可按房地产类型分别统计。中国目前空置量的统计是不完整的,是指"报告期末已竣工的可供销售或出租的商品房屋建筑面积中,尚未销售或出租的商品房屋建筑面积,包括以前年度竣工和本期竣工的房屋面积,但不包括报告期已竣工的拆迁还建、统建代建、公共配套建筑、房地产公司自用及周转房等不可销售或出租的房屋面积"。

(5) 空置率,指报告期末空置房屋占同期房屋存量的比例,$VR_t = VC_t/S_t$。在实际应用中,可以根据房屋的类型特征和空置特征分别进行统计,包括不同类型房屋空置率、新竣工房屋空置率、出租房屋空置率、自用房屋空置率等。

(6) 可供租售量,指报告期可供销售或出租房屋的数量,单位为建筑面积或套数。可供租售量 = 上期可供租售数量 − 上期吸纳量 + 本期新竣工量($HSR_t = HSR_{t-1} - AV_{t-1} + NC_t$)。实际统计过程中,可按销售或出租、存量房屋和新建房屋、不同房地产类型等分别统计。因为并非所有的空置房屋都在等待出售或出租,所以某时点的空置量通常大于该时点可供租售数量。

(7) 房屋施工面积,是指报告期内施工的全部房屋建筑面积。包括本期新开工的面积和上年开工跨入本期继续施工的房屋面积,以及上期已停建在本期恢复施工的房屋面积。本期竣工和本期施工后又停建缓建的房屋面积仍包括在施工面积中,多层建筑应为各层建筑面积之和。

(8) 房屋新开工面积,是指在报告期内新开工建设的房屋面积。不包括上期跨入报告期继续施工的房屋面积和上期停缓建而在本期恢复施工的房屋面积。房屋的开工应以房屋正式开始破土刨槽(地基处理或打永久桩)的日期为准。

(9) 平均建设周期,指某种类型的房地产开发项目从开工到竣工交付使用所占用的时间长度。在数值上,平均建设周期 = 房屋施工面积/新竣工面积($CP_t = BUC_t/NC_t$)。

(10) 竣工房屋价值,指在报告期内竣工房屋本身的建造价值。竣工房屋的价值一般按房屋设计和预算规定的内容计算。包括竣工房屋本身的基础、结构、屋面、装修以及水、电、卫等附属工程的建筑价值,也包括作为房屋建筑组成部分而列入房屋建筑工程预算内的设备(如电梯、通风设备等)的购置和安装费用。不包括厂房内的工艺设备、工艺管线的购置和安装,工艺设备基础的建造等费用;办公和生活用家具的购置等费用;购置土地的费用;迁移补偿费和场地平整的费用及城市建设配套投资。竣工房屋价值一般按结算价格计算。

2. 需求指标

(1) 国内生产总值(GDP),是按市场价格计算的一个国家(或地区)所有常住单位在一定时期内生产活动的最终成果。国内生产总值有三种表现形态,即价值形态、收入形态和产品形态。从价值形态看,它是所有常住单位在一定时期内生产的全部货物和服务价值超过同期投入的全部非固定资产货物和服务价值的差额,即所有常住单位的增加值之和;从收入形态看,它是所有常住单位在一定时期内创造并分配给常住单位和非常住单位的初次收入之和;从产品形态看,它是所有常住单位在一定时期内最终使用的货物和服务价值减去货物和服务进口价值。在实际核算中,国内生产总值有三种计算方法,即生产法、收入法和支出法。三种方法分别从不同的方面反映国内生产总值及其构成。

(2) 人口数,是指一定时点、一定地区范围内有生命的个人总和,包括常住人口和现有人口。其中,常住人口是指经常居住在这个地区的人口,现有人口是指在规定的标准时点,在这个地区居留的人口。常住人口与一个地区的社会经济关系更为密切。

(3) 城市家庭人口,指居住在一起,经济上合在一起共同生活的家庭成员。凡计算为家庭人口的成员其全部收支都包括在本家庭中。

(4) 就业人员数量,指从事一定社会劳动并取得劳动报酬或经营收入的人员数量,包括在岗职工、再就业的离退休人员、私营业主、个体户主、私营和个体就业人员、乡镇企业就业人员、农村就业人员、其他就业人员(包括民办教师、宗教职业者、现役军人等)。这一指标反映了一定时期内全部劳动力资源的实际利用情况,是研究国家基本国情国力的重要指标。

(5) 就业分布,指按产业或职业分类的就业人员分布状况。

(6) 城镇登记失业率,指城镇登记失业人员与城镇单位就业人员(扣除使用的农村劳动力、聘用的离退休人员、港澳台及外方人员)、城镇单位中的不在岗职工、城镇私营业主、个体户主、城镇私营企业和个体就业人员、城镇登记失业人员之和的比。

(7) 城市家庭可支配收入,指家庭成员得到的可用于最终消费支出和其他非义务性支出以及储蓄的总和,即居民家庭可以用来自由支配的收入。它是家庭总收入扣除缴纳的所得税、个人交纳的社会保障费以及记账补贴后的收入。

(8) 城市家庭总支出,指除借贷支出以外的全部家庭支出,包括消费性支出、购房建房支出、转移性支出、财产性支出、社会保障支出。

(9) 房屋空间使用数量,指按使用者类型划分的正在使用中的房屋数量。

(10) 商品零售价格指数,是反映一定时期城乡商品零售价格变动趋势和程度的相对数。商品零售物价的变动直接影响到城乡居民的生活支出和国家的财政收入,影响居民购买力和市场供求的平衡,影响到消费与储蓄的比例关系。

(11) 城市居民消费价格指数,是反映一定时期城市居民家庭所购买的生活消费品价格和服务项目价格变动趋势和程度的相对数。通过该指数可以观察和分析消费品的零售价格和服务项目价格变动对职工货币工资的影响,其为研究职工生活和确定工资政策的依据。

3. 市场交易指标

(1) 房地产价格,指报告期房地产市场中的价格水平,通常用不同类型房屋的中位数价格表示。中国现有房地产价格统计,是基于各类房地产平均价格的统计。

(2) 房地产价格指数,是反映一定时期房地产价格变动趋势和程度的相对数,包括房屋销售价格指数、房屋租赁价格指数和土地交易价格指数。理想的价格指数,应该是基于同质房地产的价格指数。我国目前的各类房地产价格指数,通常基于平均价格。

(3) 房地产销售量,指报告期销售房屋的数量,单位为建筑面积或套数。在统计过程中,可按房地产类型、存量房屋和新建房屋分别统计。我国房地产开发统计中采用的是实际销售面积,指报告期已竣工的房屋面积中已正式交付给购房者或已签订(正式)销售合同的商品房屋面积。不包括已签订预售合同正在建设的商品房屋面积,但包括报告期或报告期以前签订了预售合同,在报告期竣工的商品房屋面积。

(4)出租量,指报告期出租房屋的数量,单位为建筑面积或套数。在统计过程中,可按房屋类型和新建房屋分别统计。我国房地产开发统计中的出租面积,是指在报告期期末房屋开发单位出租的商品房屋的全部面积。

(5)吸纳量,指报告期销售和出租房屋的数量之和,单位为建筑面积或套数。实际统计过程中,可按销售或出租、存量房屋和新建房屋、不同房地产类型等分别统计。

(6)吸纳率,指报告期吸纳量占同期可供租售量的比例($AR_t = AV_t/HSR_t$),以百分数表示,有季度吸纳率、年吸纳率等。实际计算过程中,可按销售或出租、存量房屋和新建房屋、不同房地产类型等分别计算。

(7)吸纳周期,指按报告期的吸纳速度(单位时间内的吸纳量)计算,同期可供租售量可以全部被市场吸纳所需要花费的时间($AP_t = HSR_t/AV_t$),单位为年、季度或月,在数值上等于吸纳率的倒数。在计算过程中,可按销售或出租、存量房屋和新建房屋、不同房地产类型等分别计算。在新建商品房销售市场,吸纳周期又称为销售周期。

(8)房地产租金,指报告期房地产市场中的租金水平,通常用不同类型房屋的中位数租金表示。中国现有房地产租金统计,是基于各类房地产平均租金的统计。

(9)预售面积,指报告期末仍未竣工交付使用,但已签订预售合同的正在建设的商品房屋面积。报告期预售又在报告期转为正式或协议销售的商品房屋的面积应列入实际销售面积,同时统计为销售收入。

七、房地产市场分析

(一)基本概念

房地产市场分析是指通过信息将房地产市场的参与者与房地产市场联系起来的一种活动,即通过房地产市场信息的收集、分析和加工处理,寻找出其内在的规律和含义,预测市场未来的发展趋势,用以帮助房地产市场的参与者掌握市场动态、把握市场机会或调整其市场行为。

无论是房地产开发投资还是房地产置业投资,或者是政府管理部门对房地产业实施宏观管理,其决策的关键在于把握房地产市场供求关系的变化规律,而寻找市场变化规律的过程实际上就是市场分析与预测的过程。

房地产市场的风险很大,开发商和投资者有可能获得巨额利润,也有可能损失惨重。市场分析的目的,就是将风险降到最低,并尽可能通过及时、准确的市场分析,争取最大的盈利机会。

(二)重要作用

房地产市场分析的角度是多元化的,对不同的主体来说,市场分析应该起到的作用也是有差别的。

（1）房地产开发商。市场分析在开发过程中，能帮助开发商选择合适的项目位置、确定满足市场需求的产品类型、向金融机构说明项目的财务可行性以获取贷款、寻找投资合作伙伴等，在开发后期能帮助开发商寻找目标使用者或购买者，根据市场需求的变化调整产品。

（2）置业投资者。置业投资者进行市场分析的目的是了解当地房地产市场发展趋势，判断其拟购置房地产或已购置房地产的投资收益情况是否正常以及房地产的未来升值前景。根据市场分析的结果，置业投资者可以设计或调整其房地产投资策略和资产管理策略。

（3）金融机构。通过市场分析，金融机构可以把握未来房地产市场发展的宏观走势，为其制定参与房地产市场的策略和战略服务。就具体的房地产信贷业务而言，市场分析能帮助金融机构预测拟贷款项目的未来收益情况、还款能力和资金需求的合理性，为审批贷款（开发贷款或抵押贷款）提供依据。

（4）设计人员。建筑师、规划师及其他相关设计人员，必须了解开发项目所面对的目标市场，以便在建筑风格、户型、配套设施、建筑设备等方面进行设计，满足市场需求。

（5）销售经理。在市场分析的基础上，把握目标市场特征，并在此基础上有针对性地制定销售策略、广告宣传策略等。

（6）地方政府。不论是对市场进行宏观调控，还是房地产开发过程涉及的开发项目立项、土地使用权出让、规划审批、开工许可等环节，都需要市场分析结果的支持。

（7）租户和使用者。租户和使用者在进行租买选择、位置选择、房地产选择和判断租买时机与价格时，非常需要市场分析的支持。尤其是当使用者的购买目的是置业投资时，更加重视对市场供求关系、租金价格水平、市场吸纳情况和竞争情况的分析，以便制定出更明智的租买决策。

（8）房地产管理者。市场分析可帮助房地产管理者了解不同房地产类型的市场供求状况、需求特征及发展趋势，预测市场发展前景，把握主要租户和使用者的产业分布及产业发展情况。根据市场分析的结果，房地产管理者可以制定确保房地产保值增值的房地产维护维修、更新改良、改建扩建、资产处置计划或方案，适时调整房地产租金水平和出租策略。

（三）市场分析的内容

1. 区域的确定

房地产存在地区性，其供给和需求都是地区性的，因此，定义市场区域就成了房地产市场分析的第一步工作。市场区域是指主要（潜在）需求的来源地或主要竞争房地产的所在地，它包含与目标房地产相似的竞争空间的需求和供给。定义市场区域工作主要包括：描绘市场区域、在相应地图上标出市场区域的边界、解释确定市场区域边界的依据。

在市场分析报告中应该有描绘市场区域的部分，并有相应区域的地图，显示出与该目标房地产临近的公路或关键干线的位置、区域地名、道路及自然特征等。

（1）影响市场区域形状和大小的关键因素。在定义市场区域时，关键要考虑市场区域的交通工具、最主要的交通形式、自然障碍、竞争项目及经济和人口情况。影响市场区域形状和大小的关键因素有：①自然特征，如山地和河流等；②建筑阻碍、高速路或铁路；③人口密度的大小;④政治区域,市区和郊区,学校间的区域;⑤邻里关系和人口统计特征,如由于家庭收入、地位、种族等形成的市场区域特征;⑥发展的类型和范围,如未来城市发展的方向、速度等;⑦竞争性项目的区域(竞争项目重新组合的区域)。

(2) 房地产类型和市场分析目的对确定市场区域的影响。不同市场分析目的影响市场区域的确定。为政府宏观市场管理进行市场分析,其市场区域就可以用行政区划作为界限。房地产类型也影响市场区域的确定,甚至同类房地产,由于其特征不同,市场区域的确定也会有所不同。如居住房地产和休闲旅游房地产的市场区域,就会有很大的差别。

由于数据的限制,常被迫采用市、区等行政区域来确定市场区域,这种确定便于利用人口统计及其他各种统计数据。但这种分区内的数据只能用于区域或某种房地产类型的房地产市场分析,并不能用来进行具体开发项目层次的市场研究。要准确定义项目层次的市场区域,就必须实地考察该项目的地点和邻里状况,收集必要的数据,经分析判断后才能合理确定。

2. 宏观因素分析

房地产市场分析首先要就影响房地产市场的宏观因素进行分析。这其中首先要考虑国家和地方的经济特性,以确定区域整体经济形势是处在上升阶段还是处在衰退阶段。在这个过程中,要收集和分析的数据包括:国家和地方的国民生产总值及其增长速度、人均国内生产总值、人口规模与结构、居民收入、就业状况、社会政治稳定性、政府法规政策完善程度和连续性程度、产业结构、"三资"企业数量及结构、国内外投资的规模与比例、各行业投资收益率、通货膨胀率和国家金融政策(信贷规模与利率水平)等。

还要研究分析房地产所处区域的城市发展与建设情况。例如,某城市的铁路、公路、机场、港口等对内对外交通设施情况,水、电、燃气、热力、通信等市政基础设施完善程度及供给能力,劳动力、原材料市场状况,以及人口政策、地方政府产业发展政策等。这方面的情况,城市之间有很大差别,甚至在同一个城市的不同地区之间也会有很大差别。例如,上海市的浦东新区和浦西老市区,其政策条件、交通状况、基础设施状况等就有很大差别。

3. 市场供求分析

房地产市场状况分析,是介于宏观和微观之间的分析。市场状况分析一般要从以下几个方面进行:

(1) 供给分析。首先,调查房地产当前的存量、过去的走势和未来可能的供给。具体内容包括:相关房地产类型的存量、在建数量、计划开工数量、已获规划许可数量、改变用途数量和拆除量等;短期新增供给数量的估计。

其次,分析当前城市规划及其可能的变化和土地利用、交通、基本建设投资等计划。

最后,分析房地产市场的商业周期和建造周期循环运行情况,分析未来相关市场区域内供求之间的数量差异。

(2) 需求分析。首先,进行需求预测。详细分析房地产所在市场区域内就业、人口、家庭规模与结构、家庭收入等,预测对拟开发房地产类型的市场需求。具体内容包括:就业分析、人口和家庭分析、收入分析。

其次，进行建设和运营中的主要房地产项目分析。开发建设中的房地产项目需分析其用途、项目名称、位置、预计完工日期、建筑面积、售价和开发商名称等；运营中的房地产项目主要分析其用途、房地产名称、位置、开业日期、建筑面积规模、租金、房地产业主和房地产管理企业等。

然后，进行吸纳率分析。就每一个相关的细分市场进行需求预测，以估计市场吸纳的价格和质量。具体内容包括：分析市场吸纳和空置的现状与趋势、预估市场吸纳计划或相应时间周期内的需求。

最后，进行市场租户对产品功能需求分析。以公司租户为例，需分析的内容包括：租户所从事的行业类型、公司规模、现办公地点的区域分布、承租面积规模、租约期间长度、对当前承租房地产的满意程度等。

（3）竞争分析。

第一，列出竞争性房地产的功能和特点。具体内容包括：描述运行中或在建的竞争性房地产（价格、数量、建造年代、空置情况、竞争特点），描述计划建设中的竞争性房地产，对竞争性房地产进行评价。

第二，市场细分，明确目标房地产的目标使用者。具体内容包括：目标使用者的状态（年龄、性别、职业、收入）、行为（生活方式、预期、消费模式）、地理分布（需求的区位分布及流动性），每一细分市场下使用者的愿望和需要，按各细分市场结果，分析对竞争性房地产功能和特点的需求状况，指出目标房地产应具备的特色。

（4）市场占有率分析。

第一，基于竞争分析的结果，按各细分市场，估算市场供给总吸纳量、吸纳速度和目标房地产的市场份额，明确目标房地产吸引顾客或使用者的竞争优势。具体内容包括：估计目标房地产的市场占有率，在充分考虑目标房地产优势的条件下进一步确认其市场占有率，简述主要的市场特征；估算目标房地产吸纳量，目标房地产吸纳量等于市场供求缺口（未满足需求量）和目标房地产的市场占有率的乘积。

第二，市场占有率分析结果，要求计算出目标房地产的市场占有率、出租进度、租赁价格和达到稳定出租率水平所需要的时间（租赁期），并提出有利于增加市场占有率的建议。

（5）其他相关因素分析。当把握了总体背景情况后，还需要针对某一具体房地产类型和地点进行更为详尽的分析。从房地产管理的角度来看，市场分析最终要落实到对某一具体的房地产类型和目标房地产所处地区的房地产市场状况的分析。应该注意的是，由于不同类型和规模的房地产所面对的市场范围的差异，导致市场分析的方式和内容也有很大差别。不同类型房地产需要重点分析的内容包括：

① 居住房地产。重点了解目标房地产周围地区住宅的供求状况、价格水平、对现有住宅满意的程度和对未来住房的希望，以确定目标房地产的装修、室内设备配置标准。

② 写字楼项目。首先要研究项目所处地段的交通通达程度，目标房地产的周边环境及与周围商业设施的关系。还要考虑内外设计的平面布局、特色与格调、装修标准、大厦内提供公共服务的内容、满足未来潜在使用者的特殊需求和偏好等。

③ 商业零售房地产。要充分考虑房地产所处地区的流动人口和常住人口的数量、购买力水平以及该地区对零售业的特殊需求,还要考虑购物中心的服务半径及附近其他购物中心、中小型商铺的分布情况。

④ 工业或仓储房地产。重点考察未来入驻者的意见,如办公、生产和仓储用房的比例,大型运输车辆通道和生产工艺的特殊要求,以及对隔声、抗震、通风、防火、起重设备安装等的特殊要求。

第三节 租赁管理

租赁管理是收益性房地产资产管理的重要内容之一,而且随着行业发展和成熟,租赁管理逐渐成为物业管理企业重要的业务内容。通过有效的租赁管理,将会提高物业出租率,提升资产增值率。

一、物业租赁及其特征

(一)物业租赁的概念

物业租赁,也即房屋租赁,是指公民、法人或其他组织作为出租人将其拥有所有权的房屋,出租给承租人使用,由承租人向出租人支付租金的行为。房屋租赁管理是物业资产管理活动中的重要工作内容。

可通过以下两点理解房屋租赁的含义:

第一,出租人必须是房屋所有权人。这个所有权人可以是自然人,也可以是法人;可以是所有权人自己,也可以是共有人(包括共同共有和部分共有);也可以是经所有权人委托的代理人,或按照法定程序指定的代管人。需要指出的是,转租不等于出租,转租人也不等于出租人。转租只是附属于出租的非独立的活动。

第二,出租人将房屋出租给承租人使用,包括给承租人居住或从事经营活动,也包括利用自有房屋以联营、承包经营、入股经营或合作经营等名义出租或转租房产。

(二)房屋租赁的特征

房屋租赁作为一种特定的商品交易活动形式,具有以下特征。

1. 房屋租赁不转移房屋的所有权

房屋租赁只转移房屋权属中的使用权,不转移房屋的所有权。因此,承租人拥有的是房屋的占有权、使用权和部分收益权,房屋的处分权和最终收益权仍属出租人所有。而且这种权属的转移是有期限的,一旦租赁期满,承租人有义务将房屋和相应权利归还出租人。

2. 房屋租赁的标的是作为特定物的房屋

房屋租赁的标的是特定物而不是同类物。物业租赁的标的必须是特定物,而不能像大多数其他产品一样可以用同类物来代替,出租人在提供房屋时,只能按合同的规定出租,而不能用其他的同类房,包括其他区域、地段的房屋替代。租赁合同终止后,承租人也必须将原屋奉还。因此,在租赁合同中必须对标的物做详细的、区别性的描述。

3. 房屋租赁关系是一种经济要式契约关系

房屋租赁关系是一种经济契约关系,它体现契约双方有偿、互惠互利的关系。同时由于房屋租赁的特殊性,租赁契约必须是要式合同,而且是法定要式合同。我国法律规定,租赁合同必须采取书面形式,而且必须登记备案。

4. 房屋租赁关系不因所有权的转移而中止

在房屋租赁的有效期内,即使出租房屋的所有权发生转移,原租赁关系依然有效,房屋新所有权人必须承担房屋原所有权人在租赁合同中确定的义务,尊重承租人的合法权益。

5. 租赁双方都必须是符合法律规定的责任人

租赁作为一种民事法律行为,对其主体——租赁双方都有相应的法律要求。其表现为:租赁双方必须具有民事行为能力;出租人必须是房屋所有权人或其指定的委托人或法定代管人;要求承租人遵守法律限制承租的要求。例如,我国规定机关、团体、部队及其他企事业法人不得租用或变相租用城市私房,外国人不能租用内销房,等等。

(三) 物业租赁的分类

物业租赁有多种标准,不同标准下,有不同的分类方式。

1. 按房屋所有权的性质划分

按房屋所有权的性质,房屋租赁可分为公有房屋的租赁(简称公房租赁)和私有房屋的租赁(简称私房租赁)。

(1) 公房租赁。公有房屋的所有权人是国家,但在租赁关系中,国家并不作为民事法律主体出现,而是采用授权的方式,由被授权的单位具体管理,按照我国的管理体制,公房又分为直管公房和自管公房。直管公房一般由各级人民政府物业行政主管部门管理,物业行政主管部门作为直管公房所有权人的代表,依法行使占有、使用、收益和处分的权利;自管公房由国家授权的单位即国有企事业单位自行管理,其法律特征就是持有《物业权证》或《房屋所有权证》。

(2) 私房租赁。私有房屋是除公有房屋外的其他所有房屋。私有房屋的所有权人,既包括居民个人,又包括各种类型的企业法人和机构。出租私有房屋,是一种物业资产经营行为。

2. 按房屋租赁期限划分

按房屋租赁期限约定模式的不同,可分为定期租赁、自动延期租赁和意愿租赁。

(1) 定期租赁。定期租赁是物业管理中最常见的租赁形式。它包含确切的起租日期和结束日期,租期可以是一个星期,也可以是若干年。当期限届满,租约自动失效而不需要预先声明,租户必须把物业交还给业主。定期租赁不因业主或租户的死亡而失去法律效力,即所有权益的归属形式不变。因为固定期限租赁有确切的终止日,因此如果业主希望通告租户租约期满搬迁,租约上必须注明截止日期。

(2) 自动延期租赁。自动延期租赁又称周期性租赁,除非租约一方提出要中止合约,否则将自动续约。租约按周、月、年的周期延续,中止通知应与周期对应。租约中止的提前时间可以是一个月到六个月不等。该形式的租赁行为不因租约一方的死亡而失效。

自动延期租赁可由双方根据协议达成,也可依法建立。当物业所有者与承租人之间的租赁行为,在本期租赁期限到期时以相似的租赁条件自动延续时,协议就达成了。许多居住租约既包含定期租赁又包括延期租赁。一般开始于定期租赁(半年或一年),然后转为周期性租赁。

周期性租赁是指按租赁手续所规定的期限已经到期,或租约中未指明租赁期限,租赁者依旧按原来的方式占用物业,并照常按期交纳租金的租赁行为。在这种情况下,实际上租金的交纳周期就自动延续到了下一期限,即如果租金是按月交纳的,则延期也是按月进行的。从物业管理者的权益角度考虑,自动延期的延长期限最好在最初的租约中明确规定下来,如按月自动延续等。

(3) 意愿租赁。意愿租赁就是给租户以时期不确定的物业租用权,意愿租赁的延续依赖双方的意愿。意愿租赁可以未经提前通知而随意中止,但一般的做法是提前以书面形式提出中止租赁的通知。与定期租赁不同的是,意愿租赁关系在双方中的一方死去时自动中止。

当然,还可以按照租赁期限的长短,将租赁划分为短期租赁、中短期租赁和长期租赁。短期租赁是指租期在2年和2年以内的租赁;长期租赁,通常指租期为5年或5年以上的租赁;中短期租赁的租期一般为3~4年,通常由短期租赁延期而来。

3. 按物业租金的内涵划分

物业使用过程中所发生的费用,主要由税费、物业管理费和承租单元内部的能源使用费三部分组成。按照出租人所收取的租金中是否包含上述费用,通常将物业租金分为毛租、净租和百分比租金三种形式。

(1) 毛租。指出租人收取的租金中,包含了上述所有三部分费用,承租人在使用物业的过程中,不需要再另行交纳任何费用。

(2) 净租。指出租人收取的租金中,不包含上述费用中的部分或全部,而不包含的费用,需要由承租人另行交纳。净租通常在长期租赁中采用,租赁时间可达10年以上。净租金有三种形式:第一种形式,租户除向业主支付租金外,还要负担水、电、热、气等能源使用费;第二种形式,租户除了负担第一种中所提及的各项费用外,还要支付物业管理费用;第三种形式,租户除需支付第二种形式中的费用外,还须支付房产税、保险费等固定费用,承担物业维护和修缮等一切开销。

因为承租单元内部的水、电、气、热等资源使用费属于难以控制的变动费用,出租人不愿承担此部分难以估算的支出,因此绝大部分租赁合同中都约定由租户负责支付此费用。习惯上,这种类型的租赁也称为毛租。

(3) 百分比租金。百分比租金通常也称为超出性租金,常用于零售商业物业。此时,承租人除向出租人定期支付固定租金外,还要将其营业额中超出预定数额的部分,按一个百分比交予出租人,作为出租人的百分比租金收入。

大型购物中心或超市常常采用百分比租金。大型购物中心或超市的物业管理者要举办许多特别的展览,来最大范围地吸引潜在购物者。如经常举行新车、帆船或模型等展览来吸引顾客,使人们一旦为看展览而进入购物中心或超市时,就会进入租户的商铺购物,这就构成了一个双赢的局面。百分比租金通常按年度计算兑现,不同承租人支付的百分比与其承租房屋的位置、使用性质以及经营种类和宏观经济环境相关,有时悬殊甚大。

当出租人仅收取百分比租金时,通常要对承租人营业收入的下限做出规定,作为其获得最低租金收入的保障。出租人为了保证其物业在出租过程中获得预期的租金收入,还常在租约中订立有强制收回使用权的条款,该条款就确定了一个租期内租户最低的营业收入下限。当该限度在核算周期中未能达到租约要求时,出租人有权收回物业的使用权。另一种比较公平合理的做法是,当承租人未能完成条款中规定的最低租金时,可以另外追加费用以达到最低租金水平。

4. 其他划分方式

房屋租赁还可以按照房屋的使用用途,分为居住用房租赁和非居住用房租赁。其中,非居住用房租赁又分为办公用房、零售商业用房和生产经营用房的租赁。

此外,房屋租赁也可以按照承租人的性质,分为国内租赁与涉外租赁。涉外租赁是指外国人、外国机构和港澳台同胞及华侨在大陆设立办事机构租赁用房。

(四)物业租赁管理模式

根据业主对物业管理企业委托内容与要求的不同,物业管理企业对物业租赁有不同的管理模式。常见的有包租转租模式、出租代理模式和委托管理模式。不同的管理模式,业主与物业管理企业在物业租赁中各自承担的责任不同。

1. 包租转租模式

(1) 具体做法。物业管理企业在接受业主物业管理委托时,将出租物业全部或部分包租下来;然后负责转租,即物业管理企业再零星出租。

(2) 双方责任及利弊。包租转租模式下,业主不负责物业的租赁,不承担市场风险,只收取包租的租金。包租按惯例在租金上应有所优惠。在租赁市场不景气或不易把握时,业主通常选择包租转租模式,将市场风险转移。

物业管理企业此时既要承担物业的租赁经营,又要负责物业的管理服务工作。它此时除赚取一般物业管理正常收取的管理费用之外,还将从经租活动中获取一定的批零差价。但以固定的租金包租了物业,一旦不能全部将其出租,或空置率过大,将自行承担风险。其关键是批零售价的确定,要充分考虑空置率的影响,避免或减少风险。

2. 出租代理模式

(1) 具体做法。业主全权委托物业管理企业负责租赁活动以及租赁中的管理和服务;物业管理企业只获得代理佣金,代理佣金以租金收入的一定比例收取。

(2) 双方责任与利弊。出租代理模式下,业主同样不负责物业租赁,但要承担一定的市场风险,获取扣除代理佣金后的全部租金收入。在租赁市场活跃时,业主通常选择出租代理模式。此时物业管理企业按委托代理合同,从事租赁活动以及租赁过程的管理和服务。并根据合同承担一定的责任,如管理不善或经租活动失误都将受到惩罚。但风险较少,尤其是房屋空置对业主的影响大,对物业管理企业的影响小。

物业管理企业所获得的收益主要是管理和服务费用。在经租活动中,物业管理企业所得到的只是佣金。虽然佣金多少与经租获利有关,但从性质上分析它得到的仍然是佣金而不是租金。

3. 委托管理模式

(1) 具体做法。业主自己直接负责租赁活动,不让物业管理企业介入;业主只将物业管理服务工作委托物业管理企业负责。这种模式与多业主楼宇物业管理的工作近似,但物业管理企业所面对的不是诸多业主,而是一个业主和诸多承租人。

(2) 双方责任及利弊。委托管理模式,业主负责物业租赁的所有活动,承担全部市场风险,也获取全部租金收入;物业管理企业只负责物业管理和服务,只要没有失职行为就不承担风险。经租中的风险完全由业主承担。因此,经租所获得的利润与物业管理企业无关,它只获取物业管理和服务费用。

(五)房屋租赁的行政管理

为规范房屋租赁行为,加强城市房屋租赁管理,建设部2011年起施行《商品房屋租赁管理办法》。该办法规定,房屋租赁实行登记备案制度,其核心是对合法有效的房屋租赁行为颁发《房屋租赁证》。房屋租赁登记备案制度主要内容有:

1. 房屋租赁登记备案的一般程序

房屋租赁,出租人和承租人应当签订书面的租赁合同。合同签订后,要到当地房地产主管部门登记备案。房屋租赁登记备案的一般程序为申请、审查、颁证三步。

(1) 申请。签订、变更、终止租赁合同的,房屋租赁当事人应当在租赁合同签订后30日内,持有关证明文件到市、县人民政府房地产主管部门办理登记备案手续。申请房屋租赁登记备案应当提交的证明文件包括:书面租赁合同;房屋所有权证;当事人的合法证件;城市人民政府规定的其他文件。出租共有房屋,还须提交其他共有人同意出租的证明。出租委托代管房屋,还须提交委托代管人授权出租的证明。

(2) 审查。房屋租赁登记备案不同于简单的备案,登记本身包含审查的含义。房屋租赁审查的内容主要包括:

① 审查合同的主体是否合格,即出租人与承租人是否具备相应的条件;

② 审查租赁的客体是否允许出租,即出租的房屋是否是法律、法规允许出租的房屋;

③ 审查租赁合同的内容是否齐全、完备,如是否明确了租赁的期限、租赁的修缮责任等;

④ 审查租赁行为是否符合国家及房屋所在地人民政府规定的租赁政策;

⑤ 审查是否按规定缴纳了有关税费。

(3) 颁证。当具备上述所有条件后,可进行登记备案;否则,作为主管部门有权行使否决权,判定租赁行为无效,不予登记。经主管部门审查合格后,准予登记。由房地产主管部门核发房屋租赁证。房屋租赁证是租赁行为合法有效的凭证。租用房屋从事生产、经营活动的,房屋租赁证可作为经营场所合法的凭证。租用房屋用于居住的,房屋租赁证可作为公安部门办理户口登记的凭证之一。未经登记备案的租赁合同是无效的经济合同,只有通过登记的租赁活动,才受法律的保护。

2. **房屋租赁的条件**

公民、法人或其他组织对享有所有权的房屋和国家授权管理和经营的房屋可以依法出租。但有下列情形之一的房屋不得出租:

（1）未依法取得《房屋所有权证》的;

（2）司法机关和行政机关依法裁定、决定查封或者以其他形式限制物业权利的;

（3）共有房屋未取得共有人同意的;

（4）权属有争议的;

（5）属于违法建筑的;

（6）不符合安全、防灾等工程建设强制性标准的;

（7）已抵押,未经抵押权人同意的;

（8）不符合公安、环保、卫生等主管部门有关规定的;

（9）有关法律、法规规定禁止出租的其他情形。

3. **房屋租赁中的违法行为及处罚**

《商品房屋租赁管理办法》规定,有下列行为之一的,由县、市人民政府房地产主管部门对责任者给予行政处罚:

（1）伪造、涂改房屋租赁证的,注销其证书,并可处以罚款;

（2）不按期申报、领取房屋租赁证的,责令限期补办手续,并可处以罚款;

（3）未征得出租人同意和未办理登记备案,擅自转租房屋的,其租赁行为无效,没收其非法所得,并可处以罚款。

二、租赁管理的概念与内容

租赁管理是针对包括写字楼、零售商业物业、出租公寓等在内的收益性物业租赁活动的管理,包括租约签订前、租约执行过程中和租约期满时三个阶段。

租约签订前,租赁管理的主要工作内容包括制定租赁方案与策略、租户选择、租金确定和租约谈判与签约管理。租约执行中,租赁管理的主要工作内容是房屋空间交付、收取租金、租金调整和租户关系管理。租约期满时,租赁管理工作则主要集中在租金结算、租约续期或房屋空间收回管理。租赁管理过程还始终贯穿着物业市场营销工作。

三、租赁方案与策略

租赁方案是对租赁过程中主要事项的安排,租赁策略是为提升物业吸引力而采取的一些特殊手段,两者是贯穿在一起的,在这里并不进行严格区分。租赁方案与策略主要涉及如下内容:

1. 确定可出租面积和租赁方式

在制定租赁方案时,首先需要确定物业中能够对外出租的面积和租赁方式。例如,写字楼内有些面积是业主自用的,零售商业物业中一部分面积是业主自营的,所以需要明确供出租的面积和在物业中的分布,这样才能够对需要吸引的客户数量和规模有所把握。业主对出租人一般会有一定的要求,例如,对于写字楼物业,是整栋出租给一个大租户、分层出租给几个租户,还是出租给散户;对于商业零售物业,是引入几家大型零售企业,还是大小兼顾,在引入主力店的同时吸引一批中小租户。

2. 编制租赁经营预算

预算是租赁管理中租赁方案的核心,预算中包括详细的预期收益估算、允许的空置率水平和经营费用,且这些数字构成了物业资产管理的量化目标。要根据实际经营情况对预算进行定期调整,因为租金收益可能由于空置率的增加而较预期收益减少,此时物业资产管理者往往要就空置率增加的原因进行认真分析。维护费用超过预算一般预示着建筑物内的某些设备需要予以更新。

预算是物业资产管理中财务控制和财务计划的重要工具。其控制特性表现在当收入低于预算或费用超过预算时就会引起物业管理师的注意,而其计划特性则表现在当物业管理师编制预算时能就未来一年的经营计划做出比较现实的安排。此外,检查上年度预算执行情况,也有助于物业管理师发现问题,并在新年度预算中进行适当的调整。

预算还可以使业主较容易地对物业资产管理的财务情况进行检查。当业主发现物业经营收入和费用大大超过预计的水平时,通常会要求物业管理师予以解释,物业管理师则必须负责对实际执行结果背离预算的原因进行说明,并告之业主这种未预计到的情况的发展趋势。所以,一旦提出了一个预算,物业资产管理者和业主之间的经济关系也就确立了,但在双方共同制定预算的过程中,物业资产管理者要努力为业主提出更为完美并切合实际的目标。

3. 定位目标市场

物业租赁所面向的目标市场群体,主要由该物业所处的子市场决定。首先,物业的档次决定了其在该物业类型市场中所处的位置,例如,写字楼分为甲级写字楼、乙级写字楼、丙级写字楼,零售商业物业分为社区级零售物业、区域级零售物业以及城市级零售物业,这实际上已经限定了该物业所处的子市场。在不同的子市场中,需求群体有明显的差异。社区级零售物业内主要是一些便利店和小规模商场,而区域级或城市级零售物业就需要引入一些知名的超级市场或者百货商场,以吸引除零售物业所在社区之外的顾客光顾。

同时,该物业所处区域的商业特征也会影响到租赁对象的构成,例如,在北京中关村地区,零售商业物业主要以电子商场为主,其租户大部分都是批发和零售计算机相关产品的经销商;而在北京西单地区,零售商业物业则以大型商场和小型专卖店为主,租户主要是经销服装、鞋帽、箱包的制造商和代理商。业主的要求也会影响到对目标租户群体的定位。例如,写字楼的业主如果希望该物业成为某一领域的顶尖写字楼,那么就需要吸引该领域知名企业入驻。

4. 确定租金方案

租金方案是租赁管理的核心，十分重要。在租赁方案中就需要对租金水平的确定方式做出指导性的安排。

从理论上来说，租金的确定要以物业出租经营成本和业主希望的投资回报率来确定，但在市场经济条件下，物业租金水平的高低主要取决于同类型物业的市场供求关系。物业管理师还必须了解市场，过高或过低的租金都有可能导致业主利益的损失，因为若某宗待出租物业确定的租金高于市场租金水平，则意味着物业的空置率会上升；而低于市场租金水平的租金，虽然可能使出租率达到100%，但可获得的总租金收入并不一定理想。

对于大型物业管理企业来说，一般较容易确定租金水平或方案，因为它们往往拥有大量类似物业出租的租金数据，使得物业管理师很容易确定物业合适的市场租金水平。当然，为准确判断物业的市场租金水平，需要比较已出租的类似物业和待出租物业的差异，并对已知的租金进行相应的修正，进而求取待出租物业的市场租金水平。例如，对于出租写字楼，其租金水平可能会依下述情况的不同而不同：单元面积大小，楼层，朝向，大厦坐落地点，距商业中心区的距离，装修档次，建筑设备状况，所提供服务的内容，有效使用面积系数，康乐设施完备情况，物业维护措施，等等。

租金方案还会受到出租策略的影响。仍然举出租写字楼的例子，租金水平受下列情况的影响：租期长短和承租面积的大小，租户的资信状况，为租户提供服务的水平，附属设施的收费水平，是否带家具，等等。这里所列的情况并不完全，它仅仅是为了说明出租策略的不同会带来物业租金水平的差异。

对出租期限内租金水平的调整没有数学公式可循，物业价格、租金指数对租金定期调整虽有参考价值，但直接的意义也不大，所以恰如其分地调整租金和形成初始租金方案一样困难。正是由于制定租金方案、调整租金水平非常复杂，才需要物业管理师提供专业的服务。

5. 明确吸引租户的策略

吸引租户的策略可谓多种多样，主要有宣传手段和租约条款优惠等。

为了吸引更多的租户和使物业达到一个较为理想的租金水平，物业管理师需要进行很多市场宣传工作。这种宣传一般围绕着物业的特性来进行，如宣传物业所处的位置、周围景观、通达性和方便性等。一般很少通过强调租金低廉来吸引租户，因为对于经营性物业来说，租金水平相对于物业的其他特性对租户可能并不十分重要。所以一般认为，只要租金相对于其他竞争性物业来说相差不大，则物业的特性和质量是吸引租户的主要因素。通过对大量租户的调查表明，他们选择物业时所考虑的众多因素中，租金是否便宜只占第五或第六位。

物业管理师选定了进行物业宣传的主题后，还要选择适当的宣传媒介。一般来说，对于中低档写字楼物业，选择报纸上的分类广告或物业顾问机构的期刊比较合适；对于大规模的商用物业，还可选择电视、广播来进行宣传。

目前流行的做法还包括物业管理师带领有兴趣的人士前往"看楼"，所以通常要将拟出租部分整理好以供参观。物业本身及物业管理师的工作情况和服务效率给租户留下的第一印象也非常重要。展示物业是一种艺术,它取决于物业管理师对未来租户需求的了解程度,而这种需求信息可通过与租户非正式的接触、问卷调查等形式获取。租户是否租用物业,一般取决于其对目前和未来所提供空间的满足感和所需支付费用的承受能力。

当然,加强市场宣传的最终目的是能签署租赁合约,达不到这个目的,物业管理师的一切努力都将是徒劳的。经验丰富的物业管理师在向潜在的租户展示、介绍物业的过程中,能清楚地从顾客的反应中知晓其是否已经初步决定承租物业,并及时进行引导,尽可能用大众化的语言回答顾客的提问。

租约条款优惠也是吸引租户的好办法。租约条款优惠的形式非常多,且时有创新。例如,给新入驻的租户一个免租期,为租户从原来所租的写字楼迁至本写字楼提供一定的资金帮助,替租户支付由于提前终止与原租写字楼的业主间的租约而需缴纳的罚金或对租户入驻前的装修投资提供资金帮助,允许租户将来扩展空间,等等。在制定优惠方式时,最关键的是把握目标租户的心理,了解到哪些方式最能够让租户感觉到真正的实惠,从而吸引租户签订租约。

四、租户选择

租户选择是租赁管理的核心内容。选择合适的租户,形成最佳租户组合,对于保证经营性物业的现金流收入,从而实现物业价值最大化的目标,是非常关键的。

正像租户选择写字楼非常慎重一样,物业资产管理企业或业主对于选择什么样的租户并长久与之保持友好关系也很重视。虽然相对于居住物业的租户来说,写字楼租户的这些信息比较容易获得(公开的年度财务报告),但如果对这些信息研究不够也可能会给业主或物业资产管理企业带来损害。

在租户选择中考虑的主要准则是潜在租户所经营业务的类型及其声誉、财务稳定性和长期盈利的能力、所需的面积大小及空间组合、其需要提供的特殊物业管理服务等内容。

五、租金确定与调整

对于不同的经营性物业类型,租金确定的原则和调整方法都有差异,这里对其中共同之处做简单介绍。

(一)租金的计算单位和所包含的内容

租金常常以每平方米可出租面积为计算基础,通常有毛租金和净租金之分。当使用毛租金的形式出租物业时,所有的经营费用都应由业主从其所收取的租金中全额支付。然而,许多租户喜欢净租金的形式,也就是说一些物业的经营费用由租户直接支付。而如果业主提供净租金的形式,业主需要明确要支付哪些费用、哪些费用是属于代收代缴费用、哪些费用是按租户所承租的面积占整个物业总可出租面积的比例来收取、哪些费用主要取决于租户对设备设施和能源使用的程度。租户在租金外还需支付的费用项目都要在租约中仔细规定。租户为了保护自己的利益,有时还会和业主就租金外的一些主要费用项目(如公用面积维护费用)协商出一个上限,以使租户对自己应支付的全部承租费用有一个准确的数量概念。

（二）基础租金与附加租金

经营性物业的租金水平，主要取决于当地物业市场的状况（即市场供求关系和在物业周期中处于过量建设、调整、稳定、发展中的哪一个阶段）。在确定租金时，一般应首先根据业主希望达到的投资收益率目标和其可接受的最低租金水平（即能够抵偿抵押贷款还本付息、经营费用和空置损失的租金）确定一个基础租金。

对于写字楼物业，建筑内某一具体出租单元的租金依其在整栋建筑内所处的位置有一定差异。物业管理师在确定各出租单元的具体租金时，常使位置较好的出租单元支付一定的超额租金，用这部分收入来平衡位置不好的出租单元较低的租金收入。对于零售商业物业，租约中载明的租金通常为基础租金，租户可能还要按营业额的一定比例支付附加的百分比租金，这种百分比租金能够将业主和租户的利益联系在一起，使之共同为物业经营效益最大化而努力。

（三）租金的调整

物业市场中供求变化比较剧烈，租金和价格也往往处于波动之中，因此需根据市场状况经常对租金水平进行调整。对于租期较短的租户，可设定一个租金水平，在租期内保持不变，而如果租户需要再次续租，需要按照当时的租金水平重新签订租约。对于租期较长的租户（如3~5年以上），为保护业主和租户双方的利益，需要在租约中对租金如何调整做出明确规定。

六、租约谈判与签约管理

租赁契约中对租户与业主的权利和义务都有具体规定。由于该租约是租赁双方共同签署的法律文件，所以租赁双方都应严格遵守。鉴于租约条款的谈判相当复杂，所以在租约签署前常常有一个很长的谈判周期。物业资产管理企业也常常参与到租约谈判的过程中来。虽然物业资产管理企业一般代表业主的利益，但可以利用其特殊身份，向业主阐明租户的意见，协助租赁双方寻找一些折中方案。

通常情况下，业主和潜在租户可在事先准备好的适用于所有出租单元的标准租赁合约的基础上，针对某一特定的出租单元就各标准条款和特殊条款进行谈判，形成一份单独的租约。谈判中双方关注的其他问题包括租金及其调整、所提供的服务及服务收费、公共设施如空调和电梯等使用费用的分担方式、折让优惠等。

在零售商业物业的租约条款中，除了上述一些关键点外，需要对下述几个特殊问题做出具体规定：关于每一独立承租单元的用途，限制经营内容相似的租户，限制租户在一定地域范围内重复设店，营业时间，公用面积的维护，广告标志和图形，等等。

七、租赁管理中的市场营销

市场营销的主要目的是为了吸引潜在的租户，以获取一个理想的出租率。物业管理机构常被业主聘请为租务代理,对于一些大型的专业化物业管理企业来说,也常常设置市场营销部门,独立或配合物业代理机构,负责物业的市场营销工作。然而,不论市场营销人员从何而来,他们必须熟悉当地相关类型的物业市场,并在此基础上制定一个有效的市场宣传计划,采取一系列有效的营销手段,来影响潜在租户的寻租行为及其承租决策,进而达到提升物业租金、提高入住率的目的。

租户由于大都需要投入一笔数量可观的资金用于装修,且其在当前承租的物业内已建立起了广泛的业务联系,所以一般不愿意频繁更换办公或经营地点;如果由于业务拓展等原因必须更换时,也会希望在其新的办公或经营地点能保持较长时间的稳定。由于不愿经常更换办公和经营地点,又由于历时数载的长期租约会令租户支出成百上千万元的租金,所以市场营销人员常常采取主动出击的策略,即主动与潜在的租户直接接触,以保持物业较高的出租率。当然也不能忽视广告宣传的作用。

进行主动的市场营销工作,首先就要有了解潜在租户的信息渠道。一般说来,企业的年度报告往往能为市场营销人员提供有关该企业扩展经营规模、设立新的分支机构等信息,有关租赁登记的信息则能显示哪些公司的租约将要到期。

在对物业进行市场营销工作的过程中,最关键的就是要告诉潜在的租户,如果租住本物业,不仅能够顺利地开展其经营活动,而且其所要支付的租金物有所值。市场营销人员通常从四个方面来宣传其所推广的物业:

(1)价格优势。企业都会不断地为提高其盈利水平而努力。如果市场营销人员能够向其表明物业在租金上具有竞争力,能显著地减少其经营成本支出,同时又能满足其业务发展的需要,适合其经营的内容及特点,则肯定会引起这些公司的兴趣。

(2)物业本身的素质。租户非常重视其所承租物业所处位置的交通通达程度、公用设施的完备情况及使用成本、为租户提供的服务内容及收费标准、物业管理水平的高低、建筑室内空间布置的灵活性和适应性等。例如,就写字楼物业而言,随着办公自动化水平的迅速提高,许多企业希望在新的写字楼内添置更多的现代化办公设备,以提高其办公效率和工作水准。如果市场营销人员能够向潜在的租户表明其所推销的写字楼能满足客户的这些需求,则很可能会使潜在的租户变为现实的租户。

(3)良好的声誉。就商业价值而言,声誉是一种可以推销的商品。声誉良好的物业的租金肯定会比较高,但也会使租户的商业机会增加,从而大大提高其营业额,而这会使物业租金在租户的毛经营收入中所占的比例下降。此外,声誉良好的物业也能给高素质的职员带来一种成功感,这非常有利于租户吸引优秀人才。

(4)经济实用。对于一些中小型租户来说,物业的豪华程度和优越的地理位置并不一定是其选择物业时要考虑的主要因素。例如,当通货膨胀严重或商业活动处于低潮时,一些大型租户也会为了控制成本支出而不再过分追求高档次的写字楼。这时,市场营销人员宣传物业空间的经济实用,就显得非常重要。

八、房屋租赁合同

(一) 房屋租赁合同的概念和法律特征

1. 概念

房屋租赁合同是出租人与承租人签订的,用于明确租赁双方权利义务关系和责任,以房屋为租赁标的的协议,是一种债权合同。租赁是一种民事法律关系,在租赁关系中出租人与承租人之间所发生的民事关系主要是通过租赁合同确定的。因此,在租赁中出租人与承租人应当对双方的权利与义务做出明确规定,并且以文字形式形成书面记录,作为出租人与承租人关于租赁问题双方共同遵守的准则。

经营性物业的物业管理者一般有出租物业的责任,尽管这种责任根据业主的不同要求会有变化,如有一些物业管理者可能是唯一的出租代理,而另一些则可能与外界独立的物业经纪人共同承担责任。物业管理者应熟悉房屋租赁的相关法律及租赁合同的基本条款,以便有效地管理。

2. 法律特征

(1) 房屋租赁合同是双务合同。双务合同是指合同当事人都享有权利和负有义务的合同。这类合同的每一方当事人既是债权人又是债务人,而且互为等价关系,即双方各自享有的权利和负有的义务,正是对方应尽的义务和享有的权利。双务合同的主要意义在于合同的履行,即任何一方在自己未履行合同义务的情况下,无权请求对方履行义务而自己却只有权利,否则就变成了单务合同。

(2) 房屋租赁合同是有偿合同。有偿合同是指当事人享有合同规定的权利时必须付出代价的合同。有偿合同大多数是双务合同。区分有偿合同与无偿合同的法律意义在于确定当事人履行合同义务时应达到和完成的程度及违约责任大小。一般而言,有偿合同义务的履行,其完成的程度要高于无偿合同,有偿合同义务人的违约责任比无偿合同义务人的违约责任要重。

(3) 房屋租赁合同是诺成合同。诺成合同是指当事人意思表示一致即告成立的合同。而虽然当事人意思表示一致,但还须交付标的物,合同才能成立的,称为实践合同。这种法律上的分类,主要用于确定合同成立的时间。房屋租赁合同是诺成合同,一旦签署,就告成立,而无须出租人腾出空房子或承租人占有房子才算合同成立。

(4) 房屋租赁合同是要式合同。要式合同是相对非要式合同而言的。凡要求有特定形式和履行一定手续的合同称为要式合同,否则为非要式合同。要式合同由法律直接规定的,称为法定要式合同;法律无明文规定的,只是当事人约定必须履行特定方式和手续的合同,称为约定要式合同。房屋租赁合同是法定要式合同。房屋租赁当事人应当签订书面租赁合同。合同签订后要到当地房地产主管部门登记备案,否则,租赁行为法律不予保护。

(5) 房屋租赁合同是继续性合同。房屋租赁当事人双方的权利与义务,均与合同的存续期间相关,时间是合同的基本元素,因而房屋租赁合同属于继续性合同。

（二）房屋租赁合同的基本条款

1. 当事人姓名或者名称及住所

租赁合同是物业权益的转让证书。它必须包括租赁双方的姓名并且有承租人和业主或者业主授权代表的签名。如果租赁当事人是一个组织或公司，则必须有该组织或公司的名称并有该组织或公司的被授权代表签名及公章。当事人的住所也是租约的必要要素之一，法律上判定租赁当事人之间的有关通知的送达都是以租约上的地址为准。

2. 房屋坐落、面积、装修及设施状况

（1）该条款是对出租物业的描述。如果出租物业包括了土地，则在合同中必须有精确的法律描述。如果出租物业只是一幢大楼的一部分，则写明大楼的地址及房间号码已足够。

（2）对于商业铺面，最好是除了地址、号码的描述以外，还必须有承租人对使用公共部位如电梯、楼梯、大厅、停车场位置以及走廊等处的使用权的描述，除此以外还要有一张表示铺面位置的平面图附在租约后。

（3）物业描述中可能规定了对租赁空间的间隔、装饰、设施方面的要求以及费用的分担方法。有时这些具体的要求会使租约显得冗长而复杂，这时租赁双方可另立一个补充合同作为正式合同的有效附件。

3. 租赁用途

租赁用途是租赁合同中的一个重要条款，是指合同中规定的出租房屋的使用性质。承租人应当按照租赁合同规定的使用性质使用房屋，不得变更使用用途，确需变动的，应当征得出租人的同意，并重新签订租赁合同；承租人与第三者互换房屋时，应当事先征得出租人的同意，出租人应当支持承租人的合理要求。换房后，原租赁合同即行终止，新的承租人与出租人应当另行签订租赁合同。

这是在写字楼和工业物业租约中非常流行的一条限制性条款，用于限制承租人使用房屋时只能用于一般租约规定的用途，而不能用于其他目的。这些限制条款的用词必须清楚和不含糊，因为法院是根据限制条款的含义来解决任何争端的。如果没有书面的限制性条款，承租人可以将房子用于任何合法的用途。对于多用户大楼来说限制房屋用途的另一方法是制订"大楼管理规则"，它规定了更为详细的处理日常事务的方法，如承租人如何使用公共场所、停车场和大楼的运营时间。这些规则是为了保护物业的良好状态，维护物业的声誉和安全以及促进所有承租人的和睦协调关系而设计的。

4. 租赁期限

作为严格的租赁行为，必须有明确的租赁期限。租赁期限的表达应该完整、明确，写明开始和终止日期，并说明整个期限的时间长度。

（1）出租人应当按照租赁合同规定的期限将出租房屋交给承租人使用，并保证租赁合同期内承租人的正常使用；租赁期满后，出租人有权收回房屋；出租人在租赁合同期满前需要收回房屋时，应当事先征得承租人同意，并赔偿承租人的损失；收回住宅用房的同时，要做好承租人的住房安置。承租人有义务在房屋租赁期满后返还所承租的房屋。如需继续租用原租赁的房屋，应当在租赁期满前征得出租人的同意，并重新签订租赁合同。

（2）在实践中有一些未定租赁期限的租赁合同。未定租赁期限，房屋所有人要求收回房屋自住的，一般应当准许；承租人有条件搬迁的，应当搬迁，如果承租人搬迁确有困难的，可给予一定期限让其找房或腾退部分房屋。

（3）在写字楼等经营性物业租赁时，租赁期限的条款中常常涉及续租的优先权条款。此条款给予承租人在规定的条件下，有权续约一段时间。优先权条款一般都规定了承租人提前通知的时间要求，也规定了通知形式、递送方式、通知接受人、续约的期限以及租金等。

（4）在某些租约的租赁期限条款中还常常包含了允许承租人在支付罚金后可提前终止租约的内容。有的租约中还规定有在租约期限到期后给予承租人优先购买该物业的权利。

5. 租金及支付方式

租金标准是租赁合同的核心，是引起租赁纠纷的主要原因。租赁合同应当明确规定租金标准及支付方式。同时租金标准必须符合有关法律、法规的规定。出租人除收取租金外，不得收取其他费用。承租人应当按照合同规定交纳租金，不得拒交或拖欠，承租人如拖欠租金，出租人有权收取滞纳金。

6. 房屋的修缮责任

租赁双方必须在租赁合同中明确列出各自的修缮责任。

出租住宅用房的自然损坏或合同约定由出租人修缮的，由出租人负责修复。不及时修复，致使房屋发生破坏性事故造成承租人财产损失或者人身伤害的，出租人应当承担赔偿责任。

租用房屋从事生产、经营活动的，修缮责任由双方当事人在租赁合同中约定。

房屋修缮责任人对房屋及其设备应当及时、认真地检查、修缮，保证房屋的住用安全。修缮责任人对形成租赁关系的房屋确实无力修缮的，可以与另一方当事人合修，责任人因此付出的修缮费用，可以折抵租金或由出租人分期偿还。

租赁合同中还应说明，如果房屋在租赁期内被出售，业主的责任在出售之日结束，除了承担将保证金归还承租人或转移给新的业主的责任以外，其他责任均由新的业主承担。

7. 转租的约定

房屋转租，是指房屋承租人将承租的房屋再出租的行为。承租人经出租人同意，可以依法将承租房屋的部分或者全部转租给他人。出租人可以从转租中获得收益。这里需要注意的是，承租人在租赁期限内，如想转租所承租的房屋，在符合其他法律、法规规定的条件下，还必须征得房屋出租人同意，在房屋出租人同意的条件下，承租人可以转租给他人。

房屋转租，应当订立转租合同。转租合同除符合房屋租赁合同的有关规定之外，还必须在合同中有原出租人书面签字同意，或有原出租人同意的书面证明。转租合同也必须按照有关规定办理登记备案手续。转租合同的终止日期不得超过原租赁合同规定的终止日期，但出租人与转租双方协商约定的除外。转租合同生效后，转租人享有并承担新的租赁合同规定的出租人的权利和义务，并且应当履行原租赁合同规定的承租人的义务，但出租人与转租双方另有约定的除外。

转租期间，原租赁合同变更、解除或者终止，转租合同也随之相应地变更、解除或者终止。

8. 变更和解除合同的条件

租赁合同一经签订,租赁双方必须严格遵守。在符合法定条件和程序的情况下,允许合同的变更与终止。

变更或者解除租赁合同,使一方当事人遭受损失时,除依法可以免除责任的以外,应当由责任方负责赔偿。

(1)房屋租赁合同的变更。根据法律规定,凡发生下列情况之一的,可以允许租赁合同的变更:

① 因租赁一方当事人更名,房屋产权发生转移,承租人家庭分户或承租人死亡、迁移,均可变更合同。

② 因出租房屋面积的增减、附属物的增减等,也可变更合同。

③ 因租赁双方约定改变租赁房的用途或增减房屋用途,均可变更合同。

④ 租金的增减或支付方式的改变可导致协议更改。

⑤ 由双方约定,改变租赁期限或者期限长短。

(2)房屋租赁合同的终止。合法租赁合同的终止一般有两种情况:一是合同的自然终止;二是人为终止。

① 自然终止。租赁合同自然终止的情况包括:租赁合同到期,合同自行终止,承租人需要继续租用的,应当在租赁期限届满前3个月提出,并经出租人同意,重新签订租赁合同;符合法律规定或者合同约定可以变更或解除合同条款的;因不可抗力致使租赁合同不能继续履行的;当事人协商一致的。

② 人为终止。人为终止主要是指由于租赁双方人为的因素而使合同终止。一般包括无效合同的终止和由于出租人与承租人的人为因素而使合同终止。对于无效合同的终止,合同法规中有明确的规定。

由于租赁双方的原因而使合同终止的情形主要有:将承租的房屋擅自转租的;将承租的房屋擅自转让、转借他人或私自调换使用的;将承租的房屋擅自拆改结构或改变承租房屋使用用途的;无正当理由,拖欠房屋租金六个月以上的;公有住宅用房无正当理由闲置六个月以上的;承租人利用承租的房屋进行违法活动的;故意损坏房屋的;法律、法规规定的其他可以收回的。

对于承租人的上述行为,出租人除终止租赁合同、收回房屋外,还可索赔由此而造成的损失。

9. 租赁双方的权利与义务

(1)出租人的权利与义务。

出租人的权利,包括以下几个方面:

① 有按期收取租金的权利。租金收入是实现房屋价值和房屋修缮资金的来源。按照合同规定的租金标准收取租金是出租人的一项基本权利。对租金拖欠者,要收取滞纳金。随着房屋条件与市场行情的变动,出租人在遵守合同条款的前提下有权对租金进行调整。

② 有监督承租人按合同规定合理使用房屋的权利,包括对改建装修、转租的否决权。承租人在使用房屋过程中,不得擅自拆改、私搭乱建、损坏房屋结构和附属设备,不得擅自改变房屋使用性质。承租人也不得利用承租房进行非法和损害公共利益的活动。出租人有权制止承租人的违约和违法行为,并要求恢复原状或赔偿经济损失。

③ 有依法收回出租房屋的权利。房屋定期租赁的,在租赁期满后,出租人有权收回;不定期的,出租人要求收回房屋自住的,在安排了承租人的搬迁后,一般应当准许。承租人如有违约、违法、无故长期空置、拖欠租金等情况出现,出租人有权提前收回房屋。如承租人拒不执行的,可以诉请人民法院处理。

④ 有向用户宣传、贯彻执行国家房管政策和物业管理公约、管理规定等权利。出租人有权制止承租人违反国家和地方政府的有关管理规定的行为,也有权制止违反物业管理规定,如绿化、消防、安全等规定的行为。

出租人承担如下义务:

① 有按照合同规定提供房屋给承租人使用的义务。出租人应当依照租赁合同约定的期限将房屋交付承租人,不能按期交付的,应当支付违约金,给承租人造成损失的,应当承担赔偿责任。

② 有保障承租人合法使用房屋的义务。房屋一旦出租,就是向承租人诺成移交占有权和使用权。在正常使用范围和期限内,出租人不得干预、擅自毁约。

③ 有保障承租人居住安全和对房屋装修、设备设施进行正常维修的义务。如无力修缮,可与承租人合修,费用可以租金折抵偿还。

④ 有组织租户、依靠群众管好房屋,接受租户监督,不断改进工作的义务。

(2) 承租人的权利与义务。

承租人的权利,包括以下几个方面:

① 有按照租约所列的房屋、规定的用途使用房屋的权利。

② 有要求保障房屋安全的权利。对非人为的房屋与设备损坏,有权要求出租人维修、护养。

③ 出租房屋出售时,有优先购买权。

④ 有对物业管理状况进行监督、建议的权利。

⑤ 经出租人同意有转租获利的权利。

承租人的义务,包括以下几个方面:

① 有按期交纳租金的义务。

② 有按约定用途合理使用房屋,不得私自转租、转让他人的义务。

③ 有维护原有房屋及爱护使用、妥善保管的义务。

④ 有遵守有关法律法规和物业管理规定的义务。

10. 当事人约定的其他条款

租赁合同中,当事人可根据各自的情况和要求以及市场情况商定一些双方同意的条款,例如:

（1）税收与保险费的分担。当今各国,越来越多的租约中包括一个"税收分担"的条款。这个条款要求承租人除了支付租金外,还要按一定的比例分担任何税收的增加(如物业税)。很显然这种税收分担条款对出租人的投资是极有价值的保护。保险费的分担也是类似情况。

（2）改建的规定。通常,大多数租户的改建被认为是固置物而成为物业的一部分,在租赁结束时改建就作为物业不可分割部分归出租人所有。为了避免日后的麻烦,租约中可规定:①承租人的改建必须经出租人书面同意。②必须明确改建后新增部分的归属。③必须明确改建费用的承担。一般来说改建费用是由承租人承担,但有时出租人对那些有利于提高自身物业价值的高档改建也会同意承担部分费用。在这方面出租人或物业管理者要尽可能将改建认定为满足承租人本身额外的需要,从而可避免承担相应的费用。④用于经营的固置物的处理。一个商业或工业承租人可以有权设置用于经营的固置物,如招牌、灯箱等。一般将这些与经营联系在一起的固置物看作承租人的财产,可以在租约结束前或结束时移走,但是建筑要恢复到租户搬进来时的状况。条款的用词在允许承租人移走经营固置物时是很关键的。一些租约规定物业必须恢复到"租户搬进来时的状况",而另一些却要求恢复到"这个租约开始的情况"。这些词语上的微小差别可能会对出租人有很大影响。如经过几个续约期的长期租户的情况,承租人在第一个租约期安置了固置物,然后在第三个租约期内移走了,如按恢复到"这个租约开始的状况",承租人被要求修复的仅是第三个租期内所做的改动,而第一、二个租期内做的改动就可以不包括在内。此时出租人(业主)就须自己承担这些修复费用。

（3）保证金。一般租约要列出保证金的数量和种类,什么条件下应进行补充,保证金的使用方法,以及保证金利息的归属。有关保证金,各地规定不同,物业管理者应注意当地有关保证金的规定。

九、租赁关系管理

租赁管理不仅仅限于设定租金、吸引和选择租户、谈判和签订租约,当租约开始实施之后,如何在租赁期内保持与租户的良好关系,进行充分的交流沟通,从而建立起租户对本物业的忠诚度也是至关重要的。这实际上就是客户关系管理(CRM)在经营性物业租赁管理中的实际应用。

在租赁管理中实施 CRM 主要涉及以下一些方面的工作。

1. 建立详细的租户档案

物业资产管理企业应准确建立租户档案,包括租户姓名或单位名称,该单位的具体情况,所租用空间的编号、租用面积、装修情况、租约条款、租赁开始日期、使用的公用部位、公用物业/场地、公用设施等资料,还可包括一些特制的反映租户对物业需求的信息。租户档案需实现实时更新,以反映租户更替、租约变化等情况。该租户档案是物业资产管理企业实施 CRM 的基础,也是 CRM 系统的基础。

2. 租赁期内的服务

在租赁期开始后,应将租户针对物业的个性化服务请求及时传达给在 CRM 系统的客户服务中心,客户服务中心应及时记录,包括问题描述、问题范围与程度、问题状态、问题处理优先级等。在 CRM 系统内设立知识库,便于服务人员查找疑难问题解决方案,同时客户服务中心应及时指派或调度工作任务,任务完成后服务人员需记录对客户资产的维护与处理情况并反馈给客户服务中心。客户服务中心还应从租户那里获得对服务的评价,对服务中的问题进行及时改进,提高租户的满意度。

3. 租金交纳的管理

按租约规定收取租金是租赁管理中的一项重要工作。租金收取的情况应实时反映在 CRM 系统中,包括客户是否按时交纳租金、哪些客户未履行义务、拖欠租金的情况;客户是否按时交纳代收代缴费用,哪些客户未履行义务,拖欠情况如何。物业资产管理企业中负责收缴租金的人员应按照 CRM 系统中的信息,执行租金催缴工作,同时将催缴结果及时反馈至系统中。对于由于资金周转存在暂时困难而无法按时交纳租金的租户,收缴租金人员可在 CRM 系统中获取该租户情况,如果该租户交纳租金的历史记录良好,一般可以给予一定的宽限期。

4. 数据统计与分析

CRM 系统拥有大量客户关系管理的有价值的信息,物业资产管理企业应定期对这些信息进行统计分析,为企业设计和优化业务流程,识别不同租户的价值差别化和需求差别化,从而针对不同租户采取不同的服务方式提供信息支持。统计分析可以包含的内容有:

(1) 统计租赁期内租户所要求的服务项目的主要类型,不同服务项目被要求的频率,各种服务项目的解决方案,租户对服务的满意程度。分析不同租户的需求差异,提高租户的满意度。

(2) 统计各租户租金交纳历史情况,是否按时交纳,拖欠期的长短如何。分析各种类型租户的资信状况,为未来选择租户提供依据。

5. 个性化服务

通过数据统计与分析可以得到租户差异性需求的信息,即哪种服务能够给某类租户带来最大化的效用。根据这些信息,物业资产管理企业可以为租户提供差异性服务,提高服务的价值;同时在再次吸引租户和与租户签订租约时,根据不同的租户类型设置最具有吸引力的条款,使租约的价值最大化。

第四节 招商管理

招商管理是物业资产管理的重要内容。招商是商业地产收益的实现环节,它的成功与否或完成质量的高低,决定了项目的成败和市场价值。

一、收益性物业招商管理的重要性

招商工作是商业战略实践的发动机。招商是一个对建筑、规划、日后的运营都产生决定性作用的中心因素。因此,相对于其他环节和方面来说,物业资产管理企业更重视招商这个环节的作用,并将招商这个软件环节置于所有硬件环节之上,视为商业实践活动的中场发动机。

1. 招商必须先于建设

国外成功的购物中心奉行的观点都是"招商先于建设",即只有在主力店招商完成了80%以后,才开始进行整体设计工作。

相反,如果是主力店确定不了,那么后续的工作就没有办法做,这样做的出发点是为了减少风险,提高商业的利用率,并据此设计出最有特色和最有可行性的方案,同时也有效地避免了盲目规划设计后削足适履类事件的发生。美国商业地产开发者在建设购物中心以前,就和入驻购物中心的零售商有非常充分的沟通,了解零售商的需求,签订合同以后才开始建设购物中心。商业专家们认为,把购物中心建好后再等待零售商来租赁是有风险的,只有在出现5个左右的零售商同时竞争一个购物中心的时候,才可以获得比较大的盈利空间。

2. 招商决定着经营成效和建筑风格

招商的成效如何,不仅影响项目的建筑,也影响着项目的装修风格、策划思路和可持续经营的成败。如果项目是在建成后开始招商的,可能要为了适应招商而修改建筑的结构。如果项目是招商先于设计的,则建筑的结构和框架就需要根据商家的要求、功能而进行设计,在这个层面上,可以说是建筑围绕着商家转。此外还有装修风格、策划思路等,在这个层面上,招商这个环节真正起到了牵一发而动全身的作用。

尤其重要的是,招商的成果是商场经营成败的关键。在商场招商中,引入什么类型的商家?商家拥有多大的竞争力和发展前景?这些商家能否适应当地的商业环境和经济发展水平?所有种种因素,都将对商场的可持续经营产生决定性的影响。

一个成功的商业物业招商固然不可能一蹴而就,但绝对应该在招商开始之前就进行全面和富有远见的考虑,少走弯路,避免重大招商和经营战略的被动调整。

3. 招商应顾及城市区域商业业态

每一座城市的商业生态是不尽相同的,而在同一城市内消费结构和辐射力又各有不同,因此对项目的商业生态环境进行专业而深入的研究后,再进行项目的招商其实是一种必需。以广州为例,如果一个购物中心需要引入一家百货公司,那么绝不应该粗放型地以为引入一家百货公司就行了。如果项目是位于荔湾区,项目引入是一家诸如友谊之类的精品百货公司,那从荔湾区较弱的消费基础就可以判断——风险很大。因此,即使是同一座城市,不同的区域之间,商品的消费结构和人均购买力都是有区别的,这就需要在招商的过程中对项目进行区别对待。

不同的城区,不同的消费环境,招商的对象就有所不同。即使是同一家百货公司,经营品牌之间也存在着档次和消费级别的不同。商业地产项目的招商方案往往要根据具体情况确定,需要专业的商业顾问公司提供量身定做的商业解决方案。

在专业细分的时代,物业资产运营管理已经成为一门专业,管理人员凭借其专业经验,给予商业地产商一些与原来不同的思路和建议,深度参与项目开发建设的整个过程。

二、收益性物业招商原则

商业地产是典型的收益性物业,对于商业地产商来说,有效开展商业地产的招商活动是商业地产项目成功的关键。根据商业地产的特征以及运营模式,商业地产的招商有如下十大原则。

1. 维护商业地产业态的经营黄金比例

零售:餐饮:娱乐=52:18:30,这是商业地产项目不同业态经营管理的黄金比例,此比例特别适用于超大型综合性的购物中心。招商时必须维护和管理好这个经营比例。譬如广州天河城、正佳广场和上海的虹桥购物中心乐园就是大致按照这个比例来招商的。成功的商业项目的经营规划基本按这个比例划分,大致按照这个比例招商的大型购物中心项目被看好。

2. 维护商业地产项目主题形象、品牌特征的统一性

商业地产项目的物业形式一般呈现多样化特征,尤其是购物中心,更是一种多业态组合的商业组织模式,但这绝不是一个无序的大杂烩,而应该是拥有明确经营主题和巨大创造力的品牌形象企业。招商要始终注意维护和管理好已确定的经营主题和品牌形象。

例如,广东佛山东方广场,其经营主题就很明确:"国际旅游观光。"物业资产经营者一定要注意管理和维护好这个主题。

3. 招商目标要能够在功能和形式上同业差异、异业互补

同业差异是指市场有一定承受力,不能盲目招同一品类的店。异业互补的目的就是要满足顾客消费的选择权,并能让顾客身心体验变化,提高其消费兴趣。

以百货、超市为例,百货和超市因为经营的品类不同,所以可以互补;让顾客逛购疲劳的零售店与让顾客休息放松的餐饮店可以互补;等等。在这方面做得比较成功的购物中心有香港的太古广场、广州的天河城广场等。

下面是一个一般意义上的购物中心招商目标分布列表:

(1) 零售设施。
① 核心主力店:百货、综合超市等。
② 辅助主力店:时装、电器、家居、书店、音像店等各类专业店。
③ 配套辅助店:不同地区商品特色店。

(2) 文化娱乐设施。
① 核心主力店:动感影院、科技展览等。
② 辅助主力店:儿童乐园等。
③ 配套辅助店:艺术摄影、旅行社、网吧等。

(3) 餐饮设施。

① 核心主力店：中餐、咖啡西餐、美食广场、酒吧等。
② 辅助主力店：快餐类、风味小吃类等。
（4）配套服务设施：宾馆、写字楼、银行、邮局、诊所、美容美发、停车场等。

4. 按照规划定位决定不同的经营方式

商业地产的主要经营方式基本有三种：自营、联营和租赁。

以购物中心为例，购物中心是一个以零售为主的商业组织形式，而零售是一个精细化管理的产业，精细化管理要求管理者加强经营控制力度；另外，相对于非主力零售商户的招商条件，核心主力零售店必须引入知名度高的大商家，因此，核心主力零售店的招商较困难且招商条件放得较宽，造成核心主力零售店的提成或租金收入偏低。

购物中心的发展商以前不管是房地产商抑或是零售商，在条件容许的情况下，核心主力零售店尽量自营一部分或全部，这样可以加强经营控制力度，有利于购物中心长期经营；可增强其他商户与之合作的信心；可以提高非主力零售店的提成或租金收入。而招非主力零售商尽量以联营为主、租赁为辅，这样也可以增强发展商对购物中心的整体控制力度。

这种选择原则不仅是零售精细化管理的要求，也符合购物中心长期经营性的特点，更能帮助发展商创出购物中心的品牌来。对于餐饮、娱乐经营来说，这个原则也基本适用。在这方面做得比较成功的购物中心是菲律宾 SM 连锁超级购物中心（多次获得"亚洲最佳管理奖"）。

5. 核心主力店先行招商

招商应遵循核心主力店先行、辅助店随后，零售购物项目优先、辅助项目配套的原则。

大型商业物业租赁对象并非是直接的购物消费者而是大型商家，特别是主力店。因此，寻找主力店也是开发商或管理商的首要工作，主力店对卖场的面积、停车位的面积、货架的陈列、空间的高度等都有一系列要求，如果在做设计时不符合这样的要求，那么项目开发越深入，后期招商的困难就越大。因此，必须按照主力店的要求进行规划设计。同时，主力店的成功进驻，也能带动中小店的招商工作，一般情况下，知名品牌的主力店的成功经营，可以吸引更多的消费人群，从而促进中小店的销售。

由于主力店和中小店的招商时间段不一致，主力店招商时间长，应安排在建筑设计之前，而中小店的招商时间相对短些，一般安排在开业前的几个月进行。

另外核心主力店对于人流也起着关键的作用，其布局直接影响到购物中心的形态。购物中心特别是大型购物中心的核心主力店适合放在经营轴线（或线性步行街）的端点，不宜集中放置在中间，这样才能达到组织人流的效果。

6. 特殊商户实施招商优惠

"以点带面，特色经营"是商业物业特别是超大型综合性购物中心的经营特点。特殊商户是指具有较高文化、艺术、科技含量的经营单位，对它们给予优惠政策，邀请其入场，能够起到增强文化氛围、活跃购物中心气氛的作用。例如，深圳华侨城 O'MALL 购物中心就专门邀请三百砚斋展示中国的砚文化。当然特殊商户的经营范围要与购物中心的经营主题及品牌形象吻合。

7. 统一招商的"管理"要充分体现和强调对商户的统一服务

统一服务包含统一的营销服务、统一的信息系统支持服务、统一的培训服务、统一的卖场布置指导服务、统一的行政事务管理服务、统一的物业管理服务等。"统一服务"不但要体现在思想上和招商合约中，更要体现到后期的管理行动中，通过"统一服务"体现出购物中心的品牌与特色来。

8. 开发、设计、使用完善的信息系统，为商户和顾客提供便利

商业地产项目必须建立完善的信息系统，以便在招商时就能够承诺对顾客与商户提供信息技术支持服务，最终能为顾客与商户提供便利。商业物业作为一个以零售为主的商业组织形式，更需要精细化管理，当然餐饮、娱乐经营也需要精细化管理；而精细化管理需要用数字说话；统一的信息系统就能提供决策者、管理者想要的数字以及用数字数据为顾客与商户服务。建立统一的信息平台，进行精细化的管理，不但能够为顾客提供统一收银、消费一卡通等便利服务；还能为广大签约商户提供丰富准确的顾客信息和市场信息，甚至提供更详细的经营信息，譬如零售商品单品进销存信息等；更能为商业物业自身提供布局疏密度、品项搭配、人员配置、商户业绩等经营信息，便于购物中心进行分析后对于经营场地（稀缺资源）进行再分配。商业物业的招商管理是一个无限循环的工作，这都需要信息系统的分析支持。

另外，不同商业物业类型具体的招商管理还要根据各自不同的地域、不同的商圈、不同的经营主题、不同的品牌形象、不同的特点等来做各自不同的调整。开业前统一招商工作完成后，后续的工作就特别强调服务意识。

后期工作主要包括统一商户管理、统一营销、统一服务监督和统一物业管理。

9. 招商进程根据市场情况动态调整

在招商策划方案开始实施后，招商的实际进程并非能够完全按照策划方案所述的进行，市场毕竟是不断变化的。招商必须面对三个方面的变化：一是项目竞争对手的变化；二是招商目标开店计划的变化；三是项目目标消费群的变化。一旦市场发生变化，招商目标和实施细节肯定要做出适当的调整。

招商政策的制定也需要随市场的变化做相应的调整，特别是租金和租金递增率这些比较敏感的指标。另外，对于可能有助于整个项目招商的特殊品牌，应采取更优惠的招商政策。

10. 采用长线经营的原则

因为商业物业经营具有长期性的特点，为使项目适合市场的需求和竞争环境，可采用低租金起点的做法，项目开业后，通过市场推广力度的递减和租金的递增，使整个商业物业的整体价值逐步最大化。

商户租赁的目标就是获取未来不确定的收益，开发商或管理商有必要在项目起步之际，用实际行动支持商户，降低开业后的商铺换租率，为项目良好持续经营创造条件。

三、商业地产项目招商管理的主要环节

（一）主力店招商

成功实现主力店招商是项目整体成功的关键。

1. 主力店对商业项目运营影响至关重要

在招商过程中,最关键的因素就是确定主力店。一个成功的主力店进驻,将为项目带来巨大的品牌效应,减少招商成本,缩短招商时间,使项目尽快进入经营轨道。

主力店进驻商业地产项目之后,将可能出现两种情况:第一种情况就是成功运营,一荣俱荣;另一种情况就是运营失败,一损俱损。

如果主力店失灵,或者经营不善,那么项目应该怎么办呢?大多数项目显然缺乏应对这一变化的考虑。主力店经营不善,最终的结果只能是撤场。主力店一旦撤场,对其他散户的影响是巨大的,从而连带地产生了整个商业经营体系的崩溃。原来设想将主力店引入,是要利用主力店旺场的,没想到运用不当的结果却走向了反面。

主力店经营不善而撤场对市场、商户造成的信誉损失难以弥补。因主力店经营不善而让整体商业几近崩溃的案例并不鲜见,如广州珠江新城广场,2001年下半年开始招商,成功引入北京华联超市、上海好美家建材超市等主力商家,拟将其打造成以建材、家居、生活为主题的大型购物中心,然而最后经营的结果却不尽如人意。2003年,北京华联超市由于经营困难而自动撤场,在北京华联超市撤场前前后后一段时间内,原先招入的建材、家居、生活等经营商户相继离去,使珠江新城广场的商业经营体系几近崩溃,最后仅剩下上海美好家建材超市和为数极少的商家仍在经营。由此可以看出,由于主力商家撤场而引起的商业经营危机,其后果是非常严重的。

2. 主力店招商并不能解决所有商业难题

主力商家并不能解决所有问题。如果项目本身存在问题,则主力商家的引入并无助于问题的解决。同样,任何主力商家都有可能失败,都有可能因经营不善而撤场。商业地产项目如果指望主力商家雪中送炭,解决商业项目所面临的一切困难,甚至把主力商家当作解决一切问题的灵丹妙药,最后的结局只能是失望。一个优秀的商业项目,只有在确保拥有一个整体健康的商业结构的时候,才可能使主力店发挥应有的作用。一个商业地产发展商在面对主力商家的时候,也要善于判断主力商家的实力和意向,以选择适合自己项目和当地商业发展水平的主力商家。很多商业地产发展商在面对主力商家竞争的时候,往往将租金水平作为唯一标准,这种判断的取向是不健康的。

衡量和选择一个主力店,标准要全面而客观。给付租金高低固然是一个重要的方面,其他方面如资金实力、品牌号召力、操作团队,以及主力店的发展战略和对项目的信心等,都是重要的参考指数。选择一个主力店,衡量的标准要具有综合性,即给付租金合理,对项目发展有信心,同时派出了有实力的操作团队。引入的主力店同时还要适合项目的实际情况,这样的主力店招商才能起到应有的作用。一个本身存在问题的商业项目,在主力店招商的过程中,更加要注意选择适宜项目的主力商家,并高度重视项目存在的问题,真正地解决项目存在的问题,这样项目才有可能走上良性的轨道。

3. 实现主力店成功招商四大步骤

第一步,掌握正确的招商程序。重视主力店市场定位和业态定位等设计前的商业策划,并将其作为招商工作的指导性文件;掌握正确的招商程序,并在规划设计前完成主力店租赁工作。

第二步,按拟定的定位初步确定主力店条件。通过相关网站、展览会、各地商会、招商局、研讨会等各种渠道接触、了解符合条件的零售商或其他服务商,并掌握其拓展新店的计划,最后再确定主力店目标名单。不同业态要分开。

第三步,召开主力店招商恳谈会。邀请前期已掌握的相关目标群的所有客户参加,恳谈会的内容主要是征求他们对项目主力店合作的条件、可能性及其他方面的建议,而这些建议均可作为制定合理的招商条件和政策的依据。召开恳谈会时,可邀请当地政府相关领导或职能局的领导参加,并请他们在会上介绍当地的投资情况和表示支持的态度。当然,最好能邀请当地有影响的媒体派记者参加恳谈会。

第四步,对目标客户专人跟进。视招商恳谈会的情况,在会后逐个向分层次的目标群进一步介绍项目情况及合作条件,采用每隔2~3天沟通一次的跟踪办法专门跟进。而且,要重点和第一层目标群的各个管理层进行充分沟通,加快其投资决策的步伐。

4. 主力店招商失败原因剖析

主力店招商失败,大多数是由于以下七点原因:

(1)未进行项目定位。开发商在未进行商业业态和功能定位情况下,便直接委托设计部门进行设计,结果发现:有意来的零售商或其他服务商发现其设施不合要求,而设施符合要求的都无意来。设施不合要求则需要改造,改造就得投入资金,致使租金成为谈判瓶颈。

(2)项目未能准确定位。开发商对项目所在区域诸如地理位置、交通条件、城市人口、经济状况、生活习惯、消费需求、商圈竞争等因素缺乏研究,不了解商业企业的生存和发展条件,也不了解各类零售商或服务提供商拓展新店均有自己的发展战略和游戏规则,更不了解市场是细分的,仅凭感觉确定项目开发形态或错位经营,由于项目业态处于不适合生存或再发展的商圈,即使项目设施符合其要求,也难有主力店愿意进驻。

(3)项目未能及时招商。多数商业地产是商住合一项目,以先住宅后商业的顺序销售,但一些开发商在住宅销售的同时,商业招商工作未能同步进行,结果住宅售完招商工作尚未进行或刚开始,延缓了整个项目运营。

(4)缺乏目标客户源。没有专业商业代理公司,缺乏商业信息网络,招商就没有方向和目标,更没有重点招商目标,结果是花费极大人力、物力、财力,即使多次反复沟通,最终还是不如意,项目招商始终抓不住重点。商业物业兴起,使零售商或服务商有了更多的选择机会,这使招商难度更大。

(5)租金及其年递增率制定不合理。开发商往往以期望的投资回报来倒算租金,而不是以商圈内租金水平为参考;同时开发商并未考虑主力店的知名度和可能的贡献程度,没有意识到主力店对整体项目生存发展所起的作用,如可带来大量的顾客群,增加人气,可使中小店的租金水平相应提高,可促进物业的销售等。这些导致双方难以达成一致。

（6）不了解商业运作方式。开发商与零售商或其他服务商接触后,准备了大量的投资分析资料,试图使该零售商将物业买下,殊不知零售商的主要目的是经营好商店,获取商业利润,并非通过购置物业获取其在若干年后增值部分的收益。因为市场发生变化,导致零售店无法生存时,零售商多数采取撤走的办法,以避免更大的损失,若自置物业则要死撑下去,而物业能否升值尚未可知。

（7）开发商不愿意承担招商费用。商业策划人才的缺乏,导致许多开发商、代理商以住宅开发、销售模式开发或销售商业地产项目,当需要招商时,双方对招商机构组成、招商费用陷入无休止的争论之中。

(二) 合理确定主力店与经营散户之间的关系

主力店既能有效地带动散户的商业经营,也能对散户的商业经营起到稳定和促进的作用。然而在一个大的购物中心内,存在众多的、各种类型的商家。在这些商家当中,有些是经营面积过万平方米的大型卖场,有的是经营面积只有数百平方米的中型卖场,也有的是经营面积几平方米至几十平方米的中小型店铺,如何合理地处理主力店与经营散户之间的关系,是一门艺术。

1. 合理设定主力店的经营面积

首先是经营面积的分配。在大型购物中心的招商过程中,往往存在这样一个现实,即主力店招商是亏损的,主力店凭借品牌优势,往往将低成本运营作为一个先决条件,给付租金不高,甚至还要附加一些苛刻的条件。购物中心在这种前提下获利的可能性不大。

引入主力店的目的是为了促进散户的经营,因此,招商过程中对主力店的迁就是有目的的。但主力店的面积应该有多大,主力店与经营散户各占可经营商业面积的比例是多少,则考验着商业地产发展商的智慧。

主力店面积越大,所占比例越高,则商业经营的结构越稳定,但租金收入却较少;主力店面积越小,所占比例越少,则商业经营的可变性越大,但预期来自经营散户的租金收入相对较高。因此,如何处理主力店与经营散户的面积比例关系,就需要一个科学的测评。主力店经营面积与经营散户经营面积,租金收入与经营结构稳定,是此消彼长的关系。一个现代购物中心,需要一个平衡的主力店与经营散户的结构,这样,才能使整体商业既拥有一个稳定的经营结构,同时又能创造尽可能理想的投资回报。

而对国外众多成功购物中心的商业结构的研究表明:一个合理的购物中心,其主力店经营面积所占的比例应为总体商业可经营面积的30%~50%。

例如,天河城广场通过成功经营,1996年租金收入为3 500万元,1998年就达到1.6亿元,物业回报令人可喜。这些租金收入既有来自主力店的租金收入,也有来自经营散户的租金收入,但主要的增长来自经营散户的经营收入,稳定增长的基础则在于主力店所奠定的稳定的经营结构。因此,在一个购物中心的经营结构中,发展商很少能从主力商家身上赚到钱,而是通过主力商家的成功运作,从经营散户的身上获取理想的租金收入。

2. 把握购物中心主力店的评定标准

一个商业地产项目的主力店要符合以下条件:

（1）拥有高价值的品牌,这一品牌能对市场形成号召力,增强商户信心,能形成招商和经营过程中的稳定力量;

（2）操作团队具有进取的经营思路和执行能力,能主动吸引人流,而不是被动地接受人流,能在经营过程中形成对人流的强大拉动力;

（3）具有较强的抗风险能力,能在不稳定的市场状况下持续稳定地经营,珍惜自身的品牌美誉和影响力,决不会草率地做出撤场决定。

在选择主力店时,一定要注意以下两点:

（1）面积不是评定主力店的标准。如果以面积来划分,以经营面积达到一定额度作为划分主力店与经营散户的标准,有可能失之偏颇。因为在很多情况下,大面积的店铺如家居商场对吸引人流和促进招商的作用并不大,虽然这种家居商场所占的面积往往达到数千平方米甚至上万平方米之多。相反一些面积不大的中型店铺对人流的吸引和招商的促进作用更大一些,如麦当劳和肯德基。这类店铺经营面积往往只有数百平方米,但每日能吸引充足的人流,从而可增强商户的经营信心。由此可以看出,经营面积不能作为划分主力店与经营散户之间的唯一标准。

（2）商业业态也不是评定主力店的标准。同样,商业业态也不能作为划分主力商家与经营散户之间的唯一标准。按常理来看,大型综合超市属于主力店,那么其他如家电连锁超市、餐饮连锁店等,算不算是主力店呢? 什么样的店铺是主力店,什么样的店铺是经营散户,往往不能用单一标准来衡量,而需要一个综合指标。

3. 主力店所处位置是与发展商博弈的结果

在购物中心传统的各层商业结构当中,当然是首层的租金水平最高,然后以首层为圆心,离首层越近价值越高,离首层越远价值越低。

（1）发展商希望主力店远离首层。在针对主力店进行招商时,发展商都希望主力店经营位置离首层越远越好,这主要是由于:

① 获得更高的租金收入。腾出最有价值的商业面积出租给经营散户,以获得更高的租金收入。

② 更有效地利用主力店拉动商场经营。主力店所处的层级越高,则对经营散户的拉动作用就越大。

（2）主力商家希望离首层越近越好。对主力店来说,离首层越近越好,最好就定在首层。这样主力店的经营就会更轻松,风险更小。

（3）主力店的位置是发展商、商家博弈的结果。如果将主力商家安排到顶层,是主力商家所不愿意的,任何一个强势品牌的主力商家,都想拥有一个比较理想的经营位置,位于顶层的主力店由于上下交通所带来的麻烦和不便,将为经营带来更大的难度,所以,极少主力店愿意选择顶层经营。

两种不同的利益取向,导致了对主力店经营层级两种不同的设计思路。在现实当中,对主力店的层级设置往往是一个折中的结果。即主力店的经营层级大多数位于二层至顶层之间,这样,才能既保证主力店有一个相对理想的经营位置,又能将首层腾出来让发展商获得基本的投资回报。

4. 使商业项目与主力店的利益捆绑

目前国内商业地产项目与主力店的合作关系当中,租赁租金形式采用得最多,合资关系其次,提成租金采用得最少。这种状况反映了国内商业地产开发商与商业集团一种并不紧密的合作关系。在越发达的国家,地产商与商业集团的合作关系就越紧密,双方利益捆绑的程度就越高,但国内的现状却恰好相反。这种现象的形成与商业意识比较淡薄有关,也与国内商界缺乏诚信有关。

例如,在中国大陆,肯德基开设的炸鸡店已经超过10 000家,无论在全国什么地方,肯德基均与租赁方保持了一个相对信任和灵活的合作关系,这个灵活的关系体现在——租金提成的方式得到比较普遍的运用。一般而言,一个400平方米的肯德基餐厅需投资800万元左右,年营业额要求达到600万元以上。肯德基一般愿意付出6%~8%的销售提成给予租赁方,这意味着一个400平方米的肯德基餐厅一年的租金收入在36万元以上。由于肯德基拥有完善的信息化系统,操作透明度高,所以这种合作方法也得到国内大多数发展商及其他租赁方的信任。租赁方在与肯德基的合作过程中,发现采用租金提成的方式比固定租金的收入要高,而且相对稳定,也不存在暗箱操作,因此,租金提成的方式才得到广泛应用。相对而言,采用租金提成的方式比固定租金的方式更有抗风险能力,这是一种双赢的合作方式。

(三) 完成理想的商业业态经营区域划分

以购物中心为例,一个购物中心除了应该拥有一个理想的商业业态组合之外,还应该拥有一个理想的商业区域划分。人们走进一个购物中心首层,最先看到的总是化妆品、珠宝、手表、名牌服饰等商品,随着视觉的延伸,人们进入首层商场的纵深部分,看到的商品更加丰富了。随着自动扶梯上到二楼、三楼,看到超市、百货以及电器产品等,再往上走,可能又是家居、体育用品以及餐饮娱乐设施了。但是应该怎样实现理想的商业业态区域划分呢?

1. 避免按品种划分经营区域的误区

人们在对商业经营区域进行划分时,很容易将商业面积划分为一个个专属商品区,如男士服饰区、女士服饰区、药品专营区、皮具专营区等,通过这种专属商品区的划分将一个大型商业地产项目划分为若干个部分。

然而商业地产项目不同于百货公司,在百货公司,人们发现商品专属区划分非常明显,如首层是化妆品和香水,二层是女士服饰,三层是男士服饰,四层是儿童天地等;但现代购物中心却选择了混业经营,并不在购物中心的经营区域之间划分明显的界线,即首层有化妆品和香水,也有男女服饰,也有儿童服饰。同样,二、三层乃至各层均是如此,混业经营的状态成为主流。混业经营成为主流的状态,反映了购物中心运营与百货业运营的区别。比较来说,购物中心的运营个体是独立门面的经营者,拥有更大的独立性与自主权,在租金支付上也绝大多数采用固定租金支付的方式,对比百货的开放式商品布局以及销售提成的租金支付方法,购物中心的经营者其灵活性和独立性无疑大得多,这种独立性使混业经营更加具有效率并易于管理。

当一个百货公司在相对有限的商业面积内设置商品专属区时,购物仍算得上比较方便,但是在一个面积庞大的购物中心内设置严格的商品专属区反而为购物带来不便。购物中心的营业面积比百货公司的营业面积要大得多。一个购物中心的营业面积动辄数万、十几万乃至几十万平方米,这样巨大的营业面积是百货公司所无法比拟的。在这样的条件下,设置商品专属区的定向购物将变成一场长途跋涉,不利于商业资源的流动和共享。一个购物中心应当使购物的过程成为一种享受,在一个面积庞大的商业空间内,商品异常丰富,随时随地都有惊喜的发现,甚至不需要有目的地寻找,随时就能在身旁发现心仪的商品,这正是购物中心所需要刻画和营造的一种商业氛围。

2. 实现混业经营与分区经营并轨

当然,对于商品经营区域的划分,也并不是完全没有限定的。如果是一种完全没有限制的混业经营,将造成购物中心内无序、混乱的状态。如首层既有卖手机套的,也有卖羊肉粉的,这样的经营形式是绝对不允许的。我们所提倡的混业经营,是一种现代商业管理状态下的混业经营,是一种对经营商品有限的限定。在名店的概念上,不在男装、女装、珠宝首饰之间设定限制,却在主力店与经营散户之间设定限制。如一楼不允许经营大宗家用电器产品,就是在经营产品大类上设定限制。

在经营区域的划分上,需要灵活调整的有餐饮行业。传统的购物中心将餐饮行业设定在一个固定的区域内经营,如天河城广场、中华广场都是如此。但近些年来,对餐饮行业实行多点多层、休闲餐饮的观点开始得到应用。谢仕平先生认为:"关于餐饮……一般来说大的购物中心里是采取集中和分散相结合的方法,可能在一个比较高的地方做美食广场,然后在每一层里有风味餐厅,现在不太喜欢把所有的饮食集中在一个地方,因为一个广场很大,必须每一层都有休闲的地方。这种设置对整个购物中心的人气,对于整个购物中心的人流量带动是很大的。"

现代购物中心的商业业态经营区域划分,主张集中与分散相结合,这就是混业经营与分区经营并轨的方法。即在大的类别和大的经营品种上,划分一条基本的界线,以区域和经营层级作为划分,在这一前提下采用比较灵活的、适应变化的、相对松散的混业经营方法。

(四) 确定最适当的商业项目租金

如何定租金,事关项目招商的成败,也是招商争议的焦点。

定租金的难处主要来自三方面的矛盾:一是投资商方面尽快回笼投资和放水养鱼长期获利之间的矛盾;二是价格政策与承租商要求之间的矛盾;三是把拟定价位与周围同类项目进行比较而产生的矛盾。

第二方面(价格政策与承租商要求之间的矛盾)是最主要的矛盾。因为,价值(价格)在根本上是由市场决定的,最终由承租商说了算。营销魔方能一时掀动价格,但改变不了市场的价值规律。商家们不买账,开发商再急也没用。周围同类项目之所以能够保持租金的高价位,大多是同行各方面努力工作的结果,是"熬练"出来的旺铺。倘若盲目攀比照搬,企图一蹴而就,最终往往碰壁而归。

如何制定能让市场接受的租金政策?在技术操作上可分三个方面:整体价位、租金形式、付租时间。

目前，业内招商操作大多偏重于第一方面（价位）。其实，后两者（尤其是不同形式租金的各种组合）同样是招商成功的有效杠杆。比如，为加强对"形象店"的招商拉力，可采用"定额租金（低）+百分比租金（中）+补贴返还（中）"的组合设计。为拉动本地区的薄利型品牌店入驻，可采用租金的"定额累退"方式，如"第三年开始，若达到100万元/年营业额，定额租金则减少30元/平方米"等。

"租金越高越好"是目前内地开发商为尽快收回投资而普遍采用的价格政策。然而，现代购物中心目前尚在成长阶段，要使跑惯了百货商店、超市的广大消费者接受这种崭新的购物场所和消费习惯，还需一定时日。在这种情况下，购物中心在招商中相应地采取租金"低门槛"策略，是比较恰当的。

当然，门槛"低"并不是绝对的，在一定条件下可以向"高"转化。这种转化的"条件"有二：一是在"低门槛"之后再设"保护性门槛"，如正当费用摊销、合法费用收取、年营业额的要求、服务质量的标准要求、业态业种的保护等；二是放水养鱼引导市场，努力搞好经营管理，待把生地"煨"成熟地，将给开发商带来更大更长久的投资收益。

1. 基础租金

对基础租金标准的测定，一般采用三种方法，即成本计价法、投资回报计价法和市场计价法。

（1）成本计价法。成本计价法，是由土地资金投入、房屋折旧、大修理、资金利息、财产税及流转税分摊和合理利润计算测定基础租金的方法。这种方法能够反映社会必要劳动，但无法反映供求关系。

（2）投资回报计价法。这种方法是在成本计价法基础上，将全部要素集中为资金成本，以融资成本和资金收益期望作为标尺来确定基础租金的方法。这种方法通常在投资决策的概念评估时使用，但无法作为更为深入的经营决策的依据。

（3）市场计价法。这是以同类市场平均价格作为确定基础租金的依据。这种方法可以充分反映供求关系，将商户对租金的接受程度、竞争对手对优质商户资源的争夺竞争等市场因素都考虑进去。用这种方法确定的基础租金可以作为有效的租金执行价格。

采用市场计价法，并不是简单地采集竞争市场的平均价格，而是要对市场进行科学分析，使确定的基础租金有所预期。

决定基础租金的核心因素，就是既定商圈的平均购买力。例如，某10万m^2商业项目，计算租金面积为63 280m^2，周边3公里没有同类竞争项目，通过商情调查（表4-1、4-2），估算其商业项目可以实现的零售销售预期。以9%为该项目营业额租金比，项目预期月租金收入为581.36万元，每月每平方米计算租金面积预期租金收入为91.87元，每天每平方米计算租金面积预期租金收入为3.06元。3.06元/（日·m^2）就是该项目通过市场计价法测定的基础租金。

表4-1 某商业项目市场分析表

辐射区域	区域半径(km)	人口数量(人)	家庭数(个)	周捕获率	周有效家庭数(个)	平均每周家庭消费金额(元)	周消费额	月消费额(元)
第一商圈	1.5	170 720	68 288	25%	17 072	350	5 975 200	23 900 800
第二商圈	3	942 000	376 800	6%	22 608	450	10 173 600	40 694 400
合计	—	1 112 720	445 088	—	39 680	—	16 148 800	64 595 200

表4-2 某商业项目客流支撑分析表

商圈人口	一周总计	平均每天	客单价(元/人次)
总有效家庭(个)	39 680	5 669	—
有效消费人数(人)	59 520	8 503	—
有效消费人次	89 280	12 754	180.9

注：①商圈人口以覆盖的街道提供人口数据及地区人口密度统计；②按照平均2.5人一个家庭计算家庭个数（或消费单位）；③有效消费人数按照捕获家庭个数×1.5计算；④有效消费人次按有效消费人数平均每次目的性消费会引起0.5次随机消费计算；⑤根据客流量支撑推算得出：日均12 754人次消费，人均次消费180.9元，月营业额6 459.5万元。

2. 租金边际价格

基础租金主要反映项目无差别化产品和市场特征的租金水平，是由特定区域的平均购买力决定的。但是每个项目仍然会因为许多个性化的因素，影响租金实际价格的变化，因此就必须对这些个性化因素的特征变量进行分析，并导出租金的边际价格。

个性化因素主要包括项目区位特征、商场特征、业态组合、租约特征和运营能力。

（1）区位特征对租金边际价格的影响。区位特征主要包含三个概念：有效购买力、中心可见度和停车位指标。

有效购买力是指核心商圈人口与人口购买力的乘积。据国内调研，核心商圈每增加10%的购买力，标准商铺的租金边际价格可以增长4.99%。

中心可见度是指从主干道看商户标志的百分比可见性。有研究指出，把中心可见度划分为21个刻度（每5%一个刻度），从主干道看商户标志可见度每增加一个刻度，商铺的租金边际价格增加0.129%。

停车位指标是指每千平方米经营面积拥有的停车位个数。据研究，每增加一个停车位，商铺的租金边际价格增加0.117%。

（2）商场特征对租金边际价格的影响。商场特征包括商铺面积、距一楼层数、商铺可见度、商铺可达度等，这些对租金边际价格具有十分重要的影响。

商铺面积是商铺单元内建筑面积，每增加1%的商铺面积，商铺的单位租金边际价格将下降1.84%。

距一楼层数是指商铺所处楼层距离一楼的层数。研究报告指出，每增加距离一楼的层数，商铺的租金边际价格将下降17.7%。

商铺可见度是指商铺位置的可见度。把商铺可见度划分为101个刻度（每1%一个刻度),研究报告指出,从公共区域看商铺的可见度每增加一个刻度,商铺的租金边际价格增加1.92%。

商铺可达性是指顾客随机到达任意商铺的概率。把商铺可达性划分为101个刻度(每1%一个刻度),研究报告指出,从公共区域到商铺的可达性每增加一个刻度,商铺的租金边际价格增加1.76%。

(3)租户组合对租金边际价格的影响。租户组合主要指主力店、次主力店和普通商铺的组合情况。

主力店能够对商业项目产生积极的外部效应,往往通过自己的产品和品牌,吸引各种目的性消费,从而产生很强的外部客流集聚效应。次主力店也具有很强的客流集聚效应,按目前我国内地商业项目次主力店各业态的平均分布比例,特色餐饮为71.1%,休闲娱乐健身为11.8%,其他为17.1%。普通商铺中,零售业态的商铺是商业中心租金的主要贡献者。

(4)租约特征对租金边际价格的影响。租约特征主要是指租约中的其他约束性条款所体现的特征。但一般来说,这些条件对于有价值的商户的影响是有限的。

(5)运营能力是对租金形成的持续保障。实现单位面积租金坪效和营业坪效是项目盈利能力建设的着眼点。在确保满铺营业的情况下,最大限度地实现租金坪效是实现租金收入的根本保证。而要实现较高的单位面积租金坪效,就必须有足够的运营能力进行保障,商品和服务走量的实现是项目盈利能力的根本保证。

(五)打造有效的商业地产招商团队

打造一支业务能力强、能吃苦、讲奉献、思想品质好的招商团队,是商业地产招商工作顺利进行的重要保证。商业地产招商工作是一项专业性和时效性很强的工作,它要求招商人员具备良好的基本素质,以适应各种压力和挑战。

1. 招商人员必须具备的基本素质

(1)良好的心理素质。优秀的招商人员需要具备良好的心理素质,可以面对任何情况做到临危不惧,胜不骄、败不妥。塑造良好的心理素质需要招商人员具备:

① 崇高的事业心。包括很强的敬业精神、创业精神以及勇于进取、勇于创新、执着奉献的精神。

② 强烈的责任感。这是指对工作的高度负责精神。在面对重大责任或在紧急关头,能够做到刚毅果断,勇于做权限内的决策;敢于承担责任,做到秉公办事,不徇私情,始终坚持公正的立场。

③ 坚忍顽强的意志力。只有意志品质坚强、稳健持重的招商人员,才能认真克服困难,不为小恩小惠所诱惑。商业地产招商不仅是双方智力、技能和实力的比较,更是意志、耐性和毅力的争斗。

④ 良好的自控能力。招商的双方都是围绕各自利益,在心理上处于对立状态,出现僵持甚至不欢而散的现象亦为常见。面对僵局,需要招商人员能够控制住情绪,并迅速调整好状态,找到突破点。

(2)相关知识、社交能力和语言表达能力。

① 知识面宽广。商业地产招商涉及经济学、零售学、房地产开发经营、心理学、社会学、会计与税收等相关学科，及最新的相关法律法规知识，招商人员必须掌握这些基本知识，并且能够随着新知识、新技能的不断涌现，随时进行学习充电。

② 沟通能力强。商业地产招商对象的行为是投资行为，这一行为涉及多个管理层的分析乃至最高层的决策，这就要求招商人员必须能够充分、有效、恰当地与不同级别管理人员进行沟通，需要具备较强的语言表达能力和沟通能力。

③ 语言表达有说服力。招商信息主要是通过文字形式传递出去的，而招商谈判则主要是通过语言来沟通的。招商人员只有语言表达正确规范，使用有效的语法、修辞和逻辑，才能够使表达更具有吸引力、说服力和感染力。

(3) 良好的现象判断能力和灵活应变能力。

① 敏锐的观察力。通过察言观色可捕捉对方的投资意图和实力，通过对手的语言表达和动作观察、分析，进而做出准确的判断，这是获取信息、了解对手的有效方法和手段之一，因此需要招商人员具备敏锐的观察力。

② 灵活的应变能力。这是指招商人员能够根据招商形势的千变万化，审时度势，采取相应灵活的对策，使判断向有利于己方的方向发展。因此，招商人员除必须掌握招商项目的具体情况和市场行情外，还必须训练应变能力，这样才能在谈判时做到机智、幽默、轻松，应付自如。

2. 招商人员必须具备的特殊素质

(1) 热爱商业地产的招商工作。兴趣可以有效帮助招商人员对问题的观察和探索，并在招商过程中增强自信心和对工作的激情。

(2) 具有局势控制能力。这主要是要求招商准备工作充分、充足。招商人员可以通过充分的前期调研、准备，清晰地把握自身项目的优缺点和熟知对方的优缺点，以求招商时在时间上、心理上把握主动权。

(3) 具有团队合作精神。招商工作是团队的整体工作，虽然在项目推进过程中按商品或服务项目的大类或中类分至每位招商人员，但需要每位招商人员具有整体观念，通过每个功能区的招商成功，促成整体项目的招商成功。

(4) 充分的外语知识。目前，大量外商进入我国各地拓展业务，因而具备各种外语应用能力的招商人员更有助于招商工作。

3. 招商人员的培训

招商人才并非天生就有的，他们是通过选拔、培训并在实践中锻炼出来的。绩效考核和激励机制在招商实践中对人才的培养起到重大作用。

(1) 建立招商人员培训的工作机制。培训工作既要全面规划，又要制订切合实际的教学计划，更要建立严格的规章制度。

(2) 运用多样化的教学手段、教学方法。在"物联网+"教育形势下，出现了很多信息化教学方式，如慕课、网络课程等，可以根据招商工作实际需要，灵活运用教学方式和教学手段，随时随地能够学习。

（3）加强招商实战。新进招商人员需要不断地通过实践锻炼综合能力。新项目的非主力店群的招商工作，可以多安排新进招商人员参加。

4. 招商人员的考评

绩效考核是对招商人员在一定时期内新做的招商工作效果进行评定和测量。绩效考核可以为下一步招商工作提供参考，同时对成绩突出的招商行为或人员进行表扬，推广其有效的招商技巧及方法。

制订绩效考评实施方案可以考虑采用德才测评和模拟测试两种方法。德才测评是把招商人员的多类基本素质分解为若干要素作为测评项目，由人力资源部门进行评定，最后汇总，综合分析出结果；模拟测试则指将不同的有一定深度或棘手的问题，由招商人员进行现场模拟处理，评委针对其表现进行评分。考评过程坚持公正、客观的原则，体现公平性、合理性、科学性和可靠性。

5. 招商人员的激励

招商人员的激励是指激发、引导招商人员主动、积极、创造性地完成上级下达的某一预期目标，争取达到更佳的招商效果。激励分为物质激励和精神激励。物质激励指工资、奖金、津贴等的发放或提高；精神激励则指表扬、表彰、晋升职务、评定更高一级的职称等。

激励方式主要有以下几种：

（1）目标激励。招商机构通过设置一定的工作目标鼓励招商人员努力去实现目标，实现后可得到应得的承诺。比如，成功招商按比例提成等。

（2）奖励激励。招商机构及时对成功的招商行为给予肯定和表彰。

（3）榜样激励。树立一个真实的好榜样，使其他招商人员有学习方向，从而激励招商人员的积极性。

（4）竞争激励。围绕招商目标让招商人员展开竞争，提高招商效果。但这种方式必须公正、合理，以避免恶性竞争。

第五节　收益性房地产资产管理计划

一、内涵

1. 概念

计划是规划的成果，规划是制订计划并将其书以文字、绘成图表、示以形象的过程。计划是工作或行动前预先拟定的具体内容、目的、方针、办法、标准、步骤、程序和过程等。

房地产资产管理计划，是房地产管理规划一系列子过程的结果，是房地产管理师管理思想的具体化，体现了其工作内容、时间、方式、人员安排等，即对未来行动方案的一种说明。

房地产管理规划，是构思前景、预测未来、确定欲达到的目的和取得的成果，估计可能会遇到的问题,并提出实现目的、解决问题的有效方案、方针、措施、手段、行动和程序,估算需要投入的资源和花费的时间,考察制约房地产管理工作及其绩效的内外环境因素的过程。房地产管理规划又是从现实出发的思考、想象和谋划,进而确定、安排达到目的和满足业主要求所必需的各种活动和工作成果。房地产管理规划还应考虑如何经济地使用房地产管理企业的时间和资源。房地产管理规划还是调查、预测、预见、谋划和预言的过程。

2. 原则

制订房地产管理计划的基本原则包括三点:

第一,房地产管理师必须参加和主持;

第二,发挥房地产管理人员的集体智慧,鼓励大家参与;

第三,实际参与房地产管理工作的人员必须参与工作计划的制订。

3. 用途

房地产资产管理计划是用来指导、组织、实施、协调和控制房地产资产管理过程的文件,也是处理房地产资产管理过程中若干不确定性因素的工具,还是避免浪费、提高工作效率和经济效益的手段。

房地产资产管理计划有多种用途,主要表现在以下几个方面:

(1) 指导房地产管理的具体行动;

(2) 书面记载房地产管理计划的目标、前提与制约因素;

(3) 书面记载选择并最终确定房地产管理方案的决策过程;

(4) 帮助利害关系各方进行沟通,有助于统一各方面的认识;

(5) 便于明确房地产管理服务的工作内容、范围、时间安排、质量标准、所需费用和风险等重大问题;

(6) 测评房地产管理活动,帮助房地产管理企业进行相关的控制,帮助业主考核房地产资产管理活动的绩效。

4. 表现形式

房地产管理计划包括年度计划、中短期计划和长期计划。年度计划是一种运行计划,属于战术层次的计划;中短期计划则介于战术层次和策略层次之间,一般是房地产管理企业与业主签署的委托管理合同约定的合同有效期,通常为3~5年;长期计划则属于策略层次的计划,通常以房地产的剩余使用寿命为限。

二、编制收益性房地产资产管理计划的基础工作

为了制订收益性房地产资产管理计划,首先要分析房地产所处的宏观市场环境和相关房地产类型的市场状态,其次要准确把握房地产所处邻里区域的特征和房地产本身的状况,还要认真分析领会房地产业主的相关目标,这些工作是制订房地产资产管理计划的基础。

1. 区域宏观市场环境分析

区域宏观市场环境分析,就是研究房地产周围较大范围内的社会、经济、政治、文化教育、城市发展、公共事业等方面的发展状况与趋势,确定影响房地产发展的主要因素。这里

的"区域"范围没有明确的定义,可认为是对目标房地产经济效益产生直接影响的城市或城市区域。区域宏观市场环境分析的主要资料,来自国家及地方政府编制的统计年鉴、各行业协会正式发布的信息、新闻媒体及网络发布的信息等。

2. 房地产市场分析

房地产市场是一种典型的地域性市场,不存在统一的、一般的房地产市场。因此,房地产管理师必须把房地产市场进一步细分,以便编制出一个具体可行的房地产管理计划。

编制房地产管理计划时,首先要把目标房地产放在正确的细分市场内,并用这个细分市场的相关标准来评价目标房地产。这个工作过程,就是市场分析的过程。整个过程需要从认真、详细的市场调研开始,充分搜集特定的、可与目标房地产进行比较的相关房地产信息,并通过比较,获取竞争对手房地产的特点。

房地产位置分析是市场分析中的重要内容。位置分析不但要考察目标房地产与邻里房地产的相对位置关系,还要考虑其在区域内的位置。对不同类型的房地产,位置的含义和要求也不尽相同。例如,商业零售房地产区位的优劣,主要取决于:①周围人口密度;②交通、通信的方便程度;③居民的购买力水平和消费习惯。写字楼房地产区位的优劣,则主要取决于:①与其他商业设施接近的程度;②周围土地利用情况和环境;③易接近性(交通方式可选择性、停车位数量)。

3. 邻里分析

一般认为,在人口密集的大城市范围内,邻里可由周围的几个街区或相互交叉的主要街道的邻近地区组成。邻里的边界线往往是地理的或人为的分割物,如街道、河流、湖泊、公园等。邻里亦可称为同质区域。邻里分析,就是对目标房地产所处的邻里范围加以研究,摸清周围的房地产为什么能把人流和商业机会吸引到它那里去。不管目标房地产有什么特点,周围的相邻房地产都会对其创新能力造成不同程度的限制。邻里分析的内容有:搜集邻里范围内的人口状况及其发展趋势信息;评估邻里的经济状况和消费水平,确定邻里房地产的平均租金水平,并以此作为估算目标房地产租金潜力的依据;考察邻里房地产的实体状况,包括邻里房地产的维修水平及房地产用途,有无新的房地产发展项目,是否会出现新的竞争对手等。

4. 房地产现状分析

房地产现状分析就是对整个房地产的物理状况及运行状况进行检查,分析房地产运行预算,研究房地产当前的管理策略和工作程序状况,这是实际估计房地产租赁价值的第一步。分析现状房地产之前,应对房地产的结构、外观、设备等状况进行各项检查,详细查清下列有关的项目并仔细地记录其结果:

(1)建筑物内有多少套或多少平方米可出租房屋?

(2)房地产令人满意程度(外观印象、建成年代、建筑形式、平面布局、通道、公共空间、租户的特征)如何?

(3)可出租房地产的吸引力(平面布局、方位、视野、设备、附属设施、总体的现代化程度)如何?

(4)建筑物的实体(屋顶、墙体、楼板、门窗、楼梯、电梯)状况和维修状况如何?维修是否及时？废弃的部分能否修好？功能上有不当的地方能否纠正？有无需要请结构工程师来进行安全鉴定的问题？

(5) 建筑物的室内装饰、公共空间、卫生设备、供暖设施、供电系统等的状况如何？

(6) 提供什么样的休闲、娱乐场所及设施？它们的实体及外观状况如何？

(7) 土地与建筑物的关系(如停车场、分区规划)如何？建筑物及土地可否使用得更为合理有效？

(8) 建筑物的现行管理标准是什么？在租户选择、设备购买控制、租金收缴、设备维修及管理等方面的现行政策和程序如何？

(9) 当前的出租率、租金水平及租户构成如何？

(10) 当前房地产管理师的情况如何？每个人的工作态度、能力、学习及目标怎样？

5. 业主目标分析

明确业主目标，是制订房地产管理计划的前提。一旦房地产管理企业接受了委托，就要在房地产管理目标上与业主达成共识，并要尽最大可能来维护业主的利益。有时业主除了最大限度地获取利润以外，没有具体的目标，房地产管理师就要通过调查、分析有关投资信息，来确定较为具体的目标。此外，业主授予房地产管理企业的权力范围也有很大差别，有些业主只对重大决策问题发表意见，但也有些业主可能希望对有关细节问题亦予过问。房地产管理师常常需要就业主提出的相互矛盾的目标做解释工作，例如，有业主同时提出了最小维护费用和最大增值两个不相容的目标。

三、设计房地产管理方案

(一) 改进旧有房地产的可行性分析

在进行了以上一系列分析、研究之后，房地产管理师首先要确定现有房地产的各种运行方案能否为业主带来可能的较高净收益，若不能，就要提出改进方案。改进方案通常从以下两个方面考虑：

1. 更新及现代化

更新就是在建筑物的原结构设计、用途等不变的情况下，把建筑物内的设备、饰面及材料更换成新的，将其恢复至维修良好并具有吸引力的状况。在更新时可使之现代化，如把原来的设备、材料更换成新设计的、性能更好的替代品。更新及现代化可以延长建筑物的经济使用寿命，并使其重新具有与新建筑物竞争的能力。

2. 改变建筑物的用途

改变建筑物用途能在不影响邻里景观的情况下，满足社区对房地产的需求，并使旧建筑物得以"再生"。对于建议进行改造的任何房地产，还应做融资分析。通过融资分析，提出不同的融资方案并从中选出一个可以实施的、最符合业主目标的方案。

(二) 房地产管理计划的主要内容

在分析了所有可能的改进方案并进行科学的对比之后，选出与业主目标最为符合的方案作为最优方案。经向业主推荐并得到业主的同意,房地产管理师就可编制其对推荐方案的管理计划了。推荐方案管理计划的编制,要从实物的、财务的、运行的不同角度出发,说明如何管理房地产;要按市场状况及发展趋势制订租赁计划,制订收入及支出计划,确定所需工作人员的结构及数量,建立房地产运行方针和工作程序;如有必要,还应制订融资计划。

1. 建筑物管理计划

房地产管理企业的首要责任是在房地产维护、维修、服务的质量标准和达到这些标准所需的成本之间进行适当的平衡。建筑物管理计划的内容,包括如下几个方面:

(1) 建筑物维护的标准。确定适当的维护维修标准首先要考虑到房地产的类型和使用特点、房地产体量的大小、房地产的位置、房地产的维修预算限制,以及业主就本房地产的长远策略。

(2) 建筑物管理策略。决定是否使用有计划的维护维修体系,这通常取决于业主投资目标和其为房地产确定的维护标准。

(3) 房地产检查计划。房地产检查主要是对其一般功能状况、总体的整洁情况、房地产的健康安全标准、负责维护维修的承包商的工作表现等进行检查。当然,这种检查还通常涉及一些非房地产维护维修的问题如监督租户履行租约的情况等。一般来说,房地产检查的频率取决于业主对房地产质量要求的程度。

(4) 公共设施服务的内容。房地产运转是否良好在很大程度上取决于公共设施如电、水、煤气、供热、电话等的使用状态是否正常。对于商业房地产来说,公共设施服务费用的支出在房地产整个年费用支出中所占的比重也非常大。因此,确定公共设施服务的具体内容与方式,也是建筑物管理计划的重要内容。

2. 租赁计划

租赁计划是房地产管理计划的重要内容,包括租金方案和出租策略。租金方案要建立在市场分析和房地产分析的基础上,租金方案中不仅要确定房地产出租时的总体租金水平,还要针对每一个独立的出租单元,编制租金价格表。出租策略则是为了使房地产总体出租收入最大化应该采取的策略,包括租期长短、独立出租单元大小、租户类型的匹配策略、管理服务水平与租户优惠和补贴方式选择,以及采用何种租金形式(毛租金还是净租金、采用建筑面积还是使用面积或可出租面积)等。

3. 财务收支计划

财务收支计划通常以预算计划的形式体现,这是业主非常关注的内容。预算是房地产管理中经营计划的核心,预算中包括详细的预期收益估算、允许的空置率水平和运营费用,且这些数字构成了房地产管理的量化目标。要根据实际经营情况对预算进行定期调整,因为租金收益可能由于空置率的增加而较预期收益减少,此时房地产管理师往往要就空置率增加的原因进行认真分析。维护费用超过预算一般预示着建筑物内的某些设备需要予以更新。

预算是房地产管理中财务控制和财务计划的重要工具。其控制特性表现在当收入低于预算或费用超过预算时就会引起房地产管理师的注意,而其计划特性则表现在当房地产管理师编制预算时能就未来一年的经营计划做出比较现实的安排。此外,检查上年度预算执行情况,也有助于房地产管理师发现问题,并在新年度预算中进行适当的调整。

预算还可以使业主较容易地对房地产管理的财务情况进行检查。当业主发现房地产运营收入和费用大大超过预计的水平时,通常会要求房地产管理师予以解释,房地产管理师则必须负责对实际执行结果背离预算的原因进行说明,并告之业主这种未预计到的情况的发展趋势。所以,一旦提出了一个预算,房地产管理师和业主之间的经济关系也就确立了,但在双方共同制订预算的过程中,房地产管理师要努力为业主提出更为完美并切合实际的目标。

4. 房地产运行绩效评估及与业主沟通计划

经常更新和评估房地产的财务状况,以便从中发现房地产运营表现好坏的原因。房地产管理企业需要定期评价房地产运行绩效,并将分析结果及时报告业主,以便采取正确的方法或改变策略来适应未来的市场状况。

(1) 房地产绩效评估指标。将房地产当前的绩效状况和过去的绩效表现相比较,就能看出房地产当前的表现是否正常。目前使用的主要表现评估指标包括:①预计租值与实际租值的比较;②实际和预计的资本价值的增长;③收益率;④资本回报率,即收益和房地产资本价值的比较;⑤净收益,即毛收益减去成本;⑥空置水平;⑦服务收费水平;⑧拖欠租金和坏账;⑨财务内部收益率;⑩对于机构投资者来说,本房地产在其房地产投资组合中的位置。房地产管理企业应该将上述指标作为财务记录进行经常性的监控,以在竞争的市场上及时调整自己的策略。

(2) 房地产管理企业和业主的沟通。大多数业主主要依靠与房地产管理企业的及时沟通来了解其房地产的表现情况。这种沟通的模式和频率主要取决于业主的态度。最常见的沟通手段是:定期的年度或季度表现报告;定期的管理会议;通过电话通信或现场会议等形式的定期私人接触。通过这些沟通,业主一般能达到两个目的:①及时了解房地产管理中出现的问题(如租金、租户争议)以及房地产管理师是如何解决这些问题的;②了解房地产管理企业的未来计划是什么(如重新装修、重新发展、卖掉或继续出租)。

【思考】

1. 租赁管理的内容和对象分别是什么?
2. 租赁管理的主要内容有哪些?
3. 在制订租赁方案和策略时,需要关注哪些方面?
4. 确定和调整租金的方法有哪些?
5. 租赁合同的基本法律特征有哪些?
6. 租赁合同包括哪些基本条款?
7. 如何进行租户选择?
8. 什么叫CRM? CRM对企业有哪些作用?
9. 为什么要在物业资产管理中引入CRM? CRM在其中如何实施?

【推荐阅读】

房地产资产管理的核心应是"价值管理"

本文刊载于《永信行视界》2018年第1期(总第40期)。《永信行视界》是湖北永信行的内部交流刊物,每季度发行一期,自2008年以来已经坚持发行10年,主要面向关注房地产市场的客户、专家、同行等各界读者朋友。

一、房地产资产管理的重要性

据不完全统计,中国的房地产总市值在全世界高居榜首。2017年全国房地产销售金额达到13.37万亿元,占GDP比例高达16.3%,比2015年提升了3.62个百分点。如此规模的房地产,在经济发展新常态和国家对房地产的市场调控环境下,也随着投资者投资理念的转变,对资产管理提出了更多更高的要求。房地产资产管理不仅仅是租售代理和物业管理那么简单,它更强调对资产短期及长远的营运管理和市场状况进行分析,并结合市场做出恰当的判断,进而去发现或挖掘并实现资产的真正价值。在房地产由野蛮粗放的阶段发展到精耕细作的专业化阶段,资产管理的重要性更加凸显。

二、价值管理赋予资产管理新的视角

房地产资产管理贯穿于"投、融、管、退"四大主要环节,涵盖了从投资或收购到最终退出的一系列服务。在投资阶段,要预测及判断项目的应有价值以及预估和规避投资周期可能出现的风险;融资时,要找到最佳融资方案,避免不合理的利息支出等;营运时,精准预算和完善营运策略,考虑如何进行招商推广及运营管理,合理降低营运成本,并做出适时的资产保值及增值的资本化工作,使收益最大化;退出环节,选择最优的资产处置方式并择机退出。可以看出,四大环节中,投资环节实际上就是通过资产本身及其风险的评估来发现价值;融资环节是通过交易成本的管理在"建构"价值,交易成本与建构的价值往往成反比,好比证券投资,建仓的位置决定了买入成本和今后的收益;管理环节则需要实现对资产价值及其影响因素的评估,采取精细化手段来维持和提升价值,挖掘更大的价值;退出环节则是让资产转换为货币资金或其他资产,让价值最终得以实现。所以,房地产资产管理的过程,涵盖了价值的发现、评估、建构、挖掘和实现等过程。

基于此,我们创新性地提出了"房地产价值管理"的概念。价值管理,就是关注资产的全生命周期,专注综合价值的提升,房地产资产管理本质上就是价值的管理。

三、不同物业的管理模式均体现价值管理

(一)住宅物业

从2017年开始,从中央到地方都在大力促进住宅租赁市场的发展,住宅租赁市场迎来了较好的发展时期。目前来看,有几种主流模式。

一是长租运营,比如最近两年很火的青年公寓。这种模式往往是公寓运营公司专门收购房源,然后输出品牌价值和增值服务,实际上是传统"二房东"的升级版。这种模式的弊端在于业主在未来若干年的收益也被限制在较低的范围内,而对于运营商来说拿房成本高,盈

利空间小,若是集中式的房源,成本或许可以摊薄,一旦是分散的单套房源,盈利指标基本上很难看。站在资产管理者的角度,管理成本是相对固定的,决定是否盈利的关键点是拿房成本和入住率,必须在价值管理的视角建立财务模型,找到这个临界点,有针对性地去控制各项成本,并从不同的市场角度提升入住率。

二是短租运营,比如,家庭旅馆、民宿等。经营模式有三种:自营、委托和平台化。自营模式适合基本以此为主业或有相关副业的个人和家庭。委托经营则是交由中介公司进行托管,后者基于其商业包装和运营能力使得资产实现溢价,业主即便在空置期内收益也会有保障。平台化运营与委托有些类似,但是它的最大不同在于房源是批量的、标准化的,强调高质量的统一服务,它克服了单套委托模式的延展性不足的缺陷,可以实现规模化经营,做大多数人的批量生意。短租的难点是入住率与收益的平衡,在淡季以较低的价格吸引更多客户以保证入住率,在旺季则要根据市场需求进行调整以实现收益最大化。

当前国内不断攀升的房价,使得住宅租售比相对很低。大多数城市的住宅年租金回报率约为2%~3%,远低于国外水平,而且房价越高的城市,租金回报率越低。在这样的特殊市场环境下,住宅租赁对各方面指标的敏感性都很高,以价值为取向的精细化运营成为必然选择。

(二)商用物业

商用物业包括商铺、写字楼、酒店等经营性的物业,由于经营性物业重在运营,所以它一直是房地产资产管理的传统主战场。

商铺的运营模式从早期的只售不租逐步发展到租售并存,如今只租不售也越来越被接受。具体来讲,最常用的运营手段有售后返租、分割租赁等。售后返租是为了解决回流现金和统一运营两个矛盾点而产生的解决方案,具体有如下几种模式:

模式	操作方法	优势	劣势
招商-经营-销售-返租	属于带租的销售,运营一段时间后销售,再签订返租合同	在经营成熟后再销售,对于后期的返租运营阻力较小	情况难以预测,一旦运营不好对租售影响很大
招商-销售-返租-经营	属于带租的销售,销售后签订返租合同	若招商结果较好,再销售会有效地提高去化速度,便于后期的统一运营	有一定的风险
销售-返租-招商-经营	分割销售后委托商管公司以返租的形式统一招商和经营	拆零售产权以快速回收资金,并将经营权从产权中剥离	对商管公司要求较高
销售-返租-放任	开发商包租期间或者业主承租期间承诺收益,期满后开发商退出	开发商快速回笼资金,并且转嫁风险	后期经营风险大,一旦经营失败业主可能颗粒无收

在商业开发之前,应结合地块本身的优劣势、规划条件及其他附带条件、开发商品牌影响力、周边商业氛围、消费人口特征等因素进行投资风险评估,选择最合适的运营模式。

分割租赁是运营方将商铺虚拟分割成若干数量,与投资者签订长期租赁合同,并约定分期返还一定租金或回报收益。这种模式很接近资产证券化的操作模式,运营方将非标准化的实体商铺转化为标准化的金融权益,在这个转化过程中,各个实体商铺的价值被整合为商业体整体的价值,其内涵发生了深刻变化。

写字楼的管理比商铺的难度要大、成本要高,收益却更低,主要原因是写字楼在租户属性、经营模式方面与商铺有很大差别。写字楼的运营成本较高,而租金水平差异很小,也不可能像商铺那样可以从租户的经营收入里扣点。不过写字楼的优点也很明显,只要控制好成本,保证出租率,收益是比较稳定的。目前,写字楼由于其销售周期较长,一般都是采取租售并举的方式进行运营。近年来,随着联合办公模式的兴起,为写字楼贡献了不少出租率。写字楼的"二房东"模式也有两种,一种是商务中心,另一种是联合办公。前者更多针对的是大企业临时机构、外派办公等客户,依靠高度定制化的办公空间收取租金,并通过延伸的商务服务获取增值收益。后者则强调办公空间的共享,将私人空间(工位)尽可能缩小,而将公共空间尽可能扩大,吸引创业公司入驻,提供从工商财税到投融资的一系列孵化服务。联合办公让写字楼实现了"去地产化",实际上它是没有地产逻辑的(破旧的工业厂房、商场楼顶甚至地下车库都是联合办公的乐园),它改变的是办公和生活方式,它的价值逻辑也被重塑。

四、价值管理导向的新思路

(一)轻资产运营

国内的房地产发展已经进入了专业化阶段,并有部分在谋求进入资本化阶段,轻资产模式是其重要特征。目前,商业房地产领域已经形成了三种主流的轻资产运行模式:以运营商为核心的"万达模式"、以投资机构为核心的"铁狮门模式"和集运营与投资为一体的"凯德模式"。

上述主要针对商业房地产,实际上凯德模式也包括了住宅物业。在国内也有开发商推出了众筹项目,然而更多是一种试水。

轻资产模式财务杠杆率更高,可以使商业地产商更好地突破资金瓶颈,获得快速发展。随着国内金融市场的逐渐成熟,商业房地产商可以更多运用金融工具,前端整合金融资源,后端提升运营能力,同时坚持风险底线,在这个过程中必须注意做好风险和价值的管理。

商业房地产轻资产运行模式一览表

模式	操作方法	评价
万达模式	在开发阶段即引入私募股权基金,联合进行投资开发建设和运营管理,万达收取一定的运营收益作为服务对价	属于运营能力输出,操作风险小;但是若失败则损伤品牌价值
铁狮门模式	通过资本运作来收购物业,然后进行改建包装,促进物业增值;视情况快速出售股权实现增值收益套现,持有的部分收取管理费	盈利水平高达30%~40%;但是杠杆率高,在经济下行期风险较大
凯德模式	将项目打包装入私募基金或者信托基金,自己持有该基金部分股权,项目运营稳定并实现资产增值后,以REITs的方式退出,从而进行循环投资	自建资金平台,现金流充裕而财务成本较低;但是产品单一,盘子太大,转型较慢

（二）资产证券化

REITs模式。住房租赁类REITs产品已经有成功发行的案例,这让投资回报率极低的长租公寓行业看到了新的出路。持有项目的完整产权、稳定的现金流、租金增长和物业增值、政策支持,都是成功上市缺一不可的因素。在REITs成功后,大量复制的路径有几条:一是大量收购不动产,用发行基金的形式作为杠杆;二是与拥有自持地块的开发商合作,做产品规划并把项目推出上市;三是与政府的人才公寓、大学生公寓进行合作。

ABS模式。首单长租公寓行业ABS产品于2017年成功发行,给以轻资产运营为主的公寓行业打开了新的融资渠道。以未来若干年的租赁经营收入为底层基础资产,由发行方提供信托贷款给底层融资人,再将信托受益权转让。

CMBS模式。相比于类REITs模式,CMBS模式不涉及资产所有权变更,是一种债务型融资,原始权益人通过抵押物业资产获得资金,并在到期偿还贷款后解除抵押,原始权益人保留物业资产的所有权,充分享受抵押期间地产增值的红利。从国内目前CMBS的实践来看,由于银行业受制于资本消耗和期限错配压力,经营性抵押贷款放款意愿减弱。CMBS可从融资成本、额度、资金用途等方面进行优化,将有助于形成对经营性抵押贷款的补充。

虽然不动产证券化有了起步,但是目前国内过高的物业价格造成过高的租售比,使得租金收入通常只有2%~5%,难以覆盖同期银行贷款利率。证券化的前提必须是实现较低的成本和较高的收益,对于项目的选择、价值评估、运营能力等各方面提出了很高的要求,这也是为什么目前成功案例寥寥。

（三）区块链技术

区块链技术有高效、可信等独特优势,将其与众筹、资产证券化等思路结合,或许能够创造新的资产管理模式。随着房价的高位运行,房地产投资的门槛也越来越高,如果将一套二手房的产权以实名合同的形式登记在区块链上,形成数字资产,提供不可篡改的连续交易支持,那么就可以帮助用户灵活配置资产。市场上已经出现了这样的操作方式：对房屋收益权进行拆分,设置低门槛的起投标准,帮助投资人逐步购房,降低买房难度和存款周期,也帮助有房者变现部分固定资产,达到以房养人的目的,让双方共享房产增值带来的收益和租金分红。

五、价值管理没有终点

不论是传统的房地产租售和运营,还是新兴的轻资产运营、资产证券化等手段,价值管理都贯穿于资产管理的全生命周期,通过不断地解决资产定价、风险管理、交易管理和现金流等问题,在各环节充分挖掘价值、发现价值和测量价值,最终实现价值。价值管理是专业性、综合性的工作,如何站在更高、更远的视角为投资者服务,是所有参与方都要深思的问题。

第五章 收益性房地产组合投资管理

◎【教学目标】

1. 了解收益性房地产的内涵；
2. 掌握房地产组合投资的意义和目的；
3. 掌握和房地产投资相关的经济指标的计算；
4. 掌握房地产投资评价模型；
5. 掌握房地产投资的决策流程；
6. 了解房地产投资的成本管理的内涵；
7. 了解房地产投资的风险控制的内涵和意义。

◎【教学重点】

1. 现金流量图的绘制及应用；
2. 房地产的相关经济指标的计算；
3. 房地产投资的决策流程。

◎【教学难点】

对房地产投资评价模型的理解。

◎【其他说明/建议】

　　本章涉及大量经济数学、概率统计方面的知识，建议在学生有一定的数学基础后进行讲解，或在相关章节讲解前先对这方面的基础知识做一个简单介绍。

◎【行业动态】

戴德梁行:2018年大中华区写字楼需求核心趋势

戴德梁行发布的最新《2018年大中华区写字楼需求核心趋势》(选取2017年第四季度至2018年第三季度数据),着重分析解读北京、上海、深圳、广州、成都、武汉、香港、台北8个城市的甲级写字楼市场的需求情况,并展望了未来的变化趋势。

1. 空置率与租金水平

报告显示,如前一年所经历的那样,一些城市的空置率将下降,而其他城市的空置率则可能会上升。核心区市场较低的空置率也反映到租金水平上,香港和杭州分别是一线和二线市场中租金最高的城市。

2. 未来趋势展望

推进到下一年,仅关注需求动态的话,预计写字楼空间吸纳能力将保持强劲。考虑到政策导向以及当前和预期的宏观经济动态,报告预计金融、TMT、制造业、医疗健康、联合办公等行业将大幅推动大中华区甲级写字楼市场的需求。

3. 八大城市写字楼市场解读

这8个市场提供了一个展示大中华区写字楼租户需求活动的横截面,覆盖了所有的一线门户城市和两个重要的内陆二线城市。

北京:作为全国科技创新中心,预计2019年对写字楼空间的强势需求将来自TMT、专业服务业以及金融业这三大主要产业,其中以科技类公司为甚。

上海:紧缩的贷款政策环境将促使金融行业继续保守发展,但这一现象也将通过行业改革得到平衡。行业改革将催生新的商机,继而增加受益公司扩张办公室的可能性。与此同时,专业服务业和TMT行业将继续保持业务增长。最后,上海仍然是共享办公运营商争夺市场份额的城市之一,预计未来一年中共享办公各类品牌之间会进一步进行市场整合。

深圳:受益于大湾区建设框架协议的签署和其他利好政策,预计2019年对甲级写字楼空间的需求将有所增长,且需求主要来自金融行业和科技行业。

广州:受到一系列利好政策的影响,未来金融行业、TMT行业、国内外共享办公运营商将有更多的办公空间租赁需求。

成都:在紧缩政策的环境下,2019年的办公空间需求主要来自专业服务业和TMT行业。在过去几个月的大举扩张之后,各类共享办公运营商将进入一个资源整合、行业调整阶段。

武汉:各类公司争相在武汉设立区域总部办公室,这提高了租赁市场的活跃程度。TMT行业持续展现出对武汉核心和非核心区域的写字楼的租赁需求。

香港:由于市中心空置率较低且租金走高,外资企业租赁需求呈现去中心化趋势。然而共享办公运营商则争相抢夺市中心的甲级办公楼空间,以取得更多市场份额。

台北:专业服务业的各类公司有搬迁或办公室整合需要。同时,TMT行业的各类科创企业,都将在2019年对甲级写字楼租赁有较大需求。

写字楼是城市经济活动和行业创新的重要载体,折射出一个城市的发展历程和特性。2018年,戴德梁行关注写字楼市场的走向,积极推进行业可持续发展。2019年,中国写字楼市场将存在各种变化,戴德梁行会继续跟进市场动态,并进行细致解读。

资料来源:https://www.cushmanwakefield.com.cn/images/upload/2/80BE45D4F0E8428E9207F0BD39EA7B1E.pdf

第一节　收益性房地产组合投资管理概述

随着房地产项目投资规模的不断扩大和投资形式的多样化,对房地产投资管理的需求日益增加。投资者希望通过合理科学的房地产经营管理,使房地产在运行过程中实现保值增值。房地产组合投资管理是房地产经营管理的高级阶段,可为投资者详细制定和执行投资组合策略,以降低投资风险,扩大投资收益。

一、收益性房地产组合投资的内涵

投资是指经济主体(企业或个人)先行支付一定的货币或者实物用以经营某项事业,以期在未来获得较大收益的行为,这里的收益可以是货币、实物,也可以是其他形式。比如,教育投资、健康投资、债券投资、股票投资等都是投资行为。

房地产投资是将一定的资金投入房地产开发经营和中介服务等活动中,以期未来获得较大不确定收益的投资行为。为了达到投资目标,在进行充分市场调查、资料分析的基础上,按照一定的程序对投资行为进行事先的、系统的、全面的构思谋划,制定和选择合理的可执行方案,并根据目标要求和现实环境,运用控制反馈原理对方案进行修改和调整的创造性活动,我们称之为房地产组合投资管理。由此可见,房地产组合投资管理是一个复杂的过程,一个不断调整和变化的过程。

房地产投资是进行房地产开发和经营的基础,其结果是形成新的可用房地产或改造原有的房地产。因此,房地产组合投资是经济发展的必然结果。房地产投资和别的投资手段相比,具有投资数额巨大、投资回收周期长、风险大、流动性差、受政策影响大等特点,因此需要有科学的投资组合原理来指导房地产投资。房地产组合投资期初是作为投资组合的一部分来和其他风险资产投资进行组合,随着投资组合原理在金融行业的巨大成功,后来在房地产内部也开始使用投资组合原理来分散房地产本身的投资风险。可以说,房地产组合投资是房地产业发展到一定阶段,房地产业和金融业相互融合的结果。

美国经济学家、诺贝尔经济学奖获得者詹姆斯·托宾曾说过:"不要把你所有的鸡蛋都放在一个篮子里,但也不要放在太多的篮子里。"如果将财富投资到同一个地方,必然会引起相应的风险增加,一旦失误,一定会损失惨重;但要是投资太分散了,必然会减少利润空间,增加管理成本。应用到房地产投资上,就是房地产组合投资。从狭义上来讲,房地产组合投资就是由不同类型(如住宅、写字楼、厂房、商业用房等)和不同地区(如不同城市或者同一城市的不同地段等)的房地产投资所构成的组合投资。广义上说,房地产组合投资就是将房地产作为投资组合的分项,和股票、证券等其他金融资产的投资进行组合。本章主要介绍狭义的房地产组合投资。

目前房地产组合投资主要基于两个方向:一个是基于地理位置的房地产投资组合方法,另外一个就是基于房地产类型的组合方法。前者是在不同地方,选择类型相似的房地产项目进行投资,以尽可能减少投资风险,扩大投资收益;后者则是从不同的房地产类型,如土地、住宅、写字楼、商业地产、酒店、剧院等出发,考虑投资组合的分散化。两个方法可以独立使用,也可以混合操作。无论采取什么方法,其目的都是为了收益的最大化。影响收益性房地产投资价值的因素主要有以下三点:第一是未来净收益的大小,未来净收益越大,房地产价值越高,投资收益越大;第二是获得净收益期限的长短,获得净收益的期限越长,房地产就越有投资的价值;第三是获得净收益的可靠性,即获得净收益的风险越低,房地产的价值越高。

二、收益性房地产投资的类型和特点

在我国,根据可供投资的房地产项目类型或用途,可将其分为生地、居住房地产(普通住宅、高档公寓、别墅等)、办公房地产、商业房地产(超市、商场、购物中心等)、工业房地产(厂房、研究用房、仓储物流用房等)、其他房地产(酒店、度假村等)等。

1. 生地投资

生地是未进行或部分进行基础设施开发和土地平整的正常市场条件下一定年期的土地。生地投资是风险最大的一种房地产投资行为。土地资源是有限的,因此从长远看,价值一定是呈上升趋势的。但是受到诸如地理位置、城市化水平、工商业水平、人口情况、政策等因素的影响,不同城市或者同一城市的不同地段的土地价格有很大差异。生地投资的收益主要靠以下两种:一是将来进行房屋建筑;二是开发土地,期待土地增值后再出售。在这两种情况下,总投资都不可能在短时间内回收。尤其是后者,在出售之前,只有资金流出,故风险很大。

一般只有资金雄厚、具有专业投资经验的公司才会参与生地投资。因为生地投资会涉及诸多法律问题,同时,待开发土地上的旧建筑的所有权较为复杂,需要开发商花费较多时间和金钱去解决,此外,土地投资流动性较差,很可能会出现不易脱手的情况。唯有土地快速增值才能补偿资金流出的损失。

2. 住宅房地产投资

住宅投资是我国现阶段房地产投资的主要内容。庞大的人口基数以及家庭小型化的趋势,使得我国住宅房地产市场出现卖方市场的特性,各地住宅房地产的单价持续上升。以上海为例,1981年上海多层住宅每平方米为200元,1987年涨到每平方米1 000元,2019年最高单价已达每平方米120 000元,均价也在每平方米60 000元。住宅房地产投资的风险小,利润高,易出手,因此短线投资者较多。

影响住宅房地产价格的因素有很多,在同一经济区域内,影响住宅房地产价格的因素有交通、通信、生活设施、风景环境、治安状况及管理等。住宅房地产投资的主要风险是住宅建设阶段能否获得有效管理、住宅结构和档次是否符合社会需求等。

住宅房地产主要有住宅小区、公寓和别墅。有的地方将酒店、会所也列入住宅房地产,这种分类考虑了房地产的基本功能,但是从投资管理角度出发,并不是特别恰当,酒店和会所虽然有"居住"的功能,但是收益主要还是来源于自身的经营管理。

3. 办公房地产投资

办公房地产也称为写字楼房地产,一般集中于城市中心商务区,它的需求依赖于当地经济文化的水平。例如,北、上、广、深等一线城市的商业、服务业和金融业比较发达,对办公房地产的需求也很旺盛。办公房地产主要有商务中心、服务式办公室等经营模式。办公房地产的收益主要以租赁为主,其投资收益率受定期租赁收益和投资升值的影响。

影响办公房地产投资价值的因素主要有以下几个方面:办公房地产自身的品质、所处区域的经济环境和产业构成、房地产管理的质量以及服务设施的竞争力等。一般来说,办公房地产的选址要在交通便利的地段,如主干道或者干道交汇口,房地产管理企业具有较高的经营水平等。随着建筑行业和智能化技术的发展,越来越多的办公房地产自身已经达到5A的硬件水平,因此一个好的房地产管理公司对于办公房地产有着越来越重要的影响。

4. 商业房地产投资

商业房地产又称为商业地产,是所有房地产类型中最复杂、风险最大、盈利最高的一种。其主要类型有大型商场、百货大楼、购物中心、超级市场、城市综合体等。它的需求量低于住宅房地产,投资回报率很高。

影响商业房地产投资价值的因素很多,例如,地理环境、人口数量、人口素质以及收入水平、自身服务设施等。电子商务的兴起对传统零售商业的冲击越来越大,很多商业房地产也受到了不小的影响,很多商业房地产的服务和管理理念也开始逐渐转变,越来越强调"体验式消费",因此,服务质量的好坏对商业房地产的影响日益加重。

商业房地产的投资收益来源于承租人的租金,因此承租人自身的经营状况决定了商业房地产的投资收益。承租人整体经营状况好,则商业房地产的租金就高,收益就好;反之则差。因此,选择合适的承租人、提高商业房地产整体的品质、打响商业房地产的品牌,是商业房地产投资的重要内容。

5. 工业房地产投资

工业房地产包括厂房、仓储和研究用房。目前,我国工业房地产基本完成了从过去的"厂房自建自用"向现在的"工业厂区统一规划、统一部署、统一管理"的转变,出现了越来越多的工业区。在一些外向型经济发达的省份和直辖市,如北京、上海、江苏、广东等,都有国家级的工业园区或者经济开发区,对工业房地产实行统一管理。"三资"企业对于符合国际

标准的标准化厂房需求很大。

厂房投资的资金大、回收期长,但是收益相对稳定,风险较小。仓储房地产受地理环境以及工业、商业、运输业的发展水平的影响较大。厂房和仓储房地产的收益主要来源于租金,对于房地产管理要求较低,基本上由承租人自行管理。

6. 其他房地产投资

其他房地产投资类型主要包括酒店、度假村、影剧院、会所、休闲中心等。这些房地产除了保值增值外,还有其本身经营的特点。例如,酒店选址一般都在风景胜地、繁华城区和交通枢纽之处,其投资风险主要在于能否保持较高的入住率和有效的竞争性管理。度假村更多是结合地区的自然环境和人文环境,利用山、水、海、陆等优势,依山傍水安排建筑群并发展多项游乐设施,集饮食、娱乐、住宿于一体的综合景点。影剧院、会所和休闲中心的收益除了受季节和节假日的影响外,更多的还是与文化市场的兴衰、当地人口素质和消费水平相关。其他房地产的投资收益主要来源于其自身的经营收益。

三、收益性房地产投资的特点

房地产投资作为投资行为中特殊的一类,具有其自身的特点。其主要特征有以下几点。

1. 投资数额巨大

房地产行业是资金密集型行业,不论是房地产开发投资还是置业投资,所需资金庞大,少则数十万元,多辄上千万元甚至数亿元。如此巨额的投资要求房地产项目投资必须慎重,一旦失误损失极其惨重。

2. 投资回收期长

房地产开发需要经过可行性研究、市场分析、规划设计、施工建设、销售和出租等过程,投资回收期较长。

3. 投资风险大

房地产投资受经济、社会、政治、环境、人口等诸多因素的影响,同时开发周期长,未来的不确定因素较多,具有很大风险。

4. 流动性差

房地产资产是非流动性资产,即一旦投资开始,巨额的资金在较长时间内就无法流动。相对于股票、债券等投资工具而言,房地产的销售过程复杂且交易成本高,因此通过租售已投资房地产项目来回笼资金需要较长时间。这一特点可能会造成投资者因无力及时偿还债务而破产。

5. 能抵御通货膨胀的影响

房地产资产属于固定资产,具有保值增值的特点,能够抵御通货膨胀对资本价值的影响。

6. 受政策影响大

房地产行业在社会经济活动中起着重要作用,各国政府对房地产市场十分重视,常常将房价的调控作为经济宏观调控的重要手段。因此,房地产投资受到政府政策的影响,这些政策包括土地供给政策、住房政策、金融政策、财政税收政策等。

第二节 收益性房地产组合投资管理相关经济指标

本杰明·富兰克林在写于1748年的《给一个年轻商人的忠告》中说:"时间就是金钱。假如一个人一天能挣十先令,如果他闲坐半天,即使这期间只花了六便士,也不能认为这就是他全部的耗费;他其实花掉了另外五个先令。金钱具有繁衍性,金钱可生金钱,生出的金钱又可再生,如此生生不已。五先令经周转变成六先令,再周转变成七先令三便士,如此周转下去变到一百英镑。金钱越多,每次周转再生的钱也就越多。"我们在进行投资管理的过程中,不仅要考虑资金的流动,还要考虑资金的价值变化。

一、现金流量、现金流量图以及资金的时间价值

(一)基本概念

现金流量是投资项目在其整个寿命期内所发生的现金流出和现金流入的全部数量,是评价投资方案经济效益的必备资料。

把某个投资看作一个独立系统,流出系统的资金称为现金流出,流入系统的资金称为现金流入,一定时期各个时间点上实际发生的资金流出或流入称为现金流量。现金流入和流出的差值称为净现金流量。

任何投资活动都需要经历一个时间段,在该时间段内,资金的流入流出、数额大小、发生的时间点都不同。为了全面、正确、直观地表现资金流动和时间的对应关系,我们借助现金流量图这个工具。现金流量图是用来反映在一定时间内资金运动状态的简化图,如图5-1所示。

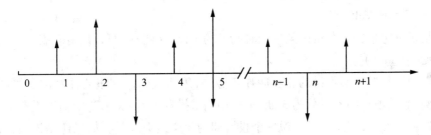

图5-1 现金流量图示意

(二)现金流量图的绘制规则

1. 横轴为时间轴

轴上每一个刻度表示一个时间单位,两个刻度之间的长度称为计息周期。时间单位可以是"年""月""日""季度"等。横坐标上的"0"点通常表示资金运动的时间开始点,或者是

某一基准时刻,"1""2"…"n"等数字表示第1、2、…、n个计息周期的期末,同时又是第2、3、…、n+1个计息周期的开始。如图5-1所示。

2. 期末惯例

一个计息周期内,资金的流动往往具有随机性,即并非所有资金流动都发生在周期末。为了简化计算,公认将资金流动的代数和看作在计息周期末发生。这个原则我们称之为"期末惯例"。

3. 第0周期

在绘制现金流量图时,往往将初始投资看作是上一周期期末,即第0期期末。

4. 箭头方向

相对于时间坐标的垂直箭头代表现金流量。向上表示正,即现金流入;向下表示负,即现金流出。

(三)资金的时间价值以及现值、终值和年金

资金的时间价值是指资金随时间发生变化,其价值在经过一段时间的投资后发生的增值。例如,现在将100元钱存入银行,1年后连本带息得到102元,那么我们可以认为现在的100元和1年后的102元是等值的;反过来,1年后的100元和现在的100元在价值上不等值。也就是说,同样数额的资金在不同的时间表现出不同的价值。再举一个例子,2009年5元钱可以买10个肉包,而2019年5元钱只能买2.5个肉包。

随着时间的推移,资金的价值会增加,从投资的角度看,资金的增值是因为时间价值的增长;从消费角度看,资金一旦用于投资,就不能用于消费,资金增值体现为放弃当前消费的损失而得到的价值上的补偿。

影响资金时间价值的因素主要有投资利润率、通货膨胀率以及风险因素。

1. 现值(Present Value)

现值也称折现值,是指把未来现金流量折算为基准时点的价值,用以反映投资的内在价值。使用折现率将未来现金流量折算为现值的过程,称为"折现"。我们可以将其理解为资金在当前时间点的价值,常用 P 表示。

2. 终值(Future Value)

终值是指一定量资金在将来某一个时间上的价值,又叫本利和,常用 F 表示。

3. 年金(Annuity)

一定期间内每期等额收付的款项叫作年金,常用 A 表示。这里要注意的是等额收付这个特点。例如,某项目的投资分为3期,第一期期末投资1万元,第二期期末投资1万元,第三期期末投资1万元,那我们可以说这个投资期的年金是1万元。如果还是该项目,第一期期末投资0.5万元,第二期期末投资1万元,第三期期末投资1.5万元,那这个投资期的年金既不是0.5万元,也不是1万元,也不是1.5万元,因为每期的收付款项不等额,这时需要逐期分段计算。

(四)现值、终值和年金的关系

现值、终值和年金之间可以通过以下6个公式进行相互转换。

1. 一次整付终值公式

$$F = P \times (1+i)^n \tag{5.1}$$

式中,$(1+i)^n$ 称为终值系数,记作 $(F/P,i,n)$,因此(5.1)可以写成

$$F = P \times (F/P,i,n) \tag{5.2}$$

2. 一次整付现值公式

$$P = F \times (1+i)^{-n} \tag{5.3}$$

式中,$(1+i)^{-n}$ 称为现值系数,记作 $(P/F,i,n)$,因此(5.3)可以写成

$$P = F \times (P/F,i,n) \tag{5.4}$$

3. 等额支付的年金终值公式

$$F = A \times \frac{(1+i)^n - 1}{i} \tag{5.5}$$

式中,$\frac{(1+i)^n - 1}{i}$ 称为年金终值系数,记作 $(F/A,i,n)$,因此(5.5)可以写成

$$F = A \times (F/A,i,n) \tag{5.6}$$

4. 偿清基金公式

$$A = F \times \frac{i}{(1+i)^n - 1} \tag{5.7}$$

式中,$\frac{i}{(1+i)^n - 1}$ 称为偿清基金系数,记作 $(A/F,i,n)$,因此(5.7)可以写成

$$A = F \times (A/F,i,n) \tag{5.8}$$

5. 等额支付的年金现值公式

$$P = A \times \frac{(1+i)^n - 1}{i(1+i)^n} \tag{5.9}$$

式中,$\frac{(1+i)^n - 1}{i(1+i)^n}$ 称为年金现值系数,记作 $(P/A,i,n)$,因此(5.9)可以写成

$$P = A \times (P/A,i,n) \tag{5.10}$$

6. 资金回收公式

$$A = P \times \frac{i(1+i)^n}{(1+i)^n - 1} \tag{5.11}$$

式中,$\frac{i(1+i)^n}{(1+i)^n - 1}$ 称为资金回收系数,记作 $(A/P,i,n)$,因此(5.11)可以写成

$$A = P \times (A/P,i,n) \tag{5.12}$$

上面式子中的终值系数、现值系数、年金现值系数、年金终值系数可以通过查表获得。

二、单利、复利以及利率

1. 单利

单利计息是仅按本金计算利息,利息部分不再产生利息,其利息总额和借贷时间成正

比。利息计算公式为：

$$I = P \times i \times n \tag{5.13}$$

本利和计算公式为：

$$F = P \times (1 + i \times n) \tag{5.14}$$

我国个人储蓄存款和国库券的利息计息方式就是单利计息,计息周期为"年"。

2. 复利

复利计息就是所谓的"利滚利",对于某一计息周期而言,按本金加上先前计息周期所累计的利息进行计息。利息和本利和的计算公式如下：

$$I = P \times [(1+i)^n - 1] \tag{5.15}$$

$$F = P \times (1+i)^n \tag{5.16}$$

我国房地产项目开发贷款和住房抵押贷款都是按复利计息的。

3. 利率、名义利率和实际利率

在投资活动中,利率标明的时间单位和实际计息周期可能不一致,比如,利率标明的时间单位是年,但实际计息周期是按季度计息,或者半年计息,这就出现了标明的利率不能用以计算实际利息的情况。

一般来说,名义利率是指央行或其他提供资金借贷的机构所公布的利率,即利息(报酬)的货币额与本金的货币额的比率。这个利率没有考虑计息周期的变化和通货膨胀等因素。实际利率就是在计息周期内,实际产生利息的利率。

实际利率和名义利率存在以下计算关系：

$$r_a = \left(1 + \frac{r}{m}\right)^m - 1 \tag{5.17}$$

式中,r_a 表示实际利率;r 是名义利率;m 是在名义利率计息周期内的实际计息次数。

例如,名义年利率为12%,若一年按1次复利计息、一年4次按季度复利计息、一年12次按月复利计息,则实际年利率分别是12%、12.55%和12.68%。

可见,名义利率越大,计息周期越短,实际利率和名义利率的差异越大;当 $m=1$ 时,名义利率和实际利率相等;当 $m>1$ 时,实际利率 > 名义利率。

三、净现值(NPV)

净现值是指未来资金流入现值与未来资金流出现值的差额。未来的资金流入与资金流出均按预计折现率各个时期的现值系数换算为现值后,再确定其净现值。计算式为：

$$NPV = \sum_{t=1}^{n} \frac{(C_i - C_0)}{(1+i)^t} \tag{5.18}$$

式中,t 是各个时点。NPV越大,则说明投资收益越好。

净现值的计算过程如下：

(1) 计算每年的营业净现金流量。

(2) 计算未来报酬的总现值:①将每年的营业净现金流量折算成现值;②将终结现金流

量折算成现值;③计算未来报酬的总现值。

(3) 计算净现值。

我们来看一个例子。

【例5-1】 表5-1是某项目的投资和收益情况,折现系数是8%,求这个项目的净现值。

表5-1 某项目投资收益表(单位:万元)

年份	2015	2016	2017	2018	2019
投入	800	600	—	—	—
成本	—	—	1 500	1 200	1 000
收入	—	—	2 000	1 800	1 900

解 根据净现值的概念,先计算每年的净现值。由公式(5-18)分别计算出2015—2019年每年的净现值,其值为 -740.74、-514.40、396.92、441.02、612.52,则最终项目净现值为 $NPV = (-740.74 - 514.40 + 396.92 + 441.02 + 612.52) = 195.32$(万元)。

四、内部利润率(IRR)

内部利润率又叫内部收益率,缩写为 IRR,是"把预期未来现金流量折现为等于原始投资的现值的利润率",即资金流入现值总额与资金流出现值总额相等、净现值等于零时的折现率。它反映的是投资的利润率。

在房地产投资中,当讨论抵押贷款筹资时,会使用前文说的利率。由于贷款的出借人同时又是利率的提供人,这个时候,利率相当于出借人的内部利润率。

有的时候,内部利润率还被表述成"折现率""收益率"。当将未来现金流量折现为现值时,称为"折现率";当对一组现金流量计算利率时,则变成"收益率"。无论怎么说,它们都反映的是投资的利润率和把预期未来现金流量折为现值的比率。当内部利润率大于贷款利率时,则投资具有可行性。

计算内部收益率的方法主要是试算法和插值法。通过对式(5.19)进行求解,可得内部收益率的值。一般而言,式(5.19)是关于 IRR 的高次方程,求解起来有一定的难度,因此会有很多简化或者估算的方法。

$$\sum_{t=1}^{n} \frac{(C_i - C_0)}{(1+IRR)^t} = 0 \tag{5.19}$$

总的来说,计算内部收益率有以下过程:第一步是计算净现值,在此基础上,如果净现值是正值,就要选取比这个净现值计算更高的折现率来测算,直到测算的净现值正值接近于零。再继续提高折现率,直到测算出一个净现值为负值。如果负值过大,就降低折现率后再测算到接近于零的负值。根据接近于零的相邻正负两个净现值的折现率,用线性插值法求得内部收益率。

五、投资回收期

投资回收期是指投资项目投产后获得的收益总额达到该投资项目投入的投资总额所需要的时间,可以分为静态投资回收期和动态投资回收期。

静态投资回收期是指在不考虑时间价值的情况下,收回全部原始投资额所需要的时间,即投资项目在经营期间内预计净现金流量的累加数恰好抵偿其在建设期内预计现金流出量所需要的时间,也就是使投资项目累计净现金流量等于零时所对应的期间。静态投资回收期的计算公式如下:

$$静态投资回收期 = (累计净现金流量出现正值的年数 - 1) + \frac{上一年累计净现金流量的绝对值}{出现正值年份净现金流量} \quad (5.20)$$

动态投资回收期指按现值计算的投资回收期。和静态投资回收期相比,动态投资回收期较长,原因是动态投资回收期的计算考虑了资金的时间价值,这正是动态投资回收期的优点,更加具有参考性和可比性。动态投资回收期的计算公式如下:

$$动态投资回收期 = (累计净现金流量现值出现正值的年数 - 1) + \frac{上一年累计净现金流量现值的绝对值}{出现正值年份净现金流量现值} \quad (5.21)$$

我们通过一个例子来熟悉一下静态投资回收期和动态投资回收期的差异。

【例5-2】 表5-2是某项目的资金流转情况,基准利率是10%。分别计算静态投资回收期和动态投资回收期。

表5-2 项目资金情况表(单位:万元)

时间点	0	1	2	3	4	5	6
支出	20	500	100	300	450	450	450
收入	0	0	0	450	700	700	700

【解】 计算净现金流量和净现值。

时间点	0	1	2	3	4	5	6
支出	20	500	100	300	450	450	450
收入	0	0	0	450	700	700	700
净现金流量	-20	-520	-620	-470	-220	30	280
折现值	-20	-454.55	-82.64	112.695	170.75	155.225	141.125
净现值	-20	-474.55	-557.19	-444.495	-237.745	-118.52	22.605

所以静态投资回收期 = 5 - 1 + 220/250 = 4.88(年);动态投资回收期 = 6 - 1 + 118.52/141.13 = 5.84(年)。

六、借款偿还期

借款偿还期是指在国家规定及投资项目具体财务条件下,项目开发经营期内使用可用作还款的利润、折旧、摊销及其他还款资金偿还项目借款本息所需要的时间。它是反映项目偿还借款能力和经济效益好坏的一个综合性评估指标。计算公式如下:

$$借款偿还期 = \frac{借款偿还后开始出现盈余期数}{} - 开始借款期数 + \frac{上期偿还借款额}{当期可用于还款的资金额} \quad (5.22)$$

同样,我们通过例题来说明一下借款偿还期的计算。

【例 5-3】 某项目第 8 年出现盈余,利润为 5 698 万元,折旧为 3 521 万元,摊销为 418 万元,所需偿还贷款为 4 560 万元,计算该项目借款偿还期为多少。

【解】 由题意可得:

借款偿还期 = 8 − 1 + 4 560/(5 698 + 3 521 + 418) = 7.47(年)

七、偿债备付率

偿债备付率是项目在借款偿还期内,各年可用于还本付息的资金与当期应还本付息金额的比率。作为债务清偿能力的一个重要指标,它表明当期偿还债务的能力。对于房地产投资项目,这个指标通常要求大于 1.2。当指标小于 1.2 时,说明当期资金来源不足以偿付当期债务,需要通过短期借贷的方式来偿还到期债务。这个指标对于经营性房地产而言尤为重要。其计算公式如下:

$$偿债备付率 = \frac{当期可用于还本付息的资金}{当期应还本付息的总额} \quad (5.23)$$

八、资产负债率

资产负债率是长期偿债能力指标,反映的是债权人所提供的资金占全部资产的比例,即总资产中有多大比例是借来的。其计算公式如下:

$$资产负债率 = \frac{负债合计}{资产合计} \times 100\% \quad (5.24)$$

资产负债率是衡量企业负债水平及风险程度的重要标志。从债权人的角度看,资产负债率越低越好;对投资人或股东来说,负债比率较高可能带来一定的好处;从经营者的角度看,他们最关心的是在充分利用借入资金给企业带来好处的同时,尽可能降低财务风险。企业的负债比率应在不发生偿债危机的情况下,尽可能择高,一般认为,资产负债率的适宜水平是 40%~60%。

第三节　收益性房地产组合投资管理的评价模型

在房地产投资和经营活动中,涉及对房地产的评价工作。科学的房地产评价必须依据严谨的程序、科学的方法,经过审慎的分析、测量和判断,对房地产的价值提供客观合理的专业意见,为房地产组合投资管理提供可靠的依据。基于以上原则,在实际工作过程中形成了一套完整科学的房地产组合投资管理评价体系。由于房地产投资的特殊性,很多评价模型都是在金融投资理论基础上发展起来的。

一、基本方法

(一) 成本法

成本法是以重新复制被评估房地产所需要的成本为依据,评估其价值的一种方法,即重建被评估的房地产,然后将重建的价格减去当前的折旧,再求取房地产价值或价格的方法,在此基础上还应加上正常利润和应纳税金。

从卖方的角度看,成本法的理论依据是生产费用价值论,即基于生产费用,重在过去的投入;从买方的角度看,其理论依据是替代原理,即买方愿意支付的最高价格,不高于所预计的重新开发建造该房地产所需花费的代价。

成本法的计算有三种:新开发土地价值评估法、新开发房地产价值评估法和旧有房地产价值评估法。

1. 新开发土地价值评估法

$$新开发土地价格 = 土地取得成本 + 土地开发成本 + 正常利润 + 税金 + 土地增值收益 \tag{5.25}$$

2. 新开发房地产价值评估法

$$新开发房地产价格 = 土地价格 + 建筑物成本 + 正常利税 \tag{5.26}$$

3. 旧有房地产价值评估法

$$旧有房地产价格 = 土地价格 + 建筑物现值 = 土地价格 + 建筑物重新建造价格 - 累计折旧 = 土地价格 + 建筑物重新建造价格 \times 陈新度 \tag{5.27}$$

一般在房地产交易可比成交案例较少或房地产市场不完善的情况下,多采用成本法对房地产进行价值评估。其难点在于如何确定折旧问题,尤其是对老旧房地产,确定折旧的定量值比较困难。

成本法的一般模型如图 5-2 所示。

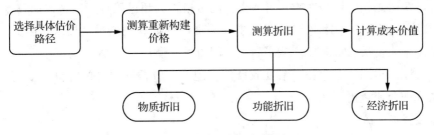

图 5-2　成本法的一般模型

（二）市场比较法

市场比较法，是通过比较被评估的房地产与最近出售的类似的房地产的异同，并将类似资产的市场价格进行合理调整，从而确定被评估资产价值的一种方法。

市场比较法的理论依据是经济学中的替代原理。在房地产市场上，任何理性的买者不会接受比市场上正常价格高的价格成交，任何理性的卖者自然也不会接受比市场上正常价格低的价格成交，最终使类似的房地产价格相互接近。所以，在其价值评估中，当评估对象与比较实例之间具有相似性和替代性，且比较实例是房地产市场近期发生的案例时，评估对象在市场上出售，就会有相似的市场价格反映。

市场比较法适用于同类房地产数量较大、交易较为频繁并具有一定可比性的市场，比如，商品住宅、公寓、写字楼、别墅、商铺、标准厂房等，而对于数量少、交易少的房地产，就无法采用。

市场比较法的一般模型如图 5-3 所示。

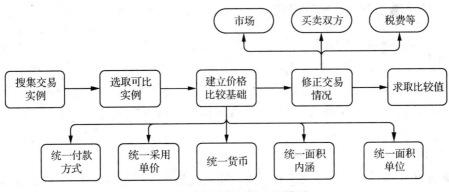

图 5-3　市场比较法的一般模型

（三）收益还原法

收益还原法是将被评估土地在未来每年预期的纯收益，以一定的还原利率统一还原为评估时日总收益的一种方法。

收益还原法以预期原理为基础，认为决定房地产价值的不是过去的因素而是未来的收益。历史信息的作用，是用来预测未来的动向和走势，并对这种预期提供合理判断的依据。对于投资者而言，其主要目的是为了取得收益性房地产所能够带来的直接或潜在的收益，投资应该并尽快得到相应回报。投资者所支付的价格不会超过该资产未来预期收益折现的现值,这是资产售价的最高限,同时也是买主购买资产预期获利的最低要求。因此,与资产售价相等的未来收益折现额是资产购买者投资的盈亏平衡点。

收益还原法适用于有收益或潜在收益的房地产。收益还原法的计算主要有两种:直接资本化法和现金流量折现法。

1. 直接资本化法

$$房地产价格 = 年收益 \times 收益系数 = 年收益/资本化率 \tag{5.28}$$

这种方法的一般模型如图 5-4 所示。

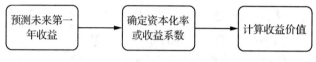

图 5-4　直接资产化法一般模型

2. 现金流量折现法

$$房地产价格 = \sum 各期净收益 \times 折现率 \tag{5.29}$$

其一般模型如图 5-5 所示。

图 5-5　现金流量折现法一般模型

二、马科维茨均值-方差模型

1952 年美国经济学家哈里·马科维茨在研究股票、债券等金融证券行业的投资行为的过程中,提出了组合投资的概念,并在他随后的著作《资产组合选择和资本市场的均值-方差分析》以及《资产选择:投资的有效分散化》中进行了详细的阐述和总结,提出了具有里程碑意义的马科维茨均值-方差模型,指导投资者如何全面地考虑预期回报水平和风险两个目标,从而进行决策。

1. 模型假设

马科维茨认为,"投资者是厌恶风险的",即在收益率一样的情况下,投资者都会选择风险小的资产进行投资。这个特点具体表现在:投资者接受高风险必定要求高回报率,并且人们还通过购买各种保险来规避风险。

另外,马科维茨认为投资者在投资中只关注投资的收益率和方差:在既定的收益率下,投资者要求投资方差最小;在既定的风险水平下,投资者要求投资收益率最大。即投资者根据收益率的均值(期望)与方差来选择投资组合。这里补充说明一下,均值和方差都是概率统计学的概念。均值的含义可以简单理解为"平均数",在这里,收益的均值就是收益的平均水平,其越高则表明收益越好。方差表示样本和期望之间的离散情况,在这里,可以理解为每次收益和期望收益之间的波动,表示风险。波动越大,则说明风险越大,即方差越大。

最后，马科维茨假设资产收益率是满足正态分布的随机变量。

归纳起来就是：如果给定相同方差的投资组合，投资者会选择期望收益率最高的组合；在给定期望收益率的投资组合中，投资者会选择方差最小的。

2. 模型建立

假设投资者选择了 n 种投资项目，其收益率分别为 $r_i, i=1,2,\cdots,n$，为随机变量，其数学期望和方差分别为 $E(r_i)$ 和 $\sigma_i^2, i=1,2,\cdots,n$，第 i 种和 j 种项目的协方差为 σ_{ij}，反映两种项目的关联度。若投资者在各个项目上的投资比例为 w_i，则组合项目的预期收益率和方差为：

$$E(r) = \sum_{i=1}^{n} w_i r_i \tag{5.30}$$

$$\sigma^2 = \sum_{i=1}^{n}\sum_{j=1}^{n} w_i w_j \sigma_{ij} \tag{5.31}$$

求最优投资组合就是在一定的预期收益水平下，求方差最小的组合。数学上可表示为如下最优问题：

$$\min \sigma^2 = \sum_{i=1}^{n}\sum_{j=1}^{n} w_i w_j \sigma_{ij} \text{ s.t. } \begin{cases} \sum_{i=1}^{n} w_i r_i = E(r) \\ \sum_{i=1}^{n} w_i r_i = 1 \end{cases} \tag{5.32}$$

3. 说明

均值-方差模型比较容易理解，但是同样具有局限性。从上面数学表达式可以看出，要精确地分析这个模型，需要大量的数据。这点尤其限制了其在股票债券行业的应用，据测算，用这个模型分析 200 只股票构成的投资组合，需要 20 300 个不同的估计值，同时这些估计值的计算和收集也很困难。但是房地产的类型数量有限，如果有足够的历史经营数据，求解模型中的参数不会像金融领域那样需要大量繁杂的计算；并且对于本行业人员来说，完全可以拥有相关的专业知识和经验，所以均值-方差模型可以很方便地应用到房地产投资领域。

三、VaR 投资组合模型

VaR 是 Value at Risk 的缩写，中文里常表述为"风险值"。1996 年，菲利普·乔瑞（Philippe Jorion）对其进行了较为权威的定义，即"在正常的市场条件下和给定的置信度内，某种金融资产或资产组合在未来一段持有期内的最坏预期损失值"。这个定义从一个方面阐述了金融产品或其组合投资在未来，由于受到价格波动因素的影响，而给投资者带来可能或潜在的损失。

VaR 模型从本质上来说是对价值波动的统计，其核心在于寻找造成资产价值变化的概率分布。它通过对历史信息的分析，来推知未来价值波动的概率分布趋势，以此来确定未来资产的分布形式，即投资组合策略。

1. 模型建立

建立 VaR 模型的过程就是统计投资组合价值波动的过程，对投资组合损益分布或概率密度函数的估计是整个测量过程的核心。这里仅对建模的思路和过程做一个介绍，如果想深入研究，可参考巴特勒的《风险值概论》一书。

设当前可投资的房地产产品总值为 W_0,资金在不同项目(产品)上的分配比例是 x_i,$0 \leq x_i \leq 1$,$i=1,\cdots,N$,N 为房地产产品数,则 $\sum_{i=1}^{N} x_i = 1$。设收益率的时间单位为 t,到 t 时刻,不同房地产产品的收益率为 r_i,则 t 时的房地产资产总收益率为

$$r_t = \sum_{i=1}^{N} x_i r_i \tag{5.33}$$

房地产组合投资总值为

$$W_t = W_0(1 + r_t) \tag{5.34}$$

2. 模型说明

(1) VaR 模型计算有很多种方法,有历史模拟法、方差-协方差法、蒙特卡洛模拟法等。计算过程可以用 Matlab 软件进行。

(2) 在金融行业,VaR 模型是当前使用较为广泛和可靠的方法,它将不同风险集成为一个数,准确地测量不同风险及其相互影响后所带来的损失,能很好地适应金融市场的特征。而我国的房地产投资行业发展较晚,各种机制尚不成熟,因此,很多风险具有较大的不确定性,采用 VaR 模型来进行组合投资的度量,需要前期大量的准备工作。

(3) VaR 模型可以把对预期的未来损失的大小和可能性结合起来,不仅让投资者知道发生损失的规模,而且知道其发生的概率。

(4) VaR 模型主要适用于正常市场条件下对于市场风险的衡量,不适用于市场出现极端的情况。

(5) VaR 模型适用于衡量市场风险,不适用于衡量流动性风险、信用风险、操作风险、法律风险等。而房地产投资行业和普通金融行业不同,受到市场风险的影响有限,政策风险、法律风险、操作风险等对其影响较大。因此,在利用 VaR 模型进行房地产组合投资测算时,需要对各个风险指标做出合理的修正。

四、夏普单指数模型

1963 年经济学家、诺贝尔经济学奖获得者威廉·夏普(William Sharpe)在《对于"资产组合"分析的简化模型》一文中提出了单指数模型。最初这个模型是为证券市场服务的。单指数模型描述了证券收益率的生成过程,以证券关联性为基础,认为证券间的关联性是由于某种共同的因素造成的,不同的证券对这些共同的因素有不同的敏感度,而共同因素就是系统性风险。

单指数模型认为系统性风险和证券收益率之间存在一种线性关系,并且系统性风险常以指数形式出现,如 GDP 指数、物价指数、股价指数等。

1. 模型假设

夏普单指数模型有两个重要的假设:(1) 证券的风险分为系统性风险和非系统性风险,系统性风险影响整体市场;(2) 一个证券的非系统性风险对其他证券的非系统性风险不产生影响,两种证券收益率仅仅通过因素的共同反映而相关联。

2. 模型建立

单指数模型把经济系统中的所有相关因素作为一个总的宏观经济指标,假设它对整个

证券市场产生影响,并进一步假设其余的不确定性是公司所特有的。其模型如下:

$$r_i = a_i + b_i F + \varepsilon_i \tag{5.35}$$

式中,r_i 为风险资产的收益率;F 为 r_i 的唯一决定因素,为市场指数的收益率;a_i 为截距项,即与 F 无关的因素的作用,又称为零因子,它表明,当市场回报率为零时,该种证券的回报率将是多少;b_i 为第 i 个证券对因素的敏感性系数,它指出了证券或组合投资回报率随市场回报率变化的幅度,是证券回报率和市场回报率的协方差与市场回报率的方差之比;ε_i 为随机误差项,是模型未能识别的影响所产生的意外性回报率,它可能取任意值,但是在大量的观察中,其平均值趋向于零。

3. 模型说明

运用单指数模型,能大大简化均值-方差分析中的估计量和计算量,同时可以实现投资风险的分散化。房地产投资开发有着一定的特殊性。就我国而言,投资主体的融资渠道中60%是银行贷款,受到国家货币政策的影响明显。此外,土地政策对市场也存在影响。从这个角度看,可以认为我国房地产投资的市场风险极大地受到国家政策的作用。因此,单指数模型对于正处在经济转型期间、初具规模、系统性风险影响远高于非系统性风险的房地产投资市场具有重要意义。

五、套利定价模型(APT)

套利是指利用资产价格之间的不一致进行资金转移,从中赚取无风险利润的行为。它可以分为两类:第一类是投资者能够在期初投资为零,而期末收益大于零;第二类是投资者能够在期初投资为负,而期末收益非负。第一类套利机会可以使你白手起家而赚取收益。例如,你的一位好朋友将 1 万元人民币无息地借给你一年,你用这 1 万元购买了一年期年利率为4%的国库券,表明你可以利用你的友情来套利 400 元,这是第一类套利。第二类套利机会使你现在就可以赚到收益而到期末无须付出任何代价。例如,有一朋友找到你要你帮他以 100 万元卖掉某套房子,而刚好另一位朋友向你寻购这套房子,并愿支付 105 万元,这时对你便形成了一个第二类套利机会。

该模型是由罗斯在 1976 年提出的,表明资本资产的收益率是各种因素综合作用的结果,受到诸如 GDP 的增长、通货膨胀的水平等因素的影响,并不仅仅只受组合内部风险因素的影响。

1. 套利定价理论的假设

(1) 投资者对市场有相同的预期,不同资产的预期收益率取决于多个因素;(2) 投资者对于风险都是要极力避免或减少的;(3) 市场是完全竞争的。

2. 套利定价理论的一般模型

套利定价理论以回报率形成过程的多指数模型为基础。在该模型中,回报率与一组反映回报率的因素成指数线性相关。其套利定价模型的一般形式为:

$$E(R_p) = b_1[E(R_1) - R_f] + \cdots + b_k[E(R_k) - R_f] + R_f \tag{5.36}$$

式中,$E(R_p)$ 是投资组合的期望回报率;$E(R_i)$ 为影响回报率的第 i 个因素的期望回报率;R_f

为零风险下的利率；$b_i = \dfrac{Cov(R_p, R_i)}{\sigma^2(R_i)}$，是影响风险资产收益率的因素。

3. 模型说明

该模型认为，一项资产的价格由不同因素驱动，将这些因素分别乘上其对资产价格影响的系数，加总后再加上无风险收益率，就可以得出该项资产的价值。模型没有给出具体驱动资产价格的因素，而这些因素可能数量众多，只能凭投资者的经验自行判断选择，且每项因素都要计算相应的系数，具有一定的应用难度和局限性。

六、多指数模型

套利定价模型没有给出影响回报率的因素的数量和类型，因此在实际应用过程中，往往用有关指数来代表影响回报率的基本因素，这就构成了多指数模型。

和单指数模型相比，多指数模型更加接近实际。在分析风险因素时，单指数模型仅仅把风险分为系统性风险和非系统性风险，虽然比较简单，但是过于笼统。

多指数模型的一般形式如下：

$$R_i = a_i + b_{i1}I_1 + b_{i2}I_2 + \cdots + b_{ik}I_k + \varepsilon_i \qquad (5.37)$$

该式和式(5.35)相比，将影响收益的因素进行了细分。但是具体有多少因素会对收益有影响，目前没有一个确定的结论。

使用套利定价模型和多指数模型估算投资回报率时，对影响因素的确定是一个重要工作。影响因素的设定越准确，模型反映出来的情况就越接近实际。

对于房地产投资行业来说，可以参考的影响因素主要有管理因素、政策因素、房地产本身品质因素、区位因素、权益因素、人口因素、经济因素、社会因素、国际因素、心理因素、市场因素等。

第四节　收益性房地产组合投资管理的决策分析

房地产项目的投资存在很多影响因素。作为投资者、分析人员和决策者，需要做的就是统筹考虑各方面因素，进行科学、系统、全面的分析，在众多投资项目中选择合理的项目或者投资组合。因此，投资前，需要进行决策分析。影响决策分析的方面很多，投资决策分析方法是否科学、合理等，决定了企业的投资决策能力。房地产项目投资决策分析是通过投资分析的理论、方法以及数据测算对项目当前市场或者预期未来市场所做出的主观判断，决策的最终结果更多地受市场环境、政策因素的影响。

一、投资决策分析的基本理论

（一）市场需求理论

在房地产项目评价过程中，市场的需求非常重要，因此市场需求理论是房地产项目投资开发评价的基础理论。市场需求理论研究所有消费者对商品需求的总和，主要包含以下内容：一是商品的价格，即商品价格的高低决定市场对商品的需求量；二是消费水平，即消费者要有足够的消费水平才能形成有效需求；三是消费者的偏好，即消费者只有喜好某种商品并且期待从中获得预期的效用才会完成购买，形成需求；四是相关替代品的价格，例如，价格不同但是功能相似的商品，其各自的需求受到对方价格的影响。

（二）SWOT分析理论

SWOT分析理论，主要用来确定研究对象内部自身的竞争优势（Strength）、竞争劣势（Weakness）、机会（Opportunity）和威胁（Threat），从而将内部战略与内部资源、外部环境有机地结合起来。

SWOT分析将与研究对象密切相关的各种主要优势、劣势、机会和威胁通过矩阵的形式列举出来，然后对各种因素进行系统分析，得出决策所需的结论。

SWOT可以分为两部分：SW和OT。前者用来分析内部因素，后者用来分析外部因素。在此基础上，还可以组合成优势—机会（SO）组合、劣势—机会（WO）组合、优势—威胁（ST）组合、劣势—威胁（WT）组合等。

1. SW组合

这个组合分析可以"扬长避短"，即分析自身的优势，以及自身的短板，找出解决办法，并明确以后的发展方向。

2. OT组合

这个组合分析可以用来分辨"轻重缓急"，"急事急办，缓事缓办"，明确哪些是亟待解决的，哪些可以稍微延后，哪些属于战略问题，哪些属于战术上的问题，并将其列举出来，加以分析，从中做出决策。

3. SO组合

这个组合分析可以提供最理想的战略模式。当自身具有特定方面的优势，而外部环境又为发挥这种优势提供有利机会时，可以采取该战略。这种分析可以让投资具有前瞻性。

4. WO组合

这个组合分析可以让决策者通过外部机会来弥补内部的弱点，加长"木桶"的短板，使之更加具有竞争力和容错性。

5. ST组合

这个组合分析可以让决策者利用自身优势，降低外部带来的负面影响。

6. WT组合

这个组合分析可以让决策者明白自身不足，在面对外部环境威胁时，做出有效的防御，渡过难关。

(三) PEST 分析法

PEST 分析主要是针对宏观环境进行的分析，P、E、S、T 分别代表政治(Politics)、经济(Economy)、社会(Society)、技术(Technology)。对一个企业所处的宏观环境背景进行系统分析，通常是对政治(国家政策法规的出台等)、经济(经济的增长速度等)、社会(人文水平的发展等)、技术(技术创新、新技术应用等)因素的分析，以及结合企业现状确定企业在未来发展中可能面临的问题及状况，明确各项因素对企业发展的影响。使用 PEST 进行分析要做到知己知彼，方可做出准确的分析。

1. 政治环境(Political Factors)

政治会对企业监管、消费能力以及其他与企业有关的活动产生十分重大的影响，包括一个国家或地区的政治制度、体制、方针政策、法律法规等方面。这些因素常常制约、影响着企业的经营行为，尤其影响企业较长期的投资行为。

政治环境有以下特点：不可预测性，即很难预测国家政治环境的变化；直接性，即国家政治环境直接影响经营状况；不可逆转性，即政治法律环境的影响十分迅速、明显，并且无法逃避和转移这种影响。

2. 经济环境(Economic Factors)

经济环境是指国民经济发展的总概况，国际和国内经济形势及经济发展趋势，企业所面临的产业环境和竞争环境等。市场营销人员需要从短期与长期两个方面来看待一个国家的经济与贸易，特别是在进行国际营销的时候。

社会经济结构(包括产业结构、分配结构、交换结构、消费结构和技术结构等)、经济发展水平(包括国内生产总值、国民收入、人均国民收入和经济增长速度等)、经济体制、经济政策(包括综合性的全国发展战略和产业政策、国民收入分配政策、价格政策、物资流通政策等)、当前经济状况(包括税收水平、通货膨胀率、贸易差额和汇率、失业率、利率、信贷投放以及政府补助等)以及其他经济条件(如利率、通货膨胀率与人均就业率、人均 GDP 的长远预期等)是影响经济环境的主要因素。

3. 社会文化环境(Social and Cultural Factors)

社会文化环境主要包括人口因素、社会流动性、消费心理、生活方式变化、文化传统、价值观等因素。

4. 技术环境(Technological Factors)

技术环境是指社会技术总水平及变化趋势、技术变迁、技术突破对企业的影响，以及技术对政治、经济、社会环境之间相互作用的表现等(具有变化快、变化大、影响面广等特点)。科技不仅是全球化的驱动力，也是企业的竞争优势所在。

技术环境除了要考察与企业所处领域的活动直接相关的技术手段的发展变化外，还应及时了解：国家对科技开发的投资和支持重点；该领域技术发展动态和研究开发费用总额；技术转移和技术商品化速度；专利及其保护情况；等等。

（四）层次分析法（AHP 法）

层次分析法是将与决策有关的元素分解成目标、准则、方案等层次，在此基础之上进行定性和定量分析的决策方法。层次分析法根据问题的性质和要达到的总目标，将问题分解为不同的组成因素，并按照因素间的相互关联影响以及隶属关系将因素按不同层次聚集组合，形成一个多层次的分析结构模型，从而最终使问题归结为最低层（供决策的方案、措施等）相对于最高层（总目标）的相对重要权值的确定或相对优劣次序的排定。

利用层次分析法来进行决策，可以归结为以下步骤：

1. 建立层次结构模型

将有关的各个因素按照不同属性自上而下地分解成若干层次，同一层的诸因素从属于上一层的因素或对上层因素有影响，同时又支配下一层的因素或受到下层因素的作用。最上层为目标层，通常只有 1 个因素，最下层通常为方案或对象层，中间可以有一个或几个层次，通常为准则或指标层。

2. 构造成对比较阵

从层次结构模型的第 2 层开始，对于从属于上一层每个因素的同一层诸因素，用成对比较法和 1~9 比较尺度构造成对比较阵，直到最下层。

3. 计算权向量并做一致性检验

对于每一个成对比较阵计算最大特征根及对应的特征向量，利用一致性指标、随机一致性指标和一致性比率做一致性检验。若检验通过，特征向量（归一化后）即为权向量；若不通过，需重新构造成对比较阵。

4. 计算组合权向量并做组合一致性检验

计算最下层对目标的组合权向量，并根据公式做组合一致性检验，若检验通过，则可按照组合权向量表示的结果进行决策，否则需要重新考虑模型或重新构造那些一致性比率较大的成对比较阵。

（五）经济指标法

经济指标法是一种量化分析，通过计算如投资回收期、净现值、内部收益率等经济指标来给出决策意见。

二、房地产项目投资决策概述

（一）房地产项目投资决策的定义

房地产项目投资决策的目标是项目的最终盈利，在开发投资过程中，对拟开发项目的经济、政策、市场等各方面因素进行调查分析后，在充分掌握相关信息的基础上，对房地产项目投资进行合理和科学的判断。

房地产项目投资决策可分为四个步骤：(1)确定投资决策的目标；(2)拟定决策方案；(3)对投资方案进行经济评价和收益评估，通过对比选出最优方案；(4)严格执行最优方案。

(二)房地产项目投资决策的特点

1. 降低投资风险

房地产项目投资决策分析是通过理论研究和数据测算,对投资项目做出符合当前市场或预期市场的主观预测。虽然决策受到很多不确定因素的影响,但投资决策分析可以在一定程度上为项目投资降低风险。

2. 获得收益时间较长

房地产开发是一项长期的持续的工作,因此其产生费用的时间较长,影响了房地产项目的投资回收。一般而言,房地产项目全部收回投资,通常约为3~5年。

3. 制约投资分析结果的条件较多

房地产项目投资分析受多种因素影响,如项目的自身条件、自然环境、人文环境、区域经济状况、区域规划、项目的市场潜力、项目财务状况等。我们需要考虑各项分析结果,并结合自身的情况,完成更好的投资分析。

(三)房地产项目投资决策分析的主要内容

房地产项目投资决策分析涉及内容较多,包括分析宏观及区域环境、分析竞争对手、分析消费者需求、分析项目开发方案、评估项目投资风险、选择项目区位、选择开发时机、选择资金来源和结构、选择项目建成后经营管理方式等内容。

通过对项目所在地区的经济、政治、文化、人口等出现的变化进行分析研究,确定宏观环境和市场条件,以便于掌握房地产市场发展的趋势,并为科学决策提供一定的宏观参考依据。而且还需要对项目所在区域的城市规划、景观和交通等各种区位条件以及区域内存在的现实与潜在的楼盘供应量进行分析,从而对项目所在区域的区位价值进行有效研究。

对项目主要竞争对手进行分析,掌握其项目规模、销售价格、市场反应、营销策略、目标客户等情况,为项目开发的差异化以及市场定位提供参考。

分析消费者的需求,了解消费者的购买力、倾向喜好,分析目标消费者的共同特征,为项目的市场定位提供参考。

选择好目标市场并且进行市场定位后,对项目开发的内容、规模进行分析,确定项目的开发时间、开发所采取的合作形式、融资方式,并进一步分析项目的资金结构,选择项目的经营方式,制定合理的价格策略。

分析项目风险,制定相应的措施并对风险进行控制。房地产开发项目的风险主要来源有国家风险、市场风险、企业风险。国家风险是指因为宏观经济状况、经济政策出现变化而导致的风险;市场风险则是指由于市场条件发生变化产生的风险;企业风险是指由于企业自身经营状况发生改变而造成的风险。

选择项目区位,要熟悉了解开发项目的地理位置,包括所处大区(如省份、城市)的经济、政治、文化等因素,及其未来发展的走势。其次是具体的选址,主要考虑的因素是气候、环境、所在地点(如乡镇、辖区等)的经济发展程度、周围的自然环境、交通状况等。

房地产行业受到社会经济环境的影响很大,因此选择合适的开发时机尤为重要。在经济衰退期,社会的消费力减弱,房地产项目销售困难,因此,要减少投资力度,缩小投资规模,推迟或放弃投资计划。在经济发展阶段,剩余的资金较多,消费需求旺盛,整个市场呈现出复苏和繁荣的迹象,可以考虑进行或加大投资。在经济稳定期,市场供需平衡,应以稳健的投资策略为主,若加大投资反而会造成资金的浪费。

房地产项目开发和投资的资金来源可以分为股东投入和银行借款。根据国家规定,自有资金不低于30%。股权和债权的比例分配关系到项目的资金成本构成,并直接影响项目的利润。所以,在决策分析时要考虑资金来源和结构,以及资金去向,比如用于还贷还是追加投资等。

在项目建成后,其经营方式对收益也有很大影响。项目的经营可以是直接销售,也可以是自持经营。不同的经营模式带来的经济效益也不同。直接销售可在短期内带来大量收益,而自持经营则会带来持续的经济收益。不同的经营模式意味着后期的经营政策有所不同,这些也需要在投资阶段提前做好决策。

总之,房地产项目投资选择非常重要。对于开发企业而言,项目能否盈利,能否实现最大利润,是非常重要的。通过科学、系统、翔实的分析,投资成功的几率会大大提高。盲目投资,往往存在很大的亏损风险。同时,在进行决策分析时,如果无法保证分析数据的客观准确性,同样会造成决策结论的不准确,没有或者只有很小的参考价值。例如,某地产公司接手某烂尾楼项目,在进行项目各项测算时,将各种情况按照最优化考虑,甚至对与本项目无关的政府优惠政策也考虑到项目的分层次测算中,导致项目在实际实施过程中某项费用大为增加,给项目造成了严重的损失,与预期利润有了较大偏差。如果在项目测算时,能够客观、准确地剖析各种信息对项目的影响,就能够避免或最大限度地降低损失。

三、房地产项目投资决策流程体系设计

(一)流程设计方法

根据管理系统组织化原则,构建投资决策流程结构体系的过程可以分为三个阶段,即体制框架设计阶段、结构设计阶段和运行阶段。

1. 体制框架设计阶段

作为整个投资决策过程中的重点内容,需要明确项目投资过程中的职能承担者、处理方式以及决策结构等。

2. 结构设计阶段

结构设计包括投资的部门结构、产业结构、产品结构、时期结构、区域结构、项目工期结构、资金来源结构、项目规模结构、再生产结构、建设形式结构、所有制结构、经济成分结构、投资主体结构、技术结构等诸方面内容。

3. 运行阶段

完成框架设计和结构设计后,通过运行设计,明确主体在项目流程中的运作程序,按照规定的要求处理事务,最终完成整个方案的实施。

(二) 房地产项目投资决策流程体系设计

无论何种投资,最终目的都是为了实现预定的投资目标,达到预期收益。房地产项目投资决策流程就是通过对房地产投资项目的分析,制定相应的流程体系,帮助决策者和投资者实施投资行为。在这个过程中,首先需要收集资料,通过对资料的调研,确定项目的定位和目标;其次,根据调研的信息,制订多种方案及其组合;最后根据具体情况,对方案进行筛选。

阿里巴巴的创始人马云在第三届世界互联网大会上曾表达过这样的观点:"未来,数据是生产资料,计算是生产力。"因此,在整个决策过程中,最重要的一环就是信息的收集和分析。只有完整、客观的信息,才能使方案内容更加全面。这些信息不但包括与项目相关的数据,还有市场外部的资料,如消费水平、消费偏好、政策变动等。除了收集信息外,对信息的分析处理也很关键。收集到的数据是庞杂的,只有通过分析筛选,保留有效信息,才能制订出较好的投资决策方案。

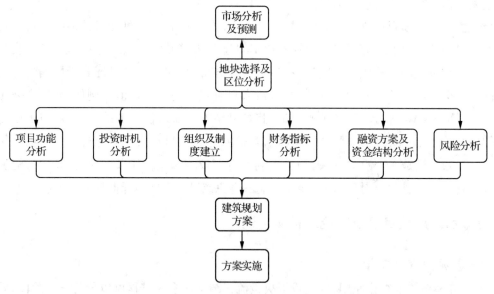

图 5-6 决策设计流程图

在制订方案的过程中,可以采用"小组化"的形式。将决策层分为若干小组,每个小组独立完成方案。然后所有小组就各自方案进行评价、质疑,最终选出最佳方案。图 5-6 是具体进行决策分析的流程图。

四、房地产项目投资决策分析实例

(一) 背景

1. 地区背景

拟投资房地产项目所处的城市为国内西部的准一线城市,是西部人口大省的省会。境内地势平坦、河网纵横、物产丰富、农业发达、气候宜人。作为全球重要的电子信息产业基地,人才汇聚。同时,也是国家历史文化名城,位列中国十大古都之一,是著名的旅游城市。

2. 企业背景

本项目的投资开发方是某大型房地产央企的全资子公司。经过不断发展,该公司已经发展成多项目、多业态的品牌地产开发商。目前,公司已在该城市的多个辖区内开发了若干中高端住宅项目,以及一个城市综合体项目和一个土地整理项目。

3. 项目区位

该项目位于该市某辖区的新城规划范围内。距离商业中心约9km,距离机场约5km。项目北侧为规划道路和73亩待出让商住用地,西侧为一主干道和205亩待出让商住用地,东侧紧邻一中高端住宅小区,其房屋为744户,南侧为次干道,规划有幼儿园、小学等。项目周边已有中海、保利、绿地、中铁、华宇、蓝光、蓝润、新希望、阳光城等开发商入驻,地块为区域内体量较大的稀缺地块。

4. 周边配套

项目周边居住氛围浓厚,配套完善。教育配套有幼儿园2所,小学2所,中学3所,大学1所;周边有综合性医院、专科医院5所;有4个已建成的商业中心和2个待开业的商业中心。

5. 交通情况

项目周边已有多条城市主干道,出行方便;地铁即将通车,项目距离地铁口约450m的路程;有多路公交可以到达。

(二)项目概况

项目占地面积108 203.70平方米,约合162亩,容积率2.5,计容建筑面积270 509平方米。绿地率须大于等于30%。建筑密度小于等于30%,建筑物最高点相对地面高度约42米。主地用途为二类住宅用地,其中兼容商业不大于10%。车位配置要求为:住宅产品平均每100平方米至少要配1.2个机动车位,商业产品平均每100平方米至少要配0.8个机动车位。其他规划条件包括:(1)二类住宅用地容积率不得小于1,且不得修建别墅;(2)高度100米以下的建筑按照预制装备式方式建设,单体建筑装配率不低于20%。

该地块是通过拍卖出让获得的。起始楼面地价9 000元/m²,竞买保证金48 700万元。土地价款支付时间和比例如下:当溢价率不高于60%时,自签订《国有建设用地使用出让合同》之日起1个月内支付地价款的50%,3个月内再支付20%,6个月内再支付30%;若溢价率高于60%,则自签订《国有建设用地使用出让合同》之日起1个月内支付地价款的50%,3个月内再支付50%。土地出让合同签订时间为自签订《成交确认书》后10个工作日内;自首笔地价款支付之日起5个工作日内,出让人按场地现状及自然条件移交土地。

(三)经济环境分析

1. 宏观经济分析

从国家统计局发布的2018年统计公报来看,我国经济处于稳步增长阶段,全年国内生产总值900 309亿元,比上年增长6.6%。其中,第一产业增加值64 734亿元,增长3.5%;第二产业增加值366 001亿元,增长5.8%;第三产业增加值469 575亿元,增长7.6%。第一产业增加值占国内生产总值的比重为7.2%,第二产业增加值的比重为40.6%,第三产业增加值的比重为52.2%。全年最终消费支出对国内生产总值增长的贡献率为76.2%,资本形成总额的贡献率为32.4%,货物和服务净出口的贡献率为-8.6%。人均国内生产总值64 644元,比上年增长6.1%。国民总收入896 915亿元,比上年增长6.5%。全国万元国内生产总值能耗比上年下降3.1%。全员劳动生产率为107 327元/人,比上年提高6.6%。

房地产方面,房地产业增加值59 846亿元,增长3.8%。全年房地产开发投资120 264亿元,比上年增长9.5%。其中,住宅投资85 192亿元,增长13.4%;办公楼投资5 996亿元,下降11.3%;营业用房投资14 177亿元,下降9.4%。全年全国国有建设用地供应总量64.3万公顷,比上年增长6.6%。其中,房地产用地14.4万公顷,增长24.6%。

从总体上来看,经济处于稳中求进的态势。房地产开发和投资偏向于住宅项目投资。

2. 区域经济环境分析

2018年该城市的地区生产总值1.2万亿元,同比增长7.7%,高于全国GDP增长率1.1个百分点;GDP总量,在除北、上、广、深外的新一线城市中名列前茅。固定资产投资8 370亿元,增长14.3%;城乡居民人均可支配收入分别增长8.1%、9.9%,居民消费价格上涨2%。

该城市正努力将自己打造成中国西部的国家级中心城市,为带动西部跨越式发展而努力。全市形成了"双核共兴,一核多市"的网络城市群和大都市格局。

3. 区位分析

该项目所在的辖区于1990年规划成立,是该城市的中心城区,位于城市南端,也是国家级高科技文化区。全区面积76.56平方公里,在籍人口62万,流动人口64万,实际人口126万。

2018年,该区GDP为867.82亿元,同比增长7.3%,财政总收入207.1亿元,同比增长15.5%,城镇居民人均可支配收入35 991元,同比增长7.6%,地方公共财政收入、地方税收收入等主要经济指标位居全省前列。

4. 地块分析

项目所在地块是辖区内重点打造的产业区域,政府支持和规划利好显著。基本配套建设完善,人居环境和品质不断升级。

(四)政策环境分析

1. 最新房地产相关政策

(1)限购政策。目前我国一二线城市的房价上涨速度过快,国家通过加快推进保障性住房建设以及棚改工作,来增加住房供应,同时采取限购、限贷等政策,来有效抑制不合理的投机性需求,遏制了房价的快速上涨,对于人口密度过高的大型城市,还会从人口疏散的战略角度出发,严格控制房地产开发投资。

(2)增加土地供应。国家将继续实施严厉的调控政策,增加一线城市的土地供应面积。

(3)大力整治首付贷。国家对于房地产中介机构、房地产开发企业及其与P2P平台合作开展的金融业务,开始进行清理和整顿,打击为客户提供首付贷融资、加大购房杠杆、变相突破住房信贷政策的行为。

(4) 积极推进房地产税立法。今后我国将逐步建立房地产调控长效机制，房地产税作为其中的重要组成部分，其立法程序将会提上日程。调整后的人大常委会立法规划已将房地产税法列入第一类立法项目，全国人大常委会立法工作计划将房地产税法列为预备项目。

随着这一系列调控政策的落实，今后我国的房地产市场将会朝着更加健康的方向发展，而与之相匹配的长效机制的建立，也会促使其保持长期平衡的走势，今后房屋的投资属性将进一步被削弱，其居住功能将会真正体现。

(5) 中心城市调控升级，周边三四线城市跟进调整。中西部地区出台调控措施的城市数量进一步增加。针对不同城市、城市内部的不同板块，政策都体现出差异性。项目所在的城市对限购区域和非限购区域信贷政策做差异化调整，开启公开摇号购房模式，同时周边三四线城市也陆续开始调整。

2. 项目所在城市的房地产政策

该城市以国家宏观调控政策为导向，主动控制风险，遏制投机性需求，防止房价过快增长。其主要政策有：

(1) 降低商贷首付。将首套房首付比例降至25%，二套房为35%。

(2) 契税、营业税改革。调整房地产交易环节的契税和营业税。

(3) 营改增政策落地。房地产企业的营业税改为增值税。

(4) 公积金新政实施，同时缴纳公积金两人及以上的家庭买房，最高可贷70万元公积金贷款；贷款额度加10万元，贷款年限延长至30年，"保底贷"取消贷款挂钩倍数；租户可凭身份证办理提取业务或调整贷款额度。

(5) 出台限购政策，若在限购区域购房，必须要拥有该区域户口，若没有本区域户口，需要在该区域实现稳定就业，并缴纳1年以上所得税或社保。同时限购区的贷款政策升级，购买二套房，若没有缴清贷款，首付比例上调至70%；购买三套房，不提供贷款支持。

(6) 二手房交易严格。二手房交易纳入限购范围；同时规定未满三年的房产不能进行交易。

(五) 市场分析

1. 土地市场分析

2018年该市土地市场共供应土地2 945亩，成交2 533亩。主城用地供地逐年收紧，开发商拿地积极，楼面价创近6年新高。辖区供地面积372亩，成交194亩，平均楼面地价达7 220元$/m^2$。

地块所处的板块紧邻居住氛围成熟板块，随着区政府对地块建设的推进，且由于成熟板块缺少大规模的土地供应，该区域内土地溢价能力逐步提升。

2. 主城区住宅市场分析

在政策的刺激下，主城区住宅供应持续处于高位，但仍表现出严重的供不应求局面，且成交价格不断攀升，2018年的平均成交价达10 940元$/m^2$。

在供应量方面，自2018年3月以来，住宅供应持续上涨，可售货源不足。成交量方面，一直保持高位,2018年成交总量960万平方米,同比上涨14.42%。成交均价方面,2018年主城区成交均价为10 940元/m²。房屋面积等方面,主城区以70~100m²的首套刚需房为主力,但随着二胎政策的放开,改善性住房(110~150m²)的需求开始逐步增加。此外,联排住宅(150~200m²)的需求也有明显增加。

(六)竞争对手分析

该项目基于"区位相近,产品具有代表性且有销售,有客群竞争关系"的原则来选择竞争对手。该地块规划的业态有高层住宅、联排别墅、社区底商等产品,因此为每种业态选择不同的竞争对手,主要有中海地产开发的住宅产品、保利地产开发的联排产品等。

1. 住宅产品

该区域配套设施完善,近期住宅供应量较少,呈现供不应求的局面。2018年销售均价为16 000元/m²,月均去化套数约100套,主力户型为110~140m²的产品。

2. 联排产品

整个主城区2016年以来主要的在售联排别墅集中在西北方向,各在售联排产品去化情况均表现良好,产品面积段集中在160~180m²,总价大多在450万元以内。

3. 商业产品

项目周边商业以1~2层的社区底商和2~4层的独栋商业为主,一楼的均价为40 000元/m²,二楼的均价为15 000元/m²,月均去化面积在200m²上下浮动。

(七)市场定位

1. 项目定位

本项目为容积率2.5的住宅混合物业,计划打造成为14层的小高层住宅以及联排和社区底商。以户型创新、项目品质和品牌开发商为核心卖点,打造高档住宅社区。

表5-3　住宅户型配比表

建筑形态	户型	面积(m²)	占比
高层	3室2厅2卫	120	14%
	4室2厅2卫	130~160	71.4%
	4.5室2厅3卫	180~190	8.5%
联排	5室2厅3卫	190	6.1%

住宅体量约26万平方米,高层建筑形态为13/14F,每层2~4户,层高2.9米。以舒适改善型套三、套四产品为主,满足首置、首改功能性需求。联排以舒适型套四产品为主。住宅户型配比详见表5-3,其中,住宅产品中130~160m²的4室2厅2卫产品最多,占比达到71.4%。

本项目商业占比4%,体量约10 000m²。定位为一层社区底商,主要满足小区基本生活需要。配合住宅建筑风格,布局按照规划设计条件,沿规划道路排布。

2. 客户定位

主力目标客群为年龄段30~45岁、家庭年收入30万~80万元的首置首改人群。

（八）产品定价

产品的定价过程如下：对比竞争对手的产品的相关指标进行分析打分，乘以权重，得出各自总分；再根据其实际价格，得出修正价格；最后乘以参照比重，得出产品的定价。

经过测算，高层价格约为 17 889 元/m²，若带精装，则精装房价格为 20 000 元/m²，联排价格为 25 945 元/m²，商业价格为 37 752 元/m²，车位价格为 16.8 万/个。

（九）产品规划及项目开发方案

1. 产品规划

项目计划分三期进行开发，一期总建筑面积 172 369m²，以高层住宅及社区底商为主；二期总建筑面积 31 973m²，为联排别墅；三期总建筑面积 174 962m²，产品主要为高层住宅及底商。每期均配套车位销售。

2. 开发时间

项目分三期进行开发，一期计划于 2019 年 3 月开工，2019 年 10 月开盘，2020 年 3 月竣工备案，2021 年 1 月交付；二期计划于 2019 年 11 月开工，2020 年 5 月开盘，2020 年 10 月竣工备案，2021 年 5 月交付；三期计划于 2020 年 3 月开工，2020 年 10 月开盘，2021 年 6 月竣工备案，2021 年 12 月交付。

3. 销售计划

据估计，项目总值约 67.6 亿元，其中住宅类产品 60.3 亿元，商业类产品 4 亿元，车位 3.3 亿元。2020 年，主要销售的产品为一期的高层住宅和底商，预计金额 18.9 亿元；2021 年主要销售一期剩余产品和二期联排以及三期高层住宅产品，预计金额 17.8 亿元；2022 年的销售任务是三期剩余高层，预计金额 9.3 亿元。

车位于 2021 年开始销售，每年销售 350 个左右，预计金额在 6 000 万元左右。整个销售周期定为 7 年，其中 2020—2022 年为热销期，每年的销售金额保持在 18 亿元左右。

（十）项目投资估算

建设投资估算见表 5-4。

表 5-4 项目建设投资估算表

成本项目	项目总成本（万元）					建筑面积单位成本（元/m²）				
	地上建筑			地下建筑	合计	地上建筑			地下建筑	合计
	高层	联排	底商	地下室		高层	联排	底商	地下室	
建筑面积（m²）	241 553	19 550	9 600	108 601	379 304	241 553	19 550	9 600	108 601	379 304
一、土地获得价款	236 898	29 684	17 544	0	284 126	9 807	15 184	18 275	0	7 491
二、开发前期准备费	13 005	1 044	517	0	14 566	538	534	539	0	384
三、主体建筑工程费	53 577	5 167	1 982	5 972	66 698	2 218	2 643	2 065	550	1 758
四、主体安装工程费	12 492	949	401	1 188	15 030	517	485	418	109	396
五、主体装修工程费	65 480	1 934	1 077	64	68 555	2 711	989	1 122	6	1 807
六、社区管网工程费	4 026	323	160	0	4 509	167	165	167	0	119

续表

成本项目	项目总成本(万元)					建筑面积单位成本(元/m²)				
	地上建筑			地下建筑	合计	地上建筑			地下建筑	合计
	高层	联排	底商	地下室		高层	联排	底商	地下室	
七、园林环境费	4 387	352	174	0	4 913	182	180	181	0	130
八、配套设施费	74	6	3	0	83	3	3	3	0	2
九、间接费	42 632	4 152	2 263	531	49 578	1 765	2 124	2 357	49	1 307
十、不可预见费	4 280	343	170	0	4 793	177	175	177	0	126
开发成本	436 854	43 954	24 291	7 760	512 859	18 085	22 483	25 303	715	13 521
十一、期间费用	14 425	1 160	574	0	16 159	597	593	598	0	426
项目总投资	451 279	45 114	24 865	7 760	529 018	18 682	23 076	25 901	715	13 947
开发成本(不含地价和利息)	162 357	10 522	4 684	7 760	185 323	6 721	5 382	4 879	715	4 886

(十一) 项目税费估算

项目税费包含增值税及其附加税、土地增值税、所得税等，估算见表5-5。

表5-5 土地增值税计算表

行次		项 目	金额(万元)
1		一、转让房地产收入总额(1 = 2 + 3)	609 368
2	其中	转让土地收入	0
3		转让地上建筑物及其附着物收入	609 368
4		二、扣除项目金额合计(4 = 5 + 6 + 13 + 16 + 20 + 21)	575 355.6
5		1. 取得土地使用权所支付的金额	284 126
6		2. 房地产开发成本(6 = 7 + 8 + 9 + 10 + 11 + 12)	180 287
7		土地征用及拆迁补偿费	0
8	其中	前期工程费(二)	14 566
9		建安费(三、四、五)	150 283
10		基础设施费(六、七)	9 422
11		公共配套设施费(八)	83
12		开发间接费(不含资本化利息)	5 933
13		3. 房地产开发费用(13 = 14 + 15)	15 319
14	其中	利息支出	0
15		其他房地产开发费用(有关的销售费用、管理费用)	15 319
16		4. 与转让房地产有关的税金(16 = 17 + 18 + 19)	2 741
17	其中	营业税	0
18		城市维护建设税	1 599
19		教育费附加	1 142

续表

行次	项　目	金额(万元)
20	5.财政部规定的加计20%扣除数[20=(5+6)×20%]	92 882.6
21	6.财政部规定的其他扣除项目金额	0
22	三、增值额(22=1-4)	34 012.4
23	四、增值额与扣除项目金额之比(%)(23=22÷4)	6%
24	五、适用税率(%)	30%
25	六、速算扣除系数(%)	0%
26	七、应缴土地增值税税额 26=22×24-4×25	10 203.72
27	八、已缴土地增值税税额	—
28	九、应补(退)土地增值税税额 28=27-26	—

(十二)项目收益估算

1.利润估算

利润估算见表5-6。销售净利润为67 427万元,销售净利润率为11.07%。

表5-6　项目分年利润表(单位:万元)

	项目整体	2019年	2020年	2021年	2022年	2023年	2024年	2025年	2026年
营业收入	609 368	0	0	187 119	62 765	278 673	70 731	5 376	4 704
减:营业成本	469 505	0	0	168 483	42 911	208 744	46 993	1 266	1 108
税金及附加	34 643	0	0	10 638	3 568	15 843	4 021	306	267
管理费用	1 279	102	192	256	192	192	153	128	64
销售费用	14 040	281	1 404	2 808	2 808	2 808	2 106	1 123	702
财务费用	0	0	0	0	0	0	0	0	0
利润总额	89 902	-383	-1 596	4 934	13 286	51 087	17 458	2 553	2 563
减:所得税	22 476	0	0	739	3 322	12 772	4 364	638	641
净利润	67 426	-383	-1 596	4 195	9 965	38 315	13 093	1 915	1 922

2.其他财务指标

该项目的内部收益率为18.6%,按8%贴现率计算的净现值为60 208万元,投资静态回收期约3.23年,动态回收期3.51年。

第五节 收益性房地产组合投资管理的成本管理

一、房地产组合投资成本管理的基本概念

(一) 房地产企业的成本

成本是企业为生产商品和提供劳务等所耗费的物化劳动或劳动中必要劳动的价值的货币表现,是商品价值的重要组成部分。房地产企业成本是指房地产企业在房地产产品开发、生产、经营过程中所支出的各项费用的总和,涉及前期策划、规划、设计、施工、销售、经营等各个环节,因此房地产的成本控制是项目开发全过程的成本控制。

房地产项目全过程成本管理是集建筑经济技术与管理、物业经营与投资为一体的综合管理,既涉及开发全过程的各个环节,又关系到房地产商品的销售、经营和维护。因此,只有从全过程对项目各类成本进行有效管理,对各阶段的成本控制进行相辅相成的系统管控,才能保证房地产项目的开发效率,增加产品的市场竞争力,提高企业的利润空间。

(二) 房地产投资成本的构成

房地产投资项目的成本可以分为房地产项目开发成本、房地产企业费用和物业项目经营成本。

1. 房地产项目开发成本

房地产项目开发成本包括土地费用、前期费用、建筑安装工程费、小区配套费、各种行政规费、管理费用、销售费用、不可预见费用和税金等。房地产开发投资成本构成如图5-7所示。

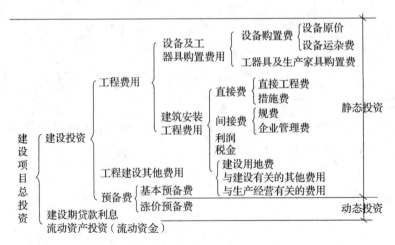

图5-7 房地产开发项目成本构成

2. 房地产企业的费用

房地产企业的费用是指房地产企业在开发、生产、经营期间发生的并由该期损益直接承担的各项费用,包括销售费用、管理费用和财务费用。

(1) 销售费用。它是指房地产企业在销售或者提供劳务等过程中发生的各项费用,以及专设销售机构的各项费用,包括应由企业负担的运输费、装卸费、包装费、保险费、维修费、展览费、差旅费、广告费、代销手续费、销售服务费,专设销售机构的人员工资、奖金、福利费、折旧费、修理费、物料消耗及其他经费,以及开发产品销售之前的改装修复费、看护费等。

(2) 管理费用。它是指房地产企业行政管理部门为管理和组织经营活动而发生的各项费用,包括公司经费、职工培训经费、劳动保险费、董事会费、咨询费、审计费、诉讼费、排污费、绿化费、税金、土地使用费、土地损失补偿费、技术转让费、技术开发费、无形资产摊销、业务招待费、坏账损失,还包括存货盘亏、毁损和报废损失,以及其他管理费用。

(3) 财务费用。房地产企业为筹集资金而发生的各项费用,包括企业经营期间发生的利息净支出、汇兑净损失、金融机构手续费,以及企业筹资过程中发生的其他财务费用。

(4) 其他。根据现行规定,房地产企业的下列支出不得列入成本、费用:购置用于建造的固定资产、无形资产和其他资产的支出;对外投资的支出;没收的财物,支付的滞纳金、罚款、违约金、赔偿金,以及企业赞助、捐赠支出等;国家规定不得列入成本、费用的其他支出。

3. 物业项目经营成本

根据《物业管理企业财务管理规定》和《施工、房地产开发企业财务制度》的规定,物业项目经营成本由以下两个部分构成:

(1) 营业成本。营业成本是企业在从事物业管理活动中发生的各项直接支出,它包括直接人工费、直接材料费和间接费用等。直接人工费,包括企业直接从事物业管理活动等人员的工资、奖金及职工福利费等。直接材料费,包括企业在物业管理活动中直接消耗的各种材料、辅助材料、燃料和动力、构配件、零件、低值易耗品、包装物等。间接费用,包括企业所属物业管理单位管理人员的工资、奖金及职工福利费,固定资产折旧费及修理费,以及水电费、取暖费、办公费、差旅费、邮电通信费、交通运输费、租赁费、财产保险费、劳动保护费、保安费、绿化维护费、低值易耗品摊销及其他费用等。

(2) 期间费用或经营管理费用。期间费用或经营管理费用是物业管理企业在提供物业管理服务过程中发生的费用,包括管理费用、财务费用等。此外,由于物业经营管理的特殊性,还有以下规定:

① 物业管理企业经营共用设施设备支付的有偿使用费,计入营业成本。

② 物业管理企业支付的管理用房有偿使用费,计入营业成本或管理费用。

③ 物业管理企业对管理用房进行装饰装修发生的支出,计入递延资产,在有效使用期限内,分期摊入营业成本或管理费用。

④ 发生的坏账损失,计入管理费用。

⑤ 按现行财务制度的规定,不得列入成本的支出主要有:1)购置和建造固定资产、无形资产和其他资产的支出;2)对外投资支出;3)被没收的财产,支付的滞纳金、罚款、违约金、赔

偿金,以及企业的赞助、捐赠支出等;4)国家法律、法规规定之外的各种付费;5)国家规定不得列入成本、费用的其他支出。

二、房地产开发成本管理

房地产开发过程分为决策阶段、设计阶段、施工阶段以及销售阶段。

(一)房地产开发项目投资决策阶段的成本管理

项目的各项决策对项目建造成本以及建成后的经济效益有着重要影响。在该阶段,主要进行以下工作:第一,编制项目可行性研究报告,进行经济评价,选择技术上可行、经济上合理、市场上可接受的建设方案;第二,在优化设计方案的基础上,编制较为准确的项目投资估算表,为项目的投资决策提供可靠依据;第三,进行财务评价,根据国家现行的相关制度,依据投资估算的内容,分析项目直接发生的财务效益和费用,编制报表,计算相关财务指标,预估项目的财务,以此进一步判断项目的财务可行性。

1. 可行性研究

房地产开发项目的可行性研究报告的内容主要应包括以下几个方面:项目概况;可行性报告的编制依据;市场分析;建设规模的确定;规划设计方案选择;项目建设资金、资源的供给;环境影响和环境保护;项目的组织架构及管理费用;开发建设计划;项目经济及社会效益分析;结论及建议;等等。

2. 建设投资估算

建设项目投资估算要根据主体专业设计的阶段和深度,结合各自行业的特点、所采用生产工艺流程的成熟性,以及编制者所掌握的国家及地区、行业或部门相关投资估算基础资料和数据的合理、可靠、完整程度(包括造价咨询机构自身统计和积累的可靠的相关造价基础资料),采用生产能力指数法、系数估算法、比例估算法、混合法、指标估算法等进行建设项目投资估算。

3. 财务评价

财务评价主要是通过计算财务内部收益率、财务净现值和投资回收期等主要经济指标,对房地产开发项目的盈利能力进行分析。根据项目的特点和实际需要,还可计算项目的投资(成本)利润率等。并在此基础上,对项目进行风险评价,然后确定项目的资金来源或融资方式。

(二)房地产开发项目设计阶段的成本管理

房地产开发项目工程设计的合理性、经济性直接影响项目总投资的控制和项目的利润。因此,房地产开发企业一方面要使设计满足建筑物的建筑效果、使用功能和牢固耐用;另一方面也要使设计更加合理、经济,减少建筑安装工程的投资,以降低成本,取得更大的经济效益。通过工程招投标、工程监理以及推行限额设计可以有效控制成本。

开发设计阶段包括以下内容:

1. 项目整体规划设计

首先要对项目进行整体规划方案设计。这要求根据项目定位来确定项目内各构成的关系和层次,并依此来安排建筑、公共配套设施、道路管网、绿地布局等,从而确定人口和建筑密度、建筑布置的层次、建筑之间的间距、公共设施的布局及其服务半径等。

2. 项目平面布局设计

为了使房地产产品更具竞争力,在建筑物的平面布置设计方面既要考虑降低造价,又要考虑建筑物外观的美观、使用功能的完善及各建筑物外形的适当变化。以住宅产品为例,建筑物进深变窄(外形改变),会使房型各功能间配置更合理、使用功能更强,所以开发商一般根据小区的整体规划设计,建造一些外观造型更加丰富的住宅建筑,寻求控制造价和提升住宅品质的最佳结合点。

3. 设计概算和施工图预算的审查与管理

(1) 设计概算。设计概算是对工程造价进行的概略计算,是进行施工图设计的重要依据,直接影响开发项目总投资的控制,也是考核设计方案和建设成本是否经济合理的依据。它包括:单位工程概算、单项工程综合概算、其他工程的费用概算、建设项目总概算以及编制说明等。

设计概算文件主要有建设项目(如工厂、学校等)总概算、单项工程(如车间、教室楼等)综合概算、单位工程(如土建工程、机械设备及安装工程)概算、其他工程和费用概算。

(2) 施工图预算。施工图预算是确定建筑安装预算造价的文件,它是在施工图设计完成后,以施工图为依据,根据预算定额、取费标准以及地区人工、材料、机械台班的预算价格进行编制的。施工图预算在房地产开发项目中发挥着至关重要的作用,是项目成本管理的关键环节。预算文件应包括预算编制说明、总预算书、单项工程综合预算书、单位工程预算书、主要材料表及补充单位估价表等。

(3) 概预算会审和管理。完成概预算后,需要对其进行审查。审查应由开发企业牵头,成立专业的审查小组对设计概算以及施工图预算进行会审。

(三) 房地产开发项目施工阶段的成本管理

房地产开发项目的施工阶段,是把设计图纸和材料、设备等变成工程实体的过程,施工阶段的工程造价成本的确定和控制是房地产开发全过程成本控制的最重要组成部分。

1. 施工前期的成本管理

在施工准备阶段,首先需要对施工方法、施工顺序、作业组织形式、设备选型、技术措施等进行研究和分析,确定合理的施工组织设计。然后根据成本目标,依据消耗标准和技术措施等,在优化的施工方案的指导下,编制可行的成本计划。再根据要求,按照编制的成本预算和成本计划,进行任务分解,落实到有关部门和责任人,为成本控制和绩效考评提供依据。

2. 施工期间的成本管理

(1) 做好"三通一平"建设。"三通一平"是建设项目在正式施工以前,施工现场应达到水通、电通、道路通和场地平整等条件的简称。"三通一平"方案应兼顾近期开工及中期、后期开工的工程,控制"三通"设施的数量,提高设施的使用率,避免重复拆搭,减少费用的支出。

(2) 合理控制工程变更。工程变更包括设计变更、进度变更、施工条件变更和工程量清单未包括的新增工程。工程变更对工程造价的影响很大,同时会带来大量的变更款项,造成成本的增加。控制施工变更的关键在于建设单位自我约束,按洽商变更程序办事。

(3) 严格审核施工索赔要求。施工索赔是在施工过程中,承包商根据合同和法律的规定,对并非由于自己的过错所造成的损失,或承担了合同规定之外的工作所付的额外支出,向业主(开发企业)提出在经济或时间上要求补偿的权利。对于施工索赔,要严格按照合同办事,加强对索赔诉求的资料审核,同时提高预见性,减少施工索赔。

(4) 控制施工材料的加工订货。监理和预算人员要掌握建材行情,做好材料限价工作。对施工单位自行采购的材料,属于指定价范围的,只监督质量,不干预订货。属于指导价范围的,应实行"适当参与、推荐厂家、监督质量、合理限价"的原则,设备采购同样实行招投标,确保质优价廉。

3. 竣工阶段的成本管理

加强竣工结算的审核,凡结算工程必须按设计图纸及合同规定全部完成,要有竣工验收单,如有甩项应在验收单中注明,在结算中予以扣除。

(四) 房地产开发项目销售成本的管理

随着房地产市场的发展,在项目推广、销售渠道、维系客户、合同办登、按揭办理、产证办理等销售环节上的成本费用日益增加,销售成本占房地产项目开发总成本的比例逐步增大。销售环节的成本管理已成为房地产开发项目成本管理的重要组成部分。该阶段成本控制主要是对销售的各种费用的有效控制,以达到预期的盈利目标,确保房地产开发项目投资的收益。

1. 销售成本的构成

房地产项目的销售成本主要包括以下内容:销售道具成本,如样板间的设计及装修费用、沙盘模型设计及制作费用等;销售资料成本,如售楼书设计、印刷费用及派发费用等;广告投放成本;销售环境成本,如销售中心的现场环境设计及施工费用等;销售活动成本,如促销活动费用、公关活动费用等;销售人力成本,如人员工资及佣金;交易成本,如产权交易费用等;其他费用。

其中,销售道具成本、广告成本、销售环境成本以及销售人力成本的占比最大,是销售成本的主体;而销售活动成本的变数较大,是影响销售成本变动的主因;交易成本按照国家、行业政策执行,相对稳定;销售资料成本的数额较小,对整体影响不大。

2. 销售成本的控制

在销售成本中,对其影响最大的有销售道具成本、广告成本、销售环境成本、销售人力成本(比例最大)和销售活动成本(变数最多)。由于人力成本相对固定,因此在成本管理过程中较好控制,而其他四项需要进行科学的成本控制。

销售道具成本控制要求投入少,建造进度快,符合项目的定位,材料性价比高,维修保养容易;广告成本的控制则要求广告投放主次分明,有侧重,确定主力媒体,重视多种渠道、媒体的有机组合和叠加,切记全面开花、平均化;销售环境(售楼处、销售中心等)的布置应有限额限制,在允许的情况下,可以分段实施,在满足基本功能的前提下,尽可能提高品质;销售活动要有明确的目的,以提高客户的体验、增加客户的参与度为主,应避免过多使用明星效应,将更多的实惠让给客户。

三、物业项目经营成本

物业管理服务成本,主要包括人工费、办公费、物业共用部位与共用设施设备的日常运行和维护费、保安费、清洁卫生费、绿化养护费、物业管理企业固定资产折旧费、保险费以及经业主同意的其他费用。

在物业经营过程中,有一项特殊的费用必须做出说明,即专项维修资金。专项维修资金是物业共用部位、共用设施设备的大修、中修和更新、改造的费用支出。它在业主预先缴纳的专项维修资金中支付,不计入物业管理服务支出或者物业管理服务成本,但需要依据有关估算结果,制定科学的支出计划和补充计划。此外,在经营性物业中,与住宅专项维修资金相对应的公共维修基金或大修基金,是从业主逐期获取的租金或经营收入中提取的,但这种提取也要以该项费用的支出估算为依据。

(一)成本费用的构成

1. 人工费

人工费包括人员工资、社会保险费、按规定提取的福利费以及加班费和服装费等。

(1)人员工资:各类管理服务人员的基本工资标准根据企业性质,参考当地平均工资水平确定。

(2)社会保险费:社会保险费包括医疗保险、工伤保险、养老保险、失业保险、住房基金(含住房公积金)等,应当根据当地政府的规定由企业确定。

(3)福利费:其中,福利基金按工资总额的14%计算;工会基金按工资总额的2%计算;教育经费按工资总额的1.5%计算。

(4)加班费:按人均月加班2~3天,再乘以日平均工资计算,日平均工资按每月22个工作日计算。

(5)服装费:按每人每年2套服装计算,其服装标准由企业自定。计算出服装费后再除以12个月,可得到每月服装费。

该项费用的制定标准要根据所管理物业的档次、类型以及各级服务人员的编制数确定。

(6)工服洗涤费:工服洗涤费根据实际需要企业担负洗涤费用的工服数量,按照当地的洗涤费标准计算确定。

2. 办公费

办公费是物业管理企业开展正常工作所需要的有关费用,主要包括交通费、通信费、办公用具费、书报费、宣传推广费、法律费用、节日装饰费、办公用房租金等。

(1)交通费:包括车辆油耗费、维修保养费、保险费、养路费等。

(2)通信费:包括电话费、传真费、手机费等。

(3)办公用具费:包括文具、纸张、打印复印费等。

(4)书报费:每年必须购置的报纸杂志,特别是专业书报所需要的花费。

（5）宣传广告和市场推广费：取决于物业的空置水平、新旧程度以及市场的供求状况等。

（6）法律费用：包括为催收拖欠租金而诉诸法律的费用、预估房产税的支出、定期检查法律文件（如租约、合同等）等费用支出等。律师费是该项下的经常费用。

（7）节日装饰费：在法定节假日，如元旦、春节、国庆等节日进行物业装饰的费用。

3. **共用部位与共用设施设备的日常运行和维护费**

该项费用在物业管理成本中通常都占有较大比例，而且其中的具体项目也比较多。主要包括维修保养费、装修费、能源费、康乐设施费、杂项费用等。

（1）维修保养费：用于核算物业内外部的总体维修保养费用支出。具体有建筑物立面的清洗、电梯维修保养、锅炉检查维修、空调维修保养、小型手动工具和防火设备购置等。

（2）装修费：包括装修材料费（如墙纸、涂料等）、工器具和设备使用费、工人人工费、管理费和承包商利润等。

（3）能源费（电、气、水、油料等）：物业经营管理过程中消耗的能源的成本。

（4）康乐设施费：物业内部的康乐设施的运营成本，包括健身设施、游泳池和其他康乐设施的维修、保养费支出。有时救生员、器械使用指导员和其他康乐服务人员的工资也属于此项成本的开支范围。

（5）杂项费用：为保持物业正常运转而需要支出的非经常性的、零星的费用项目，如停车位划线、配钥匙、修理或重新油漆建筑物内外的有关标志或符号等的费用支出。

4. **保安费**

保安费是指维持物业公共区域秩序的费用，由保安系统费、保安人员人身保险费以及保安用房和保安人员住房租金构成。

5. **清洁卫生费**

清洁卫生费是指楼宇内共用部位、公共区域的日常清洁保养费用。包括清洁工具购置费、劳保用品费、清洁机械材料费、化粪池清理费、垃圾外运费、水池清洁费及其他费用。

6. **绿化养护费**

绿化养护费是指物业区域内绿化的养护费用，包括绿化工具费、劳保用品费、绿化用水费、农药化肥费、杂草清运费、园林景观再造费等。

7. **固定资产折旧费**

该项费用是指物业管理企业拥有的各类固定资产按其总额每月分摊提取的折旧费用。包括交通工具（汽车等）、通信设备（电话机、手机、传真机等）、办公设备（桌椅、沙发、电脑、复印机、空调机等）、工程维修设备（管道疏通机、电焊机等）及其他设备。

8. **保险费**

它是指物业共用部位、共用设施设备及公众责任保险费用开支。对于公寓、别墅区，一般只对配套的水电设施投保；对于写字楼、商厦、酒店等，则必须投购大厦财产险，包括土建、装修和设备（如酒店的中央空调等）。一般是按楼宇或设备的总造价来投保。对于商厦、酒店，还要投购公共责任险。

9. 专项维修资金

专项维修资金支出,是在新建物业保修期满后,为确保物业的共用部位、共用设施设备的完好与正常运转,而对其进行定期检查、维修和更新、改造所需的费用开支。主要包括工资津贴等费用,设备、零部件和材料购置费,机械使用费,水、电、气费以及管理费等。

由于多数收益性物业都具有自己的特点,其物业管理成本项目还因物业的类型、档次、规模、所处城市以及物业管理服务合同的具体规定的不同而有一些差别,因此,在实际测算中,要根据具体情况和实际需要将有关成本项目进一步细化或合并,测算依据也要做一些相应调整。这样,才能比较准确地反映物业管理成本的高低。

(二) 成本估算

对上述各单项费用进行估算后加以汇总,形成按单位建筑面积计算的合计物业管理服务成本或物业管理服务支出:

$$物业管理成本 = \frac{\sum 各分项费用}{物业总建筑面积} \tag{5.38}$$

物业管理企业还要进行成本估算结果的分析工作,判断各项费用的合理性,并进行相应的调整和修正。

(三) 成本控制

物业管理项目的成本控制由以下五个步骤组成。

1. **确定控制标准**

常用的控制标准有成本预算(包括责任预算)和消耗定额等,主要有指标分解法、定额法、预算法三种方法。

2. **执行控制标准**

在成本控制过程中,运用相应的控制手段对成本的形成过程进行具体约束,审核各项费用的开支和消耗,实施节约措施,保证控制目标的实现。

3. **分析相关差异**

将实际成本与成本目标(标准)相比较,通过对差异进行分析,找出差异产生的原因和责任单位,并明确其责任人,消除成本差异。

4. **纠正成本偏差**

明确成本差异的原因后,改进降本方案,并贯彻落实,控制成本的差异。

5. **进行考核奖罚**

考核一定时期内物业管理成本目标的执行情况,并依据考核评价的结果好坏或等级,给予相应的奖励或处罚,以充分调动有关部门和人员的积极性,提高以后成本控制工作的质量和效率。

第六节 收益性房地产组合投资管理的风险控制

房地产项目投资管理的风险有两个来源,第一是投资过程中的风险,第二是经营过程中的风险。相比较而言,经营过程中的风险对整个项目投资管理的风险影响较小,并且较容易规避,因此我们主要评估投资过程中的风险。

房地产投资风险是指从事房地产投资而造成损失的可能性大小,包括所投入资本的损失与预期收益未达到的损失。在如今这个多元化的世界里,房地产投资充满了不确定性,每一个投资项目都有一定的风险。

一、房地产投资风险的基本概念

风险有两层意思,其一是因风险而出现了损失或未能实现预期的目标;其二是这种损失出现的可能程度,即概率问题。因此,风险可以定义为不利事件发生的可能性。

房地产组合投资管理主要由两个部分组成:其一是资产配置;其二是在主要资产类型间进行权重的调整。此外,必须考虑各个投资及其风险之间的相互影响。在数学上以投资组合的方差表示投资组合的风险,见式(5.39)。

$$\sigma^2 = \sum_{i=1}^{n} x_i^2 \sigma_i^2 + \sum_{i=1}^{n} \sum_{\substack{j=1 \\ i \neq j}}^{n} x_i x_j \sigma_i \sigma_j \sigma_{ij} \tag{5.39}$$

式中,σ^2 为投资组合风险;x_i 为投资组合中投资 i 的百分比或权重;σ_i 为投资组合中投资 i 的预期收益的标准差;σ_{ij} 为投资 i 与投资 j 之间的协方差,$\sigma_{ij} = x_i x_j \rho_{ij}$;$\rho_{ij}$ 为投资 i 与投资 j 之间的相关系数。

二、房地产投资风险的类型

房地产投资的风险按照不同的分类方法,有不同种类。

(一) 系统性风险和非系统性风险

根据风险产生的根源,房地产投资总的风险由系统风险和非系统风险构成。这种分类对于理解风险、规避或消除风险有很重要的作用。详细构成如图5-8所示。

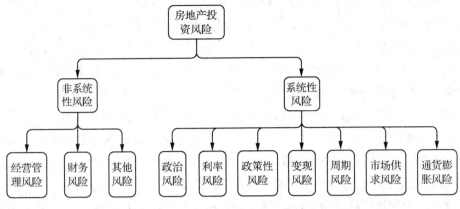

图5-8 房地产投资风险构成

1. 系统性风险（Systemic Risk）

系统性风险又称市场风险，也称不可分散风险，是指由于多种因素的影响和变化，导致投资者风险增大，从而给投资者带来损失的可能性，系统性风险是不可避免的。系统性风险的诱因多发生在企业等经济实体外部，企业等经济实体作为市场参与者，能够发挥一定作用，但由于受多种因素的影响，本身无法完全控制它，其带来的波动面一般都比较大，有时也表现出一定的周期性。

（1）通货膨胀风险。通货膨胀风险又叫"购买力风险"，是指由于通货膨胀因素使房地产投资者成本增加或实际收益减少的可能性。所有的投资都有一定的时间周期，尤其是房地产投资周期较长，因此只要通货膨胀因素存在，投资者就要面临通货膨胀的风险。通货膨胀风险对一个投资者来说，不仅仅是不能避免或消除的，而且直接降低投资的实际收益率，因此应该引起房地产投资者的高度重视。投资者在进行投资决策时，要充分考虑到通货膨胀的影响，适当调整其要求的最低收益率。

在通货膨胀时期，存款利率通常会相应提高，直接加大银行的筹资成本。同时物价普遍上涨，社会经济运行秩序混乱，企业生产经营的外部条件恶化。另外，随着商品价格的上涨，投资者的货币在数量上的收入有所增加，但是价值降低，这往往给投资者造成错觉，使他们忽视通货膨胀风险的存在，实际上投资者的收益不仅没有增加，反而有所减少。

（2）市场供求风险。市场供求风险是指投资所在地区房地产市场供求关系、竞争关系、资源条件、市场购买力水平等因素变化给投资者带来的风险。市场是不断运动变化的，房地产的供给和需求也是不断变化的。供求关系的变化必然造成房地产价格的波动，具体表现为租金收入的变化和房地产本身价格的变化，这种变化会使房地产投资的预期收益率发生偏离。更为严重的情况是，当市场内某种房地产的供给大于需求达到一定程度时，房地产投资者将面临房地产商品积压的局面，即找不到买主或租户，由此会进一步引发更为严重的问题，即资金收不回来，无力偿还贷款，这很容易导致投资者的破产。

（3）周期风险。和经济周期的存在一样，房地产业的发展也有周期性的循环。房地产业的周期可分为复苏与发展、繁荣、危机与衰退、萧条四个阶段。不同国家和地区的房地产业周期不尽相同。据统计,美国房地产业的周期大约为18~20年,中国香港地区约为7~8年,日本约为7年,中国大陆约为12~13年。以上海房地产业为例,1978—1991年,上海房地产经历了一个周期。改革开放初期,随着住宅商品化意识的出现,上海房地产市场逐渐萌芽,但住宅投资额年均小于50亿元,投资规模较小。1988年,随着虹桥第一幅土地从政府无偿划拨变成有偿批租,上海房地产逐步走上市场化道路。从1989年开始,国家实行宏观调控,房地产市场受到冲击,上海住宅投资额负增长。1990—1991年投资开始回暖。

  房地产的周期风险就是房地产行业从繁荣进入衰退乃至萧条阶段的不确定性和给投资者带来的损失。当房地产业进入衰退乃至萧条阶段时,将出现持续时间较长的房地产价格下降、交易量锐减、新开发建设规模收缩等情况,给房地产投资者造成损失。例如,美国1991—1992年的房地产萧条期,房地产成交价一般只有原价的1/4甚至更低,其中商业房地产总体市场价值从1989年的35 000亿美元跌到1991年的15 000亿美元。房地产价格的大幅下跌和市场成交量的萎缩,使一些实力不强、抗风险能力较弱的投资者因资金债务等问题而破产。

  (4)变现风险。变现风险是指急于将商品兑换为现金时由于折价而导致的资金损失的风险。和其他金融产品不同,房地产商品的变现风险在一定程度上较大。由于房地产是不动产,无法从低需求地区或市场转移到高需求市场,区域局限性很大,变现难度也显而易见。同时,它的投资周期长,效益缓慢,往往一笔投资要经过几年才能实现利润,变现时间也随之延长,无疑也增加了变现难度。另外,房地产的价值量大,资金较多,变现交易的时间也较长。这些原因都影响了房地产资本的流动性,进而影响其变现性。因此,当投资者由于偿债或其他原因急于将房地产兑现时,由于房地产市场的不完备,必然使投资者蒙受折价的损失。

  (5)政策性风险。我国的房地产业与国家经济紧密相关,在很大程度上受到政府政策的影响。政府对租金、售价的限制政策,对材料、设备的限制政策,对土地出让、使用的政策,对环境保护的政策,尤其对固定资产投资规模的宏观调控政策和金融方面的政策以及新的税务政策,都会给房地产投资者带来风险。

  比如,限购令政策的出台,对房地产市场有很大冲击。据资料分析,2011年2月,成都出台住房限购令政策,成都商品房成交量急速下滑,2月份成都地区主城区累计二手房销售量环比降低60%,日成交量环比减少81.6套。房地产开发商、投资人以及刚需消费者均受到限购令政策的影响。在我国现阶段房地产市场不完善、房地产制度尚不健全的情况下,政策性风险尤其需要引起房地产投资者的关注。

  (6)利率风险。利率调整是国家对经济进行宏观调控的主要手段之一,国家通过利率调整引导资金的走向,从而起到宏观调控的作用。利率的升高会对房地产实际价值造成折减,利用升高的利率对现金流折现,会使净现值减小,甚至出现负的净现值;利率的升高还会加大投资者的债务负担,引起还贷的困难,从而抑制对房地产的需求,导致房地产价格下降,会使房地产投资者面临资金短缺的困境。

  (7)政治风险。房地产的不动性使房地产投资者要承担相当程度的政治风险。政治风险主要由以下因素造成:政变、战争、经济制裁、外来侵略、骚乱等。房地产投资项目所在国家政府由于政治或外交原因,可能对项目实施征用、没收等强制手段,或者由于国家政治、经济、产业政策的不稳定性,导致投资的风险加大。政治风险一旦发生,不仅会直接给建筑物造成损害,而且会引起一系列其他风险的发生,对房地产投资的危害最大。

2. 非系统性风险(Non-Systemic Risk)

(1)经营管理风险。经营管理风险是指由于房地产投资者经营管理不善而造成损失的风险。它包括:投资者不能胜任经营管理工作;信息匮乏;决策失误;不能处理好各种合同关系;违章或违法;等等。

(2)财务风险。财务风险是由于投资者借贷经营而产生的不能履行债务义务或不能及时获得贷款的风险。一般而言,负债比率和财务风险成正比。从定义上看,财务风险有两层意思,其一是"不能还贷",其二是"无法借贷"。前者常常是由于企业内部出现问题而导致的,又叫内部风险,后者往往是由于外部因素而产生的,又叫外部风险。

在房地产投资中,财务风险主要有房地产项目融资、资金运用等财务管理方面带来的风险。其中,融资带来的风险占主要比重。如果过度举债、资金运用不当,不仅会增加融资成本,减少投资收益,还有可能因无法按期清偿债务,而失去抵押物或使企业面临破产。

(3)其他个别风险。自然风险、近邻地区环境变化风险、类似地区发展风险等都属于个别风险。

实际上,由于房地产投资的复杂性,风险是多种多样、纷繁复杂的。一种风险是系统性风险还是非系统性风险,并不是绝对的、一成不变的。例如,变现风险,对市场上所有房地产投资项目来说,它是系统性风险,因为任何房地产都有流动性差即变现性差的特点,但是,对于某个具体的投资项目来说,可能由于该项房地产的用途、功能、位置等具体情况使该项房地产更难以在短时间内变现,这种变现风险是个别房地产项目的风险,属于非系统性风险。

将房地产投资风险划分为系统性风险和非系统性风险是很重要的。房地产投资风险中的系统性风险是投资者无法避免或消除的,而其中的非系统性风险可以由投资者设法避免或消除。所以,投资者应该将注意力更多地集中在房地产投资风险中的非系统性风险上,通过加强管理、组合投资、风险转移等方法来避免、消除、转移房地产投资中的非系统性风险,从而更加有效地降低房地产投资中的总风险。

房地产投资的具体项目的投资特性不一样,面临的主要风险也不完全一样,需要投资者通过具体分析而有针对性地加强风险管理,提高房地产投资的经济效益。

(二)房地产投资不同阶段的风险类型

房地产开发过程可分为四个阶段,即投资决策阶段、土地获取阶段、项目建设阶段和租售管理阶段。不同阶段任务不同,其风险的表现也不同,图5-9反映了各个阶段的风险因素。

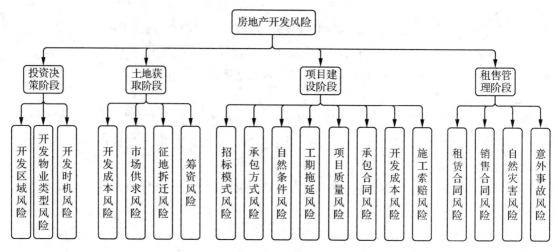

图5-9 房地产开发过程的风险因素

(三) 不同物业类型的风险

前面已经介绍,物业投资类型有很多,虽然都是房地产投资,但是不同的类型其风险因素的侧重也不相同。表5-7总结了不同物业类型的风险特点。

表5-7 不同物业类型的风险特点

物业类型	风险因素	潜在投资者
公寓住宅	物业较大,需要专业管理	能支付自备款的任何投资者
别墅	销售困难	能支付自备款的任何投资者
办公写字楼	服务要求高;区域环境变化;物业本身品质;租客的来源和质量	能提供自备资金且有专业管理人员团队的各类投资人士
工业用房	由于设备技术等作业改变而过时;出入交通运转的变化	有适当自备资金的人
商场购物中心	需提供适宜的管理;空置率高;竞争的变化	有巨资的投资者
酒店	需高水平专业化管理;区域环境的变化;文化、交通的影响;物业本身品质和规模	有适当资本者;能自我经营维持管理的产业投资者
生地	求售时不易脱手;增值大小和开发成本不确定	投资者;开发商;长期投资者

三、风险防范理论和风险度量模型

(一) 风险防范理论

研究房地产投资风险是为了对房地产投资风险进行防范和化解。自1992年我国房地产市场开始升温以来,其投资的风险性正越来越大。尤其是贷款紧缩时期,房地产投资面临的风险就更大,如资金不到位,导致所建楼房被迫停工乃至烂尾,或者已建楼房出现严重积压等。因此,房地产投资的风险研究具有举足轻重的意义。

在风险防范理论体系中,防范风险的方法主要有风险避免、风险降低、风险自留、风险转移、风险分散等。

1. 风险避免

风险避免是在考虑到某项活动存在风险损失的可能性较大时,采取主动放弃或加以改变,以避免与该项活动相关的风险的策略。它具有简单易行、全面彻底的优点,能够将风险的概率保持为零,保持投资运行的安全。

2. 风险降低

风险降低又叫损失控制,是制订计划和采取措施降低损失的可能性或者是减少实际损失。包括事前、事中和事后三个阶段。事前阶段的目的主要是为了降低损失的概率,事中和事后阶段主要是为了减少实际发生的损失。

3. 风险自留

风险自留也称为风险承担,是指企业自己非理性或理性地主动承担风险,即指一个企业以其内部的资源来弥补损失。风险自留既可以是深思熟虑的结果(即有计划的),也可能是因过错引起的(即无计划的)。其优点是促进资金周转、储蓄潜在资金和节约潜在费用,缺点是投资人要承担更大风险、增加较大费用。风险自留目前在发达国家的大型企业中较为盛行。

4. 风险转移

风险转移是指通过合同或非合同的方式将风险转嫁给另一个人或单位的一种风险处理方式。风险转移是对风险造成的损失的承担的转移,有两层意思,一是将可能遭受损失的财产转移出去;二是转移风险及其损失的财务成果,而不转移财产本身。

转移风险及其损失的财务成果,又有非保险型和保险型风险转移两种。非保险型风险转移方式有买卖合同、建筑合同、租赁合同、担保合同、委托合同、产品销售合同、运输业中的排外条款和赔款条款及类似的合同等,但最重要的风险转移方式还是保险。

5. 风险分散

风险分散是指通过组合投资的方法降低房地产投资中的风险。我们研究的房地产组合投资,一定程度上就是为了防范风险。

(二)风险度量模型

现代投资组合理论中对于风险度量的方法有很多,主要有方差风险测度法、绝对离差风险测度法、半方差风险测度法、对数半方差风险测度法等。

1. 方差风险测度方法

方差风险测度法是由马科维茨首次提出的。他从风险与收益率的关系入手来衡量和调节资产投资组合,其模型描述见式(5.30)—(5.32)。

2. 绝对离差风险测度方法

该方法的模型如下:

$$g(w) = E \left| \sum_{i=1}^{n} w_i r_i - \sum_{i=1}^{n} w_i R_i \right| \tag{5.40}$$

式中,R_i 为第 i 项资产收益率的期望值。

理论上,绝对离差风险测度与方差风险测度相一致,在这种风险测度下建立的投资组合模型转变为线性规划问题,求解过程较之方差风险测度模型大大简化;更主要的是该模型克服了资产收益率必须服从正态分布的条件,适用范围扩大,判断的准确度得到了相应的提高。绝对离差风险测度建立的投资组合模型也存在着问题,主要是未能反映组合中各资产间的相互关系,而在实践中由于资产的相近性,各资产间确实存在着相关性,并且正是这种相关性才使得一般情况下资产投资组合的总风险小于各资产风险的加权平均值,从而可以达到通过组合降低风险的目的。

3. 半方差风险测度方法

半方差风险测度下的投资组合模型,解决了绝对离差风险测度模型不能反映资产间相关性的问题。但是由于其模型计算相当复杂烦琐,在此不做介绍。

4. 对数半方差风险测度方法

这种模型在一定程度上可以反映各资产之间的相互关联程度,计算相对于半方差风险测度方法有所简化,具有很好的适用性。其模型如下:

$$g(w) = W^T C W \tag{5.41}$$

式中,$C = (C_{ij})_{n \times n}$ 是风险相关矩阵,$C_{ij} = E[\ln(1+r_i) - \ln(1+R_i)]^- E[\ln(1+r_j) - \ln(1+R_j)]^-$。这个模型需要用到矩阵论的相关知识,故不做具体介绍,大家了解即可。

利用现有的这四种风险测度所构建的投资组合模型指导实践行为,各有优势也各有缺陷,这使得没有哪一个模型能占有绝对优势。事实上,这四种模型只是风险度量模型中最基本的。在实际应用中,投资者可依据自己对风险和收益的效用函数的综合考虑,选择其中的一种指导资产投资行为。为了获得更加准确的风险评估结果,在评估过程中,要尽可能做到以下几点:(1)消除资产收益率服从正态分布的假设;(2)各种资产之间的相互关联性需要明确;(3)体现投资者个人风险效用;(4)模型的求解尽可能简单,计算量尽可能小,以提高模型在实践中的可操作性。

【思考】

1. 什么是收益性房地产?请举例说明。
2. 房地产投资为什么要进行组合投资?
3. 收益性房地产的物业类型有哪些?各自有什么特点?适合什么样的投资人?
4. 什么叫资金的时间价值?
5. 编制个人一周的现金流量图。
6. 单利、复利怎么计算?
7. 什么叫内部收益率?怎么计算?
8. 某物业现有旧式空调机组,剩余使用寿命5年,年电费支出40万元。市场上销售的新型节能空调机组,使用寿命10年,初始购置费用120万元,年电费支出20万元。从成本角度分析是否需要更新空调机组。
9. 某开发商向银行贷款1 000万元,年利率9%,3年后一次性还清所有欠款。该开发商3年后应还多少? 若该开发商每年向银行等额还款,3年后还清,则一共还了银行多少钱?

10. 一个项目的年净现金流量如下:

单位:万元

第一年	第二年	第三年	第四年	第五年	第六年	第七年
-4 200	-4 700	2 000	2 500	2 500	2 500	2 500

若贷款利率为8%,该项目是否盈利?其内部收益率约为多少?动态投资回收期是多少?静态投资回收期是多少?

11. 总结一下各种房地产组合投资管理的评价模型,分析各自的优缺点以及适用场合。

12. 投资决策有哪些流程?

13. 什么叫成本?房地产成本管理可以分为哪几个方面?

14. 什么叫风险?什么叫系统性风险和非系统性风险?

15. 风险防范有哪几种方式?

【推荐阅读】

日本房地产泡沫破灭始末

导语: 20世纪90年代初日本的房地产泡沫破裂,是世界各国历史上迄今为止最大也是最深重的一次房地产危机。今天中国的房地产发展正进入疯狂时期,十多年房价只涨不跌,让越来越多的人更加确信房价保值的神话。然而历史总有着惊人的相似,回顾日本房地产的崩盘始末,或许对中国房地产的未来走势有着一些启示。

战后50年,日本经济取得了举世瞩目的辉煌成就。20世纪80年代初期日本仅用几年时间连续赶超意大利、法国、英国和德国,成为亚洲第一强国和仅次于美国的世界第二大经济强国。日本的贸易和制造业直逼美国,在电子、汽车、钢铁和造船等领域更是将美国打得毫无"招架之力"。日本经济实力达到美国一半,外汇储备超过4 000亿美元,占世界外汇储备的50%。日本人成为世界上最富有的人,其土地成为世界上最昂贵的土地。弹丸岛国的日本房地产总价值超过地大物博的整个美国,日本平均房地产价格是美国的100倍,东京、大阪的价格是纽约、芝加哥的几十倍。日本人买下纽约最有代表性的建筑洛克菲勒中心和美国人最骄傲的产业好莱坞影片公司。尤其是日元大幅度升值使得日本人极其富有、备感自豪,资金所到之处所向披靡。伴随着"国富民强",大量新资金没有去处,只好集中和积聚在十分有限的土地上,造成土地和房屋的含金量越来越高,价格和泡沫与日俱增。

日本房地产发展在世界各地中有其特殊性。日本土地狭小,人口众多,加上经济高度发达,房地产业在战后一片废墟上建立起来。伴随经济发展和房地产开发,土地价格尤其是主要城市的土地价格不断上涨,高度垄断集中,1985年东京、大阪的土地价格比战后初期猛涨了10 000倍。但是如果以为日本房地产泡沫破裂是客观原因造成的,是无可避免的,那是不正确的。实际上即使是1985年泡沫已经相当严重,如果没有后来5年时间中执行的一系列错误政策,泡沫破裂还是可以避免的。1985年日元升值以及对升值错误的估计和预期,将日本直接推入泡沫破裂前的"最后疯狂"。在5年短暂的"辉煌和灿烂"之后，日本经济和房地产陷入了已经长达14年的萧条和低迷。由此可见，包括日本在内的世界各国房地产泡沫以及破裂，都不能完全归咎于客观原因。日本主要的错误政策是：

第一，利率太低，资金泛滥，引导失误，监管失控。1985年9月美、英、德、法、日五国财长聚会纽约的广场饭店，就争执许久的日元升值达成协议。之后一年时间里日元对美元升值一倍以上，由此对出口造成巨大冲击。日本政府为了刺激国内经济，完成外向型向内需型经济过渡，连续五次降低利率放松银根，基础利率跌至历史最低点，货币供应量连续每年超过10%，1998年超过15%，造成市场上资金极其充沛。但是由于当时日本上下对日元升值和经济转型的困难认识和准备不足，大量资金并不如政府所希望的那样流入制造业和服务业，而是流入容易吸纳和"见效"的股市楼市，造成股市楼市价格双双飙升。1985年以后的4年时间中，东京地区商业土地价格猛涨了2倍，大阪地区猛涨了8倍，两地住宅价格都上涨了2倍多。在此过程中日本政府并没有采取有效措施引流资金和监管资金，而是听之任之。

第二，盲目扩大信贷，滥用杠杆作用。在资金泛滥的情况下，原本应该紧缩的信贷不仅没有紧缩，相反进一步扩张，推波助澜，火上浇油。为了追逐高额利润，日本各大银行将房地产作为最佳贷款项目，来者不拒，有求必应。1990年危机已经一触即发，但是银行继续大规模放贷。这一年在东京证券交易所上市的12家日本最大银行向房地产发放贷款总额达到50万亿日元，占贷款总额的四分之一，五年间猛增2.5倍。尤其错误的是为了扩大杠杆作用增加利润，日本银行违反国际清算银行的巴塞尔协议，将持股人未实现利润当作资本金向外出借，造成流通领域里的货币数量进一步扩张。1991年日本银行总贷款额达到当年国民生产总值的90%，而美国仅为37%。为了争夺利润和分享市场，日本上千家财务公司和投资公司等非银行机构也不顾政策限制，跻身于房地产金融行业，直接或间接向房地产贷款，总额高达40万亿日元。可以说日本金融机构是房地产泡沫的最大鼓吹者和最后支撑者，为泡沫源源不断输送能量直到最后一刻。

第三，投资投机成风，股市楼市连动，管理监督形同虚设。日本和中国香港地区完全一样，股市和楼市"一荣俱荣，一损俱损"，这种情况进一步加剧了泡沫的严重程度。当时日本居民从股市中赚了钱投资到楼市中去，从楼市中赚了钱投资到股市中去。无论从哪一个市场赚钱都十分容易，很多人赚的钱比一辈子工作积蓄的钱多得多。股市楼市比翼双飞，同创一个又一个"高度"。1985年到1988年日本GDP增长16%，土地市值和股票市值分别增长81%和177%。1989年年底日经指数达到历史最高点近39 000点，房地产价格也同创历史最高。这段时间里，房价日长夜大，数月甚至数天价格又上涨了。人们千方百计从各个地方借钱投向房地产，炒作和投机成风，很多人辞去工作专职炒楼。人们用证券或者房产作抵押，向银行借钱再投资房地产。银行则认为房地产价格继续上涨，以此作抵押没有风险，所以大胆放款，造成大量重复抵押和贷款，监督管理形同虚设，资金链无限拉长，杠杆作用无限扩大。但是市场转折后立即就形成"中子弹效应"，一个被击破，个个被击破。日本大公司也不甘寂寞，在炒楼中扮演着重要角色，利用关系进行土地倒买倒卖，数量极大，倒手率又极高，每倒一次价格就飙升一次。在此过程中政府很少的应对政策也严重滞后。大公司倒卖土地的情况一直持续到1992年政府增收94%重税后才被迫停止。

泡沫破裂后许多日本居民成为千万"负翁",家庭资产大幅度缩水,长期背上严重的财务负担,在相当长的时间里严重影响正常消费。日本银行及非银行机构的不良债务高达100万亿日元,最后成为坏账的达到几十万亿日元。倒闭和被收购的银行与房地产公司不计其数,大量建筑成为"烂尾楼"。建筑业饱受重创,1994年合同金额不足高峰期的三分之一,国民经济陷入长达十年的负增长和零增长。日本的沉痛教训应该在中国房地产发展进程中引以为戒。

(资料来源:天涯论坛)

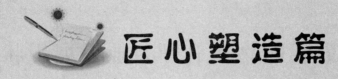

匠心塑造篇

本篇主要从房地产开发项目全周期管理和物业设施设备技能训练两个方向展开。物业资产管理是一门具有很强实操性的课程，通过本篇的学习，可以融会贯通学生的专业知识和业务能力，培养其房地产专业方面的职业素养和工匠精神。

房地产项目的全周期管理可以从项目决策开始，经过项目实施，直到项目运营为止。在这个过程中，会有各种需要进行专业管理的阶段。本篇将项目全周期管理拆分成八个任务，分别是现状分析、市场分析、政策分析、竞争对手分析、房地产产品组合及定价、成本及风险评估、租赁管理以及运营管理。这八个任务基本涵盖了房地产项目开发的全过程。每个任务分为任务介绍、任务实施、实训安排和课外学习指导四部分。"任务介绍"对每个任务进行简要说明，"任务实施"给出了每个任务的基本完成路线，"实训安排"对任务的完成做了具体的指导，"课外学习指导"则对每个任务的完成情况给予回顾和总结。每个任务中，都有师生参与的权重，教授者和学生的角色时时刻刻都可以转换，每个任务的布置都充分考虑到了互动性和参与性。通过以"任务为形式、项目为导向"的实操，让学生对房地产项目开发的全周期管理有直观的认识，对理论知识篇具有很好的补充作用。

物业设施设备技能实训主要围绕收益性物业的设施设备管理展开。一共有八个任务，分别是岗位职责实训、给排水系统实训、消防编程实训、消防系统实训、安全用电实训、电梯系统实训、直接数字控制系统编程实训以及智能物业系统实训。每个任务分为任务目标和实训任务两个部分。"任务目标"说明该实训的目的，"实训任务"对实训的内容、规范、格式做了细致的要求。任务基本涵盖了现代物业设备管理的全部内容，对物业设备管理的理论知识部分有很好的补充和训练作用。

本篇内容的设计，可以让学生非常清晰、深入地认识物业资产管理，掌握相关理论知识，并能够有目标、有脉络地深入研究下去。

任务一

调研我国物业管理行业发展现状

◎【任务介绍】

1. 总任务：以所在城市为重点调研对象，调研并分析我国物业管理行业发展的现阶段特征，并尝试预测未来趋势。

2. 子任务：

（1）学习并掌握基本调研方法，并能够撰写调研报告。

（2）以所在城市为调研对象，分析商业物业、住宅物业、工业物业和其他物业四种类型物业管理现有特征，并总结存在问题。

（3）根据城市经济发展水平对国内城市进行大致分类，分析不同发展水平的城市物业管理行业发展情况，以总结我国物业管理行业总体发展情况。

（4）对比国外发达国家物业管理行业发展情况，分析并尝试预测我国物业管理行业发展趋势。

◎【任务实施】

1. 组织学习常用调研方法，掌握调研报告的撰写格式和要求。

2. 分组进行调研。按照商业物业、住宅物业、工业物业和其他物业四种类型分组，每组选出学生负责人，由负责人安排调研的具体任务、列出调研计划并提交教师确认，教师确认给出意见后实施，形成本部分调研报告内容。

3. 子任务（2）完成后，按照所分的城市大类组再次进行分组，每组选出学生负责人，由负责人安排调研的具体任务、列出调研计划并提交教师确认，教师确认给出意见后实施，形成本部分调研报告内容。

4. 学生自行查阅资料，了解国外发达国家物业管理行业发展情况、特征等，对比调研成果，预测我国物业管理行业发展趋势，形成报告内容。

◎【实训安排】

1. 2 课时课堂学习调研方法、技巧、调查报告格式及撰写要求。

1. 调研方法

调研是为了实现既定目标而进行的信息收集和数据分析。其意义在于通过信息收集、数据分析,剖析问题,用事实说话,解决问题;通过调研为决策者做出正确的决策提供依据,为决策者提供可行性的建议。

调研方法有文案调研、特殊调研、实地调研三种。

文案调研:主要是二手资料的收集、整理和分析。

特殊调研:包括固定样本、调查组等持续性实地调查。

实地调研:可分为观察法、专题讨论法、问询法和实验法四种。

(1) 观察法。观察法是调研人员通过观察被调研者的活动而取得一手资料的调研方法。在实际操作中,一般由调研人员采用耳听、眼看的方式或借助各种摄像录音器材,在调研现场直接记录正在发生的行为或状况。观察法是一种有效的信息搜集方法,与其他方法相比,观察法可以避免让调研对象感觉到正在被调研,被调研者的活动不受外在因素的干扰,从而提高调研结果的可靠性。但现场观察只能看到表面的现象,而不能了解其内在因素和缘由,并且在使用观察法时,需要反复观察才能得出切实可信的结果。同时也要求调研人员必须具有一定的业务能力,这样才能看出结果。

常用的观察调研方式有参与观察、非参与观察等。

参与观察调研方式。参与观察是指调研人员直接参与到正在进行的活动中,直接与接受者发生关系,以收集接受者反映情况的一种方式。参与观察调研方式要求调研人员具有所进行活动的相关知识、良好的职业道德并受到充分的调查研究训练,这种搜集信息的方法周期较长,费用开支也较高。参与观察一般适用于范围较小的专项调研。

非参与观察调研方式。非参与观察是调研人员无须改变身份,以局外人的方式在调研现场搜集资料的一种方式。非参与观察调研可用于一次性观察对象较多的调研。非参与观察要求事先制订较周密的观察计划,严格规定观察的内容和记录的方式。如果没有明确的规定,非参与观察调研往往会出现观察资料不完整的情况。非参与观察常常要求配备各种记数仪器,如录音摄像设备、记数仪器、记数表格等,以减轻观察者记数的负担,并提高信息的准确性和可信性。

(2) 专题讨论法。专题讨论法是指邀请 6~10 人,在一个富有经验的主持人的引导下,花几个小时讨论某一个话题,如一项服务、一种设计要素等。主持人应保持客观的立场,并始终使话题围绕在本次讨论的专题上,激发参与者进行创造性思维,自由发言,所以对主持人的素质要求较高。谈话应在轻松的环境下进行,如在家中并通过供应饮料使大家随便一些,从而得到较自然真实的看法。

(3) 问询法。问询法是指通过直接或间接询问的方式搜集信息,它是一种常用的实地调研方法。问询的具体形式多种多样,根据调研人员同被调研者接触方式的不同,可以分为面谈法、电话问询、邮寄调研和留置问卷等方法。

面谈法。通过面谈法,调研人员可以提出已经设计好的各种问题,搜集比较全面的资料,同时还可通过被调研对象的回答表情或环境的状况,及时辨别回答的真伪,有时还可能发现意想不到的信息。面谈法需要调研人员有较高的素质,熟练掌握访谈技巧,并事前做好各种调查准备工作。面谈法可采取个别面谈的方式,也可采取小组面谈和集体面谈的方式。

电话问询。这是指调研人员借助电话,依据调研提纲或问卷,向被调研者进行询问以搜集信息的一种方法。通过电话问询,可以在较短的时间里获取所需信息,节省时间和费用,同时容易得到面谈法不易得到的调研对象的合作。但它也有一定的局限性,电话问询的时间不可能太长,调研项目要简单明确,所以调研的内容及深度不如面对面个别访谈和问卷调研;调研过程中无法显示照片、图表等背景资料,无法对比较复杂的问题进行调研;由于调研人员不在现场,难以辨别回答的真伪,记录的准确性也受到一定影响。

邮寄调研。邮寄调研指将设计印制好的调研问卷通过邮寄的方式送达被调研者,由被调研者根据要求填写后再寄回来的一种调研方法。使用邮寄调研,调研样本的选择受到限制较少,调研的范围可以很广泛,并可以节约可观的调研费用。同时,由于只靠问卷对调研对象进行问询,可避免面谈中受调研人员倾向性意见的影响,也增强了调研的匿名性,可以得到一些不愿公开谈论而调研者又很需要的比较真实的意见。

留置问卷。留置问卷的调研方法是指访问员将调研表当面交给被调研者,经说明和解释后留给调研对象自行填写,由调研人员按约定的时间收回的一种调研方法。

留置问卷的优点是:填写时间充裕,被调研者意见不受调研人员的影响,访问员经验之间的差异对调研质量的影响不大,可以对被访者回答问题的完整性和可信性给予及时评价和检查,保证问卷有较高的回收率;与电话调研相比,留置问卷调研可以克服或降低调研时间的限制,因而适合对较复杂问题的调研,作为调研中搜集资料的一种主要方式经常被使用。

留置问卷调研的缺点是调研地域范围有限,不利于对调研人员的监督管理,对调研人员的责任心有较高的要求。

(4) 实验法。实验调研方式是研究各因素之间因果关系的一种有效手段,它通过对实验对象和环境以及实验过程的有效控制,可分辨各因素之间的相互影响以及影响程度,从而为决策者决策提供意见参考。

2. 调查报告格式

调查报告的内容主要包括封面、标题、导语、概况介绍、资料统计、理性分析、总结和结论或对策、建议以及所附的材料等。由此形成的调查报告结构包括标题、导语、正文、结尾和落款。

(1) 封面。按照规定的统一封面样式进行打印。

(2) 标题。调查报告的标题有单标题和双标题两类。单标题是一个标题;双标题是一个正题、一个副题,如《房地产市场调查报告——以××城市为例》。

(3) 导语。导语又称引言。它是调查报告的前言,简洁明了地介绍有关调查的情况,或给出全文的引子,为正文写作做好铺垫。常见的导语有:简介式导语,即对调查的课题、对象、时间、地点、方式、经过等做简明的介绍;概括式导语,即对调查报告的内容(包括课题、对象、调查内容、调查结果和分析的结论等)做概括的说明;交代式导语,即对课题产生的由来做简明的介绍和说明。

(4) 正文。正文是调查报告的主体。它是对调查得来的事实和有关材料进行叙述,对所做出的分析和综合内容进行讨论,对调查研究的结果和结论进行说明。按照内容表达的层次组成的框架有:"情况—成果—问题—建议"式结构,多用于反映基本情况的调查报告;"成果—具体做法—经验"式结构,多用于介绍经验的调查报告;"问题—原因—意见或建议"式结构,多用于揭露问题的调查报告;"事件过程—事件性质结论—处理意见"式结构,多用于揭示事件是非的调查报告。

3. 调查报告撰写要求

(1) 字数 5 000 字以上;

(2) 字体全部为宋体,其中主标题为宋体小二号字(加粗),调查报告的正文内容为四号宋体、单倍行距。

2. 1 课时课堂学生根据子任务(2)内容进行分组,选出各组负责人后,共同商量子任务(2)的调研详细计划,并将计划提交教师。教师对调研计划进行指导、修改、确认,最终给出确认意见后,交于学生。

3. 3 课时非课堂子任务(2)的调研过程。教师进行过程监控。

4. (2)课时对子任务(2)调研结果进行总结,形成报告内容,并提交教师。教师进行批改后,反馈修改意见,学生进行修改,完成子任务(2)。

5. 1 课时课堂学生根据子任务(3)内容进行分组,选出各组负责人后,共同商量子任务(3)的调研详细计划,并将计划提交教师。教师对调研计划进行指导、修改、确认,最终给出确认意见后,交于学生。

6. 3 课时非课堂子任务(3)的调研过程。教师进行过程监控。

7. 2 课时对子任务(3)调研结果进行总结,形成报告内容,并提交教师。教师进行批改后,反馈修改意见,学生进行修改,完成子任务(3)。

8. 2 课时学生自行查阅资料,了解国外发达国家物业管理行业发展情况、特征等,对比调研成果,预测我国物业管理行业发展趋势,形成报告内容,并提交总的调研报告。

最后,教师对总的调研报告进行总结。

◎【课外学习指导】

1. 指导学生使用知网、万方数据库等查阅文献、综述,以培养学生的自学能力。

2. 指导学生学习人际关系的处理技巧,尤其是与陌生人进行交流的技巧,培养学生的人际交往能力。

3. 以组为单位进行活动,学会团队合作。训练学生团队合作能力。

4. 指导学生利用问卷星制作调研问卷并进行问卷统计分析。

任务二

模拟分析某商业地产项目的市场情况

◎【任务介绍】

1. 总任务:给出一宗商业地产项目基本情况,利用所学房地产市场分析知识,设计市场调研方案,进行市场分析并形成报告。

2. 子任务:

(1) 学习并掌握商业地产项目市场调研核心内容,了解调研方案格式及要求。

(2) 根据调研方案进行实地调研。

(3) 根据调研成果进行项目的市场分析。

◎【任务实施】

1. 组织学习商业地产项目市场调研核心内容,掌握调研方案格式及要求。

2. 介绍案例项目基本情况,确定市场调研内容,设计调研方案。

3. 统筹分组、调研。按照调研内容进行分组,每组选出学生负责人,由负责人安排调研的具体任务、列出调研计划并提交教师确认,教师确认给出意见后实施。

4. 各组统计分析调研成果,形成分析报告。

5. 成果汇报。

◎【实训安排】

1. 1课时课堂学习商业地产项目市场调研核心内容、调研方案格式及要求。

1. 商业地产项目市场调研核心内容

对于物业资产管理企业来说,必须要制订好综合资产管理的计划,而要想成功地制订资产管理计划,必须进行详细的市场调研和市场分析。对商业地产项目的市场调研,其主要内容包括:

(1) 城市经济环境分析和生活结构分析。经济环境是指构成企业生存和发展的社会经济状况与国家经济政策,是影响消费者购买能力和支出模式的因素,包括收入的变化、消费者支出模式的变化等。

因此，城市经济环境分析和生活结构分析需要从总人口及区域人口结构、职业构成、家庭户数构成、收入水平、消费水平，以及地区 GDP 发展状况及产业结构情况、消费品零售总额、城乡居民的人均可支配收入及城乡居民储蓄存款余额等方面进行分析。

（2）区域结构调查与城市发展规划调查。这项调查主要包括公共设施状况、交通体系状况、道路状况和通行量、区域性质与功能特点、各城区的机能、城市规划等。

（3）商业发展规划及政策研究。商业发展规划与相关的政府政策对于商业地产运营管理至关重要，必须清晰地了解。主要内容包括商铺发展现状及布局情况、商铺发展规划、城市商业网点规划及政策等。

（4）区域零售业结构、商铺分布及经营状况调查与分析。通过对地区商铺分布以及经营业态详图的调研，进行差异化分析；通过商业地区间竞争状况及竞争者的调查，进行详细的竞争分析；通过地区间的销售动向分析，把握商铺供应、租金走势；通过对大型主力店的动向分析，确定商圈的聚集和走势、购物中心聚集能力等。同时，在该项分析中，要重点进行商圈的分析。

商圈，也即交易区域，指以商业地产项目所在地为中心，沿着一定的方向和距离扩展、吸引顾客的辐射范围。商圈越大，吸引的顾客就越多，未来店铺的经营状况可能会越乐观。商圈从层次上可以分为核心商圈、次级商圈、边际商圈。核心商圈是最接近商业地产项目的商圈，拥有高密度（55%～70%）的顾客群；次级商圈在核心商圈之外，顾客密度（15%～25%）较稀；边际商圈在次级商圈之外，顾客最少，很容易流失。另外，商圈从是否成熟方面可以分为成熟商圈和未成熟商圈。对于成熟商圈而言，商圈已经成型，不会受到个别商铺的进出影响；未成熟商圈则会受到个别商家进入或退出的影响。

（5）消费者消费行为调查研究。消费人群是商业地产项目市场分析的重要内容，包括地理细分调查分析、购买人群细分调查分析、年龄细分调查分析、经济状况细分调查分析、消费者交通和出行方式分析、购买者购买心理及行为分析、项目立地条件研究等。

消费者行为研究是指研究个人、集团和组织究竟怎样选择、购买、使用和处置商品、服务，从而来满足他们的需要和愿望。消费者行为分析主要包括消费者市场层面分析、消费者自身层面分析、消费者决策角色分析。消费者市场层面分析采用"6W+1H"的分析方法，即该市场由谁构成（Who）、在该市场购买什么（What）、为何购买（Why）、谁参与购买活动（Who）、怎样购买（How）、何时购买（When）、何地购买（Where）。消费者自身层面分析，主要采用"7O"的分析方法，即对购买者（Occupants）、购买对象（Objects）、购买目的（Objectives）、购买组织（Organizations）、购买行为（Operations）、购买时机（Occasions）、购买地点（Outlets）等问题进行先行掌握。另外，还可以在一个典型的购买决策中区分出五个角色：发起者、影响者、决策者、购买者和使用者。这是消费者决策五大角色。

项目的立地条件研究非常重要，最具有针对性。研究的内容主要包括：道路类别及交通状况、项目地块自然与社会条件、顾客是否容易到达商业区、周边环境和市政设施、项目周围经济条件及项目的 SWOT 分析。

2. 调研方案格式及要求

商业地产项目市场调研方案的格式主要包括封面、标题、项目概况介绍、调研内容、调研方法、备注等。

主要的撰写要求是字体一致、方案完备,具有可执行性。

2. 1课时课堂学生介绍案例项目基本情况,确定市场调研内容,设计调研方案。

1. 案例项目基本情况

选择所在城市(所在区域)的一宗商业地产项目作为实训案例,详细介绍其基本情况,包括项目概况、地理位置、交通情况、项目特色、项目目前的经营业态等。

例如:苏州中心项目,位于苏州工业园区核心地段,紧邻城市主干道星港街、现代大道、金鸡湖大道。距北环高架约600米,距城际铁路园区站约2公里,距京沪高铁苏州站约6公里。占地面积约16.7万平方米,紧邻金鸡湖5A级景区,连通轨道交通1号线和3号线;项目内设有2个公交始末站,6条公交线路从此始发。周边1公里内,更分布着近二十条公交线路。

项目规划开发总建筑面积约113万平方米,集购物中心、办公楼、服务型公寓、酒店于一体。苏州中心将打造有别于传统城市综合体的新形态,形成辐射带动城市经济、孕育城市活力生机的"城市综合体",是兼具"包容性"与"生命力"的城市多功能综合有机体,建成后将协同周边项目一起成为市域"苏州中心"商圈。

苏州中心内圈包括一座30万平方米的购物中心和两座甲级办公楼。苏州中心以多元化的产业发展为主导,具有苏州规模最大、区位最优、业态最全的城市载体功能,是华东地区首座引领城市发展与革新的城市共生体,将发挥带动苏州城市商业升级的领头羊作用。

苏州中心项目以商业、办公、生活、旅游、文化等多元化产业为主导,整合不同业态的资源与优势,力求打造全方位的乐享模式。商场兼容国际大牌旗舰、时尚精品、购物休闲、儿童娱乐、文化体验等项目。两幢湖景精装服务型CBD公寓,建筑面积约15.2万平方米。四幢国际超5A甲级办公楼,建筑面积约17.4万平方米。

项目设置集中能源中心,为国内规模最大的城市综合体供冷供热系统。此外,项目在苏州工业园区CBD核心区打造达6万平方米、国内规模最大的空中生态花园,通过层层退台设计的屋顶景观平台及跨街天桥与金鸡湖融为一体。

2. 根据内容设计调研问卷

3. 4课时统筹分组、调研。教师进行过程监控。

4. 2课时各组统计分析调研成果,形成分析报告。教师进行批改后,反馈修改意见,学生进行修改,完成市场分析报告。

5. 1课时进行成果汇报、点评、总结。

◎【课外学习指导】

1. 指导学生自学房地产市场调研的技巧,锻炼学生自学能力,培养终身学习理念。

2. 指导学生学习发现问题的方法和分析问题的思路,以提升学生发现问题、分析问题的能力。

3. 指导学生学习头脑风暴法,锻炼群体决策能力,同时培养团队合作能力。

任务三
模拟分析某商业地产项目的政策环境

◎【任务介绍】

1. 总任务:给出一宗商业地产项目基本情况,利用所学房地产政策环境分析知识,形成房地产投资项目政策环境分析报告。

2. 子任务:

(1)学习并掌握商业地产项目政策环境分析的核心内容,了解政策环境调研方案格式及要求。

(2)根据调研方案进行实地调研。

(3)根据调研成果进行项目的政策环境分析。

◎【任务实施】

1. 组织学习商业地产项目政策环境分析核心内容,掌握调研方案格式及要求。

2. 介绍案例项目基本情况,确定政策环境的调研内容,设计调研方案。

3. 统筹分组、调研。按照调研内容进行分组,每组选出学生负责人,由负责人安排调研的具体任务、列出调研计划并提交教师确认,教师确认给出意见后实施。

4. 各组统计分析调研成果,形成分析报告。

5. 成果汇报。

◎【实训安排】

1. 1课时课堂学习商业地产项目政策环境调研核心内容、调研方案格式及要求。

2. 1课时课堂学生介绍案例项目基本情况,确定商业地产项目政策环境的调研方案。

政策环境广义上是指决定或影响政策制定和实施的自然条件与社会条件的总和。包括公共政策系统以外的一切与之相关的因素。狭义上是指影响公共政策产生、存在和发展的一切自然因素和社会因素的总和。政策环境因素都具有复杂性、多样性、差异性、动态性的特征。自然环境、社会经济环境、制度与文化环境、国际环境等因素是最为重要的政策环境。

以苏州地区的房地产项目政策为例,和项目相关的国家和地区政策有以下方面:

1. 进一步完善土地出让条件

为保证商品住宅建设品质,用推动土地带设计方案出让,并可采取限价销售作为"招拍挂"的条件。按照地块来确定土地出让的条件和实际建设要求,同时明确地块公建配套、人才公寓等配建要求;合理设置土地出让市场指导价,对超过市场指导价的住宅用地块,要严格按照相关文件规定的销售条件执行。加大保障房和人才公寓的上市力度。

2. 进一步调整商品住宅购买政策

非本市户籍家庭在申请购买首套住房时,需要提供自购房之日起前两年内在苏州累计缴纳一年及以上个人所得税缴纳证明或社会保险缴纳证明;对已拥有一套及以上的非本市户籍家庭不允许购买多套房屋,其中包括二手房;对于拥有三套及以上的本市户籍家庭不允许再购买新建商品住房和二手住房;房地产开发商及中介机构不得向不符合条件的购房者出售住房。对于不符合规定的用户,房产交易部门将不予办理相关手续。

3. 完善实施差别化住房信贷政策

对于首次购住房的家庭,按照国家相关政策最低首付比例不得低于30%;对于有购房贷款记录但在申请时没有住房的家庭、有一套房没有贷款记录的家庭或首套房贷已经结清的家庭,申请商业贷款的最低首付比例为50%;对于已经有一套住房且贷款未结清,再次申请商业住房贷款购买普通住宅的家庭最低首付比例为80%;对于已经拥有两套及以上住房的家庭暂停发放商业住房贷款。除此之外苏州还严格控制公积金贷款,首次使用公积金贷款的职工贷款的最高额度不受影响,而二次使用公积金贷款,贷款额度有大幅下调。种种迹象表明,苏州在实施差别化调控方面,有效保护了刚需利益。

4. "商改住"新政试行

2017年1月9日,苏州市人民政府在江苏省苏州市政府网站上发布了《关于加快引导推进苏州市区商业办公用房去库存工作的实施意见(试行)》的文件,允许符合条件的商业办公用房转为住宅。对于苏州而言,商办用房存量较大,去库存的形势严峻,这一政策的出台无疑可加快商办项目去库存。通过"商改住"政策改变土地用途,不但可满足住宅用地的部分供应,也同时满足商办项目的"去化"速度。

5. 土拍规则加码

2017年4月底,国土资源部出台政策:一是加大普通住宅用地供应,严格控制商业等非住宅类用地供应;二是调整土地供应条件,保证金和首付款均提高10%;三是合理制定竞价规则。土拍规则再加码,无疑提高了竞拍房企的资格门槛,完善了现有土拍的竞价规则。可加大住宅用地供应,缓和供需矛盾,从而达到调控楼市的目的。这一政策的出台使得房屋品质提升,新房交房入住率提高,也符合目前购房的消费趋势,将进一步规范苏州房地产市场。

3.4课时统筹分组、调研。教师进行过程监控。

4.2课时各组统计分析调研成果,形成分析报告。教师进行批改后,反馈修改意见,学生进行修改,完成分析报告。

5.1课时进行成果汇报、点评、总结。

◎【课外学习指导】

1. 指导学生自学房地产政策环境分析的技巧,锻炼学生自学能力,培养终身学习理念。

2. 指导学生学习发现问题的方法和分析问题的思路,以提升学生发现问题、分析问题的能力。

3. 指导学生学习头脑风暴法,锻炼群体决策能力,同时培养团队合作能力。

任务四
模拟分析某商业地产的竞争对手情况

◎【任务介绍】

1. 总任务:给出一宗商业地产项目基本情况,利用所学房地产竞争对手分析知识,形成房地产投资项目竞争对手分析报告。

2. 子任务:

(1) 学习并掌握商业地产项目竞争对手分析的核心内容,了解调研方案格式及要求。

(2) 根据调研方案进行实地调研。

(3) 根据调研成果进行项目的竞争对手分析。

◎【任务实施】

1. 组织学习商业地产项目竞争对手分析核心内容,掌握调研方案格式及要求。

2. 介绍案例项目基本情况,确定竞争对手的调研内容,设计调研方案。

3. 统筹分组、调研。按照调研内容进行分组,每组选出学生负责人,由负责人安排调研的具体任务、列出调研计划并提交教师确认,教师确认给出意见后实施。

4. 各组统计分析调研成果,形成分析报告。

5. 成果汇报。

◎【实训安排】

1. 1课时课堂学习商业地产项目竞争对手调研核心内容、调研方案格式及要求。

2. 1课时课堂学生介绍案例项目基本情况,确定商业地产项目竞争对手的调研方案。

通过对竞争对手的分析,可帮助公司决策者和管理层从公司的战略发展入手,了解对手的竞争态势,为公司的战略选择提供信息支持,并据此制订出相应的竞争策略。

(1) 回避策略:如竞争对手实力过于强大或是已经先入为主,公司目前还不具备直接竞争条件或还没有一个适合的切入点,为避免对公司造成不利影响,在这种情况下通常选择回避策略。

(2) 竞争策略：由于竞争对手与自己实力相当或者弱于自己，并且自己在各方面已做好竞争准备，为了扩大自己的市场份额，可以对这样的竞争对手发起竞争。

(3) 跟随策略：由于竞争对手与自己实力相当或者强于自己，如果直接选择与竞争对手直接竞争的策略没有胜算把握，这时可以选择跟随策略。包括在产品、技术、服务和市场等环节紧跟竞争对手，甚至在某一方面超过对手，为进一步实施竞争策略做好准备。

(4) 战术、战略：根据对竞争对手的分析和市场调研情况，可以采取以服务、合作、集成产品供应等方式跟进市场，以适应公司远期战略规划。

分析内容如下表：

竞争对手分析情况表

事项序号	项目	内容
1	基本情况	包括项目名称、地址、电话、网址、背景、发展历史、重要领导人背景、规模、组织架构、行业领域等
2	组织情况	包括股权结构、法人代表、经营决策层构成、决策程序、企业机构和职能部门设置、人员规模和专业分布等
3	关联企业状况	包括重要合作伙伴、上下游企业、顾问机构等
4	产品信息分析	包括产品名称、类型、功能描述、性能指标等
5	产品策略分析	包括产品主要客户群及特征、产品价格体系、定价策略等
6	竞争策略分析	包括SWOT（优劣势分析法）分析、主要竞争优势分析、主要竞争对手分析等
7	营销策略分析	包括主要目标市场、客户群特征、广告策略、市场份额和区域、行业分布、用户构成、商业模式和盈利点描述等
8	财务状况分析	包括注册资本、营业额、利润率、负债率以及其他相关的财务指标等
9	推广渠道分析	包括渠道体系、渠道模式、渠道管理、渠道开发、渠道价格体系、代理商制度等
10	运营特色概括	包括服务、合作、物业管理情况、租售情况等
11	人力资源特点	包括员工忠诚、薪酬福利、奖励政策、激励机制、员工工资制度等
12	商誉评价	
13	其他内容	

3. 4课时统筹分组、调研。教师进行过程监控。

4. 2课时各组统计分析调研成果，形成分析报告。教师进行批改后，反馈修改意见，学生进行修改，完成分析报告。

5. 1课时进行成果汇报、点评、总结。

◎【课外学习指导】

　　1. 指导学生自学房地产竞争对手分析的技巧,锻炼学生自学能力,培养终身学习理念。

　　2. 指导学生学习发现问题的方法和分析问题的思路,以提升学生发现问题、分析问题的能力。

　　3. 指导学生学习头脑风暴法,锻炼群体决策能力,同时培养团队合作能力。

任务五
模拟分析某商业地产的产品组合及定价策略

◎【任务介绍】

1. 总任务：给出一宗商业地产项目基本情况，利用所学房地产产品组合及定价的知识，形成房地产投资项目产品组合及定价的分析报告。

2. 子任务：

（1）学习并掌握商业地产项目产品组合及定价分析的核心内容，了解调研方案格式及要求。

（2）根据调研方案进行实地调研。

（3）根据调研成果进行项目的产品组合及定价分析。

◎【任务实施】

1. 组织学习商业地产项目产品组合及定价分析核心内容，掌握调研方案格式及要求。

2. 介绍案例项目基本情况，确定产品组合及定价的调研内容，设计调研方案。

3. 统筹分组、调研。按照调研内容进行分组，每组选出学生负责人，由负责人安排调研的具体任务、列出调研计划并提交教师确认，教师确认给出意见后实施。

4. 各组统计分析调研成果，形成分析报告。

5. 成果汇报。

◎【实训安排】

1. 1课时课堂学习商业地产项目产品组合及定价调研核心内容、调研方案格式及要求。

2. 1课时课堂学生介绍案例项目基本情况，确定商业地产项目产品组合及定价的调研方案。

产品规划是房地产策划的一项重要内容。它包括从前期的产品概念构思、产品形象提炼、产品形态构成、产品配比、整体建筑策划，到后期的单体建筑表现、户型策划等众多内容。由于需要与设计部门及其他部门进行大量沟通、协调及配合，因此，产品规划及配比的最终落定比其他环节的策划更为复杂和重要。

1. 产品组合分析

房地产产品包括核心产品、有形产品、附加产品三个层次。房地产核心产品是指能满足消费者基本效用和使用功能的产品;有形产品是房地产核心产品的基本载体,是指核心产品所展示的全部外部特征,它是消费者可直接观察和感觉到的内容;房地产附加产品指消费者通过房地产产品的购买和使用所得到的附加服务以及附加利益的总和,也就是房地产产品中所包含的所有附加服务和利益。

分析内容可以参考下表:

商业地产物业形态类型表

建筑形态	布局	面积(m²)	占比
社区商铺			
超市			
专卖店			
百货商场			
休闲娱乐商业			
……			

2. 定价方法

(1)成本加成法。成本加成法的核心是运用物业类型的成本核算,通过对合理利润空间的修正,从而得到评估项目最可能实现的合理价格。目前房地产项目的成本主要包括土地成本、前期成本、建筑安装成本、配套成本、其他成本(管理成本、销售成本、不可预见成本、财务成本)等。

(2)市场比较法。市场比较法的核心是运用相类似的项目作为样本,通过对影响房地产价格因素的分析及修正,从而得到评估项目最可能实现的合理价格。

可通过市场比较法推算现时整体均价,依据组团的价格决定因素确定各细分组团的现时均价,通过售价还原法推算现时整体租金,通过预测未来价格影响因素变动幅度确定价格增长率,结合目标物业上市时间确定各物业上市均价/租金。

样本必须具有参照意义,否则将影响价格的准确性。在样本选取中有以下原则:相近原则,相近地段会有更多的相近因素;成功原则,只有成功的楼盘才具有参考意义;功能原则,样本楼盘必须具有相同的功能定位。

3. 4课时统筹分组、调研。教师进行过程监控。

4. 2课时各组统计分析调研成果,形成分析报告。教师进行批改后,反馈修改意见,学生进行修改,完成分析报告。

5. 1课时进行成果汇报、点评、总结。

◎【课外学习指导】

1. 指导学生自学房地产产品组合及定价分析的技巧,锻炼学生自学能力,培养终身学习理念。

2. 指导学生学习发现问题的方法和分析问题的思路,以提升学生发现问题、分析问题的能力。

3. 指导学生学习头脑风暴法,锻炼群体决策能力,同时培养团队合作能力。

任务六

完成某商业地产项目的成本管理及风险评估分析

◎【任务介绍】

1. 总任务：给出一宗商业地产项目基本情况，利用所学房地产项目成本管理及风险评估的知识，形成房地产投资项目成本管理及风险评估的分析报告。

2. 子任务：

（1）学习并掌握商业地产项目成本管理及风险评估的核心内容，了解调研方案格式及要求。

（2）根据调研方案进行实地调研。

（3）根据调研成果进行项目的成本管理及风险评估分析。

◎【任务实施】

1. 组织学习商业地产项目成本管理及风险评估的核心内容，掌握调研方案格式及要求。

2. 介绍案例项目基本情况，确定项目成本管理及风险评估的调研内容，设计调研方案。

3. 统筹分组、调研。按照调研内容进行分组，每组选出学生负责人，由负责人安排调研的具体任务、列出调研计划并提交教师确认，教师确认给出意见后实施。

4. 各组统计分析调研成果，形成分析报告。

5. 成果汇报。

◎【实训安排】

1. 1课时课堂学习商业地产项目成本管理及风险评估调研核心内容、调研方案及要求。

2. 1课时课堂学生介绍案例项目基本情况，确定商业地产项目成本管理及风险评估的调研方案。

1. 成本分析

房地产成本是指以房地产开发产品为成本核算对象，以正常生产经营活动为前提，根据房地产开发建设过程中实际消耗量和实际价格计算的实际应用成本。房地产成本按照资金进入企业的形态分类,可以分为采购成本、开发成本和经营成本。房地产成本包括土地费用、前期工程费、建筑安装工程费、市政公共设施费用、管理费用、贷款利息、税费、其他费用等。具体成本分析可参考表 5-4—表 5-7 及下表。

项目成本分析表

项　　目	计费标准
1. 土地费用	
1.1 土地征购费	
1.1.1 公开交易类	地价款
1.1.2 协议出让类	
1.1.2.1 国有土地出让	
1.1.2.2 集体土地征用	
1.1.2.2.1 土地补偿费用	按征用前三年平均产值的 5~6 倍补偿
1.1.2.2.2 青苗补偿费	
1.1.2.2.3 新菜地开发建设基金	1 万~3 万元/亩,经济适用房减半
1.1.2.2.4 树木补偿、移植、伐除费	
1.1.2.2.5 地上物补偿费	
1.1.2.2.5.1 房屋、水井、机井、迁坟	
1.1.2.2.5.2 附属物费	棚子、猪圈、门楼、围墙等
1.1.2.2.6 安置费	
1.1.2.2.6.1 房屋拆迁安置补助费	15 000~25 000 元/户
1.1.2.2.6.2 农业人口安置补助费	前三年平均每亩年产值的 3~10 倍
1.1.2.2.6.3 农转工安置补助费	15 000~30 000 元/人
1.1.2.2.6.4 超转人员生活补助费	180~500 元/人×月
1.1.2.2.6.5 超转人员生活补助统筹金	300~400 元/亩
1.1.2.2.6.6 被拆迁人补助费	
1.1.2.2.6.6.1 搬家补助	50~100 元/间
1.1.2.2.6.6.2 提前搬家奖励	20 元/户×天
1.1.2.2.6.6.3 临时安置补助	5~60 元/人×月
1.1.2.2.6.6.4 过渡期间取暖费	
1.1.2.2.6.6.5 临时周转交通补助费	5~25 元/人×月
1.1.2.2.6.7 企事业单位停产停业	上一年度职工工资、劳保福利、拆装及搬运费
1.1.2.2.6.8 个体工商户停产停业损失补助	上一年度报税的月平均纳税额
1.1.2.2.6.9 征地事务管理费	征地费用总额的 1.5%,经济适用房减半
1.1.2.2.6.10 新增建设用地有偿使用费	17~60 元/平方米

续表

项 目	计费标准
1.1.2.2.6.11 耕地开垦费	3万~4万元/亩
1.1.2.2.6.12 耕地占用税	7~9元/平方米
1.1.2.2.6.13 土地出让金	
1.1.2.2.6.14 土地基础设施建设费	160~200元/平方米,经济适用房减半
1.2 城镇建设土地使用税	0.5~10元/平方米
1.3 拆迁服务和管理费	拆迁安置补偿费用的1.8%,经济适用房减半
1.4 拆迁安置房费	
1.5 地价评估费	
1.6 资金占用费	按月息的0.2%
1.7 土地闲置费	
1.8 市政支管线分摊费	
1.9 防洪费	20元/平方米(土地),危改不收,经济适用房减半
2. 前期费用	
2.1 可行性研究、项目考察评估费用	建安工程总造价的0.15%~0.2%
2.2 勘察费	概算总投资的0.3%~0.8%
2.3 规划设计费(工程、园林、市政)	概算总投资的2%~3.5%
2.4 建筑定桩放线费	
2.5 市政咨询	
2.6 标底编制费	工程造价的0.1%~0.2%
2.7 工程合同预算或标底审查费	合同预算造价的0.05%,住宅不征收
2.8 招投标管理费	中标价格的0.06%,经济适用房减半
2.9 机电设备委托招标服务费	设备概算总额的2%
2.10 合同公证、签证费	合同价款的0.02%~0.1%
2.11 施工执照费	
2.12 工程质量监督费	总概算的0.1%~0.25%,经济适用房减半
2.13 工程监理费	总概算的0.6%~2.5%
2.14 竣工图编制费	设计费的6%~10%
2.15 工程保险费	概算总额的0.2%~0.35%
2.16 地籍测绘	100~40 000元/宗,经济适用房减半
2.17 产权登记等	0.3元/平方米,经济适用房减半
2.18 工程规划许可证执照费	设计概算总额的0.1%,经济适用房减半
2.19 住宅区绿化建设费	8元/平方米(按住宅面积征收)
2.20 公园建设费	40元/平方米(按公园绿地面积征收)

任务六 完成某商业地产项目的成本管理及风险评估分析

续表

项　　目	计费标准
2.21 三通一平、附属物拆除等费用	
2.22 建设场地完工清理费	
2.23 建设工程提前竣工奖	
2.24 临时用地费和临时建设工程费	0.01～0.02元/日，经济适用房减半
2.25 黏土砖限制使用费	14元/平方米，经济适用房减半
2.26 开发项目管理费	2万～10万元，经济适用房减半
2.27 占道费	0.4～3元/天，经济适用房减半
3. 建安费用（包括生活服务设施）	
3.1 结构工程	
3.2 装修工程	
3.3 设备购置及安装	
3.4 室外工程费	
3.5 园林绿化工程费	
3.6 基础设施费（红线内外）	
3.7 施工噪声扰民费	30～60元/户×日
3.8 供电及配电报装手续费	350元
3.9 占道费	0.4～3元/日
3.10 物业管理启动费	建筑安装工程概算额的2%
4. 管理费用	概算投资总额的0.5%～1%
5. 不可预见费	概算投资总额的3%～5%
6. 财务费用	
7. 经营税费	
7.1 销售费用（含中介）	销售收入的2%
7.2 二税一费	销售收入的5.5%
7.3 企业所得税	

2. 风险评估

风险评估是在风险事件发生之前或之后（但还没有结束），对该事件给人们的生活、生命、财产等各个方面造成的影响和损失的可能性进行量化评估的工作。即风险评估就是量化测评某一事件或事物带来的影响或损失的可能程度。

从信息安全的角度来讲，风险评估是对信息资产（即某事件或事物所具有的信息集）所面临的威胁、存在的弱点、造成的影响，以及三者综合作用所带来风险的可能性的评估。作为风险管理的基础，风险评估是组织确定信息安全需求的一个重要途径，属于组织信息安全管理体系策划的过程。

具体可以从以下方面去评估：政策风险及防范；技术风险及防范；供求风险及防范；宏观

经济波动风险及防范;关联行业风险及防范;产品结构风险及防范;其他风险及防范。

3. 4课时统筹分组、调研。教师进行过程监控。

4. 2课时各组统计分析调研成果,形成分析报告。教师进行批改后,反馈修改意见,学生进行修改,完成分析报告。

5. 1课时进行成果汇报、点评、总结。

◎【课外学习指导】

1. 指导学生自学房地产成本管理及风险评估的技巧,锻炼学生自学能力,培养终身学习理念。

2. 指导学生学习发现问题的方法和分析问题的思路,以提升学生发现问题、分析问题的能力。

3. 指导学生学习头脑风暴法,锻炼群体决策能力,同时培养团队合作能力。

任务七

模拟设计案例商业地产项目的租赁管理方案

◎【任务介绍】

1. 总任务:根据任务二对案例商业地产项目的市场分析,利用所学收益性物业租赁管理知识,模拟设计租赁管理方案。

2. 子任务:

(1) 根据所学收益性物业租赁管理知识,设计租赁管理方案内容,形成文字格式。

(2) 根据方案内容,分组调研获取所需资料。

(3) 根据调研成果,完成该案例项目的租赁管理方案设计。

◎【任务实施】

1. 组织复习收益性物业租赁管理知识,设计针对该案例项目的租赁管理方案内容,形成文字格式。

2. 统筹分组、调研。按照调研内容进行分组,每组选出学生负责人,由负责人安排调研的具体任务、列出调研计划并提交教师确认,教师确认给出意见后实施。

3. 汇总各组调研成果,形成最终模拟设计的该案例项目租赁管理方案。

4. 成果汇报。

◎【实训安排】

1. 2课时复习收益性物业租赁管理知识,设计针对该案例项目的租赁管理方案内容,形成文字格式。

1. 复习收益性物业租赁管理知识

本次任务主要需要租赁管理与租赁方案的知识,包括了解可出租面积和租赁方式、编制租赁经营预算、定位目标市场、确定租金方案、设计吸引租户策略等内容。教师带领学生复习第四章的理论知识内容。

2. 案例商业地产项目

使用任务二的案例项目。

3. 设计该案例项目的租赁管理方案格式

以苏州中心项目为例：

租赁方案参考格式表

模拟设计苏州中心项目租赁管理方案	
可出租面积	详细的出租面积及附上说明,可以附上图纸
租赁方式	详细的租赁方式解析
租赁经营预算	嵌套预算表
定位目标市场	将任务二的分析报告核心内容附在此处
租金拟定	嵌套租金拟定表
招商策略	详细的吸引租户的方案

2. 4课时统筹分组、调研。教师进行过程监控。

3. 4课时各组分析调研成果,完成方案中的相应内容。教师进行批改后,反馈修改意见,学生进行修改完善。

4. 2课时进行方案整合,进行成果汇报、点评、总结。

◎【课外学习指导】

1. 指导学生自学商业地产项目租金制订方法,锻炼学生自学能力。

2. 指导学生查阅、学习成功的商业地产项目租户选择案例,激发学习兴趣,形成自己的思路。真正培养学生对于职业的认知认同。

任务八

模拟编制案例商业地产项目的运营管理方案

◎【任务介绍】

1. 总任务：根据任务二、任务三的调研分析，利用所学物业资产管理相关知识，模拟设计案例商业地产项目的运营管理方案。

2. 子任务：

（1）根据所学收益性物业资产管理知识，尤其是招商运营管理知识，掌握运营管理思路与内容，为案例商业地产项目设计运营管理方案。

（2）根据方案内容，分组调研获取所需资料。

（3）根据调研成果，完成该案例项目的运营管理方案设计。

◎【任务实施】

1. 组织复习收益性物业资产管理知识，补充掌握商业地产项目运营管理思路与内容，设计针对该案例项目的运营管理方案样式。

2. 统筹分组、调研。按照调研内容进行分组，每组选出学生负责人，由负责人安排调研的具体任务、列出调研计划并提交教师确认，教师确认给出意见后实施。

3. 汇总各组调研成果，形成最终模拟设计的该案例项目运营管理方案。

4. 成果汇报。

◎【实训安排】

1. 4课时复习收益性物业资产管理知识，补充掌握商业地产项目运营管理思路与内容，设计针对该案例项目的运营管理方案样式。

1. 补充掌握商业地产项目运营管理思路及核心内容

（1）确定商业地产项目运营管理的目的。作为物业资产管理运营商，在设计商业地产项目运营管理方案时，必须根据项目的实际情况，确定运营目的。运营目的通常要实现五个方面的满意。

第一,政府满意。从政府的角度而言,主要是注重文化价值。商业地产项目可以说是城市的一张名片,是表现城市文化的舞台,项目的运营管理必须考虑到政府整体期望,起到提升城市商业业态水平和功能的作用。

第二,开发商满意。对于开发商来说,最重视的是租金收益。所以,物业资产管理运营方案,必须能够为开发商带来投资收益、提升其企业形象,为其后续商业项目开发积累口碑。

第三,投资者满意。商业地产项目有很多投资方,对于投资方来说,主要看重的是投资回报。通过物业资产运营管理,能够实现稳定的投资回报、持续增长的投资收益、有竞争力的租赁市场,是其重要的目标。

第四,经营商满意。这是从商家的角度考虑的,通过物业资产运营管理,提升经营效果,降低经营风险,获得良好的经营价值和利润空间,以及可持续的整体业态。

第五,消费者满意。这是指能够为消费者提供满足其需求的服务和体验。

(2)确定商业地产项目运营管理的思路。首先,确定运营管理六大核心目的。

商业地产项目运营管理的核心目的

阶　　段	核心目的
前期阶段	支撑开发,即通过积累管理经验,完善管理模式,不断提升管理水平,为项目开发提供支持和服务
前期阶段	支持销售,即通过专业运营管理,提升信心,实现项目成功销售,同时规避返租模式的市场风险
中期阶段	招商保障,即组织与配合项目主力店招商、前期全面招商和后期置换与补位招商工作,保障项目持续运营,保障业主租金和运营管理公司收益
后期阶段	经营旺场,即盘活项目与社会资源,通过各类营销宣传形式实现项目经营旺场,这是保障商家、业主、运营管理公司收益的基础
后期阶段	盈利增收,即通过项目商业运营和优质管理,实现项目租金价值的持续提升和项目运营管理板块盈利增收
后期阶段	资产保值增值,即打造项目品质,树立项目区域知名度,促进项目资产升值溢价,保障业主投资收益

其次,确定统一运营管理模式。统一运营管理模式包括五大方面,见下表。

统一运营管理模式内容

项　目	内　容
统一商业规划	统一规划商业项目的业态和布局,并在后期运营中统一进行业态调整,统一进行公共资源规划、经营和管理
统一招商管理	统一业态控制、统一品牌及商家审核、统一租约等管理内容
统一服务管理	为商户提供专业的服务咨询;统一设立总服务台,提供客户服务,提升项目服务水平;代行部分工商行政职能,对商户经营行为、商品和服务质量进行必要监督,保持良好经营秩序,并以此提升项目认知度
统一营销推广	统一策划系列营销活动,营造气氛吸引客流,举办大量的有文化内涵并特聚人气的活动,使项目成为传播文化资讯的平台
统一物业基础管理	统一进行项目建筑内外空间和环境管理及设备设施的维护保养,营造舒适的购物休闲环境

最后,确定商业地产项目运营管理思路。整体项目运营管理思路是推广、经营、管理并驾齐驱,通过推广、经营及成熟的基础管理,成功运营项目。

(3)确定项目运营管理五大策略。项目运营管理五大策略指经营策略、管理策略、客户策略、品牌策略和资源利用策略。这几大策略需要在对每一个项目充分调研的基础上,结合企业自身特色进行确定。通过五大策略,实现项目的推广、经营和管理。

经营策略通常包括经营监测、招商置换、商源储备、稳商策略等内容。管理策略包括品质管理、规范经营、安全防范等内容。客户策略则是关于客户体验和客户便捷的内容。品牌策略是营销推广的重要内容,包括各种系列活动的设计。资源利用策略是从氛围营造和价值挖掘方面进行设计。

(4)掌握运营管理的风险和应对策略。物业资产运营管理是一项庞大复杂的工程,每个环节都存在一定的风险,因此,了解和掌握风险及风险应对策略,至关重要。在做方案时就要将这些考虑进去,见下表。

运营管理过程中可能的风险及应对策略表

风险	风险内容	应对策略
运营风险	包括:主力商家撤场、散户退场、商铺大面积闲置、商户假开摊造成闲置	政策稳商:依据商家带动性和行业影响力,划分等级,针对不同等级的商户采取相应的减免租金、物业费等政策优惠,彰显运营管理公司成功打造市场的信心和决心,稳定商家经营。 情感稳商:在公司领导层面,通过巡场、专题会议、团拜会等形式,注重日常客户经营情况的走访和市场信息交流,建立与商家的信息互通渠道,指导市场运营策略的制订和商家情感关系的联系,稳定市场经营。 以商稳商:组织建立以主力商家为核心,以稳定市场整体经营和经营品质为目的的"商贸促进协会",通过此平台和合理利用主力商家的号召力,稳定市场经营,规范商家经营行为。

续表

风险	风险内容	应对策略
管理风险	包括：治安风险、消防风险、设施设备运行风险、商家违规经营风险等	制度管控策略：严格按照设施设备维护规程，做好设施设备的定期维检和巡检，保障正常运营；建立一站式服务中心和商家违规行为投诉渠道，维护市场正常经营和防范有损市场品牌声誉的突发事件发生。 全员防范策略：防范宣传到位，组织市场商户定期培训，提高全员消防安全意识；合理足量配备消防器具，做好器具日常维护，定期组织公司员工开展消防演练，普及消防自救知识。 敲山震虎策略：严格组织日常秩序，维持队伍的训练，做到演练显性化，强化商家对市场安保的信心，威慑社会闲杂人员；在关键交通节点，设立巡检和值班岗亭，保障市场无安保盲点。 公关维护策略：维护与派出所、消防大队、工商质检等直属主管部门的关系。 应对突发事件：支持队伍与直属部门开展体育和交流活动，建立良好的互动机制；组织节日对相关部门的慰问；维护相关社会关系，应对突发事件。
财务风险	包括：各项费用收缴风险、代收代缴费用收取等风险	运营基础策略：市场是运营管理公司存在的载体，商家是运营服务的对象和经济收入来源，提升管理服务水平，帮助商户提高销售，适度控制管理费减免优惠，减少工程环节质量问题等，才是收取各项费用和降低财务风险的基础。 指标考核策略：制定月度、季度经济指标考核机制，与费用收缴部门及员工绩效挂钩，督促相关费用收取；将费用收缴纳入年度经济考核指标，与员工及部门年终绩效挂钩，重奖重罚，激励员工全力收缴。 机制管控策略：建立月度、季度、年度财务预核算和报表制度，掌控整个项目运营状况，做好财务风险预警和资产掌控，指导项目运营策略的制订和调整；分阶段建立各类欠费清理、收缴和奖惩机制，降低财务呆账率。 风险规避策略：根据市场运营实际情况，分阶段实施多种经营，降低代收代缴等低产出类业务的管控风险和人力成本；不开展预支垫付类经济活动，规避相关呆账风险。

2. 案例商业地产项目

使用任务二的案例项目。

3. 设计该案例项目的运营管理方案格式

以苏州中心项目为例：

运营管理方案格式表

模拟设计苏州中心项目运营管理方案	
明确运营管理目的	按照所学五大目的，针对项目实际，列出具体的目的
确定运营管理思路	按照所学核心功能，确定针对项目的运营管理思路
设计运营管理策略	按照所学五大策略，针对项目实际，设计具体策略
制订可能的风险应对策略	根据项目实际，结合所学内容，制订可能出现的风险应对策略

2．4课时统筹分组、调研。教师进行过程监控。

3．4课时各组分析调研成果，完成方案中的相应内容。教师进行批改后，反馈修改意见，学生进行修改完善。

4. 2课时进行方案整合,进行成果汇报、点评、总结。

◎【课外学习指导】

1. 指导学生自学商业地产项目运营管理风险的内容及应对策略的运用,锻炼学生自学能力。

2. 指导学生查阅、学习成功运作商业地产项目的案例,激发学习兴趣,形成自己的思路。真正培养学生对于职业的认知认同。

任务九
设施设备岗位职责及管理制度标准

要做好物业设施设备管理工作,实现预期目标,首先就必须有一个组织保障。物业设施设备管理组织是根据物业服务企业的任务和目标,设定管理层次和管理跨度,确定它们之间的分工协作关系,明确各岗位职责和权限,并规定它们之间以及与企业其他部门之间的信息沟通方式,以最大的管理效率实现设施设备管理目标。

子任务一　物业设施设备管理的机构和职责

本部分请同学自行调研,完成以下内容:

1. 请分别画出直线制模式、职能制模式、矩阵式模式的结构示意图并结合其特点进行阐述。

2. 请分别对以下设施设备维护管理常见岗位的职责进行阐述。

（1）工程部经理

_____
_____
_____

（2）各专业技术主管（工程师或技术员）

_____
_____
_____

（3）领班

_____
_____
_____

（4）维修人员（技术工人）

_____
_____
_____

（5）保管员

_____
_____
_____

（6）资料统计员

_____
_____
_____

子任务二　模拟接管验收制度

请根据下表，在项目调研中找出相关设施设备，并努力填写表单空缺部分。最后以设施设备调研 PPT 配合表单进行汇报阐述。

物业设备工程移交项目表

	项　目	评价	存在问题	整改建议
电气系统	高、低压配电室			
	主要机电配电箱			
	楼宇及公共区域照明、开关、插座及配电箱			
	防雷接地系统			
	其他			

续表

项　目		评价	存在问题	整改建议
空调系统	中央空调机组			
	冷冻机组			
	水泵、换热器等设备			
	地热系统			
	暖通管路系统			
	公共区域暖通管井			
	燃气设施管井			
	公共区域燃气设施管井			
	楼宇排气设施			
	其他			
给排水系统	公共区域生活用水管井			
	蓄水箱(池)、管路			
	草坪等浇灌设施			
	卫生洁具等设施			
	排水管路等设施			
	公共区域排水管井			
	化粪池及排污设施			
	公共区域排污管井及管路			
	其他			
电梯系统	电梯轿厢及设备			
	井道与底坑附属设备			
	曳引及其他设备			
	井道照明等			
	井道门等			
	电气控制设备系统			
	其他			
消防系统	车库各种指示标志灯			
	喷淋头/感烟(温)探头			
	消火栓管路及设备			
	灭火器等设备			
	消防水池(箱)			
	消防电气控制设备			
	监控中心设备			
	其他			

续表

项目		评价	存在问题	整改建议
通信网络系统	电话系统设备			
	楼宇电话插座等			
	有线电视设备			
	楼宇有线电视插座等			
	公共广播/应急广播设备			
	音响设备			
楼宇监控系统	楼宇监控系统设备			
	楼宇监控用的各种传感器等			
办公自动化系统	办公自动化系统设备			
	物业管理营运信息系统			
	办公和服务系统			
	信息服务系统			
	智能卡管理系统			
	计算机网络管理系统			
安全防范系统	入侵报警系统			
	电视监控系统			
	出入口监控系统			
	电子巡更系统			
	车库管理系统			
综合布线系统	建筑群主干线			
	建筑物主干线			
	水平布线			
	楼宇工作区布线			
其他设备				

任务十

给排水泵房设备及管理制度

◎【实训目的】

实地掌握不同物业种类给排水泵房的设备组成及其管理制度。

◎【实训内容】

分组调研不同类型物业的给排水泵房设备,并根据实际项目解释其相关管理维护制度。将调研情况制作成PPT进行汇报,每组汇报时间15~20分钟。

◎【调研技巧】

调研的技巧就是:精心准备。在启动调研工作之前,必须做好选题、知识、方案、组织等准备工作。

1. 选题准备

调研什么?调研解决什么问题?调研课题从何而来?如何确定?这些是调研人员必须面对的问题。

2. 知识准备

在确定对某选题进行专题调研之后,必须根据选题特点进行知识准备和理论武装,使自己早一点进入课题角色。知识准备主要有两大途径:一是网络、书刊等载体,系统地从理论和政策上了解调研对象;二是查阅档案资料,了解调研对象的过去和发展过程。

3. 方案准备

在对调研对象有所了解之后,就应抓紧制订调研工作方案。调研方案是调研工作的路线图,其科学性和操作性直接影响到调研工作能否顺利开展和调研质量的高低。调研工作方案至少包含以下内容:一是调研工作的指导思想、主要任务和调研目的。二是调研组织及成员分工。组建调研组,总的要求是应有领导、队伍要精、各有专长、内行最好。人员在精不在多,3至5人为宜,由有能力、听指挥、有时间、能独当一面的人组成。要明确包括课题组长在内的成员各自的任务,分工负责、相互配合。三是调研的重点内容即调研提纲。调研提纲重在针对性和完整性。要把需调查的问题全部列入提纲,让被调查人清楚具体的调研事项,防止被调查人在调查中出现无的放矢、挂一漏万、敷衍塞责的现象。有的调研课题有一个调研提纲即可,有的则需根据不同的调研对象设计多个调研提纲。四是调研工作方式。调研方式主要有召开座谈会、个别访谈、听取汇报、实地考察、书面调查、异地考察等。由于调研内容的不同,调研方式往往有所选择。五是调研日程安排。从调研工作准备开始,到调研报告送出为止,应将调研工作具体事项落实到每一时段,在调查阶段落实到每一天,甚至每半天。日程安排有文字叙述和列表两种形式。日程安排在明确时间、事项、责任人、参加人的同时,还应有地点和其他要求。六是后勤保障工作。调研方案越细密、越科学,对调研工作开展越有利。其中,最为关键的是调研组织及成员分工和调研提纲。调研方案拟定后,可在一定范围内进行研究,并按程序审定。

4. 组织准备

调研方案确定之后,各调研小组应及时召开成员会议。会议主要进行调研动员和明确分工责任。此外,还应及时向有关单位发出协助开展调研工作的书面通知,要求协助单位做好相关准备工作并为调研工作提供方便。

任务十一

消防联动编程

◎【实训指导】

（一）设备识别

1. GST200 火灾报警控制器

JB-QB-GST200（以下简称 GST200）火灾报警控制器（联动型）是海湾公司推出的新一代火灾报警控制器，为适应工程设计的需要，本控制器兼有联动控制功能，它可与海湾公司的其他产品配套使用组成配置灵活的报警联动一体化控制系统，因而具有较高的性价比，特别适用于中小型火灾报警及消防联动一体化控制系统。

其外形如下图所示：

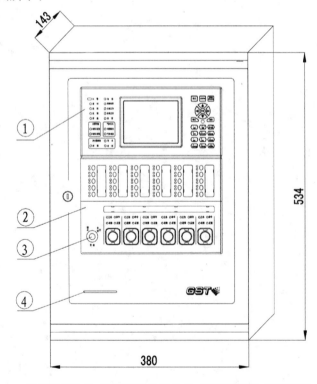

①显示操作盘；②智能手动操作盘；③多线制锁；④打印机

图 11-1　GST200 火灾报警控制器

GST200 火灾报警控制器安装效果图如下：

图 11-2　GST200 火灾报警控制器安装效果图

2. 消防探测器

（1）JTY-GD-G3 智能光电感烟探测器。JTY-GD-G3 智能光电感烟探测器是采用红外线散射的原理探测火灾。在无烟状态下，只接收很弱的红外光，当有烟尘进入时，由于散射的作用，使接收光信号增强；当烟尘达到一定浓度时，便输出报警信号。为减少干扰及降低功耗，发射电路采用脉冲方式工作，以提高发射管的使用寿命。该探测器占一个节点地址，采用电子编码方式，通过编码器读/写地址。

探测器外形示意图如下：

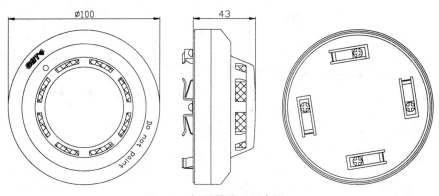

图 11-3　探测器外形示意图

（2）JTW-ZCD-G3N 智能电子差定温感温探测器。JTW-ZCD-G3N 智能电子差定温感温探测器采用热敏电阻作为传感器，传感器输出的电信号经变换后输入到单片机，单片机利用智能算法进行信号处理。当单片机检测到火警信号后,向控制器发出火灾报警信息,并通过控制器点亮火警指示灯。

要求消防探测器安装在各个房间的"天花板"上。

图11-4　点型感温探测器安装效果图

3. 手动报警按钮、消火栓按钮

(1) J-SAM-GST9122编码手动报警按钮(带电话插孔)。J-SAM-GST9122手动火灾报警按钮(含电话插孔)一般安装在公共场所,当人工确认发生火灾后,按下报警按钮上的有机玻璃片,即可向控制器发出报警信号。控制器接收到报警信号后,将显示出报警按钮的编号或位置并发出报警声响,此时只要将消防电话分机插入电话插座即可与电话主机通信。

手动报警按钮的外形示意图如下:

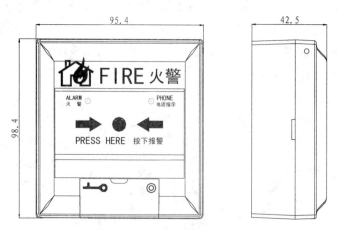

图11-5　手动报警按钮外形示意图

(2) J-SAM-GST9123消火栓按钮。J-SAM-GST9123消火栓按钮(以下简称按钮)安装在公共场所,当人工确认发生火灾后,按下此按钮,即可向火灾报警控制器发出报警信号,火灾报警控制器接收到报警信号后,将显示出与按钮相连的消火栓接口的编号,并发出报警声响。

图 11-6　手动报警按钮安装效果图

4. 声光报警器

HX-100B 火灾声光报警器（以下简称报警器），用于在火灾发生时提醒现场人员注意。报警器是一种安装在现场的声光报警设备，当现场发生火灾并被确认后，可由消防控制中心的火灾报警控制器启动，也可通过安装在现场的手动报警按钮直接启动。启动后报警器发出强烈的声光报警信号，以达到提醒现场人员注意的目的。

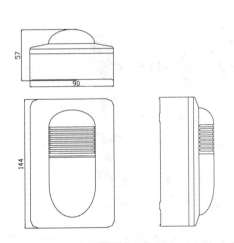

图 11-7　报警器外形示意图

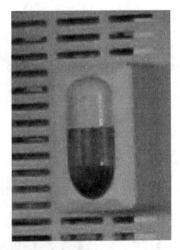

图 11-8　声光报警器安装效果图

5. LD-8301 单输入/单输出模块

LD-8301 单输入/单输出模块采用电子编码器进行编码，模块内有一对常开、常闭触点。模块具有直流 24V 电压输出，用于与继电器的触点接成有源输出，以满足现场的不同需求。另外模块还设有开关信号输入端，用来和现场设备的开关触点连接，以便确认现场设备是否动作。

LD-8301 单输入/单输出模块主要用于各种一次动作并有动作信号输出的被动型设备，如排烟阀、送风阀、防火阀等接入到控制总线上。

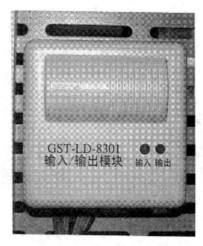

图11-9　输入输出模块安装效果图

6. 隔离器

LD-8313隔离器,用于隔离总线上发生短路的部分,以保证总线上其他设备能正常工作。待故障修复后,总线隔离器会自行将被隔离的部分重新纳入系统。此外,使用隔离器还便于确定总线发生短路的位置。

要求隔离器安装在"管理中心"室内墙上,如下图所示:

图11-10　隔离器安装效果图

7. 光电开关

WT100-N1412(或E3Z-LS61)为反射式光电开关,可以检测金属、非金属等反光物体。顶部旋钮用于调节光灵敏度(顺时针调节灵敏度增高,逆时针调节灵敏度降低),底部旋钮用于切换工作方式(类似于继电器的常开、常闭触点)。

每个模拟防火卷帘门有高、低两个光电开关,分别用于检测防火卷帘门的高、低位置。出厂时,光电开关灵敏度旋钮一般处在最大状态,可以不用调节。工作方式旋钮调节:将高位光电开关工作方式旋钮调到L,低位光电开关工作方式旋钮调到D。

8. 消防控制箱

消防控制箱主要由电源、继电器等设备组成,和单输入/单输出模块配合使用,完成消防系统模拟机电设备控制。

(二)功能调试

本系统布好线路后,即可对设备进行系统调试。调试内容主要有设备编码与设置火灾报警控制器参数两大部分。

火灾报警控制器参数很多,主要操作包括设备定义(手动盘定义、总线设备定义)、联动编程(常规编程)、设备注册(外部设备注册)等。

设备编码:

本系统的单输入/单输出模块、探测器、报警按钮等总线设备均需要编码,用到的编码工具为电子编码器。其结构示意图如下:

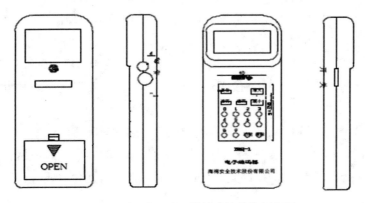

图11-11 电子编码器的功能结构示意图

(1)读码。按下"读码"键,液晶屏上将显示探测器或模块的已有地址编码,按"增大"键,将依次显示脉宽、年号、批次号、灵敏度、探测器类型号(对于不同的探测器和模块其显示内容有所不同);按"清除"键后,回到待机状态。

如果读码失败,屏幕上将显示错误信息"E",按"清除"键清除。

(2)地址码的写入。在待机状态,输入探测器或模块的地址编码,按下"编码"键,应显示符号"P",表明编码完成,按"清除"键,则回到待机状态。

(3)联动编程。联动公式是用来定义系统中报警信息与被控设备间联动关系的逻辑表达式。当系统中的探测设备报警或被控设备的状态发生变化时,控制器可按照这些逻辑表达式自动地对被控设备执行"立即启动""延时启动"或"立即停动"操作。本系统联动公式由等号分成前后两部分,前面为条件,由用户编码、设备类型及关系运算符组成;后面为被联动的设备,由用户编码、设备类型及延时启动时间组成。

例一,01001103 + 02001103 = 01001213_00_01001319_10。

表示:当010011号光电感烟探测器或020011号光电感烟探测器报警时,010012号讯响器立即启动,010013号排烟机延时10秒启动。

例二，01001103 + 02001103 = ×01205521_00。

表示：当 010011 号光电感烟探测器或 020011 号光电感烟探测器报警时，012055 号新风机立即停动。

注意：

联动公式中的等号有四种表达方式，分别为" = "" == "" =×"" ==×"。联动条件满足，表达式为" = "" =×"时，被联动的设备只有在"全部自动"的状态下才可进行联动操作；表达式为" == "" ==×"时，被联动的设备在"部分自动"及"全部自动"状态下均可进行联动操作。" =×"" ==×"代表停动操作，" = "" =="代表启动操作。等号前后的设备都要求由用户编码和设备类型构成，类型不能缺省。关系符号有"与""或"两种，其中" + "代表"或"，"×"代表"与"。等号后面的联动设备的延时时间为 0 ~ 99 秒，不可缺省，若无延时需输入"00"来表示，联动停动操作的延时时间无效，默认为 00。

联动公式中允许有通配符，用" * "表示，可代替 0 ~ 9 之间的任何数字。通配符既可出现在公式的条件部分，也可出现在联动部分。通配符的运用可合理简化联动公式。当其出现在条件部分时，这样一系列设备之间隐含"或"关系，例如，0 * 001315 即代表：01001315 + 02001315 + 03001315 + 04001315 + 05001315 + 06001315 + 07001315 + 08001315 + 09001315 + 00001315；而在联动部分，则表示有这样一组设备。在输入设备类型时也可以使用通配符。

编辑联动公式时，要求联动部分的设备类型及延时启动时间之间（包括某一联动设备的设备类型与其延时启动时间及某一联动设备的延时启动时间与另一联动设备的设备类型之间）必须存在空格；在联动公式的尾部允许存在空格；除此之外的位置不允许有空格存在。

◎【实训内容】

（一）设备识别及材料制作

进入实训室，将智能楼宇综合布线设备中的消防器材识别出来，并完成以下工作。

1. 平面图的绘制

样图如下：

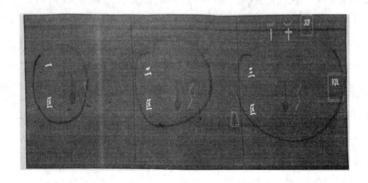

2. 设备统计表的制作

样表如下：

设备名称	型号	功能	工作电源	数量
火灾报警器	GST-200	系统控制器	AC220V	1台
总线隔离器	GST-LD-8313	保障总线工作正常	总线24v	1只
消火栓按钮	J-SAM-GST9123	火灾时启动消防泵	总线24v	2只
点型感温探测器	JTW-ZCD-G3N	检测火警信号	总线24v	3只
感烟探测器	JTY-GD-G3	检测火警信号	总线24v	6只
单输入模块	GST-LD-8301	执行器	DC24V	3只
声光报警器		提示发生火警	总线24v	3只

安装区域	设备名称	编码	二次码	设备定义
1区	烟感	01	000001	03

3. 完成以下联动编程

功能要求	联动编程公式
按下3区报警按钮及1区烟感动作2区讯响器	
1区烟感、温感动作立刻启动声光报警系统并延时2秒启动消防泵	
2区烟感或者2区温感动作立刻启动声光报警	
3区烟感动作或者按下消火栓按钮立刻启动消防泵	
3区烟感、温感动作立刻启动消防泵并延时2秒放下防火卷帘门	

任务十二

消防系统

◎【实训目的】

掌握一个物业项目消防系统各工作部件的运行及相互之间的关系，了解物业消防队伍必须掌握的基本知识及技能。

◎【实训内容】

假设你们就是学校的一支消防队伍，请联系课内学习及课外拓展的知识制作一部学校消防系统的讲解演示视频。

1. 分组完成，最终以 mp4 的格式提交；
2. 内容必须包含消防设备的种类、使用及运行情况，消防相关信息（应急设备、防火门、防火卷帘门、消防标签等），消防队伍的职责，平时你们对设备的维护保养情况；
3. 所有关键信息必须配以文字指示或者字幕。

任务十三 安全用电实训

◎【实训目的】

1. 掌握物业安全用电管理及突发情况的处理知识技能。
2. 掌握触电急救的正确步骤及方式方法。

◎【实训内容】

1. 巩固课内安全用电相关知识,自行搜索拓展知识点并了解物业安全用电管理及触电急救的相关知识要点。

*指导学生使用知网、万方数据库等查阅文献,以培养学生的自学能力。

2. 请模仿触电情景,模拟求援场景,并拍摄视频后提交。

(1) 分组完成,最终以 mp4 的格式提交;
(2) 视频需加注知识点字幕,关键点一定要从视频中能清晰明了地获取;
(3) 模拟触电及救援情况时,请注意用电安全以及急救手法等力度控制。

任务十四

电梯突发事件处理

电梯属于特种设备,是危险性较大的机电类产品。电梯在使用过程中会出现故障,发生电梯困人等现象,新版《特种设备安全监察条例》明确规定:电梯困人两个小时以上属于一般事故。因此,电梯使用单位、维保单位必须加强管理,做好防范工作,减少电梯使用故障率,确保电梯运行安全。

◎【管理制度】

管理制度一定要包含安全使用承诺和内部安全责任状签订制度,相关人员的职责,安全操作规程,现场安全管理制度,使用登记、定期报检和配合现场检验制度,接受安全检查制度,事故报告处理制度,作业人员培训考核制度,意外事件或事故的应急救援预案及定期演习制度,等等。

◎【安全技术档案】

安全技术档案至少包含以下内容:
1. 特种设备使用登记表;
2. 设备及配件的质保文件及说明书;
3. 安装、改造及重大维修的有关资料报告等;
4. 日常使用状况、维修保养和日常检查记录;
5. 设备运行故障与事故记录。

◎【实训内容】

电梯的突发事件处理是每一位物业管理人员都必须熟练掌握的,只有平时牢记在心,出现突发事件的时候才能够内心沉稳,有条不紊地进行正确处理,不留下任何遗憾,所以该部分请大家自行寻找资料填写。

1. 应急救援

(1) 接警处理

(2) 初步判断轿厢位置

(3) 判断轿厢位置

(4) 手动平层操作

(5) 开门救援

(6) 后续处理

2. 电梯突发情况处理

(1) 突然停电

(2) 突然停止

（3）电梯进水

（4）台风、暴雨季节电梯管理

（5）火灾

（6）地震

3. 请根据"电梯突发事件处理"中的描述，完成相关情景的模拟操作，并录制成视频

任务十五 DDC智能控制编程

◎【实训指导】

1. 确定该组设备的定时启停时间

设备启停时间控制表

设备组号	时间列表
1	周一到周五日程：①6:00 开；②11:50 关；③13:00 开；④17:00 关。 周六、周日日程：⑤9:00 开；⑥16:00 关。

2. 确定该组设备的定时启停时间表

对任务列表模块配置如下：

任务列表功能模块

使能	时间点	动作	星期设置						
✓	6:00	开	日	一	二	三	四	五	六
			✗	✓	✓	✓	✓	✓	✗
✓	11:50	关	日	一	二	三	四	五	六
			✗	✓	✓	✓	✓	✓	✗
✓	13:00	开	日	一	二	三	四	五	六
			✗	✓	✓	✓	✓	✓	✗
✓	17:00	关	日	一	二	三	四	五	六
			✗	✓	✓	✓	✓	✓	✗
✓	9:00	开	日	一	二	三	四	五	六
			✓	✗	✗	✗	✗	✗	✓
✓	16:00	关	日	一	二	三	四	五	六
			✓	✗	✗	✗	✗	✗	✓
✗	无关	无关	无关						
✗	无关	无关	无关						

3. 十六进制数据

该表对应的网络变量数据为(16 进制)：

0x01,0xfc,0xa8,0x06,0x00,0x3e,0x0b,0x32,0x3e,0x0d,0x00,0x3e,0x11,0x00,0x3e,0x09,0x00,0x41,0x10,0x00,0x41,0x00,0x00,0x00,0x00,0x00,0x00

◎【实训内容】

完成宿舍灯开关的 DDC 编程，任务需求为：周五、周六晚上不熄灯，周六、周日两个白天不熄灯。平时工作日早上 6:00 开灯,8:30 熄灯；中午 11:00 开灯,14:00 熄灯；晚上 16:00 开灯,23:00 熄灯。

请分别完成"设备启停时间控制表""任务列表功能模块"以及"网络变量数据"。

任务十六 物业设备智能化管理

◎【任务目的】

1. 将所学物业设施设备系统知识点融会贯通。
2. 提升学生的调研能力及文章撰写能力。

◎【实训内容】

1. 请分组选定一个物业(限五年内交付使用的)项目进行调研,掌握该项目中的物业设施设备系统,拍摄实训调研照片,形成PPT文档。
2. 结合课堂所学物业设备智能化管理内容扩展知识点,按设施设备系统分类,逐项完成针对该项目的智能化设备运行管理方案(该方案可以在调研物业项目已有方案上进行修改撰写),完成WORD文档。

◎【方案撰写要求】

1. 字数5 000字以上;
2. 字体全部为宋体,其中主标题为宋体小二号字(加粗),调查报告的正文内容四号宋体、单倍行距;
3. 条理清楚,可配合表格呈现。

附录一 设备类型表

外部设备定义

代码	设备类型	代码	设备类型	代码	设备类型	代码	设备类型
00	未定义	22	防火阀	44	消防电源	66	故障输出
01	光栅测温	23	排烟阀	45	紧急照明	67	手动允许
02	点型感温	24	送风阀	46	疏导指示	68	自动允许
03	点型感烟	25	电磁阀	47	喷洒指示	69	可燃气体
04	报警接口	26	卷帘门中	48	防盗模块	70	备用指示
05	复合火焰	27	卷帘门下	49	信号碟阀	71	门灯
06	光束感烟	28	防火门	50	防排烟阀	72	备用工作
07	紫外火焰	29	压力开关	51	水幕泵	73	设备故障
08	线型感温	30	水流指示	52	层号灯	74	紧急求助
09	吸气感烟	31	电梯	53	设备停动	75	时钟电源
10	复合探测	32	空调机组	54	泵故障	76	警报输出
11	手动按钮	33	柴油发电	55	急启按钮	77	报警传输
12	消防广播	34	照明配电	56	急停按钮	78	环路开关
13	讯响器	35	动力配电	57	雨淋泵	79	未定义
14	消防电话	36	水幕电磁	58	上位机	80	未定义
15	消火栓	37	气体启动	59	回路	81	消火栓
16	消火栓泵	38	气体停动	60	空压机	82	缆式感温
17	喷淋泵	39	从机	61	联动电源	83	吸气感烟
18	稳压泵	40	火灾示盘	62	多线制锁	84	吸气火警
19	排烟机	41	闸阀	63	部分设备	85	吸气预警
20	送风机	42	干粉灭火	64	雨淋阀		
21	新风机	43	泡沫泵	65	感温棒		

附录二　功能模块网络变量说明表

Event_Scheduler 功能模块网络变量说明表

缺省名称	缺省类型	描　述
nvi_SchEvent	UNVT_sch	输入网络变量，用于任务列表内容的设置。该网络变量为自定义网络变量，其结构说明如下所述。 typedef struct { unsigned short enable; 　unsigned short subenable; 　unsigned short action; 　unsigned short hour1; 　unsigned short minute1; 　unsigned short week1; 　unsigned short hour2; 　unsigned short minute2; 　unsigned short week2; 　unsigned short hour3; 　unsigned short minute3; 　unsigned short week3; 　unsigned short hour4; 　unsigned short minute4; 　unsigned short week4; 　unsigned short hour5; 　unsigned short minute5; 　unsigned short week5; 　unsigned short hour6; 　unsigned short minute6; 　unsigned short week6; 　unsigned short hour7; 　unsigned short minute7; 　unsigned short week7; 　unsigned short hour8; 　unsigned short minute8; 　unsigned short week8; } UNVT_sch,

续表

缺省名称	缺省类型	描　述
nvi_SchEvent	UNVT_sch	其中， enable：任务列表总使能，0表示屏蔽，1表示使能。 subenable：各时间点的动作使能，0表示无效，1表示有效。 　　第7位：第1时间段有效性；第6位：第2时间段有效性； 　　第5位：第3时间段有效性；第4位：第4时间段有效性； 　　第3位：第5时间段有效性；第2位：第6时间段有效性； 　　第1位：第7时间段有效性；第0位：第8时间段有效性。 action：各时间点动作，0表示停，1表示启。 　　第7位：第1时间段动作；第6位：第2时间段动作； 　　第5位：第3时间段动作；第4位：第4时间段动作； 　　第3位：第5时间段动作；第2位：第6时间段动作； 　　第1位：第7时间段动作；第0位：第8时间段动作。 hours N：第N个时间点的小时数，取值为0~23。 minute N：第N个时间点的分钟数，取值为0~59。 week N：第N个时间段的相关性，0表示无效，1表示有效。 　　第6位：星期日的有效性；第5位：星期一的有效性； 　　第4位：星期二的有效性；第3位：星期三的有效性； 　　第2位：星期四的有效性；第1位：星期五的有效性； 　　第0位：星期六的有效性
nvo_SchEvent	UNVT_sch	输出网络变量，用于输出任务列表设置内容，其数据结构同上
nvo_Out	SNVT_switch	输出网络变量，用于输出任务动作